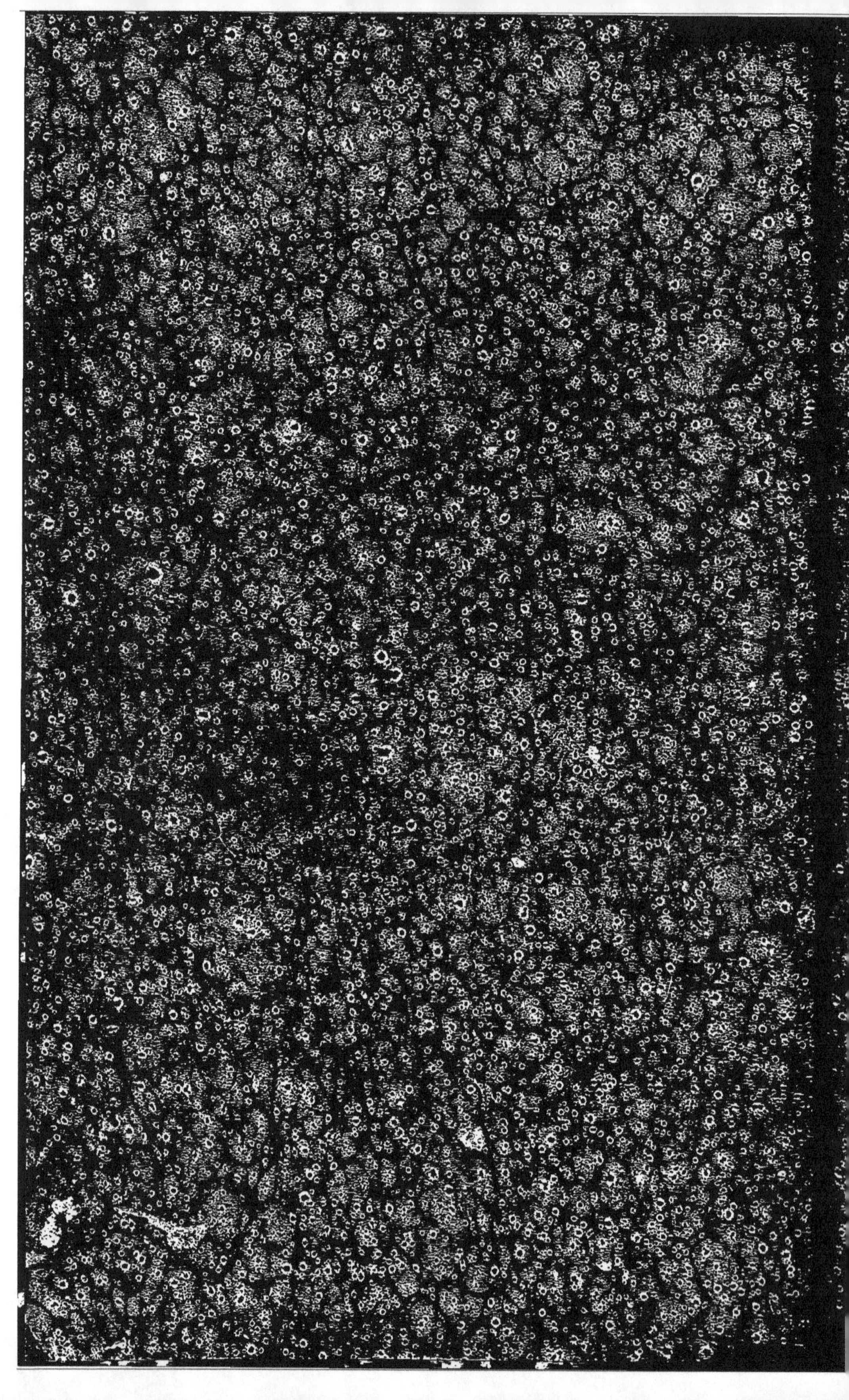

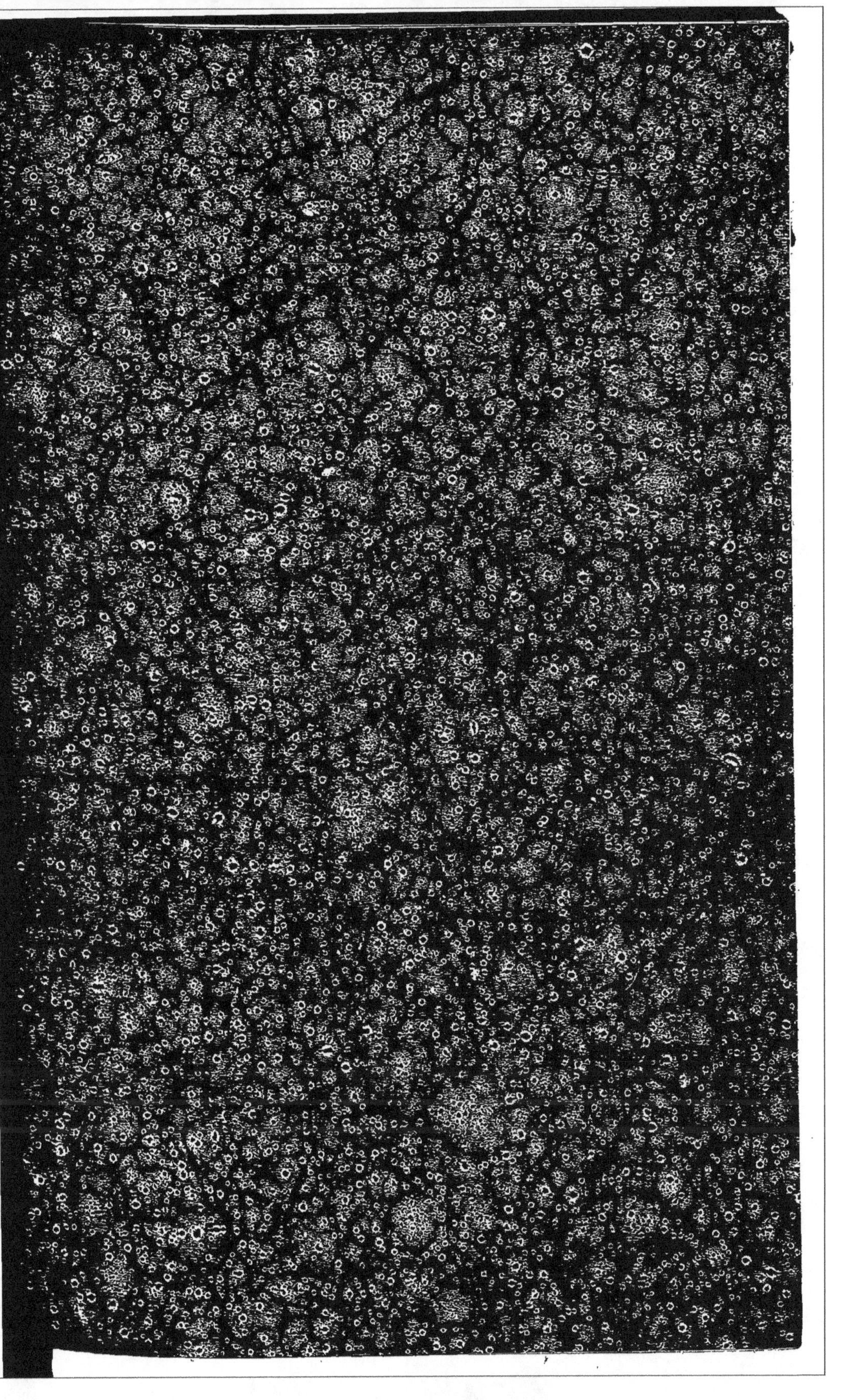

TRAITÉ

DE LA LÉGISLATION SPÉCIALE

DU TRÉSOR PUBLIC

EN MATIÈRE CONTENTIEUSE.

Corbeil, imp. de Crété.

TRAITÉ

DE LA LÉGISLATION SPÉCIALE

DU TRÉSOR PUBLIC

EN MATIÈRE CONTENTIEUSE,

CONTENANT :

Les formes particulières de procéder pour ou contre le trésor; — les lois et règlements sur les cautionnements de toutes espèces; — les droits du trésor sur les personnes et les biens des comptables et autres débiteurs de deniers publics; — les priviléges pour le recouvrement des contributions directes, indirectes et autres; — les règles relatives aux engagements du trésor et à sa responsabilité civile; — les déchéances et prescriptions établies pour opérer la libération de l'État.

PAR M. J. DUMESNIL,

AVOCAT A LA COUR ROYALE DE PARIS,

Ancien avocat aux conseils du Roi et à la cour de Cassation.

Membre du conseil général du Loiret e de la Légion d'honneur.

PARIS,

CHARPENTIER ÉDITEUR,
PALAIS-ROYAL,
Galerie d'Orléans, 7.

VIDECOQ PÈRE ET FILS, ÉDITEURS,
1, PLACE DU PANTHÉON;
6, Cour de Harlay.

1846

TRAITÉ

DE LA LÉGISLATION SPÉCIALE

DU TRÉSOR PUBLIC

EN MATIÈRE CONTENTIEUSE.

CHAPITRE PREMIER.

ORGANISATION DU MINISTÈRE DES FINANCES. — ATTRIBUTIONS DU MINISTRE, CONSIDÉRÉ COMME DÉFENSEUR NÉ DES DROITS ET ACTIONS DU TRÉSOR. — § I. ACTIONS JUDICIAIRES. — § II. INSTANCES ADMINISTRATIVES.

SOMMAIRE.

1. — Importance de l'administration des finances.
2. — Création d'un ministre des contributions et revenus publics, par la loi des 25-27 avril 1791 ; — Ses attributions.
3. — Établissement d'une trésorerie nationale, administrée par six commissaires.
4. — Modifications apportées par des lois postérieures au régime établi en 1791.
5. — Création d'un ministre du trésor public, par l'arrêté du gouvernement du 5 vendémiaire an X, et séparation de l'administration des finances en deux ministères.
6. — Attributions du ministre des finances.
7. — Attributions du ministre du trésor.
8. — Ce système maintenu pendant toute la durée de l'empire.
9. — A la seconde Restauration, suppression définitive du ministre du trésor, et réunion de ses attributions au ministère des finances.
10. — Le contrôle annuel des chambres a amené de notables changements dans les règles de la comptabilité publique.
11. — Ordonnance, portant règlement général, du 31 mai 1838, sur cette comptabilité.
12. — Organisation actuelle du ministère des finances, en exécution de la loi du 24 juillet 1844, par l'ordonnance du 17 décembre suivant.
13. — Objet de l'ouvrage ; transition.

§ Ier. — Actions judiciaires du trésor public.

14. — Fonctions de l'agent judiciaire du trésor. — Texte du décret des 27-31 août 1791.
15. — L'agent judiciaire ne doit procéder, tant en demandant qu'en défendant, qu'avec l'autorisation du ministre.
16. — Exception, en ce qui concerne les actes conservatoires.
17. — Avis écrit des jurisconsultes, désignés par le ministre, que l'agent judiciaire est obligé de prendre, dans certains cas.
18. — Le ministre a-t-il le droit de se désister d'une instance, de se démettre d'un appel, de renoncer à l'effet de tous actes conservatoires, de consentir l'exécution de tous jugements et arrêts?
19. — Le ministre a le droit d'adhérer à un contrat d'union.
20. — En est-il de même en cas de concordat?
21. — Le ministre peut consentir à la cession de biens volontaire ou judiciaire.
22. — Le ministre ne peut transiger qu'avec l'approbation du corps législatif. — Critique de cette disposition.
23. — Le ministre ne peut autoriser l'agent judiciaire à renoncer à la prescription acquise, ni relever les créanciers de l'État des déchéances encourues.
24. — Nécessité du *visa* des assignations et notifications faites à l'agent du trésor public.
25. — Le visa n'est établi que dans l'intérêt du trésor; — Jurisprudence.
26. — Il est donné sans frais.
27. — Il peut être apposé un autre jour que celui où l'exploit est remis.
28. — Les instances judiciaires dans lesquelles le trésor est engagé sont dispensées du préliminaire de conciliation.
29. — Mais les causes qui intéressent le trésor doivent toujours être communiquées au ministère public, lequel doit donner ses conclusions.
30. — Avoué commissionné dans chaque chef-lieu de département pour assurer la défense des droits du trésor.
31. — Le règlement général des frais faits pour le trésor est visé chaque année par le ministre des finances.
32. — Décret des 16-19 juillet 1793, sur l'exécution des jugements et arrêts qui condamnent le trésor à payer, lorsque ces jugements sont attaqués par la voie de cassation; — Caution exigée des parties.
33. — Cette disposition est applicable aux caisses des diverses administrations de l'État. — Législation spéciale des douanes.
34. — Loi du 11 fructidor an V, relative à l'exécution provisoire des jugements rendus sur les instances dans lesquelles l'agent du trésor aura été partie.
35. — Cette loi ne peut être invoquée par aucune autre administration publique.

36. — *Quid*, si, dans une instance à laquelle l'agent du trésor n'aurait pas été partie, un jugement condamnait le trésor à vider ses mains, et ordonnait l'exécution provisoire nonobstant appel et sans caution?

37. — Loi du 21 février 1827, qui dispense le trésor d'offrir et de donner caution lorsque, dans le cas prévu par les art. 2185, C. civ. et 832, C. proc., la mise aux enchères est requise au nom de l'État. — Objections faites pendant la discussion.

38. — Inconvénients qui peuvent résulter de son exécution.

39. — Le trésor peut ne donner aucune suite à la surenchère; — Comme aussi, dans certains cas, il peut se faire subroger à la poursuite qui serait abandonnée par le créancier surenchérisseur.

40. — Les règles du droit commun, en ce qui concerne les appels, la tierce-opposition, la requête civile, la prise à partie, le pourvoi en cassation, sont applicables au trésor public.

41. Seulement il est dispensé de la consignation d'amende, en cas de pourvoi; — Mais il doit être condamné, s'il succombe, à l'indemnité envers le défendeur.

42. — Arrêté du ministre, en date du 14 décembre 1826, réglant le contrôle des opérations de l'agence judiciaire du trésor.

§ II. — Instances administratives.

43. — Le ministre des finances agit seul, directement et sans l'intermédiaire de l'agent judiciaire, dans les matières du contentieux administratif qui rentrent dans ses attributions.

44. — Le ministre seul a le droit de statuer par voie de décision contentieuse susceptible de recours au conseil d'État.

45. — Quelles sont, d'après la jurisprudence du conseil d'État, les attributions du ministre des finances, en matière contentieuse?

46. — Le ministre n'a pas le droit, dans certains cas, de réformer les décisions contentieuses des autorités hiérarchiquement inférieures.

47. — Mais le ministre peut se pourvoir au conseil d'État, si les délais ne sont pas expirés.

48. — Dans tous les cas, il a le droit de se pourvoir dans l'intérêt de la loi.

49. — La loi du 16 septembre 1807 l'investit du même droit, en ce qui concerne les arrêts de la cour des comptes.

50. — Les décisions du ministre, rendues par défaut, sont susceptibles d'opposition devant le ministre.

51. — Les décisions contradictoires ne peuvent être attaquées que devant le conseil d'État.

52. — Tierce-opposition ouverte aux parties lésées.

53. — La requête civile n'est pas admise contre les décisions ministérielles.

54. — Le ministre pourrait-il se pourvoir au conseil d'État contre une décision qu'il aurait lui-même rendue?

55. — Délai du pourvoi.

---

1. — L'administration des finances de l'État qui comprend la perception des revenus, le payement des dépenses et le maniement des deniers publics, a toujours été considérée chez tous les peuples, comme un des attributs les plus essentiels du gouvernement : aussi, depuis longtemps en France, le pouvoir royal s'était mis en possession de régler souverainement tout ce qui concernait cette importante branche de l'administration publique.

Il ne rentre pas dans le but de cet ouvrage, de retracer ici les diverses modifications qu'a subies l'administration des finances : bornons-nous à dire qu'avant 1789, les règlements sur cette matière, laissés à la direction et au souverain arbitre de la volonté royale et de ses agents immédiats, témoignent trop souvent des exigences des hommes alors au pouvoir, et des abus qu'entraîne toujours à sa suite un pouvoir arbitraire. A l'exception de quelques édits et ordonnances, fruits de la sagesse et de l'intégrité de Sully et de Colbert, actes trop souvent mis en oubli ou violés avec impunité par leurs successeurs, les règlements financiers n'offrent qu'une suite de mesures adoptées le plus souvent en vue de satisfaire aux nécessités des temps, mais sans offrir aux contribuables aucune des garanties que nos lois actuelles leur assurent.

2. — L'Assemblée constituante, pour mettre un terme à ces abus, adopta la loi des 25-27 avril 1791, sur la division de l'administration publique entre les ministres; cette loi fixait à six le nombre des départements ministériels, déterminait les attributions de chacun d'eux, et réservait au pouvoir législatif le droit de régler ces matières.

Cette loi créa un ministre *des contributions et revenus publics.*

Voici en quels termes l'art. 9 déterminait ses attributions :

Ce ministre était chargé :

1° Du maintien et de l'exécution des lois touchant l'assiette des contributions directes et leur répartition; touchant le recouvrement, dans le rapport des contribuables avec les percepteurs et dans le rapport de ces derniers avec les receveurs de district; touchant la nomination et le cautionnement des percepteurs et du receveur de chaque district;

2° De la surveillance, tant de la répartition que du recouvrement et de l'application des sommes dont la levée avait été autorisée par la législature, pour les dépenses qui étaient et seraient à la charge des départements;

3° Du maintien et de l'exécution des lois touchant la perception de ces contributions;

4° De l'exécution des lois et de l'inspection, relativement aux monnaies et à tous établissements, baux, régies ou entreprises qui rendraient une somme quelconque au trésor public;

5° Du maintien et de l'exécution des lois touchant la conservation et l'administration économique des forêts nationales, domaines nationaux et autres propriétés publiques, produisant ou pouvant produire une somme quelconque au trésor public;

6° Sur la réquisition des commissaires de la trésorerie, il devait donner aux corps administratifs les ordres nécessaires pour assurer l'exactitude du service des receveurs;

7° Enfin, il devait rendre compte au corps législatif, au commencement de chaque année, et toutes les fois qu'il serait nécessaire, des obstacles qu'aurait pu éprouver la perception des contributions et revenus publics.

3. — La même loi séparait le trésor public du ministère des contributions et revenus : elle avait créé une *trésorerie nationale*, administrée par six commissaires indépendants des ministres et du roi lui-même, mais soumis à la surveillance de l'assemblée nationale et aux ordres de son comité des finances.

4. — Les lois des 12 germinal an II et 10 vendémiaire an IV, et l'arrêté du 1er pluviôse an VIII, apportèrent des modifications importantes à l'organisation établie par la loi de 1791.

5. — L'arrêté du gouvernement du 7 vendémiaire an X, en créant un *ministre du trésor public,* sépara l'administration des finances en deux départements :

6. — 1° Celui du ministre des finances comprenait : l'exécution des lois sur l'assiette, la répartition et le recouvrement des contributions directes et sur la perception des contributions indirectes; la proposition aux places de receveurs généraux et particuliers; le règlement des soumissions des receveurs généraux; l'administration de la caisse d'amortissement et de garantie; des douanes, des postes aux lettres et aux chevaux, de la loterie, des monnaies, des forêts, de l'enregistrement, des domaines publics, soit pour la conservation, soit pour la vente; la régie des droits réunis, les octrois, la taxe d'entretien des routes, les établissements, baux, régies et autres taxes, qui donnent un produit au trésor; l'expédition des ordonnances pour le payement des pensions civiles; la formation du budget général des recettes et dépenses de chaque année.

7. — 2° Le département du ministre du trésor avait dans ses attributions :

L'exécution des lois et arrêtés ayant pour objet d'assurer les recettes du trésor et de régler les dépenses publiques; la distribution des fonds à mettre à la disposition des divers ministres, et l'autorisation de payements de leurs ordonnances délivrées dans les formes constitutionnelles; la tenue et les mutations du grand livre de la dette publique et du registre des pensions; les instructions réglant la comptabilité des receveurs-généraux et particuliers et des payeurs; la surveillance et le contrôle du versement des fonds et revenus publics de toute nature dans la caisse du trésor à Paris, ou dans les caisses extérieures; les négociations exigées par le service; le mouvement des fonds, les poursuites pour le recouvrement des débets des comptables et autres débiteurs; les établissements de banque autorisés par la loi.

Comme on le voit, les deux ministères avaient entre eux de fréquents rapports, et devaient exercer sur leurs opérations respectives un contrôle et une surveillance utiles à l'administration des finances.

8. — Ce système se maintint pendant toute la durée de l'Empire, et même il fut rétabli pendant les Cent-jours.

9. — Mais, à la seconde Restauration, un seul ministre, sous le titre de ministre des finances, « fut chargé de réunir ces différentes parties, de les rattacher à sa direction personnelle, et de répondre au Roi et à la France de tous les actes relatifs au maniement des deniers publics. Le service du trésor et celui des contributions directes se rangèrent immédiatement sous ses ordres; les revenus indirects restèrent confiés à des corps administratifs, qui devaient désormais devenir les agents d'un même chef, et lui offrir les moyens de remplir les nouveaux devoirs de publicité et de responsabilité qui lui étaient imposés par un mandat royal, dont l'accomplissement avait tous les intérêts du pays pour contradicteurs et pour juges (1). »

10. — Pendant toute la durée du gouvernement de la Restauration, le contrôle annuel des chambres, sur les dépenses faites et sur celles à inscrire par prévision au budget de l'État, amena des modifications profondes dans les règles antérieurement suivies pour la comptabilité des recettes et dépenses,

(1) Rapport au Roi, sur l'administration des finances par M. le comte de Chabrol, Paris, Imprimerie Royale, in-4°. 1830. — On peut suivre dans ce document remarquable toutes les améliorations introduites depuis l'an VIII, jusqu'en 1829, dans l'administration des finances.

et fit prévaloir insensiblement les vrais principes sur cette importante partie de notre droit public.

11. — Depuis la Révolution de 1830, les justifications exigées par les chambres, sont devenues encore plus sévères : mais comme les lois, ordonnances et règlements sur la comptabilité publique, étaient dispersés dans un grand nombre de documents et actes législatifs, et ne présentaient aucun ordre, ni aucune suite, il devenait nécessaire de les réunir et de les classer dans un règlement général destiné à présenter, suivant un ordre méthodique, la série des divers articles extraits de tous les actes antérieurs, qui avaient déterminé successivement les règles et les formes prescrites aux administrateurs et aux comptables, pour la recette et l'emploi des deniers de l'État.

C'est dans ce but que fut rendue, sur le rapport du ministre des finances (M. Lacave-Laplagne), et de l'avis du conseil des ministres, l'ordonnance du 31 mai 1838.

Cette ordonnance contient dans ses 695 articles, toutes les dispositions législatives et réglémentaires applicables aux diverses comptabilités, ayant pour objet les recettes et les dépenses de l'État : c'est un code de la comptabilité publique, aussi remarquable par le classement et l'ordre général des matières que par la clarté apportée dans la rédaction des dispositions de détail.

12. — Nous avons dit que la loi des 25-27 avril 1791 avait réservé au pouvoir législatif le droit de régler le nombre des départements ministériels et de déterminer les attributions de chacun d'eux.

Mais on peut considérer cette disposition comme tombée en désuétude depuis plus de quarante années : car, à partir de l'an VIII, on voit tous les gouvernements qui se sont succédé en France, se mettre et se maintenir en possession du droit de déterminer le nombre des agents immédiats du pouvoir exécutif, et de fixer leurs attributions respectives.

Ce droit semble avoir été reconnu et sanctionné par la loi du 24 juillet 1843, portant fixation du budget des dépenses de l'année 1844, et dont l'article 7 est conçu en ces termes : « Avant le 1er janvier 1845, l'organisation centrale de chaque ministère sera réglée par une ordonnance royale, insérée au Bulletin des lois : aucune modification ne pourra y être apportée que dans la même forme et avec la même publicité. »

En exécution de cet article, une ordonnance royale du 17 décembre 1844 a réglé l'organisation de l'administration des finances.

Cette ordonnance, qui vise celles des 6 fév. 1825, 13 novembre 1829 et 7 juillet 1831, concernant l'organisation de l'administration centrale des finances, et les ordonnances des 5 et 12 janvier 1831 et 8 janvier 1841, concernant les diverses régies et administrations financières, a organisé l'administration centrale des finances, ainsi qu'il suit : cabinet du ministre, direction du personnel et de l'inspection générale des finances; secrétariat général et contrôle des administrations financières; direction du mouvement général des fonds; direction de la dette inscrite; direction de la comptabilité générale; direction du contentieux des finances; service de la caisse centrale du trésor; service du payeur central du trésor; contrôle central. Le titre II règle l'organisation des administrations financières qui comprennent : l'administration de l'enregistrement et des domaines; l'administration des douanes; l'administration des contributions directes; l'administration des contributions indirectes; l'administration des tabacs; l'administration des postes; l'administration des forêts et la commission des monnaies et médailles.

Nous n'avons point à examiner les diverses dispositions de cette ordonnance qui n'a fait, en grande partie, que coordonner et sanctionner les règlements antérieurs.

13. — Le but spécial de cet ouvrage étant de traiter du contentieux du trésor et des principales matières qui s'y rattachent, nous allons exposer en quoi consistent les attributions du ministre des finances, considéré comme défenseur né des actions et droits contestés du trésor public; quels sont les agents que les lois et règlements ont placés sous ses ordres pour atteindre ce but, et quelles sont les modifications que les lois, ordonnances et règlements ont apportées au droit commun, quant à la défense des droits du trésor, à la procédure à suivre, tant devant les tribunaux que devant l'autorité administrative, et à l'exécution des jugements, arrêts et décisions contentieuses dans lesquels il se trouve intéressé.

§ Ier. — Actions judiciaires du trésor public.

14. — A peine la loi des 25-27 avril 1791, avait-elle déterminé les attributions des divers départements ministériels, et fixé en particulier celles du ministre des contributions et revenus publics, qu'un décret des 27-31 août même année, déterminait les fonctions de l'*agent judiciaire* du trésor public.

Cet agent auxiliaire, du ministre des finances, avait été créé par une loi du 15 août 1790, qui l'autorisait à poursuivre, à sa requête et sous sa seule signature, devant tous juges et tribunaux, le recouvrement des créances actives du trésor public et les comptables en débet.

L'agent judiciaire devait remplacer le contrôleur des restes et le contrôleur des bons d'État, fonctionnaires supprimés par le décret du 21 juillet 1790, et qui étaient chargés, avant 1790, de la poursuite de tous les débets des comptables, et de la répétition de toutes les sommes dues à l'État, par tous ses débiteurs.

La défense ou la poursuite des droits du trésor, demandant une suite non interrompue, soit d'actes conservatoires, soit d'actes de procédure et d'exécution, que le ministre ne peut pas toujours diriger, l'Assemblée nationale comprit la nécessité d'investir un agent spécial, sous l'autorité du ministre des contributions et revenus publics, du pouvoir de représenter le trésor public dans toutes ses actions actives et passives devant les tribunaux.

C'est pourquoi le décret des 27-31 août, encore aujourd'hui en vigueur, régla les fonctions de l'agent du trésor public, ainsi qu'il suit :

Art. 1er. L'agent du trésor public tiendra deux registres ou sommiers. Il énoncera sur le premier les titres de créances actives du trésor public, qui donnent et donneront lieu à des actions judiciaires.

Il portera sur le second, les demandes et répétitions formées judiciairement contre la nation.

Art. 2. Il remettra tous les mois, aux commissaires de la trésorerie, un état de situation des différentes affaires.

Art. 3. Lorsque les affaires lui paraîtront susceptibles de difficultés, soit avant l'instance, soit pendant la durée de leur instruction, il prendra, sur le compte qu'il en rendra aux commissaires de la trésorerie, l'avis par écrit des hommes de loi qu'ils lui indiqueront. Il présentera cet avis aux commissaires qui l'autoriseront à agir de la manière qui leur paraîtra la plus convenable aux intérêts de la nation.

Art. 4. Dans les cas où, par des circonstances particulières, il y aurait lieu d'adhérer à un contrat d'union de créanciers, ou d'accorder quelques délais à un débiteur poursuivi, les commissaires de la trésorerie pourront donner à l'agent du trésor public tous les pouvoirs nécessaires à cet effet.

Art. 5. S'il s'agit de transiger, l'agent du trésor public pourra y être autorisé par les commissaires de la trésorerie; mais la transaction n'aura d'effet vis-à-vis de la nation, qu'après l'approbation du corps législatif.

Art. 6. Les assignations et significations qui seront dans le cas d'être faites au domicile de l'agent du trésor public, ne seront *valables* que quand il les aura visées.

Art. 7. Chaque année, les commissaires de la trésorerie comprendront dans un état général, les frais de procédure qui auront été faits pendant l'année par les avoués et hommes de loi, pour la suite des affaires. Cet état, visé par les commissaires de la trésorerie, sera présenté au Roi par le ministre de l'intérieur pour être ordonnancé.

15. — La première remarque à faire sur ce décret, c'est qu'il résulte aussi bien de son esprit que de son texte, que, dans tous les cas, l'agent du trésor ne doit procéder tant en demandant qu'en défendant, qu'avec l'autorisation du ministre des finances, représentant seul aujourd'hui les anciens commissaires de la trésorerie nationale. La raison de cette règle est que le ministre seul est responsable, d'après la Charte; or, cette responsabilité, qui s'étend à tous les actes d'administration, aussi bien qu'à ceux de politique générale, lui donne le droit de diriger la marche de toutes les affaires ressortissant aux attributions ministérielles de son département.

Le ministre seul a donc le droit de décider si l'agent du trésor devra intenter à une action, ou défendre à celles formées contre le trésor public.

16. — Toutefois, ce droit du ministre ne fait pas obstacle à ce que, en cas d'urgence, l'agent judiciaire exerce, sans autorisation spéciale, tous actes conservatoires, interrompe toute prescription, déchéance et péremption, et assure, par tous les moyens de droit, la conservation et le libre exercice des droits du trésor. Les actes conservatoires ne sont que des mesures de précaution : ils n'engagent et ne préjugent pas le fond même des questions; ils ont uniquement pour objet de mettre à couvert les droits de l'État : l'agent judiciaire a donc le droit de les faire, sans en référer préalablement au ministre ; car si ce dernier, après mûr examen, ne croit pas devoir donner suite à ces actes, l'affaire n'ira pas plus loin : mais au moins les intérêts de l'État auront été sauvegardés, et souvent mis à l'abri d'un tort irréparable.

17. — L'article 3 du décret oblige l'agent judiciaire à prendre l'avis écrit des hommes de loi indiqués par le ministre, dans toutes les affaires qui paraîtraient susceptibles de difficultés, soit avant l'instance, soit pendant la durée de leur instruction. Cet avis a pour but d'éclairer le ministre, et de lui fournir les moyens d'autoriser l'agent du trésor à agir de la manière la plus convenable aux intérêts de l'État : les hommes de loi, dont parle cet article, se composent des avocats et avoués du trésor public, qui forment, avec quelques chefs de l'administration, un conseil judiciaire, qui est consulté toutes les fois que le ministre le juge convenable.

18. — Résulte-t-il de cet article 3 que, sur l'avis des conseils du trésor, le ministre ait le droit de se désister d'une instance, de se démettre d'un appel, de renoncer à l'effet de tous actes conservatoires, de consentir l'exécution de tous jugements et arrêts? L'affirmative ne nous paraît nullement douteuse. Les termes de l'article démontrent en effet, que l'intention du législateur de 1791 a été d'investir le ministre responsable des pouvoirs les plus étendus, pour agir avant et pendant les instances *de la manière qui lui paraîtra la plus convenable aux intérêts de la nation*. C'est là une autorisation aussi large que possible, et qui s'explique par la responsabilité publique qui doit toujours atteindre, en définitive, tous les actes ministériels. D'ailleurs, donner au ministre le droit d'intenter une action en justice, et ne pas lui donner le droit de s'en désister plus tard, ou d'adhérer à un jugement, c'eût été exposer l'État à des pertes certaines et aux inconvénients les plus graves. La loi a présumé, avec raison, que le ministre n'userait pas légèrement des pouvoirs qu'elle lui accordait : elle a voulu qu'il s'entourât de lumières, et qu'il prît l'avis d'hommes spéciaux, dont le talent et la probité offrent toutes les garanties désirables. Sans doute, le ministre peut n'être pas d'accord avec les conseils du trésor, et adopter une décision qui soit en opposition directe avec l'avis de ces jurisconsultes ; mais, dans ce cas, le contrôle des grands pouvoirs de l'État doit rassurer sur l'usage ainsi fait de l'autorité ministérielle, et la responsabilité qui pèse sur de tels actes est la garantie la plus sûre de l'emploi de cette autorité dans le véritable intérêt de l'État.

L'opinion que nous soutenons a d'ailleurs été sanctionnée par le conseil d'État, pour les affaires qui intéressent le domaine. En effet, un avis de plusieurs comités de ce conseil, réuni à la demande spéciale du ministre des finances, a décidé le 14 août 1832, sur le rapport de M. Vivien, conseiller d'État : « Que dans l'état de la législation, le ministre des finances a le droit de se désister des instances introduites devant les tribunaux, dans toutes les affaires qui intéressent le domaine de l'État, lorsque ce désistement lui paraît dicté par les intérêts du domaine. »

Cette solution est évidemment applicable aux

instances qui concernent spécialement le trésor public.

19. — L'art. 4 attribue au ministre le droit de donner à l'agent du trésor tous les pouvoirs nécessaires à l'effet d'adhérer à un contrat d'union de créanciers, ou d'accorder quelques délais à un débiteur poursuivi.

20. — Cet article ne s'explique pas sur le droit du ministre de prendre part à un traité de concordat: mais nous ne doutons pas qu'il ne possède ce pouvoir. Le concordat ne s'établit, conformément à l'art. 507 du Code de commerce, que par le concours d'un nombre de créanciers formant la majorité, et représentant, en outre, les trois quarts de la totalité des créances vérifiées et affirmées, ou admises par provision.

Ce traité doit être homologué en la forme légale (Voy. art. 507 et suiv. C. comm.); il contient donc l'expression de la volonté de la majorité des créanciers représentant les trois quarts du passif de la faillite, volonté sanctionnée par la justice : dès lors, il serait contraire à tous les principes admis par notre législation, de dénier au trésor, créancier d'un failli, la possibilité de prendre part à un traité qui fixe d'une manière uniforme le sort de tous les créanciers de la faillite.

21. — Le ministre a également le droit de consentir à la cession de biens faite par un débiteur malheureux, volontairement ou judiciairement, dans les termes des art. 1265 et suivants du Code civil.

En effet, la cession de biens volontaire étant celle que les créanciers acceptent volontairement, et n'ayant d'effet que celui résultant des stipulations mêmes du contrat passé entre eux et le débiteur (C. civ., 1267), le ministre reste le maître de l'accepter ou de la refuser, suivant que les intérêts du trésor le commandent.

Mais comme les créanciers ne peuvent refuser la cession judiciaire, si ce n'est dans les cas exceptés par la loi (C. civ., 1270), le ministre est obligé d'accepter cette cession, lorsqu'elle a été admise par la justice.

22. — L'art. 5 porte que, s'il s'agit de transiger, l'agent du trésor pourra y être autorisé par les commissaires de la trésorerie, mais que la transaction n'aura d'effet vis-à-vis de la nation qu'après l'approbation du corps législatif.

Ainsi, il faut une loi pour qu'une transaction intervenue entre le trésor et un particulier, soit valable et produise effet vis-à-vis de la nation, c'est-à-dire engage l'État d'une manière irrévocable.

Cet article est conforme au principe adopté par la loi du 1er décembre 1790, qui ne permet l'aliénation des domaines et droits domaniaux de l'État qu'avec la sanction du corps législatif.

Or, comme transiger c'est faire l'abandon d'une partie de son droit, on a été naturellement amené à conclure qu'une loi était aussi nécessaire pour transiger que pour aliéner.

Il faut avouer cependant que l'analogie n'est pas aussi parfaite qu'elle le paraît au premier aperçu. — On conçoit bien qu'une loi soit nécessaire pour aliéner une portion quelconque du domaine de l'État, parce que dans ce cas on diminue son actif, et qu'il n'appartient qu'au corps législatif de statuer sur la disposition de ce qui appartient à l'État. Mais une transaction n'a pas toujours pour effet de diminuer la fortune publique, et, d'un autre côté, elle n'a jamais lieu que sur des prétentions rivales, sur des droits litigieux et contestés : on ne voit donc pas trop pourquoi le ministre, qui peut adhérer à un jugement contraire à l'État, abandonner une instance intentée ou se désister d'un appel, ne pourrait pas transiger sur les questions en litige. On éviterait souvent, par ce moyen, les inconvénients des procès qu'on ne peut arranger à l'amiable et qui entraînent des frais considérables, en pure perte pour le trésor.

Ajoutons que le corps législatif est peu propre à homologuer une transaction : d'abord ne siégeant que pendant une partie de l'année, son absence expose les intéressés à des retards préjudiciables : de plus, les formes constitutionnelles apportent de nouveaux obstacles à la solution de difficultés qui demandent à être tranchées promptement : enfin, l'examen d'une transaction sur des droits réclamés par l'État et contestés par ses adversaires, paraît rentrer bien plutôt dans les attributions d'un corps administratif que dans celles du pouvoir législatif. Aussi, est-il à remarquer qu'on chercherait vainement dans le recueil de nos lois, depuis les cinquante dernières années, une seule transaction approuvée sous forme de loi. Il est cependant certain, qu'en maintes circonstances, le ministre des finances a transigé, en se passant de cette approbation. Ces faits démontrent qu'il conviendait de modifier la disposition du décret du 27 août 1791, et nous pensons qu'on arriverait à un résultat conforme à la fois aux véritables intérêts de l'État et des particuliers, si l'on attribuait le pouvoir de transiger au ministre, en l'obligeant à soumettre préalablement le projet de transaction à l'approbation du conseil d'État, par ordonnance rendue en la forme de règlement d'administration publique.

23. — Il est certain que le ministre ne pourrait autoriser l'agent du trésor à renoncer à la prescription acquise; car celui qui ne peut aliéner ne peut renoncer à la prescription acquise (C. civ., 2222); et le ministre n'étant qu'administrateur des droits et actions de l'État, ne pourrait aliéner dans aucun cas les droits appartenant au trésor : il devrait donc opposer la prescription si elle était acquise à l'État.

Il en serait de même s'il s'agissait d'opposer à des créanciers du trésor des déchéances ou des péremptions de leurs droits. Le ministre serait radicalement incapable de relever ces créanciers des déchéances ou péremptions qu'ils auraient encourues : car, dans ce cas, il s'agirait d'aliéner un droit acquis à l'État, puisque la renonciation de la part du ministre aux déchéances et péremptions aurait pour effet de faire revivre des créances éteintes; ce qui serait formellement contraire aux lois d'ordre public sur les déchéances (1).

24. — L'art. 6 du décret veut que les assignations et significations qui seront dans le cas d'être faites au domicile de l'agent du trésor public, ne soient valables que quand il les aura visées. Cette

(1) Voy. ci-après, le chap. XII.

disposition est confirmée par l'art. 69 du Code de procédure civile. Le n° 2 de cet article porte que le trésor sera assigné en la personne ou *au bureau de l'agent*, ce qui indique clairement que l'assignation doit être remise au bureau établi au Trésor; et le n° 5 ajoute que l'original sera visé de celui à qui copie de l'exploit sera laissée.

25. — Le visa seul rend *valables* les assignations et significations faites à l'agent du trésor; c'est-à-dire que le trésor peut arguer de nullité tous exploits qui n'auraient pas été visés par ses agents, conformément à la loi. Mais il est à remarquer que, comme la formalité du visa est établie dans le seul intérêt de l'administration publique, et pour la mettre en mesure de se défendre, le trésor pourrait renoncer à se prévaloir de cette nullité. C'est ainsi que la cour de cassation a décidé, par un arrêt de rejet du 25 janvier 1825, qu'un paiement fait par la caisse des consignations à un créancier porteur d'une opposition non visée était valable (1).

26. — Le décret ne dit pas si le *visa* exigé par l'art. 6 sera sans frais: mais cela résulte de l'article 1039 du Code de procédure, dont la disposition s'applique à toutes les significations faites à des personnes publiques préposées pour les recevoir.

27. — Il n'est point nécessaire, à peine de nullité, que le *visa* soit apposé le jour même de la signification ou assignation; cette formalité peut être remplie ultérieurement (2).

(1) Dalloz, 1825, I. 174. — Voy. mon ouvrage sur la caisse des consignations, n°s 334, 335, 336 et 337.

(2) Cassation, rejet, 25 janvier 1825. — Dalloz, 1825, I, 174.

28. — D'après l'art. 49 n° 1, du Code de procédure civile, sont dispensées du préliminaire de conciliation les demandes qui intéressent l'État et le domaine. — Il résulte de cette disposition que les instances dans lesquelles le trésor public se trouve engagé, soit en demandant, soit en défendant, ne sont pas assujetties au préliminaire de conciliation.

On sait que suivant l'art. 15, titre 3, de la loi des 28 octobre, 5 novembre 1790, aucune action ne peut être intentée contre l'État, qu'au préalable, il n'ait été remis à l'autorité administrative (au préfet) un mémoire expositif de la demande. L'obligation imposée aux adversaires de l'État d'accomplir cette formalité préalable ne se trouvant point exigée par le décret des 27-31 août 1791, on doit en conclure qu'elle n'est de rigueur que pour les actions concernant le domaine national et les droits mobiliers et immobiliers qui en dépendent. Les instances dans lesquelles le trésor peut se trouver intéressé sont donc affranchies de cette formalité (1).

29. — Mais dans tous les cas, les causes qui concernent le trésor doivent être communiquées au ministère public, suivant la prescription de l'art. 83-n° 1 du Code de procédure civile; et il y aurait nullité d'ordre public, dans un jugement, portant con-

(1) Comme il ne rentre pas dans le but de cet ouvrage d'exposer les règles relatives aux instances soutenues ou intentées par l'administration des domaines, nous nous bornerons à signaler ici le règlement du ministre des finances, du 3 juillet 1834, pour l'introduction et la suite des instances judiciaires en matière domaniale, et l'ordonnance du 6 mai 1838, qui charge cette administration de suivre sur toutes actions concernant la propriété des domaines de l'État.

damnation contre le trésor, si le ministère public n'avait pas donné ses conclusions. Telle est la jurisprudence de la cour de cassation en matière d'enregistrement, et cette jurisprudence est entièrement applicable à tous les cas dans lesquels l'État se trouve partie intéressée (1).

30. — Pour assurer la défense des droits du trésor sur les lieux mêmes où s'engagent les procès, le décret du 7 mai 1808 veut qu'un avoué, résidant dans le chef-lieu de chaque département, soit commissionné par le ministre des finances, en qualité d'agrégé à l'agence judiciaire du trésor public, et chargé, sous la direction de l'agent judiciaire, de suivre les poursuites à exercer contre les débiteurs du trésor public.

31. — L'art. 7 et dernier du décret des 27-31 août 1791, voulait que l'état général des frais de procédure faits pendant l'année par les avoués et hommes de loi, pour la suite des affaires du trésor, fût visé par les commissaires de la trésorerie, et présenté au roi par le ministre de l'intérieur pour être ordonnancé. — Aujourd'hui, c'est le ministre des finances seul qui arrête et ordonnance les états de frais faits pour le compte de son département, et le ministre de l'intérieur n'a plus aucun contrôle à exercer sur cette partie des dépenses de l'administration du trésor.

32. — Nous avons dit en commençant, que le décret des 27-31 août 1791, relatif aux fonctions de l'a-

(1) Cassation, 15 floréal an X, Sirey, 2, II, 357. — Id., 16 juillet 1806, Sirey, 6, I, 349.

gent du trésor public, était encore aujourd'hui en vigueur. Aucun changement n'a été introduit, jusqu'à présent, dans les attributions que le décret a dévolues à cet agent. Des lois postérieures, basées sur l'expérience, sont venues ajouter aux garanties et aux précautions que commandent de prendre la gestion et la défense des intérêts de l'État.

Ainsi, le décret des 16-19 juillet 1793 porte : « La Convention nationale décrète qu'il ne sera fait, par la trésorerie nationale et par les caisses des diverses administrations de la République, aucun paiement en vertu de jugements qui seront attaqués par voie de la cassation, dans les termes prescrits par le décret, qu'au préalable, ceux au profit desquels lesdits jugements auraient été rendus, n'aient donné bonne et suffisante caution pour sûreté des sommes à eux adjugées. »

Cette disposition a été adoptée afin d'éviter au trésor les pertes irréparables qu'il aurait souvent à supporter, si les jugements obtenus contre lui étaient exécutoires, comme ceux rendus entre les simples particuliers, nonobstant le pourvoi en cassation. — On sait qu'en matière civile, la demande en cassation n'arrête pas l'exécution du jugement, et que dans aucun cas et sous aucun prétexte, il ne peut être accordé de surséance (Loi des 27 novembre-1er décembre 1790, art. 16). Si donc le trésor était obligé de payer, malgré le pourvoi qu'il aurait formé devant la cour suprême, il arriverait qu'en cas d'insolvabilité de la partie prenante, il se verrait frustré de tout recours utile pour obtenir le remboursement, si le jugement exécuté venait à être annulé par la cour de cassation. C'est pour obvier à cet inconvénient grave qu'a été rendu le décret précité. Mais on doit remarquer que le trésor n'est fondé à arrêter l'exécution des jugements qui le condamnent à vider ses mains, et ne peut exiger caution de ses adversaires, qu'autant qu'il est en mesure de justifier de son pourvoi en cassation, par la notification du certificat délivré par le greffier de cette cour, constatant le dépôt et la régularisation du pourvoi.

33.—Le bénéfice du décret des 16-19 juillet 1793 peut-il être invoqué par d'autres caisses que celle du trésor public? L'affirmative ne paraît devoir faire aucun doute; car les termes du décret s'appliquent aux *caisses des diverses administrations de la République*, ce qui comprend toutes les caisses où l'on gère les deniers de l'État. — On doit ranger dans cette catégorie la caisse d'amortissement et celle des dépôts et consignations, pour tous les services dont cette dernière est chargée en vertu des lois et règlements (1); la caisse des invalides de la marine; celles des receveurs généraux et particuliers et des payeurs dans les départements, dans les ports et aux armées, en tant que les jugements obtenus contre ces fonctionnaires auraient pour objet des condamnations contre l'État.

La loi du 9 floréal an VII, sur les douanes, renferme, dans son art. 15, une disposition analogue à celle du décret des 16-19 juillet 1793. Cet article porte : « Lorsque la mainlevée des objets saisis pour contravention aux lois dont l'exécution est confiée à l'administration des douanes, sera accordée

(1). Voy. mon ouvrage sur cette caisse.

par jugements contre lesquels il y aura pourvoi en cassation, la remise n'en sera faite à ceux au profit desquels lesdits jugements auront été rendus, qu'au préalable ils n'aient donné bonne et suffisante caution de leur valeur. La mainlevée ne pourra jamais être accordée pour les marchandises dont l'entrée est prohibée. »

On voit que c'est le même esprit qui a dicté les deux dispositions.

34. — Une autre loi du 11 fructidor an V, relative à l'exécution provisoire des jugements rendus sur les instances dans lesquelles l'agent du trésor aura été partie, est calquée sur celle de 1793; elle porte :

« Art. 1er. Les jugements rendus sur les instances dans lesquelles l'agent du trésor public aura été partie, soit en demandant, soit en défendant, sont exécutoires par provision.

« Art. 2. L'exécution provisoire n'aura lieu en faveur des particuliers qui voudront en user, qu'après avoir fourni bonne et suffisante caution dans les formes ordinaires. »

Ainsi, cette loi autorise le trésor à exiger l'exécution provisoire des jugements qu'il aura obtenus contre des particuliers, sans aucune formalité ni justification préalable, d'après la maxime : *Fiscus semper est solvendo, et ideò nunquam dat fidejussorem.* Mais, tout au contraire, lorsque les adversaires du trésor veulent poursuivre l'exécution provisoire, ils doivent présenter et faire admettre contradictoirement avec le trésor, et dans les formes ordinaires, une caution jugée bonne et suffisante pour répondre des suites de l'exécution, si le jugement venait plus tard, sur l'appel, à être annulé par les juges du degré supérieur.

35. — Le droit accordé au trésor par l'art. 2 de la loi du 11 fructidor an V, ne pourrait être invoqué par aucune autre administration publique : car cette loi n'est applicable qu'à l'exécution provisoire des jugements rendus sur les instances dans lesquelles *l'agent du trésor aura été partie* : d'où il suit que les autres caisses et administrations non représentées par cet agent ne sont pas recevables à s'en prévaloir.

36. — Nous venons de voir que l'exécution provisoire ne peut avoir lieu contre le trésor, en faveur des particuliers qui voudront en user, sur les instances dans lesquelles l'agent du trésor aura été partie, qu'à la charge d'avoir fourni bonne et suffisante caution dans les formes ordinaires.

Mais qu'arriverait-il, si, sur une instance dans laquelle l'agent du trésor n'aurait pas été partie, un jugement condamnait le trésor à vider ses mains, comme tiers saisi, séquestre, etc., et ordonnait l'exécution provisoire nonobstant appel et sans caution ? Le trésor pourrait-il invoquer le bénéfice de l'art. 2 de la loi du 11 fructidor an V?

La négative nous paraît certaine : car il résulte des termes de cette loi que l'exception qu'elle a établie en faveur du trésor doit être restreinte aux instances dans lesquelles l'agent du trésor a été partie.

Mais la solution de la question se trouve dans l'article 548 du Code de procédure : cet article porte : « Les jugements qui prononceront une mainlevée, une radiation d'inscription hypothécaire, un paiement, ou quelque autre chose à faire par un tiers ou à sa charge, ne seront exécutoires par les tiers ou contre eux, même après les délais de l'opposition ou de l'appel, que sur le certificat de l'avoué de la partie poursuivante, contenant la date de la signification du jugement faite au domicile de la partie condamnée, et sur l'attestation du greffier constatant qu'il n'existe contre le jugement ni opposition ni appel. » Il résulte de cet article que toutes les fois qu'il s'agit d'une chose à faire par un *tiers qui n'a pas été partie dans un procès*, ce tiers est en droit d'exiger la preuve que le jugement qu'on vient le requérir d'exécuter est en dernier ressort ou passé en force de chose jugée. Par conséquent, dans un cas semblable, le trésor, considéré comme tiers étranger à l'instance, aurait le droit d'exiger les justifications prescrites par l'art. 548 du Code de procédure, et devrait se refuser à payer, quand même l'exécution provisoire aurait été ordonnée.

C'est au reste ce que la cour de cassation a décidé par un arrêt du 25 mai 1841, rendu au rapport de M. le conseiller Troplong, et sur les conclusions conformes de M. l'avocat général Delangle (1).

« Considérant, dit cet arrêt, que l'art. 548 Code de procédure, est spécial pour le cas de paiement à faire en vertu d'un jugement, par un tiers qui n'y a pas

(1) Dalloz, 1844, I, 229. — J'avais soutenu l'opinion contraire dans mon ouvrage sur la caisse des consignations, et dans le pourvoi qui a donné lieu à cet arrêt; mais je dois reconnaître que la doctrine consacrée par la cour suprême est conforme à la véritable interprétation des art. 548 et 135 C. de procédure, et doit être préférée comme donnant aux tiers des garanties indispensables. Voyez le rapport très-remarquable de M. le conseiller Troplong, dans Dalloz, *loc. cit.*

étépartie; que, dans le but de donner aux intéressés des garanties indispensables, il établit des conditions spéciales et de rigueur dont l'inobservation constitue ce tiers en état de faute et engage sa responsabilité; — Que l'art. 548, loin d'être modifié par l'art. 135 Code de procédure, contient au contraire une dérogation à cet article; que c'est ce qui est indiqué clairement 1° par la place qu'occupe l'art. 548 par rapport à l'art. 135, 2° par la généralité précise de ses termes, 3° par son objet qui embrasse toutes les choses à faire par un tiers en vertu d'un jugement, tandis que l'art. 135 concerne plutôt l'effet d'un jugement entre les parties au procès; 4° par le rapprochement de l'art. 548 avec l'art. 2157 Code civil. »

Dans aucun cas, l'exécution provisoire ne peut être ordonnée pour les dépens (C. proc., art. 137); par conséquent le trésor devra toujours attendre la solution définitive de l'instance, la taxe des dépens, et la signification, ou tout au moins la justification de l'exécutoire de dépens délivré contre lui, pour acquitter cette partie de la condamnation.

57. — Pendant longtemps, on avait agité la question de savoir si le trésor était tenu, comme un simple particulier, de donner caution, lorsqu'il faisait une surenchère sur une aliénation volontaire, conformément aux art. 2185 du Code civil et 832 du Code de procédure civile. Un arrêt de la cour royale de Paris, en date du 27 juin 1825 (1), avait décidé que le trésor était tenu, dans ce cas, de donner caution. Cet arrêt disait dans ses motifs, « que si le tré-

(1) Sirey, 25, II, 259.

sor est évidemment solvable, sa solvabilité ne rendait pas le bail de caution absolument inutile; que les règles spéciales pour les poursuites à diriger contre le trésor rendant ces poursuites difficiles, il y avait intérêt à exiger une caution qui ne pût se retrancher derrière les priviléges accordés au trésor. La cour de cassation, par arrêt du 9 août 1826, rejeta le pourvoi formé par le trésor, contre cet arrêt, par le motif qu'il n'y avait ni violation, ni fausse application de la loi; elle ajoutait que si, attendu la solvabilité notoire du trésor, on pensait qu'il pût être dispensé du bail de caution, le législateur seul pouvait établir cette exception (1).

C'est pour répondre à ce dernier arrêt, que le gouvernement présenta le projet devenu la loi du 21 février 1827, laquelle dispense le trésor d'offrir et de donner caution lorsque, dans le cas prévu par les art. 2185 du Code civil et 832 du Code de procédure civile, la mise aux enchères est requise au nom de l'État.

38. — Malgré la faveur qui s'attache assez volontiers à la cause du trésor, cette loi n'a pas été adoptée sans de sérieuses objections. On a dit que si le trésor était notoirement solvable, la solvabilité se composait de deux éléments distincts, le pouvoir et la volonté de payer; qu'en admettant la solvabilité du trésor, sous le premier rapport, on pouvait la contester sous le second. Aussi voulait-on obliger le trésor à donner, à la place d'une caution, un gage suffisant; et M. le comte Mollien avait proposé, à la

(1) Sirey, 27, I, 17.

chambre des Pairs, d'ajouter à la loi ces mots: « il (le trésor) y suppléera, sous peine de nullité, par un dépôt équivalent fait à la caisse des consignations (1).»

Mais cette proposition fut rejetée. Il faut avouer néanmoins que la position faite au premier adjudicataire par l'État, devenu acquéreur à la suite d'une surenchère, n'est pas exempte de dangers et d'inconvénients; en effet, comme le ministre ordonnateur ne peut payer soit le prix, soit les accessoires, et notamment rembourser les droits de mutation et frais acquittés par le premier adjudicataire, qu'en vertu de crédits spécialement ouverts à cet effet, par le pouvoir législatif, il en résulte que la surenchère de l'État, sans caution ou gage, expose le premier acquéreur à des pertes certaines; et encore est-il à noter, que la déchéance quinquennale établie par la loi du 29 janvier 1831 peut même lui faire courir les risques de perdre entièrement sa créance contre l'État (2). — Ces inconvénients n'existeraient pas, si la proposition de M. le comte Mollien avait été adoptée, car, dans ce cas, l'acquéreur primitif aurait toujours pu exercer un recours utile sur la somme déposée, à titre de gage spécial, à la caisse des dépôts et consignations. Au surplus, dans le cours de la discussion de la loi du 21 février 1827, on a formellement reconnu que le trésor restait assujetti à toutes les autres formalités établies par les Codes civil et de procédure, au cas de surenchère sur aliénation volontaire; que d'ailleurs, le privilège attribué au trésor ne devait point, par

(1) Voy. *Moniteur* du 2 mars 1827.
(2) Voy. le chap. XII.

la suite, être réclamé par les établissements publics, les communes, la liste civile (1), etc.

39. — Puisque la loi et la jurisprudence admettent le trésor à surenchérir, il est évident que l'agent du trésor, qui exerce ce droit, peut également, avec l'autorisation du ministre des finances, s'en désister ou n'y pas donner suite ; comme il pourrait aussi, dans le cas où le privilége ou l'hypothèque du trésor serait inscrite, se faire subroger à la poursuite, si le surenchérisseur ou le nouveau propriétaire ne donnait pas suite à l'action dans le mois de la surenchère ; le tout en se conformant aux art. 832 et suivants du Code de procédure civile.

40. — Aucune loi n'ayant établi de formalités particulières pour les appels à intenter soit par le trésor, soit par ses adversaires, il en résulte que la procédure des appels dirigés contre le trésor ou interjetés en son nom, reste soumise aux règles fixées par les art. 443 et suivants du Code de procédure.

Il en est de même des dispositions de ce Code relatives à la tierce-opposition et à la requête civile. Il est certain que le trésor peut, comme les simples particuliers, recourir à ces voies extraordinaires pour attaquer les jugements.

41. — Le trésor est également soumis au droit commun, en ce qui concerne la forme et le délai des pourvois en cassation; seulement, il est dispensé de consigner l'amende qui doit être versée, à l'appui de la requête en pourvoi : cette exception résulte

(1) M. Duvergier, *Notes sur la loi du 21 février 1827*, t. XXVII, p. 19.

de l'article 17 n° 1, de la loi du 2 brumaire an IV, sur l'organisation du tribunal de cassation, qui dispense de la consignation d'amende, « les agents de la République, lorsqu'ils se pourvoiront pour affaires qui la concernent personnellement. » — Cette dispense entraîne nécessairement l'exemption de la condamnation à l'amende, en cas de rejet du pourvoi, puisque l'amende n'est imposée qu'au profit de l'État. Mais lorsque le trésor succombe dans son pourvoi, il doit être condamné à l'indemnité de 150 francs, établie par l'art. 35 du règlement de 1738, au profit du défendeur en cassation, et ce, en sus du remboursement de tous les frais du pourvoi, selon la liquidation qui en est faite par l'arrêt.

42. — L'art. 1er du décret des 27-31 août 1791 veut que l'agent judiciaire du trésor tienne deux registres ou sommiers ; qu'il énonce sur le premier les titres des créances actives du trésor public qui donnent et donneront lieu à des actions judiciaires ; il doit porter sur le second les demandes en répétitions formées judiciairement contre la nation : suivant l'art. 2, il remet tous les mois aux commissaires de la trésorerie (au ministre) un état de situation des différentes affaires.

Un arrêté du ministre des finances, en date du 14 décembre 1826, pris sur les observations de la commission chargée de l'examen des comptes ministériels pour 1826, relativement au compte des débets et créances litigieuses présenté par l'agent judiciaire, a réglé, ainsi qu'il suit, le contrôle des opérations de l'agence judiciaire du trésor :

« Art. 1er. Le directeur de la comptabilité générale

des finances continuera de tenir le contrôle des débets et créances de toute nature, dont le recouvrement est poursuivi par l'agent judiciaire du trésor royal. — Il ouvrira, sur un registre spécial, un compte à chaque comptable créditeur ou débiteur. — Ce compte sera chargé du montant du débet ou de la créance, et il ne pourra en être déchargé que par des versements effectifs dans les caisses du trésor royal, et par la réduction, l'abandon ou la caducité des créances prononcée par des ordonnances royales, arrêts de la cour des comptes, jugements, décisions ministérielles ou autres titres réguliers.

Art. 2. L'agent judiciaire du trésor dressera chaque année un état sommaire, et par nature de créance, de la situation de tous les débets et créances dont le recouvrement lui est confié. — Cet état indiquera le montant des sommes dues, celles qui auront été recouvrées, réduites, abandonnées, déclarées caduques dans le cours de l'année, et de celles qui resteront à recouvrer. — Le directeur de la comptabilité générale vérifiera et certifiera ledit état, qui sera inséré au compte annuel des finances et soumis à la commission chargée de l'examen des comptes ministériels.

Art. 3. La commission s'assurera de l'exactitude des résultats par le talon des récépissés de versement, et par l'examen des pièces de décharge indiquées à l'art. 1er ci-dessus.

Art. 4. L'agent judiciaire du trésor dressera également, chaque année, pour être inséré au compte annuel des finances, un état sommaire de tous les débets et créances; cet état contiendra, d'après la situation des poursuites, et les documents existants, la distinction des créances en *créances bonnes, douteuses et irrécouvrables.*

§ II. — Instances administratives.

43. — Dans les matières du contentieux administratif qui rentrent dans les attributions du ministre des finances, le ministre agit seul, directement et sans l'intermédiaire de l'agent judiciaire du trésor. Cet agent n'a reçu de la loi de son institution que la mission de représenter le trésor devant les tribunaux ordinaires : mais au ministre seul appartient le droit, soit de statuer en première instance sur les réclamations contentieuses qui lui sont adressées, soit de représenter le trésor devant la juridiction du conseil d'État.

44. — Nous disons que le ministre seul a le droit de statuer, par voie de décision, sur les réclamations contentieuses qui ressortissent au ministère des finances : et en effet, aucun des fonctionnaires supérieurs de son département, tels que le secrétaire général du ministère, les directeurs généraux du contentieux, de l'enregistrement et des domaines, des douanes, des forêts, des contributions directes et indirectes, des postes, des tabacs, ni le président de la commission des monnaies, ne peut prendre une décision qui engage l'Etat, et qui soit opposable aux parties intéressées, ou qui puisse être invoquée par elles. Ces fonctionnaires, consultés dans l'instruction, ne donnent, au point de vue contentieux, que des *avis* motivés soumis au ministre, avis qui peuvent bien servir de base à sa détermination, mais qui, par eux-mêmes n'ont pas force de décision et ne pourraient dans aucun cas être déférés au conseil d'État. Les préfets ne pourraient pas non plus rendre de décision définitive sur les questions qui intéressent les recettes et dépenses de l'État, et qui sont de la compétence du ministre des finances. Mais il faut bien remarquer que le ministre lui-même n'agit comme juge en premier ou second ressort, que dans les matières contentieuses rentrant dans ses attributions : car toutes les fois qu'il statue comme administrateurs, ses actes ne peuvent nullement tomber sous la censure du conseil d'État.

45. — On sait que rien n'est plus délicat que de tracer les limites qui séparent le contentieux administratif d'avec l'administration proprement dite ; les meilleures règles à suivre en cette matière, sont celles fixées par la jurisprudence du conseil d'État.

Ainsi, dans les matières d'enregistrement, le ministre des finances, donnant une solution, ne fait qu'émettre un simple avis, comme conseil suprême du domaine ; cet avis, quoique obligatoire pour l'administration, n'est pas une décision à l'égard des particuliers, qui peuvent résister par la voie ordinaire, aux prétentions de la direction de l'enregistrement, sans être obligés d'attaquer la décision ministérielle (Décret, en conseil d'État, du 29 mai 1808).

Il en est de même en matière de peines fiscales, (ord. en conseil d'État, 4 septembre 1814), et en matière de domaines engagés (id. 18 mars 1818), lorsqu'il s'agit d'apprécier la propriété des biens contestés ; — Les solutions données dans ces cas par le ministre des finances ne sont pas des jugements administratifs : — on ne doit pas non plus considérer comme des décisions susceptibles d'être déférées au conseil d'État, des lettres ministérielles qui ne sont que de simples instructions, données à des préfets ou autres fonctionnaires (Ord. conseil d'État, 17 juillet 1816 ; — 11 mai, 13 juillet, 16 novembre 1825 ; 6 septembre 1826, 12 août 1829; 29 juin, 19 juillet 1832; 26 juin 1835 ; 6 avril 1836, etc.).

De même le ministre des finances est compétent pour annuler un arrêté préfectoral qui a établi un péage au passage des gués des rivières, au préjudice des bacs établis pour le compte de l'État : et c'est là un acte purement administratif qui ne peut être attaqué par la voie contentieuse (id. — 6 avril 1836).

Pour nous en tenir aux attributions spéciales que le ministre des finances possède comme chargé de la défense des droits du trésor, nous nous bornerons à dire que ce ministre est compétent pour statuer par voie contentieuse :

1° Sur toutes les réclamations qui auraient pour objet de constituer l'État débiteur d'une somme, et par exemple sur la liquidation de toutes créances portant sur l'exercice courant de son ministère et sur les exercices clos et non périmés des autres départements ministériels ;

2° Sur la liquidation des pensions à la charge, soit des fonds généraux de l'État, soit des caisses de retenues, en ce qui concerne les diverses administrations financières (1).

(1) Voy. le Manuel des pensionnaires de l'État.

3° Sur l'application des déchéances et prescriptions particulières établies au profit de l'État, pour toutes les anciennes dettes et créances qui n'auraient pas été liquidées, ordonnancées et payées dans les délais prescrits par les lois et règlements (1) ;

4° Sur la fixation des décomptes des prix des biens nationaux, si aucuns étaient aliénés, et sur la fixation définitive des sommes à payer par les détenteurs actuels pour être déclarés propriétaires incommutables des anciens domaines engagés, conformément à la loi du 14 ventôse an VII ;

5° Sur la fixation provisoire des débets de tous les comptables de deniers publics ;

6° Sur la délivrance aux ayants-droit des certificats d'inscription des diverses espèces de rentes de la dette publique, et sur la délivrance des bons du Trésor et autres valeurs de la dette flottante, ainsi que sur la délivrance, aux parties prenantes, des mandats et ordonnances de payement qui se rattachent aux divers services de la trésorerie et du mouvement général des fonds.

En outre, comme chef et administrateur suprême des produits et revenus publics, le ministre des finances est investi du droit de statuer, au contentieux, sur une foule de contestations qui peuvent s'élever entre les particuliers et les diverses administrations annexes du ministère des finances.

46. — Il est à remarquer que le ministre des finances n'a, pas plus que ses collègues, le droit de réformer les décisions ou arrêtés des autorités hié-

(1) Voy. chap. XII.

rarchiquement inférieures, si les lois ou règlements ont donné à ces autorités le pouvoir de rendre sur la matière des décisions contentieuses, soumises directement en appel au conseil d'État. Tels sont, par exemple, les arrêtés des conseils de préfecture, rendus en matière de contributions directes.

47. — Mais, d'une part, le ministre des finances peut appeler de ces décisions devant le conseil d'État, si le trésor se trouve intéressé dans l'instance, et que les délais du pourvoi ne soient pas expirés.

48. — D'un autre côté, lorsque les arrêtés des conseils de préfecture ont acquis, vis-à-vis de l'État, l'autorité de la chose jugée, le ministre peut encore, *dans l'intérêt de la loi, et sans préjudicier aux droits acquis des parties*, déférer ces arrêtés à la censure du tribunal suprême du contentieux administratif (Ordonnances 19 mars, 17 décembre 1823; 7 juin 1826).

49. — La loi du 16 septembre 1807; art. 17, lui donne le droit d'attaquer les arrêts de la cour des comptes devant le conseil d'État, qui prononce, s'il y a lieu, leur annulation.

50. — Les décisions du ministre sont par défaut ou contradictoires, selon que la partie qui s'est pourvue devant le ministre a produit ou non ses moyens de défense.

La décision rendue par défaut doit être soumise, par voie d'opposition, au ministre qui l'a rendue.

51. — Lorsque la décision est contradictoire et qu'elle a été régulièrement notifiée à la partie, elle ne peut être déférée qu'au conseil d'État : en aucun cas, elle ne pourrait être attaquée devant le conseil de

préfecture (Décret. 23 novembre 1823), ni devant les tribunaux (Ord. 1er juin 1828).

52. — Mais le tiers qui se trouverait lésé par une décision du ministre, devrait se pourvoir devant lui par voie de tierce-opposition. Ainsi, par exemple, le tiers qui se trouve lésé par une décision du ministre des finances, qui, sur un décompte de prix de biens nationaux, déclare libéré un autre particulier, acquéreur de domaine national, ne doit pas se pourvoir directement au conseil d'État ; il doit d'abord attaquer cette décision devant le ministre même, par la voie de la tierce-opposition (26 février 1817).

53. — Il est à remarquer que la requête civile n'est jamais admise contre les décisions ministérielles (Ordonnances des 24 décembre 1831 et 4 mai 1835).

54. — Le ministre pourrait-il se pourvoir au conseil d'État contre une décision qu'il aurait lui-même rendue ? Par exemple, sur l'exposé incomplet d'une affaire, en l'absence de pièces décisives, qui démontreraient le droit du trésor, le ministre aurait rendu une décision donnant gain de cause à la partie réclamante ; ainsi, il aurait déclaré l'État débiteur, alors qu'il serait prouvé clairement, par la quittance de la partie, que le trésor ne doit rien. Nul doute, dans ce cas, que le ministre ne fût fondé à se pourvoir contre sa première décision, s'il ne pouvait empêcher autrement qu'elle ne reçût son exécution.

Cette latitude, que nous reconnaissons au ministre, doit surprendre au premier aperçu, parce qu'il est contraire à toutes les règles admises en droit, que celui-là qui est juge, et qui a rendu son jugement, puisse être le premier à en demander l'annulation devant une juridiction supérieure. Mais il ne faut pas perdre de vue que le ministre est juge et partie dans la cause de l'État qu'il représente, et que s'il lui appartient de reconnaître les droits des adversaires de l'État, il lui appartient également de les contester, puisque, dans le cas où sa décision est attaquée devant le conseil d'État, il est appelé contradictoirement à la faire maintenir, non plus comme juge, mais comme partie intéressée. Rien ne semble donc empêcher le ministre, mieux informé, de s'opposer à l'exécution de sa première décision, même par voie de recours au conseil d'État, s'il n'a pas d'autres moyens à sa disposition. Toutefois, ce n'est que dans des cas urgents et extrêmement graves, par exemple, en cas de découverte de pièces décisives retenues par l'adversaire de l'État, que le ministre devra user de ce pouvoir : car la stabilité, qui est un des grands caractères des actes émanés de l'autorité publique, commande de ne point abuser d'une prérogative qui, si elle était exercée sans discernement et avec légèreté, jetterait le plus grand discrédit sur l'autorité des actes ministériels.

55. — Le délai du pourvoi au conseil d'État est le même pour le ministre que pour les particuliers. Ce délai est de trois mois, à partir de la signification ou notification faite à la requête de la partie intéressée.

56. — Nous n'entrerons dans aucuns détails sur les formes du pourvoi, non plus que sur la procédure à suivre devant le conseil d'État. Les règles à cet égard sont tracées par le décret du 22 juillet 1806, dont les dispositions sont applicables à l'État aussi bien qu'aux simples particuliers.

57. — Nous devons seulement signaler, que, selon la jurisprudence constamment établie par le conseil d'État, les administrations publiques ne peuvent être soumises à des condamnations aux dépens, ni en obtenir contre leurs adversaires, lorsqu'elles procèdent devant le conseil sans le ministère d'un avocat, et dans les formes des articles 16 et 17 du règlement du 22 juillet 1806. La raison donnée par le conseil d'État est « qu'aucune loi, aucun règlement ne l'autorise à prononcer de semblables condamnations. » Cette solution résulte d'un très-grand nombre d'ordonnances, notamment de celles des 18 novembre 1818, 13 juin 1821, 5 novembre 1828, 30 novembre 1832, 16 août et 11 octobre 1833, 6 juin, 7 mars, 17 avril 1834, 28 janvier, 3 février, 31 mars 1835, et autres.

Malgré l'égalité que cette jurisprudence semble établir entre l'État et ses adversaires, lorsqu'il s'agit de condamnation aux dépens, on doit dire que cette égalité est plus apparente que réelle ; car l'État, défendeur ou demandeur, n'a aucuns frais à sa charge ; tandis que le simple particulier, qui est obligé de se pourvoir ou de se défendre contre des prétentions de l'État, jugées mal fondées, reste toujours exposé à perdre les frais de timbre, enregistrement et greffe, dont la loi, dans ce cas, ne lui fait aucune remise : et cependant, c'est la faute de l'État, s'il a été obligé de plaider : il serait donc équitable que l'État remboursât ces dépens. Ajoutons que cette solution serait également conforme au principe général posé par le Code de procédure, qui veut que « toute partie qui succombe soit condamnée aux dépens (article 130), » principe d'une éternelle justice, qui, devant les tribunaux ordinaires, atteint l'État et les administrations publiques qui succombent, aussi bien que les particuliers. On ne voit donc pas pourquoi ce principe, qui est la loi générale, applicable, évidemment, dans le silence des lois particulières et des règlements spéciaux, ne serait pas observé devant les juridictions administratives, comme il l'est devant les tribunaux de droit commun.

58. — Avant de terminer ce qui a rapport aux instances administratives, faisons remarquer que, depuis l'ordonnance du 1er juin 1828, les ministres n'ont plus le droit d'élever le conflit d'attribution : aux préfets seuls appartient aujourd'hui ce pouvoir : il est vrai que si le ministre estime que le conflit doive être élevé, il pourra donner l'ordre au préfet de proposer le déclinatoire de juridiction devant le tribunal saisi de la contestation ; mais le ministre n'agira plus directement, comme il pouvait le faire sous l'empire des règlements anciens. Ainsi, un décret du 31 mai 1808 (1) avait décidé qu'un arrêt, soit de la cour d'appel, soit de la cour de cassation, ne peut avoir l'effet de la chose jugée, et recevoir son exécution, s'il se permet de décider quand et comment un payement sera fait par le trésor public ; et que le ministre du trésor peut et doit élever le conflit, et empêcher l'exécution de l'arrêt. — Aujour-

(1) Sirey, 16, II, 353.

d'hui, le conflit, dans aucun cas, ne serait opposable par le ministre, et le préfet devrait le proposer avant l'arrêt sur l'appel : autrement, le jugement ou l'arrêt deviendrait définitif et aurait acquis force de chose jugée.

59. — Un arrêté du gouvernement, du 5 brumaire an X, porte :

« Art. 1er. Toute pièce produite à fin de liquidation ou de payement de sommes prétendues sur le trésor public, ne pourra, si elle est reconnue fausse ou altérée, être rendue aux parties.

Art. 2. Le chef de bureau où la pièce aura été produite, en rendra compte sans retard au ministre, qui en fera un rapport spécial au gouvernement.

Art. 3. Il sera sursis à toute liquidation et payement au profit de celui qui aura produit de pareilles pièces, jusqu'à ce qu'il ait été statué par le gouvernement, sur le rapport prescrit par l'article précédent. »

Il résulte de cet arrêté que, sur le rapport du ministre, des poursuites, soit en inscription de faux, soit au criminel, pourront être intentées contre la personne qui aura tenté de faire usage de la pièce arguée de faux, et, dans ce cas, aucune liquidation ou payement ne pourra avoir lieu avant l'issue de la procédure.

CHAPITRE II.

DES SAISIES-ARRÊTS OU OPPOSITIONS ENTRE LES MAINS DES RECEVEURS, PAYEURS ET ADMINISTRATEURS DE CAISSES ET DE DENIERS PUBLICS (1).

SOMMAIRE.

60. — Les formes à suivre pour les saisies-arrêts ou oppositions au trésor public, établies par les lois de 1792 et 1793, sont confirmées par le décret du 18 août 1807.

61. — Texte de ce décret.

62. — Modifications qu'il apporte au Code de procédure.

63. — Le fonctionnaire responsable du paiement, ne doit pas se constituer juge de la régularité ou de la nullité de la saisie-arrêt.

64. — Il suffit, pour la validité de l'exploit, qu'il soit signifié à la personne préposée pour le recevoir et visé par elle.

65. — Le *visa* doit être sans frais.

66. — La nullité de l'exploit, dans les cas prévus par les art. 3 et 5 du décret, ne peut-elle être opposée que par l'administration, ou bien peut-elle être également invoquée par les tiers intéressés au paiement?

67. — Tant que la somme due par le trésor n'a pas été remboursée, les parties peuvent réparer les vices des exploits signifiés.

68. — La saisie-arrêt n'a d'effet que jusqu'à concurrence de la somme portée en l'exploit. — Conséquences qui en résultent.

69. — Il ne peut être pratiqué de saisie-arrêt entre les mains des préfets à raison des sommes dont l'État est débiteur envers un particulier.

70. — Le décret du 18 août 1807 a été rendu applicable aux fonds déposés dans les caisses d'épargne.

71. — Bureau des oppositions établi au Trésor public.

72. — La saisie-arrêt ou opposition doit être faite entre les mains des agents sur la caisse desquels les ordonnances de paiements seront délivrées; — Loi du 9 juillet 1836.

(1) J'ai exposé, dans le chapitre XXII de mon ouvrage sur les lois et règlements de la caisse des dépôts et consignations; les règles applicables aux oppositions sur les sommes versées à cette caisse; ces règles ne sont pas toujours les mêmes que celles établies au profit du trésor public et de ses agents.

---

60. — Les lois des 14-19 février 1792, et 30 mai-8 juin 1793 avaient établi les formes à suivre pour les saisies-arrêts ou oppositions signifiées au trésor public.

Après la promulgation du Code de procédure qui, aux termes de son art. 1041, dut être exécuté à dater du 1er janvier 1807, des doutes s'élevèrent sur la question de savoir si, conformément à cet article, ces lois ne se trouvaient pas abrogées.

Un avis du conseil d'État du 12 mai 1807, approuvé par l'Empereur le 1er juin suivant, décida que l'abrogation prononcée par l'art. 1041 du Code de procédure civile ne s'étend point aux affaires qui intéressent le gouvernement, pour lesquelles il a toujours été regardé comme nécessaire de se régir par des lois spéciales, soit en simplifiant la procédure, soit en produisant des formes différentes; qu'ainsi les lois des 14-19 février 1792 et 30 mai-8 juin 1793, continuent d'être les règles de la matière, à l'exception des dispositions du Code de procédure civile qui portent nominativement sur les saisies-arrêts ou oppositions signifiées aux administrations publiques, et qui se bornent aux deux articles 561 et 569 (1).

En conséquence, voulant, pour le bien du service et pour celui des parties intéressées, réunir toutes les dispositions relatives à cet objet et faciliter la connaissance des règles à observer, l'Empereur, le conseil d'État entendu, rendit à la date du 18 août 1807, un décret qui est encore la loi de la matière.

61. — En voici le texte :

« Art. 1er. Indépendamment des formalités communes à tous les exploits, tout exploit de saisie-arrêt ou opposition entre les mains des receveurs,

(1) Préambule du décret du 18 août 1807.

dépositaires ou administrateurs de caisses ou de deniers publics, en cette qualité, exprimera clairement les noms et qualités de la partie saisie; il contiendra, en outre, la désignation de l'objet saisi.

Art. 2. L'exploit énoncera pareillement la somme pour laquelle la saisie-arrêt ou opposition est faite; et il sera fourni, avec copie de l'exploit, auxdits receveurs, caissiers ou administrateurs, copie ou extrait en forme du titre du saisissant.

Art. 3. A défaut par le saisissant de remplir les formalités prescrites par les art. 1 et 2 ci-dessus, la saisie-arrêt ou opposition sera regardée comme non avenue.

Art. 4. La saisie-arrêt ou opposition n'aura d'effet que jusqu'à concurrence de la somme portée à l'exploit.

Art. 5. La saisie-arrêt ou opposition formée entre les mains des receveurs, dépositaires ou administrateurs de caisses ou de deniers publics, en ces qualités, ne sera point valable, si l'exploit n'est fait à la personne préposée pour le recevoir, et s'il n'est visé par elle sur l'original ou, en cas de refus, par le procureur près le tribunal de première instance de leur résidence, lequel en donnera de suite avis aux chefs des administrations respectives.

Art. 6. Les receveurs dépositaires ou administrateurs seront tenus de délivrer, sur la demande du saisissant, un certificat qui tiendra lieu, en ce qui les concerne, de tous autres actes et formalités prescrits à l'égard des tiers saisis, par le titre VII du livre V du Code de procédure civile.

S'il n'est rien dû au saisi, le certificat l'énoncera.

Si la somme due au saisi est liquide, le certificat en déclarera le montant.

Si elle n'est pas liquide, le certificat l'exprimera.

Art. 7. Dans le cas où il serait survenu des saisies-arrêts ou oppositions sur la même partie et pour le même objet; les receveurs, dépositaires ou administrateurs seront tenus, dans les certificats qui leur seront demandés, de faire mention desdites saisies-arrêts ou oppositions, et de désigner les noms et élections de domicile des saisissants, et les causes desdites saisies-arrêts ou oppositions.

Art. 8. S'il survient de nouvelles saisies-arrêts ou oppositions depuis la délivrance du certificat, les receveurs, dépositaires ou administrateurs seront tenus, sur la demande qui leur en sera faite, d'en fournir un extrait contenant pareillement les noms et élections de domicile des saisissants, et les causes desdites saisies-arrêts ou oppositions.

Art. 9. Tout receveur, dépositaire ou administrateur de caisses ou de deniers publics, entre les mains duquel il existera une saisie-arrêt ou opposition sur une partie prenante, ne pourra vider ses mains sans le consentement des parties intéressées, ou sans y être autorisé par justice. »

62. — Ce décret modifie quelques-unes des dispositions du Code de procédure civile, en ce qui concerne les formes des saisies-arrêts ou oppositions à faire à des caisses publiques.

Ainsi, en outre des autres formalités exigées dans les cas ordinaires, l'exploit des saisies-arrêts doit contenir la *désignation de l'objet saisi;* il ne suffit pas de dire qu'on arrête ce qui est et sera dû par la suite au saisi (art. 1). Au lieu d'une simple énonciation du titre, il doit en contenir extrait ou copie en forme (art. 2).

Enfin, à défaut des formalités exigées par ces deux articles, la saisie n'est pas seulement *nulle*, elle est regardée *comme non avenue*, c'est-à-dire, suivant M. Roger, n° 413, et les auteurs du *Dictionnaire de procédure* (v° Saisie-arrêt, n° 138), que le fonctionnaire ne doit pas attendre que la nullité en soit prononcée, mais qu'il doit payer nonobstant l'opposition.

63. — Toutefois nous croyons que le fonctionnaire responsable du paiement ne doit jamais se constituer juge de la régularité ou de la validité de la saisie-arrêt, et qu'il doit s'abstenir de vider ses mains, dès qu'une opposition a été faite, tant que la mainlevée de l'opposition n'a pas été donnée à l'amiable ou prononcée en justice.

64. — Il n'est pas nécessaire que les caissiers ou administrateurs reçoivent eux-mêmes les exploits de saisie-arrêt : il suffit que l'exploit soit signifié *à la personne préposée pour le recevoir et visé par elle* : les administrateurs ou caissiers peuvent donc, sous leur responsabilité, déléguer un employé ou commis qui déclarera avoir qualité pour recevoir l'exploit (arrêt de cassation du 25 janvier 1825, Dalloz, 25, I, 174).

Il est bien entendu que c'est au siége ou bureau de l'administration, et non au domicile personnel des caissiers, administrateurs ou employés, que l'exploit doit être présenté pour le *visa*.

65. — Le décret ne dit pas si le *visa* exigé par l'art. 5, qui n'est que la reproduction de l'art. 561.

du Code de procédure civile, sera sans frais ; mais l'affirmative résulte de l'art. 1039 du même code, dont la disposition s'applique à toutes les significations faites à des personnes publiques préposées pour les recevoir. Cet article porte : « Toutes significations faites à des personnes publiques préposées pour les recevoir, seront visées par elles sans frais sur l'original. — En cas de refus, l'original sera visé par le procureur du Roi près le tribunal de première instance de leur domicile. Les refusants pourront être condamnés, sur les conclusions du ministère public, à une amende qui ne pourra être moindre de cinq francs. »

66. — La nullité de l'exploit, dans les cas prévus par les art. 3 et 5 du décret, n'est-elle opposable que par l'administration ou caisse qui aurait fait des paiements nonobstant des oppositions qu'elle aurait considérées comme nulles ou non avenues? ou bien, au contraire, cette nullité pourrait-elle être invoquée même par des tiers, créanciers opposants ou autres ? Si l'on consulte le préambule du décret, il semblerait en résulter que les formalités qu'il prescrit n'ont été imposées aux créanciers saisissants et opposants que dans l'intérêt des receveurs, dépositaires et administrateurs de deniers publics ; d'où l'on pourrait conclure que c'est également dans l'intérêt de l'État seul, que le décret a prescrit les formalités à suivre pour les saisies-arrêts ou oppositions faites à des caisses publiques ; et que, par conséquent, les tiers ne peuvent se prévaloir de l'inobservation de ces formalités.

Mais cette opinion nous paraît trop absolue, et

nous croyons qu'il y a lieu de faire une distinction entre les formalités dont l'accomplissement intéresse tous les créanciers opposants, et celles qui ne sont que dans l'intérêt seul de l'administration.

Ainsi, nous tenons pour certain que les créanciers opposants et saisissants ont incontestablement le droit d'arguer de nullité les exploits faits en contravention aux formalités prescrites par les art. 1 et 2 du décret, parce que ces formalités ont aussi bien pour objet l'intérêt de toute la masse des créanciers opposants, que celui de la caisse ; d'ailleurs, dans, ce cas, l'article 3 en prononce formellement la nullité.

De même, ces créanciers auraient le droit de faire rejeter d'une collocation ou distribution, la somme excédant celle portée en l'opposition ou saisie-arrêt faite à la caisse, ainsi que l'explique l'art. 4 du décret.

Mais, comme la formalité du *visa* est dans l'intérêt seul de l'administration, la cour de Cassation a décidé, par un arrêt de rejet du 25 janvier 1825 (Dalloz, 1825, 1, 174), qu'un paiement, fait par la caisse publique (celle des consignations) à un créancier porteur d'une opposition non visée, était valable.

67. — Dans tous les cas, tant que la somme due par le trésor, ou par ses agents, receveurs, administrateurs, caissiers ou dépositaires de deniers publics, n'a pas été remboursée, et que les parties sont encore dans les délais utiles pour produire leurs titres et faire valoir leurs droits dans les ordres et distributions, et n'ont encouru ni péremption, ni déchéances (1),

(1) *Vide* le chap. XII.

elles peuvent, par de nouveaux exploits, réparer les vices des saisies-arrêts ou oppositions primitives.

68. — L'art. 4 du décret du 18 août 1807 déclare que la saisie-arrêt ou opposition n'aura d'effet que jusqu'à concurrence de la somme portée en l'exploit.

Il ne résulte pas de cette disposition que le créancier qui a formé opposition au trésor, sur les fonds de son débiteur, avant la cession que ce dernier a faite au profit d'un tiers, ait un droit exclusif et spécial sur la réserve faite par le trésor du montant de son opposition; ce créancier ne vient que par contribution avec les créanciers opposants depuis la signification de la cession (arrêt de la cour royale de Paris du 5 juillet 1838; Dalloz, 1839, 2, 87). — Le même arrêt a décidé que le cessionnaire de créances saisies-arrêtées entre les mains du trésor, après avoir touché les fonds libres, lors du paiement, desquels le trésor a réservé ce qui restait dû au saisi, en vue des oppositions formées par d'autres créanciers que le cessionnaire, ne peut venir à la distribution par contribution des sommes ainsi réservées, bien que sa créance ne soit pas complétement éteinte.

69. — Un arrêt de rejet de la cour de Cassation du 11 février 1834 (Dalloz, 1838, 1, 374), confirmatif d'un arrêt de la cour de Toulouse, du 17 décembre 1830 (Dalloz, 1831, 2, 157), a décidé qu'il ne peut être pratiqué de saisie-arrêt entre les mains des préfets, à raison des sommes dont l'État serait débiteur envers un particulier; que les préfets ne doivent pas être rangés dans la classe des receveurs, dépositaires ou administrateurs de caisses ou deniers publics;

qu'à supposer que les préfets puissent être assimilés à ces receveurs, dépositaires et administrateurs, ceux qui forment des saisies-arrêts entre leurs mains ne peuvent les contraindre à faire une déclaration affirmative, ni les faire déclarer, faute de ce, débiteurs purs et simples des causes des oppositions : que dans une pareille hypothèse, les préfets ne seraient tenus que de délivrer un certificat des sommes dues au saisi.

Cette doctrine s'appliquerait avec autant de justesse à tous les autres *ordonnateurs* des dépenses publiques, départementales, communales, et des établissements de charité.—Car c'est un des principes fondamentaux de la comptabilité, en France, que les fonctionnaires et administrateurs investis du droit d'ordonner les mandats de paiement, ne peuvent être à la fois caissiers ou détenteurs de deniers publics, la qualité de comptable étant incompatible avec celle d'ordonnateur.

70. — L'art. 11 de la loi du 5 juin 1835 a rendu applicable, aux fonds déposés dans les caisses d'épargne, le décret du 18 août 1807 et les art. 561 et 569 du Code de procédure civile.

71. — Pour satisfaire aux prescriptions du Code de procédure et à celles du décret de 1807, il a été établi au trésor un bureau des oppositions; un chef spécial est chargé de cette importante partie du service. C'est à lui que les exploits doivent être adressés, et c'est par lui que les originaux sont visés sous un numéro spécial; la copie qui lui est laissée est aussitôt classée dans un dossier spécial avec les autres pièces y relatives.

En outre, pour faciliter les recherches et rendre les erreurs impossibles, il existe au trésor des registres où sont inscrits à l'instant même, par extrait, par ordre de numéro et de date des significations, toutes les oppositions, transports, cessions et autres actes signifiés au trésor public.

72. — Un point important à remarquer, c'est que la saisie-arrêt ou opposition, pour être valable, pour pouvoir arrêter le paiement de la somme due par le trésor ou ses agents, receveurs, payeurs, administrateurs de caisses et de deniers publics, doit être faite entre les mains des agents ou préposés sur la caisse desquels les ordonnances ou mandats de paiement seront délivrés. C'est ce que décide la loi du 9 juillet 1836, art. 13.

Sous l'empire des lois et règlements antérieurs à cette loi, la cour de Cassation avait décidé, contrairement aux conclusions de M. le procureur général Dupin, que les oppositions sur les créanciers de tous les ministères, pouvaient être faites au bureau des oppositions placé au ministère des finances, et avaient pour effet de rendre nul tout paiement fait par un payeur de département, au préjudice de ces oppositions. La cour, en adoptant cette opinion, s'était principalement fondée sur le motif que, le ministre ordonnateur étant maître d'indiquer le paiement sur tel comptable de l'État qu'il lui plaît de choisir, il y avait pour les créanciers opposants de très-grandes difficultés, sinon l'impossibilité complète, à arrêter les sommes dues par le trésor, ailleurs qu'au bureau central des oppositions à Paris (1). Mais cette juris-

(1) Voy. cet arrêt dans Dalloz, 1836, 1, 8.

prudence, exposait le trésor à payer irrégulièrement, au mépris d'une opposition dont le payeur n'avait et ne pouvait même pas avoir connaissance. Cet inconvénient grave a fait sentir la nécessité de régler la difficulté législativement : tel a été le but de l'art. 13 de la loi du 9 juillet 1836, ainsi conçu :

« Toutes saisies-arrêts ou oppositions sur des sommes dues par l'État, toutes significations de cession ou transport desdites sommes, et toutes autres ayant pour objet d'en arrêter le paiement, devront être faites entre les mains des payeurs, agents ou préposés sur la caisse desquels les ordonnances ou mandats seront délivrés (1).

« Néanmoins à Paris, et pour tous les paiements à effectuer à la caisse du payeur central au trésor public, elles devront être exclusivement faites entre les mains du conservateur des oppositions au ministère des finances. Toutes dispositions contraires sont abrogées.

« Seront considérées comme nulles et non avenues toutes oppositions et significations faites à toutes autres personnes que celles ci-dessus indiquées.

« Il n'est pas dérogé aux lois relatives aux oppositions à faire sur les capitaux et intérêts des cautionnements (2). »

73. — Aux termes de la loi des 14-19 février 1792,

(1) Les oppositions sur les sommes versées à la caisse des dépôts et consignations, ne peuvent être valablement faites qu'à la caisse qui a reçu le dépôt ou la consignation. — Voir mon ouvrage sur cette caisse, chap. XXII, n° 341, p. 332 et suiv.

(2) *Vide* le chap. IV.

art. 13, les saisies et oppositions formées sur les sommes qui s'acquittent directement par le trésor public, ne devaient avoir d'effet que pendant trois années, à compter de leurs dates. Mais cette disposition n'avait jamais été appliquée et était tombée en désuétude, par le motif que la même loi n'avait pas autorisé l'administration à rayer d'office les oppositions après trois ans de date. En 1836, toutes les oppositions formées au trésor depuis 1792, et dont la mainlevée n'avait pas été rapportée, étaient encore subsistantes sur les registres, quoique le plus grand nombre fussent depuis longtemps sans objet. Cet état de choses, nuisible à la bonne tenue des pièces de comptabilité, était, de plus, incompatible avec l'art. 9 de la loi du 29 janvier 1831, qui établit une prescription quinquennale des créances dues par l'État (1).

Il était naturel que l'opposition, qui n'est qu'un acte conservatoire de la créance, se prescrivît par le même laps de temps que cette créance elle-même. — D'un autre côté, la loi de 1792 ne s'appliquait qu'aux oppositions sur les sommes qui s'acquittent directement par le trésor public : or, il importait de créer une disposition plus générale, qui réglât le sort, non-seulement des oppositions faites à Paris, mais encore de toutes celles faites entre les mains des payeurs, receveurs et autres préposés ou agents du trésor dans les départements (2).

(1) *Vide* le chap. XII.

(2) Ces motifs sont extraits de l'opinion de M. Delaire, commissaire du Roi, à la chambre des Députés. *Moniteur* des 10 et 11 mai 1836.

C'est dans ce but qu'ont été adoptés les art. 14 et 15 de la loi du 9 juillet 1836, qui portent :

« Art. 14. Lesdites saisies-arrêts, oppositions et significations, n'auront d'effet que pendant cinq années à compter de leur date, si elles n'ont pas été renouvelées dans ledit délai, quels que soient d'ailleurs les actes, traités ou jugements intervenus sur lesdites oppositions et significations.

« En conséquence, elles seront rayées d'office des registres dans lesquels elles auront été inscrites, et ne seront pas comprises dans les certificats prescrits par l'art. 14 de la loi du 19 février 1792, et par les art. 7 et 8 du décret du 18 août 1807.

« Art. 15. Les saisies-arrêts, oppositions et significations de cession ou transport, et toutes autres faites jusqu'à ce jour, ayant pour objet d'arrêter le paiement des sommes dues par l'État, devront être renouvelées dans le délai d'un an, à partir de la publication de la présente loi, et, conformément aux dispositions ci-dessus prescrites, faute de quoi, elles resteront sans effet et seront rayées des registres dans lesquels elles auront été inscrites. »

Ces deux articles ont donné lieu à des explications à la chambre des Députés, entre M. Vivien et M. Delaire, commissaire du Roi.

« Veut-on, a demandé M. Vivien, que le cessionnaire d'une créance, qui a fait connaître son droit d'une manière régulière, soit obligé de reproduire, tous les cinq ans, à peine de déchéance, le titre en vertu duquel il est devenu propriétaire de la créance ? mais, s'il n'obéit pas à cette injonction, qu'arrive-t-il ? l'ancien propriétaire est dépossédé, on ne le paiera pas. Entend-on ne pas payer non plus le cessionnaire? Je demande une explication.

M. Delaire a répondu: « L'honorable M. Vivien semble craindre que le transport lui-même ne prescrive avec la signification qui en est faite au trésor. Tel n'est pas le sens de l'article en discussion. Le transport saisit le cessionnaire vis-à-vis du cédant, mais vis-à-vis de l'administration, la signification n'a d'autre effet qu'une opposition. Cela est tellement vrai, que le ministre ordonnateur n'a pas connaissance de la signification qui est faite au trésor, et qu'à son égard, le créancier qui a traité avec lui reste son créancier, au moins apparemment, et que la liquidation et l'ordonnance sont faites en son nom. Mais le payeur n'acquitte l'ordonnance qu'entre les mains du cessionnaire, tant que la signification de son transport ou son opposition subsistent. Nous ne pensons pas qu'il y ait lieu à une distinction entre le simple opposant ou le cessionnaire: l'un et l'autre devront renouveler leur signification dans les cinq ans (1). »

Cette opinion a prévalu devant la chambre, et la loi porte textuellement, que toutes significations de cession ou transport n'auront d'effet que pendant cinq années, à compter de leur date, si elles n'ont pas été renouvelées dans ledit délai.

Il faut remarquer, toutefois que si la disposition adoptée peut se justifier facilement, au point de vue de l'administration, elle n'est pas sans inconvénients pour les cessionnaires, qu'elle peut priver

(1) *Moniteur* du 11 mai 1836.

de leur droit de préférence — En effet, lorsqu'un transport a été consenti et que le cessionnaire se trouve saisi par la signification régulièrement faite, il est devenu propriétaire de la créance, et le cédant n'y a plus aucun droit. Supposons que cinq années, se soient écoulées sans renouvellement, depuis la signification du transport. Dans l'intervalle, le cédant, poursuivi par d'autres créanciers, aura subi des condamnations, et des saisies-arrêts ou oppositions auront été faites au trésor sur la créance primitivement transportée. Si, dans cet état, le trésor, considérant la signification du transport comme n'ayant plus d'effet, à défaut de renouvellement dans le délai, paie, soit au cédant, soità ses créanciers opposants, nul doute que, suivant les art. 14 et 15 de la loi du 9 juillet 1836, le paiement sera valable et libératoire : et cependant, d'après le droit civil, il en serait tout autrement.

D'un autre côté, si le trésor ne paie pas, et que le cessionnaire vienne renouveler la signification de son transport, postérieurement aux saisies-arrêts ou oppositions des autres créanciers du cédant, comment devront être réglés les droits de ces créanciers et du cessionnaire? Le renouvellement de la signification du transport, après les oppositions, fera-t-il revivre la première signification, de telle sorte que la créance devra être attribuée de préférence au cessionnaire, jusqu'à concurrence du montant de la cession à lui faite? L'affirmative ne nous paraît pas contestable, pour deux raisons : la première, c'est que le titre du cessionnaire est antérieur à ceux des autres créanciers, et que, suivant la maxime: *Qui prior est tempore, potior est jure*, il doit évidemment obtenir la préférence. La seconde raison, tout aussi concluante, est que la péremption de cinq années établie par la loi du 9 juillet 1836, est une mesure uniquement créée dans l'intérêt de l'administration, mais qu'elle ne peut nuire ni préjudicier aux droits des tiers, tant que le trésor, ou ses agents, sont encore détenteurs des deniers. Par conséquent, tant que le remboursement n'a pas eu lieu, le cessionnaire du créancier peut, après l'extinction ou péremption d'une première signification de transport ou opposition, faire revivre cette signification, en la renouvelant après l'expiration des cinq années ou d'un intervalle plus long, et cela, une ou plusieurs fois, tant que la créance due par l'État n'est pas frappée de la déchéance quinquennale (1).

On voit néanmoins que l'application des articles 14 et 15 de la loi du 9 juillet 1836 n'est pas exempte de graves difficultés, principalement en ce qui concerne le sort des cessionnaires des créances dues par l'État.

L'article 11 de la loi du 8 juillet 1837, a déclaré ces articles 14 et 15 applicables aux saisies-arrêts, oppositions et autres actes ayant pour objet d'arrêter le paiement des sommes versées à la caisse des dépôts et consignations. Le projet d'article, reproduisant les termes de l'article 15 de la loi de 1836, proposait de décider que les significations de cessions et transports se trouvaient comprises dans cette règle. Mais cette disposition a été écartée à la chambre des Pairs, sur les observations présentées par M. le

(1) *Vide* le chap. XII.

comte Roy, M. Tripier et M. Girod de l'Ain. Ces orateurs ont pensé, que la nécessité du renouvellement quinquennal ne devait pas être imposée aux cessionnaires. Ils ont fait remarquer que ceux-ci étant propriétaires, il y aurait grand inconvénient à les dépouiller au profit du cédant ou des créanciers de celui-ci, ou d'un nouveau cessionnaire, par cela seul qu'un délai de cinq ans se serait écoulé sans renouvellement. La chambre des Pairs, touchée de ces considérations, n'a pas voulu assimiler les cessionnaires aux créanciers opposants, et l'article a été adopté avec cette modification à la loi du 9 juillet 1836 (*Moniteur* du 2 juin 1837, 3e colonne) (1).

74.—La péremption de l'opposition, faute d'avoir été renouvelée dans le délai de cinq années de sa date, n'est-elle établie que dans le seul intérêt du trésor et de ses agents, et ne peut-elle être invoquée que par eux?

Pour la négative, on peut dire qu'aux termes de la loi, les oppositions qui n'ont point été renouvelées dans les délais n'existent plus : le caissier, payeur ou administrateur de deniers publics qui paye le montant de ces oppositions périmées, commet donc une erreur dont il doit être responsable. Il n'en est pas ici comme de la formalité du *visa* : en effet, visée ou non visée, l'opposition n'en est pas moins faite, et un défaut de forme administrative ne doit pas changer les droits des tiers; mais dans le cas où l'opposition est périmée, c'est la loi elle-même qui modifie les droits des tiers; elle dit à l'opposant :

(1) Voy. mon ouvrage sur les lois et règlements de la caisse des dépôts et consignations, chap. XXII, n° 334, p. 341.

Dans les cinq ans de votre opposition, vous serez payé, vous avez droit; après les cinq ans, vous n'avez plus de droit, vous ne serez pas payé. Donc, conclut-on, si la caisse paye après ce délai, elle paye contrairement à la loi : elle conserve ainsi à l'opposant un droit que la loi lui avait enlevé. Donc, en définitive, elle paye mal.

Ces objections ont bien leur gravité; néanmoins, l'opinion contraire nous paraît préférable.

En effet, il doit en être de la péremption ou extinction des oppositions, faute de renouvellement dans les cinq années de leur date, comme de la formalité du *visa* des oppositions, dont l'inobservation ne peut profiter aux tiers, lorsque la caisse ou le trésor ne réclame pas. Les raisons de décider sont les mêmes dans les deux cas : car il est évident que la péremption des oppositions, faute de renouvellement dans le délai prescrit, n'a été établie que pour mettre la responsabilité du trésor et de ses agents à couvert, en les autorisant à payer, nonobstant cette inobservation des lois et règlements. D'ailleurs, l'exposé des motifs de la loi par M. le ministre des finances, ne témoigne que de l'intention de régulariser la tenue des registres des oppositions et de la comptabilité intérieure du trésor; mais il n'annonce nullement la volonté de faire profiter les tiers de la nouvelle disposition.

A l'appui de cette opinion, nous pouvons invoquer l'autorité d'un jugement du tribunal de la Seine, qui est peut-être, jusqu'à présent, la seule décision sur cette matière : voici, en peu de mots, dans quelles circonstances il a été rendu :

Une consignation, frappée d'oppositions, avait été effectuée en 1811, à l'ancienne caisse d'amortissement. Les oppositions n'ayant pas été renouvelées au trésor public, après l'expiration du délai fixé par l'art. 15 de la loi du 9 juillet 1836, les prétendant droit à la somme consignée se présentèrent pour en obtenir le remboursement. Ils se fondaient sur les dispositions de la loi du 9 juillet 1836, et soutenaient que le défaut de renouvellement des oppositions avait rendu libre la somme qui en était originairement grevée. Le ministre des finances, mis en cause, comme représentant l'ancienne caisse d'amortissement, repoussait cette prétention : il disait que, nonobstant la loi de 1836, il fallait appeler les opposants. En cet état, jugement du tribunal de la Seine, en date du 28 décembre 1838, par lequel : « attendu que le ministre est dépositaire, et que le retrait de la somme déposée doit être ordonné contradictoirement avec ceux qui y ont intérêt, que telle est la condition expresse de l'acte qui en prescrit le dépôt, ordonne que les opposants seront mis en cause. » — Ainsi, le tribunal a écarté la loi de 1836 : il ne l'a considérée que comme une mesure d'ordre et de comptabilité intérieure du trésor public, qui ne peut faire obstacle au droit des tiers.

Toutefois, dans le cas où le trésor aurait payé à un créancier opposant le montant des sommes par lui saisies-arrêtées, alors que l'opposition était périmée et devait être considérée comme n'ayant plus d'effet, suivant les termes de la loi de 1836, mais en vertu d'un titre valable et régulier, ce payement n'en serait pas moins valable à l'égard des tiers et de la partie saisie, sans qu'ils fussent recevables à exercer aucun recours contre le trésor public ou ses agents : car nous le répétons, les art. 14 et 15 de la loi du 9 juillet 1836, ont été adoptés dans l'intérêt seul de l'administration.

75. — Lorsqu'une opposition faite au trésor, a été validée par un jugement passé en force de chose jugée et signifié postérieurement au trésor, y a-t-il nécessité de renouveler l'opposition avant l'expiration des cinq années de sa date; ou bien, la signification du jugement de validité ne suffit-elle pas pour conserver à l'opposition toute sa force, pendant les cinq ans de la date de cette signification au trésor? — La signification du jugement doit avoir les mêmes effets que celle du renouvellement de l'opposition ou d'un transport; car le jugement contient déclaration attributive, au profit du créancier opposant, par l'autorité souveraine de la justice, qui intervient à la place du consentement du débiteur : *Quia judicio quoque contrahimus.* C'est pourquoi, il n'est pas nécessaire de renouveler l'opposition dans les cinq ans de sa date : la signification du jugement conservant son effet pendant cinq années, à partir de son inscription sur les registres du trésor.

76. — *Quid* dans le cas où un jugement aurait validé une opposition déjà rayée d'office des registres de la caisse, à cause de sa date remontant à plus de cinq années? — Le jugement ferait-il revivre, à l'égard du trésor, l'opposition primitive, ou bien le créancier devrait-il, recommencer la procédure, former une nouvelle opposition, et obtenir un nouveau jugement en validité de cette opposition renouvelée?

Malgré la péremption de l'opposition, le jugement nous paraîtrait valable, et la signification au trésor suffisante, comme signification de cession, d'attribution judiciaire ou de déclaration affirmative du droit du créancier opposant. En effet, c'est le jugement de validité qui fixe les droits des parties : l'opposition jusque-là, n'est qu'un acte conservatoire : par conséquent, tant que la caisse publique n'a pas vidé ses mains, l'effet de l'opposition peut être reproduit par la signification du jugement qui vaudra pendant cinq ans, pour arrêter le payement des deniers. Il ne serait donc pas nécessaire, dans ce cas, de recommencer la procédure, ce qui entraînerait des frais purement frustratoires.

77. — L'art. 9 de la loi du 29 janvier 1831, qui a prononcé la déchéance quinquennale des créances dues par l'État, dans le cas où elles n'ont pas été liquidées, ordonnancées et payées dans les cinq années de l'ouverture de l'exercice auquel elles appartiennent (1), porte dans son dernier paragraphe, que le montant des créances frappées d'opposition, sera versé, en fin d'exercice à la caisse des dépôts et consignations. Cette mesure qui tendait surtout à faciliter l'apurement des comptes, n'avait pas atteint son but et elle présentait plusieurs inconvénients.

« Les règles de la comptabilité publique, disait M. le ministre des finances dans l'exposé des motifs à la chambre des Pairs, de l'art. 10 de la loi du 8 juillet 1837 (*Moniteur* du 19 mai 1837), exigent le concours des créanciers ou de leurs ayant-droit,

(1) *Vide* le chap. XII.

pour rapporter les pièces justificatives du payement qui doivent accompagner le dépôt. A défaut de ces pièces justificatives exigées par la cour des comptes pour la libération des payeurs du trésor, et que souvent ils n'ont pas le moyen de se procurer, il n'y a qu'une faible partie des créances frappées d'oppositions dont le dépôt puisse être effectué.

« En second lieu, ce dépôt d'office déroge aux règles de justice et de droit, en matière de prescriptions générales et particulières, en ce qu'il crée un double privilége en faveur des créanciers de l'État grevés d'oppositions. En effet, les créances versées à la caisse des dépôts sont à l'abri de la prescription et produisent des intérêts, tandis que celles dont le trésor public demeure débiteur sont soumises à une prescription de cinq ans, et ne donnent droit qu'au payement du capital.

« Une semblable anomalie n'a pas paru devoir être maintenue plus longtemps, lorsque d'ailleurs, il n'en résulte, pour le service public, aucune amélioration, et qu'elle a éprouvé de plus des difficultés d'exécution qui sont devenues insurmontables, depuis que l'article 14 de la loi du 9 juillet 1836, a prescrit la radiation des oppositions non renouvelées dans les cinq ans de leur date.

« Ces motifs ont fait juger qu'il était indispensable de rapporter le paragraphe 2 de l'art. 9 de la loi du 29 janvier 1831, afin que désormais le dépôt des sommes dues par l'Etat ne s'opérât plus que selon les règles du droit commun, ou en vertu des lois spéciales. »

En conséquence, l'article 10 de la loi du 8 juillet 1837, a rapporté le paragraphe 2 de l'art. 9 de la loi du 29 janvier 1831.

Le motif déterminant qui a fait proposer cet article, est, il faut le dire, le désir de faire prescrire par l'Etat, au moyen de la déchéance ou prescription quinquennale, les créances frappées d'oppositions. On conçoit facilement en effet, que ces créances étant litigieuses, se trouveront souvent atteintes par la prescription de cinq ans, si elles restent entre les mains des payeurs, caissiers ou agents du trésor public : tandis qu'elles auraient échappé à toutes prescriptions, même à celle de trente ans, par le dépôt effectué à la caisse des consignations. Les créanciers opposants ou cessionnaires ont donc le plus grand intérêt à contraindre le trésor à effectuer ce dépôt. Or, il ne faut pas se méprendre sur le véritable sens de l'art. 10 de la loi du 8 juillet 1837, qui a rapporté le paragraphe 2 de l'art. 9 de la loi du 29 janvier 1831 : il a été bien reconnu, et M. le ministre des finances l'a formellement déclaré à la chambre des Députés, que l'abrogation du paragraphe remet les choses dans le droit commun (1). « Dans le droit commun, a-t-il ajouté, quand un créancier a formé une opposition et qu'il donne suite à son opposition, il a droit de faire verser les sommes sur lesquelles elle frappe à la caisse des dépôts. Tout ce qui résultera de l'adoption de l'article, c'est que lorsque personne ne le réclamera, le trésor ne sera pas obligé d'effectuer le versement. » Mais aussi, toutes les fois

(1) Voy. en ce sens, M. Duvergier, *Collection des lois, année* 1837, note 2, p. 180, sur la loi du 8 juillet 1837.

qu'un créancier ou cessionnaire voudra faire effectuer le dépôt par le trésor ou par ses agents, il lui suffira d'en faire la sommation, et, en cas de refus, d'assigner l'administrateur de deniers publics, devant le tribunal compétent, pour faire ordonner ce dépôt à la caisse des consignations.

78. — Une ordonnance royale du **16** septembre **1837** a déterminé les cas et les formes dans lesquels les payeurs, agents ou préposés chargés d'effectuer des payements à la décharge de l'État, peuvent se libérer en versant à la caisse des dépôts et consignations les sommes saisies et arrêtées entre leurs mains. En voici le texte :

« Art. 1er. Les payeurs, agents ou préposés chargés d'effectuer des payements à la décharge de l'Etat, continueront à verser d'office à la caisse des dépôts et consignations la portion saisissable des appointements ou traitements civils et militaires arrêtée entre leurs mains par des saisies-arrêts ou oppositions. A l'égard de toutes autres sommes ordonnancées ou mandatées sur la caisse desdits payeurs, agents ou préposés, et qui se trouveraient frappées de saisies-arrêts ou oppositions entre leurs mains, le dépôt ne pourra être effectué à la caisse des dépôts et consignations qu'autant qu'il aura été autorisé par la loi, par justice ou par un acte passé entre l'administration et ses créanciers.

« Art. 2. Les dépôts effectués en exécution des dispositions ci-dessus, devront toujours être accompagnés d'un extrait certifié des oppositions et significations existantes, et contenant les noms, qualités et demeures du saisissant et du saisi, l'indication du domicile élu par le saisissant, le nom et la demeure de l'huissier, la date de l'exploit et le titre en vertu duquel la saisie a été faite, la désignation de l'objet saisi et la somme pour laquelle la saisie a été formée.

« Art. 5. Lesdites oppositions et significations passant à la caisse des dépôts et consignations avec les sommes saisies, le renouvellement prescrit par les art. 14 et 15 de la loi du 9 juillet 1836, et par l'art. 11 de la loi du 8 juillet 1837, devra être fait entre les mains du préposé de la caisse chargé de recevoir et viser les oppositions et significations.

« Ce renouvellement devra également être fait entre les mains des payeurs, agents ou préposés du trésor public, lorsque lesdites oppositions et significations continueront à subsister entre leurs mains à raison des payements à effectuer ultérieurement pour le compte de l'Etat.

« Art. 4. A défaut du renouvellement des oppositions et significations dans les délais prescrits par les articles précités, lesdites oppositions et significations seront rayées d'office des registres des payeurs, agents ou préposés du trésor public et de la caisse des dépôts et consignations. »

79. — L'opposition formée au trésor ou entre les mains de ses agents, postérieurement à la délivrance aux ayant-droit des mandats de payements, est-elle recevable?

Un avis du conseil d'Etat du 12 août 1807 avait décidé que la caisse d'amortissement était libérée des intérêts des cautionnements, du moment qu'elle avait délivré les mandats de payement, et alors même que des oppositions fussent survenues à sa connaissance dans l'intervalle du jour de l'ordonnance à celui où le payement aurait été effectué.

Il y a, encore aujourd'hui, même raison de décider à l'égard des mandats du trésor public, délivrés aux parties pour avoir payement d'une somme due par l'Etat, à quelque titre que ce soit ; les règles de la comptabilité publique, et les principes d'une prudente responsabilité s'opposeraient à ce qu'il en fût autrement. Les mandats, lorsqu'ils ont été soumis au contrôle (1), sont des titres à vue ; leur délivrance à l'ayant-droit donne au porteur la faculté de se faire payer immédiatement sur une simple signature ou émargement. Il ne serait donc pas juste que l'Etat fût exposé à des risques, lorsqu'ayant délivré le mandat, et ne pouvant pas connaître s'il est survenu de nouvelles oppositions depuis sa délivrance, il aurait payé de bonne foi à la partie prenante. Cela est vrai, surtout à l'égard des payements effectués au trésor par le payeur central à Paris. Car l'opposition ne pouvant se faire au trésor qu'au bureau spécial des oppositions, il y aurait impossibilité, pour le payeur, de connaître et de vérifier, avant le payement d'un mandat, l'existence de ces oppositions, si elles pouvaient être faites depuis la délivrance du mandat de payement. Il en est du mandat que les agents du trésor ou ordonnateurs délivrent, comme d'une lettre de change, au payement de laquelle il n'est admis d'opposition qu'en cas de perte de la lettre de change ou de la faillite

(1) *Vide* le chap. X.

du porteur (Code de com., 349). C'est pourquoi l'on doit conclure, conformément à l'avis du conseil d'Etat précité, que l'opposition, formée postérieurement à la délivrance des mandats de payement aux ayant-droit, n'est pas recevable.

80. — Il est d'autres cas où les oppositions ne sont pas valables.

Ainsi, lorsque, par suite d'une distribution par contribution ou d'un ordre, un créancier a encouru la déchéance ou la forclusion, conformément aux articles 660, 664 et 759 du Code de procédure civile, il ne peut plus former valablement aucune opposition : il en serait de même si, la créance ayant été rejetée de la distribution, comme ne venant point en ordre utile, ou pour toute autre cause, le créancier avait laissé passer, sans réclamer, les délais fixés par les art. 666, 669 et 763 du même Code.

Dans ces diverses circonstances, l'opposition frapperait à faux, parce que la somme n'est plus alors la propriété de la partie saisie, mais celle des divers créanciers désignés pour la recevoir, suivant leurs droits.

81. — Au reste, tant qu'il n'existe ni cession ni transport ou délégation signifiés à la caisse publique, ni jugement passé en force de chose jugée, qui attribue spécialement à une ou plusieurs personnes la somme due par l'État, tout créancier fondé en titre est recevable à se porter opposant à la remise de la somme.

82. — Suivant l'art. 8 de la loi du 14 février 1792, relative aux formes des oppositions au trésor, les saisies-arrêts ou oppositions doivent être datées du jour et de l'heure. Il est de l'intérêt des créanciers saisissants ou opposants de se conformer à cette disposition ; car les énonciations qu'elle prescrit servent à indiquer le rang des oppositions entre elles : le numéro du *visa* n'y suppléerait pas toujours.

En effet, d'après l'arrêt de la cour de Cassation du 25 janvier 1825, cité plus haut il n'est pas absolument nécessaire que le *visa* soit apposé immédiatement ; et d'ailleurs, comme on l'a vu, cette formalité n'est établie qu'au regard de l'administration.

Ainsi, dans le cas où les exploits n'énonceraient que la date du même jour, et pas l'heure, les oppositions viendraient en concurrence, parce que rien ne préciserait celles qui auraient été déposées les premières ; il est donc dans l'intérêt des créanciers opposants de se conformer aux prescriptions de la loi du 14 février 1792. Les cessionnaires, surtout, doivent veiller avec soin à leur accomplissement. En effet, à l'égard des tiers, le cessionnaire n'est saisi que par la signification du transport faite à la caisse publique (argument de l'art. 1690, C. civ). Jusqu'à la signification, les créanciers du cédant peuvent saisir-arrêter la créance cédée ; si le cédant l'a cédée une seconde fois, et que le second cessionnaire ait fait signifier la cession qui lui a été faite, avant que le premier cessionnaire ait fait signifier la sienne, il sera préféré. Il est donc de la dernière importance pour les cessionnaires de faire constater, avec la plus grande exactitude, le moment précis où la signification du transport, de la cession ou délégation, aura été faite à la caisse publique.

83. — Le transport d'une créance déjà frappée

d'opposition est-il valable, à la charge de supporter seulement l'effet des oppositions antérieures, et sans que le cessionnaire soit obligé de subir l'effet des oppositions postérieures à son transport ?

Cette grave question, fort controversée et résolue en divers sens par les tribunaux, a été examinée par M. Tripier, lors de la discussion, à la chambre des Pairs, de la loi du 8 juillet 1837.

« Nous tenons dans les tribunaux comme certain, a dit le savant magistrat, que même après opposition formée sur des deniers, si le propriétaire des deniers en fait la cession ou le transport, le transport est bon, sauf le droit de ceux qui étaient opposants avant la signification du transport. Ainsi, lors même que dans la caisse il y aurait des deniers déjà frappés d'opposition, les mêmes deniers seraient encore susceptibles de transport, mais ce transport ne porterait aucune atteinte aux droits des créanciers qui étaient opposants antérieurement au transport. Ainsi, il n'y a qu'une espèce de transport : il transporte la propriété absolue, s'il n'y a pas d'opposition; et s'il y a des oppositions, il ne transporte qu'une propriété conditionnelle, jusqu'à concurrence des droits des créanciers opposants » (*Moniteur* du 3 juin 1837, 1er supp. p. 1396) (1).

Cette opinion nous semble très-fondée.

84.—Mais quoi qu'il en soit, les payeurs, caissiers et administrateurs de deniers publics n'ont jamais

(1) M. Duvergier, dans le tome XVII de sa continuation de Toullier, n° 201, soutient la même opinion. — Voir dans le même sens, un arrêt de la cour royale de Paris, du 14 mars 1839 ; Dalloz, 1839, II, 88.

à se constituer juges du mérite des oppositions et significations qui leur sont faites. Car d'après l'article 9 du décret du 18 août 1807, « tout receveur, dépositaire ou administrateur de caisse ou de deniers publics, entre les mains duquel il existera une saisie-arrêt ou opposition sur une partie prenante, ne peut vider ses mains sans le consentement des parties intéressées, ou sans y être autorisé par justice. » — Il résulte de cette disposition, que tant que l'opposition ou signification n'a pas été levée ou rayée du consentement des parties ou par autorité de justice, et sauf l'extinction ou péremption qui en aurait eu lieu, faute de renouvellement dans les cinq ans de sa date, la caisse publique doit s'abstenir de se dessaisir des sommes arrêtées, cédées ou déléguées.

Aussitôt que le trésor reçoit une signification de mainlevée d'opposition, en quelque forme qu'elle soit donnée, il en est fait mention par une note en marge de chaque opposition inscrite sur le registre des oppositions, et cette mainlevée est classée ensuite dans le dossier particulier de la créance qu'elle concerne.

CHAPITRE III.

DE L'INSAISISSABILITÉ DES SOMMES APPARTENANT A L'ÉTAT, ET DE CELLES PAR LUI DUES QUI SONT AFFECTÉES A DES SERVICES PUBLICS.

SOMMAIRE.

85. — Distinction à établir dans l'exercice des droits des créanciers de l'État.
86. — On ne peut faire saisir, soit des deniers, soit des biens nationaux; — Principe consacré expressément pour les produits des droits de douanes et pour ceux des contributions indirectes.
87. — Les tribunaux ne peuvent connaître des actions qui tendent à faire déclarer l'État débiteur; — Arrêté du Directoire exécutif, du 2 germinal an V.
88. — Jurisprudence de la cour de Cassation.
89. — Observations sur cette jurisprudence; nécessité d'une loi.
90. — Insaisissabilité des fonds des communes hospices et fabriques.
91. — Règles applicables aux sommes que l'État doit et qui sont affectées à des services publics.
92. — Interdiction de saisir-arrêter les fonds destinés aux entrepreneurs de travaux pour le compte de l'État; — Décret du 26 pluviôse an II.
93. — Cette interdiction s'applique aux matériaux destinés aux travaux.
94. — Privilége des sous-traitants pour leurs fournitures, et des ouvriers pour leurs salaires; égalité de ces priviléges.
95 — Les dispositions du décret du 26 pluviôse an II sont applicables aux colonies.
96. — Droit des créanciers particuliers des entrepreneurs.
97. — Privilége accordé aux sous-traitants des entrepreneurs ou fournisseurs du service de la guerre; décret du 12 septembre 1806.
98. — Jurisprudence relative à ce décret.
99. — Les rentes sur l'État ne peuvent être saisies-arrêtées, ni pour le capital, ni pour les arrérages.
100. — Les deniers de la liste civile sont insaisissables; mais les entrepreneurs, fournisseurs et sous-traitants de la liste civile sont soumis au droit commun.
101. — Les traitements ecclésiastiques des prêtres catholiques et des ministres protestants sont insaisissables; — Nécessité d'étendre ce privilége aux traitements des ministres du culte israélite.

102. — Les revenus de la cure ou du vicariat et le casuel sont-ils également insaisissables?

103 — Inaliénabilité et insaisissabilité des parts de prises des marins et de leurs salaires.

104. — Interdiction de saisir les sommes, chevaux et autres objets destinés au service de la poste; — Nécessité d'étendre cette prohibition aux fonds, machines, etc., servant au service des chemins de fer.

105. — Les lettres confiées à la poste sont insaisissables; en est-il de même des articles d'argent?

106. — Les traitements civils et militaires dus par l'État sont saisissables pour portions déterminées par des lois et règlements. — Jurisprudence.

107. — Législation relative aux pensions qui ne peuvent être ni saisies ni cédées.

108. — Retenue que le ministre de la guerre peut prélever pour cause d'aliments, dans les cas prévus par les art. 203 ou 205 du Code civil.

109. — Retenue pour cause de débet envers l'État.

110. — Dispositions des lois des 11 et 18 avril 1831, sur les pensions des armées de terre et de mer.

111. — La prohibition de saisir-arrêter ou de céder s'étend aux pensions sur les fonds de retenue et aux indemnités dont jouissent les employés réformés.

112. — L'inaliénabilité et l'insaisissabilité des sommes dues par l'État à des particuliers ne peuvent être établies que par une loi.

---

85. — Dans l'exercice des droits des créanciers de l'État, il faut distinguer la faculté qu'ils ont d'obtenir contre le trésor public, une condamnation en justice, et les actes qui ont pour but de mettre leur titre à exécution. Pour l'obtention du titre, il est hors de doute que tout créancier d'une somme peut s'adresser aux tribunaux, dans tous les cas qui ne sont pas spécialement attribués à l'administration; mais pour obtenir un paiement forcé, le créancier de l'État ne peut jamais s'adresser qu'à l'administration. Cette distinction, constamment suivie par le conseil d'État (1), est fondée sur ce que d'une part, les or-

(1) *Vide*, avis du conseil d'État du 18 juillet 1807, qui décide

donnateurs ou payeurs des dépenses de l'Etat ne peuvent faire aucunes dépenses, sans y être autorisés; de l'autre, que l'Etat n'a que la disposition des fonds qui lui sont attribués par le budget, et qui ont tous une destination dont l'ordre ne peut être interverti.

86. — On ne peut donc, même en vertu d'un titre exécutoire que l'on aurait obtenu contre l'État, faire saisir, soit des deniers, soit des biens nationaux.

L'art. 9, titre 12 de la loi du 22 août 1791, sur les douanes, consacre clairement ce principe. « Toutes saisies du produit des droits, porte cet article, faites entre les mains des receveurs, ou en celles des redevables envers la régie, seront nulles et de nul effet : nonobstant lesdites saisies, les redevables seront contraints au paiement des sommes dues par eux, et les huissiers qui auront fait aucuns desdits actes, seront interdits de leurs fonctions et condamnés en mille livres d'amende, sauf aussi les dommages et intérêts contre les huissiers et contre les saisissants. »

La même disposition se trouve dans l'art. 48 du décret du 1er germinal an XIII, concernant les droits réunis, aujourd'hui contributions indirectes, et qui est ainsi conçu : « Toutes saisies du produit des droits faites entre les mains des préposés de la régie ou dans celles de ses redevables seront nulles et de nul effet. »

« Il ne faut pas croire, dit M. Merlin (*Questions de droit, v° Nation,* § IV), que cette disposition soit par-

que les créanciers des communes ne peuvent former des saisies-arrêts entre les mains des débiteurs des communes; *dans les questions de droit de M. Merlin, vis Saisie-arrêt*, § 5.

ticulière, soit aux receveurs, soit aux redevables des contributions indirectes et de droits de douanes. »

87. — Il est de principe que les tribunaux ne peuvent connaître des actions qui tendent à faire déclarer l'État débiteur; ce principe résulte de : 1° l'art. 13, titre 2, de la loi du 24 août 1790, qui établit en règle générale que : « les fonctions judiciaires sont distinctes et demeureront toujours séparées des fonctions administratives ; » 2° et de la loi du 16 fructidor an III, qui fait « défenses itératives aux tribunaux de connaître des actes d'administration, de quelque espèce qu'ils soient, aux peines de droit. »

Ce principe a été expliqué par l'arrêté du Directoire exécutif du 2 germinal an V, dont voici le texte :

« Le Directoire exécutif, vu le rapport fait au ministre de la guerre par les commissaires de l'administration des transports militaires de l'intérieur de la République et étapes réunis, contenant que le citoyen Fortier, voiturier de Saint-Quentin, ayant exécuté des transports sur Mézières pour le compte de la République, fut obligé d'attendre quelque temps le paiement des quatre lettres de voiture dont il était porteur; que le défaut de fonds dans la caisse du payeur, et les avances considérables que le citoyen Bénomont, préposé de la commission à Mézières, avait déjà faites pour soutenir le service, avaient, pour le moment, ôté à celui-ci la possibilité d'acquitter les lettres de voiture du citoyen Fortier ; qu'elles furent payées quelque temps après, et que le citoyen Fortier, au lieu de s'adresser par voie de réclamation aux autorités administratives pour faire régler, l'indemnité qui pouvait lui être due, à raison du séjour forcé qu'il avait fait à Mézières pour attendre son paiement, se pourvut devant le tribunal civil du département des Ardennes qui prononça en sa faveur, par jugement du 14 thermidor an IV, et que le tribunal civil du département de la Marne, sur l'appel porté devant lui, a confirmé ce jugement, malgré les moyens de défense fournis par le citoyen Bénomont, qui, en sa qualité de simple agent d'une administration générale et immédiatement dépendante du gouvernement, ne peut payer qu'avec les fonds que la trésorerie nationale met à sa disposition, et ne peut, sous aucun rapport, être personnellement responsable du retard que peut éprouver le versement de ces fonds ; que la conduite du citoyen Fortier est irrégulière, en ce que le tribunal civil du département des Ardennes aurait dû déclarer lui-même son incompétence, en refusant de connaître d'une affaire qui, par sa nature, était entièrement du ressort des autorités administratives :

« Considérant, que l'art. 13 du titre II de la loi du 16-24 août 1790, établit en principe général, que les *fonctions judiciaires sont distinctes, et demeurent toujours séparées des fonctions administratives;* que, par la loi du 16 fructidor an III, *défenses itératives sont faites aux tribunaux de connaître des actes d'administration de quelque espèce qu'ils soient, aux peines de droit.*

« Qu'un autre principe non moins certain, d'après les lois des 28 octobre 16 novembre 1790 et 19 nivôse an IV, est que les demandes en paiement de sommes dues à la République ou par la République, ne peuvent être intentées que par ou contre les commissaires du Directoire exécutif près les administrations, et que les tribunaux ne peuvent en connaître qu'après qu'elles ont subi l'examen des corps administratifs;

« Que s'il y a conflit de juridiction entre l'autorité administrative et l'autorité judiciaire, c'est au ministre de la justice à déterminer la compétence, sauf l'approbation du Directoire exécutif, conformément à l'art. 27 de la loi du 21 fructidor an III (1);

« Que, dans la classe des affaires administratives, se rangent naturellement toutes les opérations qui s'exécutent par les ordres du gouvernement, par ses agents immédiats, sous sa surveillance, et avec les fonds fournis par le trésor public;

« Que, si les demandes en paiement auxquelles ces opérations peuvent donner lieu, ou les autres contestations qui en peuvent naître, étaient portées devant les tribunaux ordinaires, il en résulterait d'abord que l'agent du gouvernement, qui n'opère que par ses ordres et avec les moyens qu'il en reçoit, pourrait être poursuivi et condamné personnellement à payer des sommes pour lesquelles il n'a contracté réellement ni fictivement aucune obligation personnelle;

« Qu'en second lieu, comme tout jugement émané des tribunaux entraîne son exécution, il s'ensuivrait de deux choses l'une, ou que le préposé du gouvernement se verrait dépouillé de sa propriété par des saisies judiciaires, ou que les propriétés nationales

(1) Aujourd'hui, c'est le conseil d'État qui détermine la compétence respective de l'autorité judiciaire et de l'administration. — *Vide*. chap. Ier, n° 58.

seraient à la merci du créancier de la République, lequel serait en droit, par l'autorité de la chose jugée, de les regarder comme le gage de sa créance ; qu'ainsi les denrées, effets et marchandises dont le gouvernement dispose par le ministère de ses préposés, seraient détournés de leur destination ; que les caisses de la trésorerie nationale elle-même seraient saisissables, qu'en un mot, le service général pourrait être non seulement entravé, mais totalement interrompu ;

« Qu'en troisième lieu, le tribunal qui prend sur lui, en pareil cas, de fixer une indemnité, et d'en ordonner le paiement, s'arroge, contre tous les principes, le droit de créer une créance contre la République, tandis que toute indemnité en faveur de ceux qui ont travaillé pour le gouvernement, doit être le résultat d'une liquidation qui est exclusivement réservée au pouvoir exécutif ;

« Qu'enfin, et cet inconvénient n'est pas le moindre, le préposé du gouvernement, personnellement poursuivi, pourrait, à son tour, attaquer personnellement en garantie les administrateurs supérieurs pour l'indemniser de toutes les condamnations prononcées contre lui ;

« Que tous les vices qui pourraient amener ces inconvénients se rencontrent dans le jugement rendu par le tribunal civil du département des Ardennes, et confirmé par celui du département de la Marne ; que le citoyen Bénomont, attaqué personnellement par le citoyen Fortier, pouvait prendre en garantie les commissaires aux transports militaires, et ceux-ci le ministre de la guerre, et ce dernier les commissaires de la trésorerie nationale, pour les obliger à verser les fonds ordonnancés par lui ; qu'en effet, si la marche du citoyen Fortier était régulière, celle du citoyen Bénomont et des commissaires aux transports militaires ne le serait pas moins ; mais qu'une pareille marche est monstrueuse, parce qu'elle est le renversement de toutes les règles, tant de l'ordre judiciaire que de l'ordre administratif et politique ;

« Que les vexations exercées contre le citoyen Bénomont dans le département des Ardennes, l'ont été dans d'autres départements contre d'autres préposés des commissaires aux transports militaires et étapes réunis, et qu'il est urgent de prendre des mesures pour les faire cesser, en rappelant aux tribunaux les principes qui, dans une circonstance semblable, ont déterminé le tribunal civil du département de la Loire-Inférieure à rendre, le 23 brumaire dernier, un jugement par lequel « considérant : que les lois, notamment celle « du 16 fructidor an III, font défenses aux tribunaux « de connaître des actes d'administration, de quel- « que espèce qu'ils soient ; que l'affrétement des « bateaux de Ferté (voiturier par eau), ayant été « fait pour le compte de la République aux adminis- « trateurs des transports militaires, doit être con- « sidéré comme un acte d'administration, le tribunal « dit qu'il a été incompétemment jugé par le juge- « ment dont est appel ; décharge les appelants des « condamnations prononcées contre eux ; — Déboute Ferté de ses demandes de la manière intentée, et le condamne aux dépens des causes principales et d'appel, sauf à lui, à se pourvoir admi-

« nistrativement pour le paiement de son fret et de « ses frais de retardement ; »

« Après avoir entendu le ministre de la justice;

« Arrête ce qui suit :

« Art. 1er. Le commissaire du Directoire exécutif près le tribunal de Cassation dénoncera à ce tribunal les jugements des tribunaux civils des départements des Ardennes et de la Marne, ci-dessus mentionnés, et requerra qu'ils soient cassés comme contraires aux lois, et renfermant un excès de pouvoir.

« Art. 2. Les commissaires du Directoire exécutif près les tribunaux civils sont tenus de s'opposer à toutes poursuites qui seraient dirigées devant ces tribunaux contre des agents du gouvernement, en leur nom, soit pour raison d'engagement par eux contracté en leur qualité, soit pour raison d'indemnités prétendues à leur charge, pour retard de paiement de sommes dues par le trésor public, et de dénoncer au ministre de la justice tous les jugements qui pourraient intervenir à ce contraires.

« Art. 3. Le ministre de la justice fera connaître au Directoire exécutif les noms de ceux de ses commissaires qui ne se sont pas conformés, ou ne se conformeraient pas ci-après à la règle rappelée par l'article précédent. »

88. — C'est en conformité de ces principes, que la cour de Cassation a, par arrêt du 11 messidor an X, cassé et annulé un jugement du tribunal de la justice de paix de Bourges, qui avait condamné le régisseur du dépôt de mendicité de cette commune, à payer au citoyen Laurent une somme de 8 francs, pour prix d'un bandage que celui-ci avait fourni pour le service de cet établissement d'après un bon de l'officier de santé (1).

Un autre arrêt de la cour de Cassation, du 16 thermidor an X, a jugé que la règle posée par l'arrêté du Directoire exécutif est commune à tous les débiteurs de l'État. Voici dans quelles circonstances cette importante décision est intervenue.

Par jugement du 23 pluviôse an X, le tribunal civil de l'arrondissement de Wissembourg avait condamné la régie de l'enregistrement à rembourser à Françoise Metz, femme divorcée de Thiébaut Hurth, une somme de 996 fr. 60 c., pour droit d'enregistrement et amende indûment perçus.

Le 21 germinal suivant, Françoise Metz fit, en vertu de ce jugement, une saisie-arrêt, entre les mains du greffier du tribunal civil de Wissembourg, de tous les deniers qu'il avait en mains appartenant à la République, et qu'il était dans le cas de verser dans les caisses de la régie de l'enregistrement.

Assigné en déclaration sur cette saisie-arrêt, le greffier déclara que : « d'après l'arrêté de compte entre lui et le receveur de l'enregistrement, à l'égard des droits de mise au rôle qu'il avait perçus au nom de la République, il redevait à ce dernier une somme de 328 fr. 35 c.; qu'il était prêt de verser entre les mains de qui il serait ordonné par justice. La régie de l'enregistrement, de son côté, conclut à ce que la saisie-arrêt fût déclarée nulle et contraire aux lois concernant la manutention des deniers pu-

(1) Répertoire de M. Merlin, v[is] Dette publique.

blics, sauf à Françoise Metz à se présenter au bureau pour y recevoir ce qui lui revenait. »

Mais sans s'arrêter à ces conclusions un jugement du tribunal civil de Wissembourg, du 3 floréal an X, déclara la saisie bonne et valable.

Le gouvernement chargea le commissaire près le tribunal de Cassation (le procureur général), de dénoncer à ce tribunal ce jugement qui contenait un excès manifeste de pouvoir. Ce jugement, observait le ministre des finances, dans une lettre adressée le 17 messidor an X au ministre de la justice, « est absolument contraire aux principes qui régissent la comptabilité des deniers publics : toutes les sommes dues par les officiers publics et même par les particuliers, pour les droits d'enregistrement et de greffe, doivent, dès le moment où elles sont exigibles, être considérées comme si elles avaient été versées dans les caisses de l'administration ; et s'il était permis aux créanciers de la République de les saisir, les recouvrements seraient entravés à chaque instant. Le gouvernement, ou ses agents ayant pouvoir à cet effet, ont seuls la disposition des deniers composant le revenu public, et le pouvoir judiciaire ne peut aucunement s'y immiscer. »

A ces causes, le commissaire du gouvernement fut chargé de requérir qu'il plût au tribunal de Cassation :

« Vu l'art. 13 du titre 2 de la loi du 24 août 1790, ainsi conçu : « Les fonctions judiciaires sont distinctes et elles demeureront toujours séparées des fonctions administratives : les juges ne pourront, à peine de forfaiture, troubler de quelque manière que ce soit, les opérations des corps administratifs, ni citer devant eux les administrateurs, pour raison de leurs fonctions ;

« Casser et annuler, pour excès de pouvoir, le jugement rendu le 13 floréal an X par le tribunal civil de Wissembourg, entre Françoise Metz, la régie de l'enregistrement et le greffier du même tribunal; ordonner qu'à la diligence de l'exposant, le jugement de Cassation à intervenir sera imprimé et transcrit sur les registres dudit tribunal. »

Sur ces conclusions, le tribunal de Cassation, « ouï le rapport de M. Charles, vu l'art. 13 du titre 2 de la loi du 24 août 1790, faisant droit sur le réquisitoire du commissaire du gouvernement, et en vertu de l'art. 80 de la loi du 27 ventôse an VIII, a cassé et annulé, pour excès de pouvoir, le jugement précité (1). »

Un autre arrêt de la cour de Cassation, chambre civile, du 31 mars 1819, a décidé la question dans le même sens : nous croyons également devoir rapporter, d'après le recueil de Sirey (2), les circonstances de cette dernière affaire.

Le sieur Jousselin, créancier de la direction de l'enregistrement pour une somme de 455 fr. montant de droits indûment perçus, réclama son remboursement, avec les intérêts à compter du jour de l'indue perception ; en outre, il pratiqua une saisie-arrêt entre les mains du receveur de Blois, sur les deniers de la direction générale. — Selon lui, il avait le

(1) *Vide*, Questions de droit de M. Merlin, v° Nation, § IV.
(2) *Nouveau Recueil général de lois et arrêts*, Ire série, 6e volume, Ire partie, p. 50-51.

droit de saisir-arrêter entre les mains du receveur, aux termes des art. 561 et 569 du Code de procédure civile, qui règlent la procédure particulière à suivre dans ce cas. Le 16 août 1817, jugement du tribunal de Vendôme lequel : « Attendu que le sieur Jousselin est fondé en titre, que les art. 561 et 569 du Code de procédure civile autorisent les saisies-arrêts dans les mains des receveurs de deniers publics, et en règlent la forme, déclare la saisie-arrêt bonne et valable, ordonne que le receveur, tiers-saisi versera entre les mains du sieur Jousselin la somme par lui réclamée, avec les intérêts à compter du jour où elle avait été payée.

Il faut dire que le receveur contraint de satisfaire à ce jugement définitif, paya le sieur Jousselin; qu'en payant, il réclama de lui la remise de toutes les pièces du procès, et que cette remise eut lieu.

Pourvoi en cassation de la part de la direction générale de l'enregistrement.

Le sieur Jousselin, défendeur, a opposé une fin de non-recevoir prise de ce que le receveur, en payant conformément au jugement, avait retiré les pièces du procès, et avait par là acquiescé implicitement.

La cour a statué en ces termes : « La cour, sur la fin de non-recevoir, attendu qu'il n'a tenu qu'au défendeur de reprendre des mains de la régie les pièces dont celui-ci avait exigé la remise; rejette la fin de non-recevoir;

« Et statuant au fond : — Vu les divers articles de la loi du 24 août 1790, et notamment l'art. 13 du titre 2; vu aussi l'art. 5 de l'arrêté du gouvernement du 18 fructidor an VIII, portant : « au moyen de ces dispositions, il est de nouveau expressément défendu à toute autorité civile et militaire, à peine d'en répondre personnellement, de disposer d'aucune somme dans les caisses publiques. Les payeurs et receveurs seront également responsables de tout ce qu'ils auraient payé, sans une ordonnance régulière.. ;

« Et attendu : 1° qu'aucune loi n'autorise les percepteurs, en aucun cas, à exiger des intérêts moratoires; que, réciproquement, la loi, qui autorise le pourvoi en restitution des droits indûment perçus, n'alloue, dans aucun cas, les intérêts des sommes à restituer; qu'ainsi, en adjugeant des intérêts de cette espèce, le tribunal de Vendôme a excédé ses pouvoirs et usurpé le pouvoir législatif;

« Attendu, 2° que les lois citées interdisent expressément à toute autorité civile et militaire, de disposer, sous quelque prétexte que ce soit, des deniers déposés dans les caisses publiques ; que, si les articles 561 et 569 du Code de procédure civile parlent de saisie-arrêt à exercer dans les mains des receveurs de deniers publics, cela ne doit s'entendre que des saisies faites sur des particuliers envers lesquels le fisc est redevable, et à l'égard seulement des deniers appartenant à ces particuliers; mais que les deniers appartenant au fisc ne peuvent jamais être saisis dans ces caisses publiques à la requête de ces créanciers, sauf à ceux-ci à se pourvoir administrativement pour obtenir le paiement de leurs créances; d'où il suit, qu'en autorisant dans l'espèce, le défendeur à saisir et arrêter, dans les mains du receveur de la régie à Blois, les deniers de sa caisse, sous le prétexte des condamnations prononcées à son profit par les jugement et exécutoire dont il s'agit, le tribunal de Vendôme a encore excédé ses pouvoirs, faussement appliqué les art. 561 et 569 du Code de procédure civile, et violé la loi précitée du 24 août 1790 et l'arrêté du gouvernement du 18 fructidor an VIII, casse... »

89. — L'arrêté du gouvernement du 18 fructidor an VIII, sur lequel s'appuie ce dernier arrêt, n'a point été visé dans la première décision du tribunal de Cassation du 16 thermidor an X, et il est permis de supposer, qu'à cette époque, on n'a pas songé à attribuer à cet arrêté le sens général que lui prête l'arrêt de 1819. En effet, d'après son titre, aussi bien que d'après ses dispositions, cet acte du gouvernement consulaire, n'est intervenu que pour « déterminer la manière de régler les dépenses imprévues faites dans les départements pour le service militaire.»

On sait que pendant les guerres de notre première révolution, les généraux, pressés par des circonstances impérieuses, exigeaient souvent des autorités civiles, pour les besoins de la guerre, la remise des fonds versés par les contribuables dans les caisses publiques, ou de ceux envoyés du siége du gouvernement avec une destination spéciale. L'arrêté du 18 fructidor an VIII, a pour objet de mettre un terme à cet abus de pouvoir : et la disposition de l'art. 5, visée par l'arrêt de 1819, et qui ne peut être isolée des autres dispositions de l'arrêté, est une espèce de sanction pénale portée contre les autorités civiles et militaires, et contre les payeurs et receveurs, pour assurer l'exécution de cet arrêté.

Il semble donc difficile d'appliquer cet arrêté à un créancier de l'État porteur d'un jugement exécutoire.

Quoi qu'il en soit de ces observations, il est à regretter que le mode d'exécution des titres et jugements obtenus contre l'État, ne soit pas réglé par une loi spéciale : cette loi est nécessaire, aujourd'hui surtout que la prescription ou déchéance quinquennale peut être opposée au créancier de l'État (1). Ce créancier, porteur d'un titre légitime et régulier, est exposé, avant d'obtenir son paiement, à des lenteurs, non-seulement préjudiciables à ses intérêts, mais de nature à compromettre son droit même. Aucune disposition législative n'obligeant les ministres à saisir les chambres des demandes des créanciers de l'État dans un délai déterminé, et ces créanciers ne pouvant être payés qu'au moyen de crédits spécialement votés à cet effet, il en résulte qu'ils se trouvent à la merci de l'administration. Cette situation des créanciers du trésor, est contraire à la justice aussi bien qu'à la dignité de l'État, et même, au bon ordre de la comptabilité publique : car la justice exige que l'on ne fasse attendre le remboursement d'une dette de l'État que pendant le temps strictement nécessaire pour remplir les formalités indispensables en pareil cas : autrement, le créancier est exposé à la déchéance ; bien qu'il soit recevable à prouver, ainsi que nous le démontrerons (chap. XII), que c'est par le fait de l'État que la liquidation, l'ordonnancement et le paiement n'ont pas eu lieu dans les cinq années. D'un autre côté, la dignité de l'État et le bon

(1) *Vide* le chap. XII.

ordre de la comptabilité publique n'exigent pas moins qu'on acquitte, dans le plus bref délai, la dette de l'État, afin d'éviter tout arriéré dans les finances publiques.

Il est donc à désirer qu'une loi intervienne sur cette importante matière, et que ses dispositions concilient les droits des créanciers du trésor, avec les formes protectrices de l'inviolabilité des fonds appartenant à l'État.

90. — Faisons observer, en passant, que le principe d'ordre public sur lequel est établie l'insaisissabilité des sommes dues à l'État, a été appliqué par des textes particuliers à diverses branches de services publics, notamment : aux fonds des communes, par deux avis du conseil d'État du 12 août 1807 et du 11 mars 1813 ; à ceux des établissements de bienfaisance, tels que les hospices et autres établissements publics, par un arrêté du gouvernement du 9 ventôse an X; aux fabriques, par le décret du 30 décembre 1809.

91. — Après avoir exposé sur quel principe est fondée l'insaisissabilité des sommes appartenant à l'État, il nous reste à examiner quelles sont les règles applicables aux sommes que l'État doit et qui sont affectées à des services publics.

On comprend les motifs d'intérêt général qui ont décidé le législateur à déclarer insaisissables les sommes dues par l'État pour certains services publics.

92. —Lorsque l'État a traité avec un entrepreneur pour un service d'intérêt général, il importe à la société tout entière que l'entreprise soumissionnée ou adjugée, soit exécutée dans les formes et délais déterminés, sans qu'elle puisse être arrêtée, retardée, ou empêchée entièrement par le fait des créanciers personnels de l'entrepreneur de l'État. Si l'entrepreneur ou soumissionnaire n'était pas assuré de recevoir son paiement de l'État, nonobstant l'action de ses créanciers étrangers à l'entreprise, il arriverait qu'il ne se mettrait jamais en avance de fonds ; et d'un autre côté, l'application du droit commun en pareille matière, aurait pour résultat de nuire aux intérêts de l'État, en paralysant la concurrence, et en forçant l'administration d'accorder aux soumissionnaires des conditions plus avantageuses. Toutefois, cette règle demandait une exception en faveur des sous-traitants et des ouvriers employés par les entrepreneurs. Car, alors, l'intérêt de l'État exige qu'il paye, avant tous autres, ceux par le concours desquels l'entreprise a été exécutée.

Ces principes sont écrits dans plusieurs dispositions législatives.

La première en date est un décret du 26 pluviôse an II, « qui interdit *provisoirement* aux créanciers particuliers de faire des saisies-arrêts ou oppositions sur les fonds destinés aux entrepreneurs de travaux pour le compte de l'Etat. »

Voici le texte de ce décret :

Art. 1er. Les créanciers particuliers des entrepreneurs et adjudicataires des ouvrages faits ou à faire pour le compte de la nation, ne peuvent, *jusqu'à l'organisation définitive des travaux publics*, suivre aucune saisie-arrêt ni opposition, sur les fonds déposés dans les caisses des receveurs de district pour être délivrés auxdits entrepreneurs ou adjudicataires.

Art. 2. Les saisies-arrêts et oppositions qui auraient été faites jusqu'à ce jour par les créanciers particuliers desdits entrepreneurs ou adjudicataires, sont déclarées nulles et non avenues.

Art. 3. Ne sont point comprises dans les dispositions des articles précédents, les créances provenant du salaire des ouvriers employés par lesdits entrepreneurs, et les sommes dues pour fournitures de matériaux et autres objets servant à la construction des ouvrages.

Art. 4. Néanmoins, les sommes qui resteront dues aux entrepreneurs ou adjudicataires, après la réception des ouvrages, pourront être saisies par leurs créanciers particuliers, lorsque les dettes mentionnées à l'article 3 auront été acquittées. »

Comme on le voit, les dispositions de ce décret ne devaient être que *provisoires, et jusqu'à l'organisation définitive des travaux publics*: mais, bien que depuis l'an II, l'administration des ponts et chaussées, celle du génie militaire et maritime, et toutes les autres branches des travaux publics aient été organisées d'une manière permanente et définitive, autant que ce dernier mot peut s'appliquer à des lois et règlements toujours révocables, la prohibition de saisir-arrêter, dans les caisses publiques, les fonds destinés aux entrepreneurs ou adjudicataires de ces travaux, n'en subsiste pas moins, cette disposition n'ayant été expressément abrogée par aucune loi postérieure. Il est même à remarquer, que cette prohibition s'étend aujourd'hui à tous les travaux que la jurisprudence du conseil d'État considère comme travaux publics, soumis à la juridiction administrative. Tels sont les travaux d'utilité publique départementale (1), et ceux exécutés, dans certains cas, par les villes et communes (2).

93. — La prohibition de saisir ne s'applique pas seulement aux sommes dues aux entrepreneurs : les matériaux destinés à la confection des travaux et déposés sur place sont considérés comme déjà livrés à l'administration publique, et dès lorsils sont insaisissables. Toute contestation entre l'entrepreneur et ses créanciers, relativement à ces matériaux, doit d'ailleurs être jugée par l'autorité administrative (Décret du 5 septembre 1810, Sirey, jurisprudence du conseil d'État, t. 1, p. 396).

94. — Nous avons dit que les ouvriers employés par les entrepreneurs sont privilégiés pour leurs salaires, et les sous-traitants pour leurs fournitures (3), sur les fonds dus par le trésor public aux entrepreneurs, et qu'ils doivent être colloqués de préférence aux autres créanciers.

En cas d'insuffisance des fonds dus par l'État à l'entrepreneur pour payer les salaires des ouvriers et les fournitures des sous-traitants, les uns et les

(1) *Voy.* mon *Traité* sur l'organisation et les attributions des conseils de département et d'arrondissement, 3e édition, tom. 1er, p. 288, chap. XII, no 263. — Un arrêt de la cour de Cassation, du 27 août 1839; Dalloz, 1839, I, 346; et un arrêt du conseil d'État, du 14 février 1839, Borrani, *Recueil* des arrêts du conseil 1839, p. 140.

(2) Voy. *Traité* de droit administratif de M. Dufour, tom. IV, p. 402 et suiv., no 2806.

(3) Un arrêt de cassation, du 12 mars 1822 (Sirey, 22, I, 130), a décidé que les sous-traitants sont privilégiés pour leurs fournitures, sur les fonds dus par le trésor aux entrepreneurs, et qu'ils doivent être colloqués par préférence aux autres créanciers.

autres doivent venir concurremment et au centime le franc sur la somme due. En effet, d'une part, l'article 3 du décret du 26 pluviôse an II, semble établir cette concurrence, cette égalité dans le rang de ces deux priviléges : d'un autre côté, le Code civil ne contient sur ce point aucune disposition qui puisse faire préférer l'un de ces priviléges à l'autre. D'où il résulte, qu'aux termes de l'art. 2097 du même Code, ces deux sortes de créanciers privilégiés doivent être considérés comme placés au même rang, et doivent être payés par concurrence.

95. — Une ordonnance royale du 13 mai 1829, rend applicables aux colonies les dispositions du décret du 26 pluviôse an II, qu'elle reproduit presque textuellement.

96. — Il faut bien remarquer que le décret du 26 pluviôse n'affranchit pas, d'une manière absolue, les fonds qui sont dus par l'État aux entrepreneurs des travaux publics, de l'action des créanciers des entrepreneurs : seulement, ainsi que nous venons de l'expliquer, il établit entre ces divers créanciers une distinction, et accorde un privilége au profit ceux à qui sont dus des salaires ou le prix des matériaux employés à ces travaux. Mais lorsque, ces dettes payées, il reste une somme due par l'État aux entrepreneurs, cette somme peut être saisie par leurs créanciers particuliers, ainsi que l'explique l'art. 4.

Deux décrets des 13 juin et 12 décembre 1806, ont réglé l'exercice du privilége accordé aux sous-traitants des entrepreneurs ou fournisseurs du service de la guerre.

Suivant le premier de ces décrets, « à l'avenir,

toutes réclamations relatives au service de la guerre et de l'administration de la guerre (1), dont les pièces n'auront pas été présentées dans les six mois qui suivront le trimestre où la dépense aura été faite, ne pourront plus être admises en liquidation. »

On trouvera l'explication de cette déchéance au chapitre XII.

97. — Mais en ce qui concerne le privilége des sous-traitants, le second décret, du 12 décembre 1806, contient les dispositions suivantes :

Art. 1er. Tout sous-traitant, préposé ou agent d'une entreprise soumise aux dispositions du décret du 13 juin 1806, qui, à dater de la publication du présent, se croirait fondé à ne pas remettre les pièces justificatives de ses fournitures à l'entrepreneur principal, dans les délais fixés par ce décret, pour n'avoir pas été payé de son service par le traitant, devra les déposer, dans les mêmes délais, entre les mains du commissaire-ordonnateur de la division militaire, qui lui donnera en échange un bordereau certifié, constatant le nombre et la nature des pièces versées, ainsi que l'époque et la quotité des fournitures dont elles justifient.

Art. 2. Les bordereaux délivrés en exécution de l'article ci-dessus, par les commissaires-ordonnateurs aux sous-traitants, préposés ou agents, auront pour ceux-ci, lorsqu'ils les présenteront aux tribunaux, la même valeur que les pièces dont la remise aura été faite, et lorsqu'ils les présenteront au trésor public, ils leur tiendront lieu d'opposition, tant sur les

(1) Le ministère de la guerre et celui de l'administration de la guerre étaient séparés sous l'Empire ; ils sont actuellement réunis.

fonds que le Gouvernement pourrait redevoir aux entrepreneurs pour leurs fournitures, que sur le cautionnement que le ministre aurait exigé desdits entrepreneurs, sauf les droits du Gouvernement; et ce, nonobstant toute cession ou transfert qui aurait été fait par les entrepreneurs. Le trésor public recevra les oppositions des sous-traitants porteurs des bordereaux arrêtés par les ordonnateurs. Ils auront un privilége spécial sur les sommes à payer aux entrepreneurs, jusqu'à concurrence du montant de ce qui leur sera dû pour les fournitures comprises auxdits bordereaux.

Art. 3. Les sous-traitants, préposés ou agents qui ne se seront point conformés aux dispositions des articles précédents, encourront la déchéance voulue par le décret du 13 juin 1806 : en conséquence, les pièces justificatives des fournitures qu'ils auraient faites, en cette qualité, ne pourront leur servir de titre à aucune réclamation contre qui que ce soit. »

98. — Il y a plusieurs remarques à faire sur ce décret.

D'abord, malgré la disposition impérative de l'art. 3, la cour de Cassation a décidé, par un arrêt du 12 mars 1822 (Sirey, 22, I, 230), que le privilége des sous-traitants sur les fonds dus par l'État à l'entrepreneur, n'est pas subordonné, pour sa conservation, à la remise des pièces dans les mains du commissaire-ordonnateur : c'est là seulement une faculté accordée au sous-traitant pour faire parvenir ses pièces à l'administration. — Ainsi, il peut conserver son privilége, en remettant ses pièces, dans le délai voulu, par l'intermédiaire de l'entrepreneur lui-même.

La même cour a jugé, par un arrêt du 10 mars 1818 (Sirey, 18, 1, 218):

1° Que la restriction établie par ces mots de l'art. 2, *sauf les droits du gouvernement*, attribue préférence à l'Etat, seulement pour les créances qu'il a de son propre chef, et non pour celles qu'il a acquises des tiers; — Qu'à l'égard de ces dernières, l'Etat ne peut avoir plus de droits que ceux qu'il représente;

2° Et que le privilége accordé par l'art. 2 du décret, aux sous-traitants, n'est point restreint uniquement aux sommes représentatives des fournitures faites par les sous-traitants; mais qu'il s'étend généralement sur toutes les sommes dues, aux traitants ou entrepreneurs, par l'Etat.

Un autre arrêt de la même cour, du 18 mai 1831 (Sirey, 1831, I, 220), restreint le privilége que le décret du 12 décembre 1806, accorde aux sous-traitants, seulement aux entreprises et marchés relatifs au service de la guerre.

Il est utile de noter que les contestations qui peuvent s'élever entre les entrepreneurs de travaux publics, ou leurs créanciers, et les sous-traitants, sont de la compétence des tribunaux civils. — L'autorité administrative règle seule la somme due aux entrepreneurs et aux sous-traitants; mais la dette de l'Etat, une fois liquidée, c'est aux tribunaux ordinaires qu'il appartient de décider toutes contestations qui se rattachent à l'attribution aux ayant-droit de la somme due par l'Etat, et au règlement des créances privilégiées.

99. — La loi du 28 août 1793, sur la dette publique, autorisait les oppositions, tant sur le payement des arrérages des rentes inscrites au grand-livre, que sur l'aliénation des mêmes rentes.

Depuis la formation d'un nouveau grand-livre du tiers consolidé de la dette publique, en exécution de la loi du 8 nivôse an VI, les inscriptions de rentes sur l'Etat, tant pour le capital que pour les arrérages, ont été soumises à des dispositions particulières qui font exception au droit commun.

« Il importait au crédit de l'Etat de faciliter les transferts des inscriptions au grand-livre de la dette publique en les dégageant des formalités qui tendent à déprécier cette propriété, et il était instant d'adopter ce qui était commandé par l'intérêt général comme par le plus grand avantage des rentiers (1). »

En conséquence, la loi du 8 nivôse an VI, dispose dans son article 4 :

« Il ne sera plus reçu, à l'avenir, d'opposition sur le tiers conservé de la dette publique inscrite ou à inscrire. — Celles faites sont maintenues, mais le débiteur saisi pourra offrir de rembourser l'opposant à due concurrence avec le tiers conservé, et le créancier qui refuserait son remboursement peut y être contraint en justice, si mieux il n'aime donner main levée de l'opposition. — Cependant les comptables envers la République ne pourront, en aucun temps, disposer de leurs inscriptions avant l'apurement de leur compte, certifié par le bureau de

(1) Préambule de la loi du 28 floréal an VII, relative aux transferts de la dette publique.

comptabilité, si mieux il n'aime fournir caution. »

Une autre loi du même jour, 8 nivôse an VI, expliqua que l'article que nous venons de rapporter, n'aurait son effet qu'à dater de deux mois après la publication de ladite loi.

La loi du 22 floréal an VII, a confirmé ces dispositions, dans ses articles 5, 6, 7 et 8, ainsi conçus :

« Art. 5. Les arrérages dus pour rentes perpétuelles seront payés au porteur de l'extrait d'inscription au grand-livre, sur la représentation qu'il en fera. — Il en donnera son acquit au payeur.

« Art. 6. Les arrérages de la dette viagère et des pensions seront payés de même au porteur de l'extrait d'inscription ou du brevet de pension. — Il en donnera également son acquit au payeur. — Il sera rapporté à l'appui un certificat de vie du rentier viager ou pensionnaire.

« Art. 7. Il ne sera plus reçu à l'avenir d'opposition au paiement desdits arrérages, à l'exception de celle qui serait formée par le propriétaire de l'inscription ou du brevet de pension. — Cette disposition n'aura son effet qu'à dater de deux mois après la publication de la présente.

« Art. 8. L'opposition du propriétaire sera faite aux bureaux des payeurs de la trésorerie nationale, chargés du paiement des arrérages, par une déclaration écrite, et qui sera signée de lui ou d'un fondé de pouvoir spécial. — Elle sera annulée de la même manière. »

Enfin, l'art. 1er du décret du 23 thermidor an XIII, relatif aux déclarations de transfert des cinq pour cent consolidés porte :

« A l'avenir, la déclaration de transfert des cinq pour cent consolidés, sur le registre établi à cet effet près le directeur du grand-livre, conformément à la loi du 28 floréal an VII, saisira l'acquéreur de la propriété et jouissance de l'inscription transférée, et ce, par la seule signature du vendeur. — Toute opposition postérieure à cette déclaration sera considérée comme non avenue. »

Bien que les dispositions qui précèdent aient été adoptées à une époque où il n'existait qu'une seule espèce de rente sur l'Etat, celle en cinq pour cent provenant du tiers consolidé, il n'en est pas moins certain qu'aujourd'hui elles s'appliquent également à toutes les parties de la dette publique inscrite ; par conséquent, aux rentes cinq pour cent, créées depuis l'an VII, ainsi qu'à celles quatre et demi, quatre et trois pour cent inscrites actuellement au grand-livre. Les lois portant autorisation de créer ces rentes, n'ayant apporté aucune autre exception aux lois sur la dette publique inscrite, que celle concernant le taux de l'intérêt, la quotité du fonds d'amortissement à affecter aux rentes nouvellement créées, et les formes à remplir par le Gouvernement pour l'émission ou l'adjudication des emprunts en rentes sur l'Etat, il est certain que la législation faite, dans l'origine, en vue de la seule rente cinq pour cent, est actuellement applicable à toutes les autres espèces de rentes sur l'Etat. Par conséquent, la défense de former des oppositions au trésor sur les inscriptions de rentes, s'étend à toutes les rentes inscrites sur le grand-livre de la dette publique.

En cette matière, le ministre des finances est investi, par les lois sur la dette publique, d'un pouvoir très-étendu.

Ainsi, le conseil d'Etat a décidé, par arrêt du 19 décembre 1839 (Dalloz, *Jurisprudence générale*, 1840, III, 68), que les lois des 8 nivôse an VI, art. 4, et 22 floréal an VII, art. 7, qui interdisent toutes oppositions sur les titulaires de rentes sur l'Etat, autorisent, par cela même, le ministre des finances, non-seulement à rejeter ces oppositions, mais encore à ne pas déférer à des jugements par lesquels les créanciers des titulaires auraient obtenu l'attribution de rentes appartenant à leurs débiteurs. — Telle avait été l'opinion du conseil d'Etat, dans deux avis, l'un du 17 thermidor an X, et l'autre des comités réunis de législation et des finances, du 11 novembre 1817. — C'est en vertu des mêmes principes, qu'un autre avis du même conseil, du quatrième jour complémentaire an XIII, a décidé que les syndics d'une réunion de créanciers ne peuvent s'opposer au transfert des rentes appartenant à leur débiteur tombé en faillite, et au domicile duquel les scellés ont été apposés.

La cour royale de Paris a jugé dans le même sens, par un arrêt du 22 mars 1836 (Sirey, 36, II, 257), que l'opposition du ministre des finances au transfert d'inscriptions de rentes sur l'Etat réclamées par des tiers contre le trésor public, constitue un acte administratif, dont les tribunaux ne peuvent connaître.

De même, suivant la jurisprudence du conseil d'Etat, les tribunaux sont incompétents pour connaître d'une demande formée contre le ministre des finances, à fin de paiement des arrérages d'une rente inscrite au grand-livre de la dette publique (Arrêt du 23 août 1838, Sirey, 1839, II, 368).

Ils sont également incompétents pour apprécier les formes et les règlements intérieurs suivis au trésor public pour la remise des inscriptions et le paiement des arrérages de la rente. — Mais ils sont compétents pour statuer sur la question de savoir si le mandat, en vertu duquel un tiers a touché les arrérages, autorisait réellement ce tiers à recevoir, et si, par suite, le trésor est valablement libéré (Arrêt du conseil d'État, du 6 décembre 1836, Dalloz, 1838, III, 41).

Remarquez que lorsqu'il s'élève des contestations sur la propriété de la rente, le débat doit toujours être porté devant les tribunaux civils, seuls juges, d'après le droit commun, des questions de propriété.

C'est au surplus ce que le conseil d'Etat a décidé par un arrêt du 14 avril 1839, intervenu à la suite d'un conflit élevé par le préfet de la Seine, au nom du ministre des finances, contre un jugement du tribunal de la Seine. — D'après le dispositif de cet arrêt, la question relative à la propriété de rentes inscrites au trésor public, et aux droits que peut y avoir une association qui n'est pas autorisée, est exclusivement de la compétence de l'autorité judiciaire (V. *Recueil des arrêts du conseil,* 1839, p. 218-221).

Toutefois, il ne faudrait pas conclure de cet arrêt, que lorsque les tribunaux civils ont décidé la question de propriété de la rente, et attribué cette propriété à un tiers, le ministre des finances est tenu de se conformer à cette décision, malgré l'opposition de la personne au nom de laquelle la rente est inscrite. D'après les lois de nivôse an VI et floréal an VII, la rente ne peut être transférée que sur la déclaration du propriétaire dont le nom est sur l'inscription; cette déclaration emporte consentement de transférer la propriété de la rente, et c'est le seul acte (tant que le propriétaire de la rente existe), qui puisse faire admettre le transfert par le trésor. — Si donc, malgré des décisions judiciaires passées en force de chose jugée, le propriétaire de la rente se refusait à exécuter ces décisions et ne voulait pas faire la déclaration de transfert prescrite par les lois précitées, il est hors de doute que le ministre des finances userait de son droit en refusant d'exécuter les jugements.

En conformité de cette opinion, nous citerons un arrêt de la cour royale de Toulouse, du 5 mai 1838 (Dalloz, 1838, II, 136), qui a décidé que : « la disponibilité des rentes sur l'Etat est tellement personnelle au propriétaire de la rente, qu'une rente de cette nature, mise dans le lot d'un cohéritier, ne peut, malgré celui-ci, être attribuée à ses créanciers intervenants au partage, et cela, encore bien que les créanciers opposants à partage seraient porteurs d'un transfert notarié de la part de leur débiteur.

« Attendu, disent les motifs de cet arrêt, qu'à l'égard des rentes sur l'Etat, la transmission du titre est indispensable pour saisir le cessionnaire, et que cette transmission ne peut s'opérer que par l'intervention des fonctionnaires spéciaux que la loi a investis de ce droit; — Attendu qu'il résulte de ces divers principes, que le droit de disposer de cette sorte de bien est purement personnel au propriétaire débiteur, qu'il ne peut en être dépouillé que de son consentement exprès, manifesté dans les formes prescrites par la loi, et par la remise du titre même; — Attendu que les motifs de ce privilége, dont l'effet est de soustraire le débiteur à l'application de ce principe conservateur, que ses biens sont le gage de ses créanciers, s'expliquent et même se justifient par l'intérêt qu'a l'Etat à assurer à ses créanciers des avantages qu'il est impossible à tout autre débiteur de leur offrir. »

La cour royale de Poitiers a même été plus loin, car elle a jugé, par un arrêt du 16 juillet 1830 (Sirey, 1831, II, 135), que « le séquestre des rentes inscrites sur le grand-livre de la dette publique, dans l'objet d'en empêcher provisoirement tout transfert, ne peut être ordonné sur la demande de tiers qui en revendiquent la propriété; ordonner le séquestre, serait admettre indirectement l'opposition sur les rentes, contrairement à la défense qu'en fait la loi. »

Mais cet arrêt nous paraît faire une fausse application des lois de la matière; car la loi du 22 floréal an VII, admet le propriétaire de l'inscription à former opposition au paiement des arrérages. Ce droit est la conséquence la plus naturelle et la plus nécessaire de la propriété de la rente, et de sa non-disponibilité, sans le consentement exprès, dans la forme prescrite par la loi du propriétaire de la rente elle-même. On doit donc admettre l'opposition au paiement des arrérages et le séquestre de la rente, lorsque l'inscription se trouve perdue ou retenue par des tiers qui ne sont pas propriétaires de la rente.

Aussi, la cour de Cassation, chambre civile, a-t-elle décidé, le 28 novembre 1838 (Dalloz, 1839, I, 6), en confirmant un arrêt de la cour royale de Paris, du 7 juillet 1836 : « que le principe de l'insaisissabilité des rentes sur l'État, n'est point un obstacle à leur séquestration entre les mains d'un tiers dépositaire, par celui qui s'en prétend propriétaire indivis. »

Il est à remarquer que les rentes sur l'État, déposées à titre de cautionnement, par exemple, par le propriétaire ou gérant d'un journal, ne perdent pas, par ce dépôt, leur caractère d'insaisissabilité pour toutes autres créances que celles résultant des condamnations que peut encourir le journal (arrêt C. de Paris du 22 juin 1832, Dalloz, 1833, II, 62).

Cette distinction s'appliquerait avec une égale justesse à tous les cautionnements en rentes sur l'État. — Dans ce cas, il est certain que le cautionnement ne fait perdre à la rente son caractère d'insaisissabilité, que pour les créances qui résultent de l'inexécution des obligations à la sûreté et garantie desquelles le cautionnement est spécialement affecté par les lois ou ordonnances, s'il s'agit d'un fonctionnaire public ou d'un officier ministériel, et par les traités et conventions, s'il s'agit d'une entreprise ou fourniture d'intérêt public pour le compte de l'Etat, des départements, des communes ou des établissements publics.

Il est donc certain, dans ce cas, que tous les autres

créanciers du titulaire du cautionnement ne pourraient valablement saisir-arrêter, soit le capital, soit les arrérages de la rente servant de gage à la fidèle exécution des obligations que les fonctions ou l'entreprise imposent à son propriétaire.

Il va sans dire que les lois qui déclarent insaisissables les capitaux et les arrérages des rentes sur l'État, sont inapplicables au cas où, après avoir été réalisés et perçus, ces capitaux et ces arrérages se trouvent entre les mains de particuliers : ils peuvent donc être frappés de saisie, même entre les mains du tiers mandataire qui les a touchés pour le titulaire des rentes (arrêt de la cour de Cassation du 21 juin 1832, Dalloz, 1832, I, 331).

Un décret du 3 messidor an XII a tracé les règles à suivre pour le mode de remplacement, en cas de perte, des extraits d'inscription au grand-livre : ce décret porte :

« Art. 1er. A l'avenir, il ne sera plus délivré de duplicata des extraits d'inscription aux grands-livres des cinq pour cent consolidés, et de la dette viagère.

« Art. 2. Les rentiers qui auraient perdu leurs extraits d'inscription en feront la déclaration devant le maire de la commune de leur domicile. — Cette déclaration, faite en présence de deux témoins qui constateront l'individualité du déclarant, sera assujettie au droit fixe d'enregistrement d'un franc.

« Art. 3. Ladite déclaration sera rapportée au trésor public. Après en avoir fait constater la régularité, le ministre du trésor public autorisera le directeur du grand-livre à débiter le compte de l'inscription perdue, et à la porter à compte nouveau par un transfert de forme : il sera remis au réclamant un extrait original de l'inscription de ce nouveau compte.

« Art. 4. Le transfert de forme autorisé par l'article précédent, aura lieu dans le semestre qui suivra celui pendant lequel la demande d'un nouvel extrait d'inscription aura été adressée au ministre du trésor public. »

On a vu que le paragraphe 3 de l'art. 4 de la loi du 8 nivôse an VI, défend aux comptables envers l'État, de disposer, en aucun temps, de leurs inscriptions avant l'apurement de leur compte, certifié par le bureau de comptabilité, si mieux ils n'aiment fournir caution.

Cette disposition autorise l'agent judiciaire du trésor public à former opposition sur la rente appartenant à un comptable de deniers publics, dont les comptes ne sont pas apurés.

Dans ce dernier cas, lorsque le trésor se trouve nanti d'une inscription sur le grand-livre, appartenant à un comptable de deniers publics qui est débiteur par suite de sa gestion, il a sur cette inscription un privilége spécial, résultant de la nature du débet : la compensation s'opère d'elle-même, et il ne peut pas y avoir lieu à la distribution ordonnée par l'art. 556 du Code de procédure civile. Cette doctrine résulte d'un décret, rendu en conseil d'État, le 17 novembre 1809 (v. *Rép. de la nouv. lég.* de M. Favart de Langlade, v^is Dette publique perpétuelle, sect. v, III, p. 101.)

En résumé, il résulte de ce qui précède : qu'aucune opposition ne peut être reçue, soit au transfert d'une inscription, soit au paiement de ses arrérages, si ce n'est dans deux cas seulement : Le premier, lorsque l'opposition est formée par le propriétaire de l'inscription ; et le second, quand elle est faite par l'agent du trésor, sur une rente appartenant à un comptable de deniers publics, dont les comptes ne sont pas apurés.

Excepté les deux cas ci-dessus, l'opposition au transfert ou au paiement des arrérages d'une inscription, fût-elle autorisée par un jugement, n'est point valablement formée.

Cette exception au principe que les biens du débiteur sont le gage de ses créanciers, peut s'expliquer et même se justifier par le désir de raffermir le crédit public, en offrant aux propriétaires de rentes sur l'État des avantages qu'ils ne pourraient trouver dans aucune autre nature de biens.

Cette dérogation au droit commun était sans doute nécessaire en l'an VI, alors que le gouvernement enlevait aux rentiers les deux tiers de leurs rentes et ne consolidait que le dernier tiers.

Mais aujourd'hui que la fidélité apportée par l'État, depuis plus de trente années, à remplir ses engagements et à payer ses dettes, a rendu au crédit public la confiance générale, est-il encore également nécessaire de repousser *toutes* les oppositions sur les inscriptions de rentes, même celles du père, de la mère, des enfants et ascendants, pour cause d'aliments, dans les cas prévus par les articles 203, 205, 206 et 207 du Code civil, même celles de la femme et de ses héritiers pour ses reprises et créances matrimoniales?

Nous ne pouvons admettre une telle conséquence : la raison d'État doit sans doute l'emporter sur toute considération ou intérêt particulier, mais il faut que cette raison soit urgente ; il faut qu'elle soit bien justifiée, pour qu'elle puisse s'élever impunément au-dessus des droits naturels et civils les plus sacrés ; pour qu'elle ne tienne aucun compte de l'autorité de la chose jugée. Cette justification ne saurait se rencontrer dans l'état actuel du crédit public en France, et nous n'hésitons pas à conclure qu'on pourrait, sans aucun inconvénient pour ce crédit, modifier les dispositions des lois de nivôse an VI et floréal an VII, en admettant les oppositions sur les rentes pour les créances et reprises matrimoniales dument justifiées, et pour cause d'aliments, dans les cas déterminés par le Code civil.

100. — La loi du 2 mars 1832, sur la liste civile, art. 29, déclare insaisissables les deniers de la liste civile.

Cette prohibition s'applique aussi bien aux fonds provenant de la somme que le Roi reçoit annuellement du trésor public, qu'aux produits et revenus de toutes espèces, provenant des biens, tant meubles qu'immeubles, faisant partie de la dotation de la couronne ; car la raison d'État, qui a motivé le vote de la loi du 2 mars 1832, ne permet pas d'admettre aucune différence entre les diverses sommes, revenus et produits affectés au service de la liste civile.

Mais comme aucune loi n'a établi, au profit des entrepreneurs, fournisseurs et sous-traitants de la liste civile, un privilége semblable à ceux créés par les décrets précités, pour les entrepreneurs, fournisseurs et sous-traitants de l'État, il en résulte que les entrepreneurs, fournisseurs et sous-traitants de la liste civile restent dans le droit commun, et que leurs créanciers personnels peuvent faire saisir-arrêter, entre les mains des caissiers, payeurs ou administrateurs des deniers de la liste civile, comme entre celles des simples particuliers, les sommes à eux dues par ces entrepreneurs.

101. — Un arrêté du gouvernement du 18 nivôse an XI, déclare insaisissables, dans leur totalité, les traitements ecclésiastiques. Cette insaisissabilité a été étendue au traitement des pasteurs protestants, par l'arrêté du Gouvernement du 15 germinal an XII. « La raison semblerait commander la même prohibition, disent les auteurs du *Dictionnaire de procédure* (1), relativement au traitement accordé, depuis 1834, aux ministres du culte israélite ; mais c'est à la législation et non à la jurisprudence de combler cette lacune. »

102. — Les mêmes auteurs se demandent, si le privilége de l'insaisissabilité s'étendrait aux revenus attachés à la cure ou au vicariat, ainsi qu'au casuel. — L'ancienne jurisprudence déclarait le casuel ainsi que les oblations insaisissables, et pour les autres revenus, ils pouvaient être arrêtés à concurrence des deux tiers (Pothier, *Procédure,* 4e part., chap. 2, sect. 3, § 2). —En fait, dit Roger, *Traité de la saisie-arrêt,* n° 289, les juges ne permettaient de saisir que le tiers de ces revenus. »

Sous l'empire de la législation créée par le con-

(1) Vis Saisie-arrêt ou opposition, tome V, p. 17, 9°.

cordat et par les articles organiques du 18 germinal an X, il nous paraît évident que ni le casuel, ni les oblations, ni les revenus ou biens des cures ne sont saisissables pour quelque portion que ce soit.

En effet le casuel et les oblations font partie, d'après l'art. 36 du décret du 30 décembre 1809, des revenus de la fabrique, et ils ont une destination spéciale, déterminée par ce décret. Or, nous avons déjà dit que les revenus et biens des fabriques sont assimilés à ceux des communes, hospices et autres établissements publics, et comme tels insaisissables.

Le même privilége s'applique aux revenus et biens attachés à la cure, ou au vicariat : car d'après l'article 8 du décret du 6 novembre 1813, « sont défendues aux titulaires (des cures, vicariats, etc., etc.), et déclarées nulles, toutes aliénations, échanges, stipulations d'hypothèques, concessions de servitudes, et en général toutes dispositions opérant un changement dans la nature desdits biens, ou une diminution dans leurs produits, à moins que ces actes ne soient par nous autorisés en la forme accoutumée, » c'est-à-dire, aujourd'hui, par une ordonnance royale.

Cette disposition est étendue par les art. 29 et suivants du même décret, aux biens des menses épiscopales, à ceux des chapitres cathédraux et collégiaux par l'art. 49, et aux biens des séminaires par les art. 62 et suivants du même décret (1).

103. — L'arrêté du gouvernement du 2 prairial an XI, contenant règlement sur les armements en course, contient les dispositions suivantes :

(1) *Vide* le Manuel du droit public ecclésiastique français, par M. Dupin, p. 358 et suiv.

« Art. 110. Il est expressément défendu aux marins employés sur les corsaires, de vendre à l'avance leurs parts de prises, et à qui que ce soit de les acheter, sous peine de perdre les sommes qui pourraient avoir été payées pour cet effet. Les parts de prises ne seront payées qu'aux marins eux-mêmes ; et l'on n'aura aucun égard aux procurations qu'ils pourraient avoir données pour en retirer le montant, à des personnes étrangères à leur famille.

« Art. 111. Les parts de prises des marins, comme leurs salaires, sont déclarés insaisissables. — On n'aura aucun égard aux réclamations ou oppositions qui pourraient être formées par ceux qui se prétendraient porteurs d'obligations desdits marins, à moins que les sommes réclamées soient dues par eux ou par leurs familles, pour loyers de maison, subsistances et vêtements, qui leur auront été fournis du consentement du commissaire de l'inscription maritime, et que cette avance n'ait été préalablement apostillée sur les registres et matricules des gens de mer. »

104. — La loi du 24 juillet 1793, porte, art. 76 : « Les paiements, ainsi que les chevaux, provisions, ustensiles et équipages destinés au service de la poste, ne pourront être saisis sous aucun prétexte. »

Une semblable prohibition devrait être étendue actuellement, aux sommes, machines, instruments et approvisionnements de toute nature destinés au service des chemins de fer, soit que ces voies de communication soient exploitées par l'État ou par des compagnies concessionnaires.

105. — Les lettres confiées à la poste sont insaisissables. C'est, disent les auteurs du *Dictionnaire de procédure* (1), une conséquence de l'inviolabilité des correspondances (Décret 10 août 1790 ; 10 juillet 1791). — Il en est autrement des articles d'argent confiés à la poste ; les directeurs ne peuvent refuser de recevoir les saisies-arrêts qui en seraient faites entre leurs mains. Mais, ainsi que l'observe M. Favart de Langlade, dans son *Répertoire de la nouvelle législation*, v° Poste, § VI, II, p. 351, les directeurs des postes doivent exiger que ceux qui font entre leurs mains des saisies-arrêts ou oppositions à la remise des articles d'argent, se conforment à ce que prescrit le décret du 18 août 1807, dont nous avons rapporté le texte et commenté les dispositions (2).

106. — Les traitements dus par l'État, ne sont saisissables que jusqu'à concurrence de la portion déterminée par les lois, ordonnances et règlements.

Aux termes du décret du 19 pluviôse an III : « La trésorerie nationale est autorisée à faire payer aux officiers de troupes, aux commissaires des guerres, et tous autres employés dans les armées ou à la suite, grevés d'oppositions par leurs créanciers, les quatre cinquièmes de leurs appointements ; le cinquième restant sera réservé aux créanciers, qui pourront d'ailleurs exercer leurs droits sur les autres biens de leurs débiteurs. »

Le conseil d'État a jugé, le 22 février 1821 (*Jur. du cons. d'État*, t. V, p. 551), que : « lorsque sur le traitement d'un officier, il y a contestation entre son créancier qui a saisi le traitement, et le conseil

(1) *Loc. cit.*, p. 20.
(2) *Vide* le chap. II.

l'administration, qui prétend y faire la retenue du cinquième, l'autorité judiciaire était seule compétente. »

La portion saisissable sur les traitements des fonctionnaires publics et des employés civils, est déterminée, ainsi qu'il suit, par la loi du 21 ventôse an IX :

« Les traitements des fonctionnaires publics et employés civils seront saisissables jusqu'à concurrence du cinquième sur les premiers mille francs, et toutes les sommes au-dessous, du quart sur les cinq mille francs suivants, et du tiers sur la portion excédant six mille francs, à quelque somme qu'elle s'élève ; et ce, jusqu'à l'entier accquittement des créances. »

Il résulte de cette dernière disposition, que les saisies-arrêts ou oppositions faites entre les mains des caissiers, ou payeurs, sur les traitements des employés et fonctionnaires civils, n'ont pas besoin d'être renouvelées au fur et à mesure des termes d'échéance des traitements et appointements : mais elles sont valables et conservent les droits des créanciers, aussi bien sur les traitements échus que sur ceux à échoir, jusqu'à l'entier acquittement des créances.

Suivant les auteurs du *Dictionnaire de procédure*, v[is], Saisie-arrêt, 17, t. IV, p. 19, l'insaisissabilité établie par la loi du 21 ventôse an IX « a été étendue par diverses décisions à une foule d'employés : ainsi, aux instituteurs communaux (déc. du cons. roy. de l'inst. publ. des 29 juin 1835 et 9 janv. 1836) ; — aux employés des octrois (ord. du 9 déc. 1814) ;

— aux officiers de la garde nationale (arrêt de la c. de Bordeaux du 31 mai 1826, Dalloz, 26, II, 221); — à des secrétaires de mairie (*Journal des communes*, 7, p. 1, p. 95); — à des percepteurs des contributions, receveurs des communes et des hospices (inst. gén., 13 juin 1810, Reg., n° 478; Roger, n°s 276 à 282). »

Un arrêt de la cour royale de Paris, du 18 août 1842 (Dalloz, 1844, II, 111), a jugé que « la portion insaisissable du traitement des employés civils du gouvernement, est réservée pour les besoins communs de l'employé et de sa famille, et peut, par suite, être affectée à l'acquittement d'une pension alimentaire, due par cet employé à sa femme et à ses enfants. »

M. Dalloz, dans la note qui accompagne cet arrêt, fait remarquer que « cette décision ne paraît de nature à s'appliquer qu'aux *employés civils;* on peut du moins le conclure, ajoute-t-il, du décret du 30 janvier 1809, rendu à l'occasion de la retenue ordonnée par justice, sur une portion du traitement d'un officier de marine, excédant la portion saisissable (v. M. Roger, *de la saisie-arrêt,* p. 173, n° 304). Cet officier avait été condamné par le tribunal civil de la Seine, à servir une pension alimentaire à sa femme; un second jugement du même tribunal avait ordonné qu'il serait fait, sur le traitement de cet officier, une retenue excédant la portion saisissable. Le ministre de la marine n'autorisa la retenue que du cinquième des appointements de l'officier (conformément au décret du 19 pluviôse an III, ci-dessus rapporté); la femme réclama contre cette décision, mais sa réclamation fut repoussée par le décret précité, rendu sur l'avis du conseil d'État. »

Suivant les auteurs du *Dictionnaire de procédure* (1), et Roger, n° 294 à 296 : « sont insaisissables : les gratifications accordées aux agents forestiers (déc. du 2 octobre 1811). — Les indemnités de logement, de fourrages, frais de bureau, etc., gratifications pour entrée en campagne, accordées aux militaires; déc. du min. de la guerre, du 28 frimaire an XIII; ord. 19 janv. 1823; 13 mai 1818; 29 oct. 1820; Régl. 21 nov. 1823, janv. 1825). »

107. — Quant aux pensions accordées par l'État, depuis longtemps, en France, on les considère comme réservées aux pensionnaires, à titre d'aliments, à l'exclusion de tous autres.

L'art. 12 de la déclaration du roi, 7 janv. 1779, porte que les pensions et grâces viagères, ne peuvent être saisies ni cédées pour aucune cause, ni raison quelconque, sauf aux créanciers du pensionnaire à exercer après son décès, sur le décompte de sa pension, toutes les poursuites et diligences nécessaires pour la conservation de leurs droits.

Cette règle fut observée rigoureusement jusqu'en 1791.

Mais à cette époque, la loi du 22 août de cette année, établit une exception en faveur des créanciers des pensionnaires qui avaient fourni à leur subsistance.

Quelques années après, la loi du 22 floréal an VII, annula cette disposition et statua en ces termes :

(1) Dictionnaire de procédure civile, tome IV, p. 19, n° 18.

« Art. 7. Il ne sera plus reçu, à l'avenir, d'opposition au paiement des arrérages (des rentes et pensions), à l'exception de celle qui serait formée par le propriétaire de l'inscription ou du brevet de pension.

« Art. 8. L'opposition du propriétaire sera faite au bureau des payeurs de la trésorerie nationale, chargés du paiement des arrérages, par une déclaration écrite, et qui sera signée de lui ou d'un fondé de pouvoir spécial. —Elle sera annulée de la même manière. »

Bientôt, le gouvernement, par un arrêté du 7 thermidor an X, étendit le principe posé dans la loi du 22 floréal an VII, même aux cessions, transports et délégations librement consentis par le propriétaire de la pension : et il décida que les créanciers d'un pensionnaire ne pourraient exercer, qu'après son décès, et sur le décompte de sa pension, les poursuites et diligences nécessaires pour la conservation de leurs droits (art. 2 et 3).

108. — Les prohibitions si expresses de cet arrêté, avaient fait douter si elles ne mettaient pas obstacle aux réclamations des femmes et des enfants des militaires, pour cause d'aliments.

Un avis du conseil d'État, du 11 janvier 1808, fit cesser ces doutes, et décida par interprétation que «le ministre de la guerre peut ordonner une retenue du tiers, au plus, sur la pension ou solde de retraite de tout militaire qui ne remplirait pas, à l'égard de sa femme ou de ses enfants, les obligations qui lui sont imposées par les chapitres V et VI du titre V, du livre Ier du Code civil, sauf le recours du mari au conseil d'État, commission du contentieux, dans le cas où il se croirait lésé par la décision du ministre. »

Un autre avis du conseil d'État, du 2 février 1808, a étendu aux soldes de retraites et pensions militaires de la Légion d'honneur, ainsi qu'aux traitements de réforme, les prohibitions portées par l'arrêté du 7 thermidor an X, tout en confirmant l'avis du 11 janvier que nous venons d'analyser.

109. — Le 11 juin 1808, un autre avis du conseil d'État autorisa le trésor, dans les paiements qu'il effectuerait pour soldes de retraites ou pensions militaires, à exercer une retenue, soit comme créancier pour contribution ou trop perçu, soit au nom du corps dont le militaire aurait fait partie et dont il se trouverait débiteur, dans les cas autorisés par les lois, pourvu que, conformément à celle du 19 pluviôse an III, cette retenue n'excédât pas le cinquième de la solde de retraite ou de la pension.

Enfin, un nouvel arrêté du gouvernement, du 10 germinal an X, rendit applicables aux créanciers des militaires invalides, les dispositions de l'arrêté du 7 thermidor an X.

Comme on le voit, l'inaliénabilité, l'insaisissabilité des pensions sur les fonds généraux du trésor, sont formellement établies par les lois et actes du gouvernement ci-dessus rapportés.

110. — Cette dérogation au droit commun, a été sanctionnée de nouveau, en ce qui concerne les pensions des armées de terre et de mer, par les lois des 11 et 18 avril 1831, dont les art. 28 et 30 portent :

« Les pensions de retraite et leurs arrérages sont incessibles et insaisissables, excepté dans le cas de débet envers l'État, ou dans les circonstances prévues par les art. 203 et 205 du Code civil (pour aliments).

« Dans ces deux cas, les pensions de retraite sont passibles de retenues, qui ne peuvent excéder le cinquième de leur montant, pour cause de débet, et le tiers pour aliments.»

111. — La question de savoir si les prohibitions contenues dans les diverses dispositions législatives que nous venons de rapporter étaient également applicables aux pensions sur fonds de retenues, a soulevé une sérieuse discussion devant les tribunaux. Un arrêt de Cassation du 28 août 1815 décida qu'aucune distinction entre les pensions sur le trésor et celles sur fonds de retenues n'était admissible: d'abord, parce que la loi ne la faisait pas; et aussi, parce qu'en cas d'insuffisance de ces fonds, l'État y supplée par des fonds spéciaux; et qu'enfin les retenues, dès le moment qu'elles sont autorisées par le gouvernement, deviennent des réserves forcées, imposées par l'État pour contribuer à faire les fonds de pensions éventuelles.

Une ordonnance du 27 août 1817, a statué dans le sens de cet arrêt. L'art. 1er porte qu'il ne sera reçu aucune signification de transport, cession ou délégation de pensions de retraite affectées sur les fonds de retenue; et suivant l'art. 2, le paiement desdites pensions ne pourra être arrêté par aucune saisie ou opposition, à l'exception des oppositions qui pourraient être formées par le propriétaire du brevet de la pension.

Il résulte de cette ordonnance, qu'à la différence des pensions militaires, il ne peut être formé aucune opposition, même pour aliments et débets envers l'État, sur les pensions affectées sur des fonds de retenue.

Il est difficile d'expliquer cette différence que rien ne paraît justifier : car il est certain que les femmes et enfants des pensionnaires retraités sur fonds de retenue, sont tout aussi dignes d'intérêt que les femmes et enfants des militaires auxquels la loi a permis d'exercer une retenue, sur les pensions de leur père ou mari, dans les circonstances prévues par les art. 203 et 205 du Code civil. — D'un autre côté, on ne voit pas non plus pourquoi l'État n'aurait pas le droit de retenir, pour cause de débet du titulaire, la pension sur fonds de retenue.

Une ordonnance du 30 avril 1823, a rendu applicables aux indemnités dont jouissent les employés réformés, les dispositions de l'ordonnance du 27 août 1817 (1).

112. — Une dernière remarque à faire, avant de terminer ce chapitre, c'est que, en règle générale, il faut une loi, pour déclarer l'inaliénabilité et l'insaisissabilité des sommes, revenus, arrérages de rentes et de pensions dus par l'État.

En principe, la propriété est le droit de jouir et disposer des choses de la manière la plus absolue, pourvu qu'on n'en fasse pas un usage prohibé par les lois ou par les règlements (Code civ., art. 544).

En outre, les biens du débiteur sont le gage commun de ses créanciers, et le prix s'en distribue

(1) *Vide*, au surplus pour tout ce qui est relatif aux pensions, mon Manuel des pensionnaires de l'État, chap. X, p. 85.

entre eux par contribution, à moins qu'il n'y ait entre les créanciers des causes légitimes de préférence (Code civil, art. 2093).

D'un autre côté, tout créancier peut, en vertu de titres authentiques ou privés, saisir-arrêter, entre les mains d'un tiers, les sommes et effets appartenant à son débiteur, ou s'opposer à leur remise (Code de procédure civ., art. 557).

Il résulte de ces dispositions, qu'à moins d'une exception établie formellement *par la loi*, toute somme est saisissable.

Ce serait donc à tort, illégalement et par abus de pouvoir, que le conseil d'État, aujourd'hui, et les ministres, soit par arrêtés, soit par autres décisions, voudraient établir l'inaliénabilité et l'insaisissabilité des sommes et créances dues par l'État. — Aucune autorité, autre que le pouvoir législatif, ne possède actuellement ce droit en France, parce qu'une telle exception déroge positivement aux principes fondamentaux sur la libre disposition des biens, principes consacrés et reconnus par tous nos codes et par nos lois constitutionnelles.

CHAPITRE IV.

DES CAUTIONNEMENTS DES FONCTIONNAIRES PUBLICS ET OFFICIERS MINISTÉRIELS; — DES COMPTABLES DU TRÉSOR; — DES FOURNISSEURS, ENTREPRENEURS ET CONCESSIONNAIRES DE SERVICES ET TRAVAUX D'UTILITÉ PUBLIQUE; — DES GÉRANTS ET PROPRIÉTAIRES DE JOURNAUX OU ÉCRITS PÉRIODIQUES.

SOMMAIRE.

113. — Indication des anciens édits, relatifs aux cautionnements, en vigueur avant 1789.

114. — Législation de 1791 à l'an IV.

115. — Division du chapitre.

Première section. — *Cautionnements des fonctionnaires publics, des officiers ministériels et des comptables des deniers publics.*

§ Ier. — Création de ces cautionnements; — Fixation de leur quotité actuelle.

116. — Cautionnement en immeubles imposé aux receveurs des contributions directes, par la loi du 5 germinal an IV.

117. — Celle du 6 frimaire an VIII, exige que le cautionnement soit en espèces métalliques.

118. — La loi du 7 ventôse an VIII, assujettit à l'obligation du cautionnement en numéraire divers comptables et les notaires.

119. — Les dispositions de cette loi sont étendues, par celle du 27 ventôse an VIII, aux greffiers, avoués et huissiers.

120. — Nomenclature des fonctionnaires, officiers ministériels ou comptables soumis au cautionnement.

121. — Texte du titre IX de la loi du 28 avril 1816.

122. — Ordonnances rendues pour son exécution.

123. — Ordonnance interprétative du 9 octobre 1816, en ce qui concerne les greffiers des tribunaux de police, les greffiers des justices de paix et les huissiers.

124. — Ordonnances qui ont fixé le cautionnement du caissier de la caisse centrale du trésor public; celui des payeurs principaux de la dette publique et des dépenses des ministères, des payeurs des départements et des ports, des agents de change et courtiers, et des distributrices de papier timbré à Paris.

125. — Ordonnance du 19 juin 1825, qui détermine les bases des cautionnements fournis en rentes sur l'État.

126. — Le chef agent-comptable du grand-livre, et le chef agent-comptable des mutations et transferts, assujettis à fournir un cautionnement, par l'ordonnance du 8 décembre 1832.

127. — Indication de divers autres emplois assujettis à cautionnement.

128. — Nécessité d'y soumettre les agents comptables des comptes-matières des objets appartenant à l'Etat.

§ II. — Versement au trésor des cautionnements en numéraire, et inscription de ceux en rentes sur l'État ; — Réception des cautionnements donnés en immeubles ; — Suppléments de cautionnements à fournir par suite de mutations d'emploi ou de condamnations ; — Cautionnements à résidence fixe, et sans fixation de résidence ; — Cautionnements affectés à plusieurs gestions successives.

129. — Règle générale, établie par l'article 97 de la loi du 28 avril 1816, en ce qui concerne l'obligation, pour certains fonctionnaires, de fournir leurs cautionnements en numéraire ; justification de cette mesure.

130. — Les cautionnements en rentes sur l'Etat offrent des garanties encore plus complètes ; nécessité de convertir tous les cautionnements en numéraire et en immeubles, en cautionnements à fournir en rentes sur l'Etat.

131. — Le service des cautionnements, autrefois fait par la caisse d'amortissement, a été attribué au trésor, par la loi du 28 avril 1816, et par l'ordonnance du 8 mars suivant.

132. — Règles relatives au versement des cautionnements en numéraire ; — récépissés comptables ; — certificats d'inscription et certificats de privilége de second ordre, soumis au contrôle.

133. — La justification du versement du cautionnement est exigée avant l'entrée en fonctions du titulaire.

134. — Certificats d'inscriptions de cautionnements en rentes.

135. — Réception des cautionnements en immeubles, que peuvent fournir les conservateurs des hypothèques ; difficultés et inconvénients qui résultent de cette espèce de cautionnement.

136. — Distinction à faire entre les diverses fonctions ou emplois des titulaires de cautionnement, pour savoir s'il est nécessaire, en cas de changement ou mutation d'emploi ou de fonction, de fournir un nouveau cautionnement.

137. — Conséquences qui en résultent relativement aux créanciers pour faits de charge.

138. — Dispositions législatives qui ont autorisé les comptables à faire servir leur cautionnement à la garantie de plusieurs gestions successives.

139. — Ordonnance du 25 juin 1835, qui règle les formalités relatives à l'application des cautionnements d'une gestion à une autre, en cas de changement de fonctions ou de résidence des titulaires.

140. — Extrait de l'ordonnance du 17 septembre 1837, en ce qui con-

cerne les cautionnements des percepteurs et receveurs des communes et des établissements de bienfaisance.

141. — Nouveaux cautionnements, ou suppléments à fournir par les titulaires, en cas de condamnation poursuivie et exécutée sur le cautionnement primitif.

§ III. — Taux de l'intérêt payé par le trésor aux titulaires de cautionnements ; — prescription quinquennale des intérêts dus par l'État.

142. — Anciens taux des intérêts des cautionnements ; — Taux actuel.

143. — Service des intérêts à Paris et dans les départements ; à quelles personnes le paiement peut être fait ; formalités à remplir pour le recevoir.

144. — Prescription quinquennale des intérêts des cautionnements.

§ IV. — Privilége de premier ordre sur les fonds et sur les intérêts des cautionnements, pour créances résultant d'abus et prévarications commis par les titulaires dans l'exercice de leurs fonctions.

145. — Affectation spéciale du cautionnement à la garantie de la gestion du titulaire.

146. — Dispositions de la loi du 21 ventôse an VII, relative aux conservateurs des hypothèques ; — De celle du 25 ventôse an XI, relative au notariat.

147. — Explications données lors de la discussion du Code civil, sur les priviléges dont les cautionnements peuvent être l'objet.

148. — Lois du 25 nivôse et du 6 ventôse an XIII.

149. — Créances auxquelles est attribué le privilége de premier ordre — Faits de charge ou de fonctions.

150. — Le privilége de premier ordre, appartenant à l'Etat sur les cautionnements des comptables, n'exclut pas celui qui pourrait être revendiqué par les particuliers en cas d'abus et de prévarications.

151. — Les créanciers d'un officier ministériel, pour faits de charge, viennent par concurrence sur le cautionnement.

152. — Il n'en est pas toujours de même des créanciers, pour faits de charge, d'un comptable qui a exercé plusieurs gestions successives.

153. — Les cautionnements en immeubles sont régis par des principes différents.

154. — Comment doit s'exercer le privilége du trésor, lorsqu'un comptable se trouve chargé simultanément de la recette de plusieurs gestions, par exemple un percepteur qui serait en même temps receveur municipal ? — Dispositions de l'art. 11 de l'ordonnance du 17 septembre 1837.

155. — Les condamnations qui prononcent des amendes ne doivent pas être considérées comme faits de charge, et ne sont pas privilégiées.

156. — Le privilége pour faits de charge dure tant que le cautionnement subsiste.

157. — Formalités imposées aux comptables qui cessent leurs fonctions, pour retirer leur cautionnement.

158. — *Quid*, dans le cas où le cautionnement n'aurait pas été remboursé ?

159. — Durée du privilége de premier ordre sur les cautionnements en immeubles; spécialement, ce qui concerne les conservateurs des hypothèques.

160. — Le cautionnement est le gage, mais non la mesure, des actions que l'on a contre le titulaire.

161. — Les créanciers, pour faits de charge, peuvent faire saisir et distribuer les cautionnements en numéraire; ils peuvent poursuivre l'expropriation de ceux en immeubles.

§ V. — Privilége de second ordre en faveur des bailleurs de fonds de cautionnement.

162. — Origine de ce privilége — La chambre des députés s'est prononcée, en 1840, pour le maintien des lois qui l'ont autorisé.

163. — Décrets des 28 août 1808 et 22 décembre 1812.

164. — Effet du privilége de second ordre.

165. — S'étend-il aux intérêts produits par le cautionnement?

166. — Ce privilége dure jusqu'au remboursement du bailleur de fonds.

167. — Lorsque la déclaration de privilége du second ordre, primitivement inscrite, a été annulée après le remboursement opéré par le titulaire, le privilége de second ordre peut-il être attribué de nouveau aux prêteurs qui ont fait les fonds du remboursement?

168. — Époque à laquelle la somme prêtée pour fournir le cautionnement se trouve affranchie de tout recours.

169. — Formalités à remplir par les comptables qui changent de fonctions, lorsqu'il y a un bailleur de fonds de leur cautionnement.

170. — La faculté d'emprunter, avec réserve de privilége au profit du prêteur, appartient à tous les comptables publics.

171. — Le privilége de second ordre peut être constitué lorsque le cautionnement est en rentes sur l'État.

172. — Il en est autrement en ce qui concerne les cautionnements fournis en immeubles.

§ VI. — Actions des créanciers ordinaires sur le cautionnement; — Saisies-arrêts et oppositions.

173. — Les créanciers ordinaires ne peuvent faire valoir leurs droits sur le cautionnement, qu'après les créanciers privilégiés de premier et second ordre.

174. — Oppositions sur les cautionnements; elles affectent le capital et les intérêts échus et à échoir.

175. — La prescription de cinq ans n'est pas applicable aux capitaux des cautionnements, mais seulement aux intérêts.

176. — Cession ou transport du cautionnement.

177. — Les oppositions ne sont pas reçues sur les cautionnements en rentes sur l'État.

178. — Ceux en immeubles ne sont pas susceptibles d'oppositions; les créanciers ont le droit de faire inscrire les condamnations qu'ils obtiennent.

179. — Les créanciers ordinaires peuvent-ils faire procéder à la distribution du cautionnement en numéraire, avant la cessation des fonctions du titulaire? Si le cautionnement était immobilier, pourraient-ils poursuivre l'expropriation?

180. — Les cautionnements en rentes ne peuvent être ni saisis, ni transférés à la requête des créanciers.

181. — Peine prononcée contre les fonctionnaires qui n'ont pas fourni ou complété leurs cautionnements.

§ VII. — Remboursement des cautionnements en numéraire des officiers ministériels et des comptables; affranchissement des inscriptions de rentes données en cautionnement; — Libération des immeubles affectés aux cautionnements des comptables; — Consignation des cautionnements non remboursés.

182. — Formalités à remplir par les officiers ministériels pour obtenir le remboursement de leurs cautionnements.

183. — Justifications exigées des héritiers du titulaire.

184. — Conditions à remplir par les comptables.

185. — Comment s'opère le remboursement.

186. — Le ministre des finances peut faire consigner le montant des cautionnements en numéraire dont le remboursement n'est pas réclamé; — les créanciers ont intérêt à exiger cette consignation.

§ VIII. — Compétence respective des tribunaux ordinaires et de l'administration, relativement aux questions qui peuvent s'élever à l'occasion des cautionnements.

187. — Questions de la compétence des tribunaux.

188. — Difficultés dont la solution appartient à l'autorité administrative.

189. — Droits du tribunal de la situation des biens, en ce qui concerne la réception des cautionnements en immeubles.

190. — Le ministre des finances peut seul autoriser le remboursement des cautionnements.

2e SECTION. — ***Cautionnements des fournisseurs, entrepreneurs et concessionnaires de services et de travaux d'utilité publique.***

191. — Affectation de ces cautionnements.

192. — Nécessité d'une loi sur cette matière.

193. — Ordonnances royales des 4 décembre 1836, et 14 novembre 1837.

194. — Clauses et conditions générales imposées aux entrepreneurs des ponts et chaussées.

195. — Clauses et conditions générales des entrepreneurs du génie militaire.

196. — Taux des rentes sur l'État données en cautionnement.
197. — La caisse des dépôts et consignations est chargée du service des cautionnements des entrepreneurs et concessionnaires.
198. — Formalités qui accompagnent le versement en numéraire ou le transfert des rentes ; — Intérêts dus à partir du 61e jour du versement ; — Prescription quinquennale des intérêts.
199. — Privilége de second ordre sur ces cautionnements ; — Privilége des sous-traitants des services de la guerre ; — Renvoi.
200. — Cautionnements immobiliers des entrepreneurs.
201. — Le privilége des ouvriers et soustraitants, résultant de la loi du 26 pluviôse an II, s'étend-il sur le cautionnement ?
202. — Saisies-arrêts et distribution par contribution des cautionnements des fournisseurs et entrepreneurs.
203. — Remboursement ; — Formalités et justifications prescrites.
204. — Affranchissement des immeubles affectés au cautionnement.

3e Section. — *Cautionnements des journaux ou écrits périodiques.*

205. — Obligation de ces cautionnements introduite par la loi du 9 juin 1819.
206. — Modification introduite par la loi du 18 juillet 1828.
207. — Nouveaux changements apportés par celle du 14 décembre 1830.
208. — Loi du 9 septembre 1835.
209. — Le cautionnement doit être versé en numéraire.
210. — Aucun privilége de second ordre ne peut être établi sur la portion qui doit appartenir au gérant en son propre et privé nom.
211. — Affectation spéciale du cautionnement des gérants aux condamnations prononcées contre le journal.
212. — Le cautionnement doit toujours être complet, pour que le journal puisse paraître.
213. — Ordonnance du 18 novembre 1835 sur le mode d'exécution de la loi du 9 septembre précédent.
214. — Retrait du cautionnement, en cas de décès.
215. — Résumé des modifications à introduire, par une loi générale, dans la législation des cautionnements.

113. — L'idée d'assujettir à un cautionnement, au profit de l'État, certains fonctionnaires, employés et entrepreneurs, n'est pas nouvelle en France.

Bien avant la révolution de 1789, un grand nombre d'édits et d'arrêts du conseil avaient introduit le principe du cautionnement, et réglé son application en ce qui concernait toutes les parties des finances du royaume. Tel était l'objet des arrêts du conseil des 30 avril 1750, 16 mars 1760, 3 mars 1761, 26 décembre 1762, 8 mars 1771 et 17 février 1779.

Ce dernier arrêt formait, suivant M. Merlin, le dernier état de la jurisprudence : on peut voir, dans le *Répertoire*, v[is]. *Cautionnements des employés*, l'analyse de ses dispositions qui ne s'éloignent pas beaucoup des principes adoptés par la législation actuellement en vigueur.

114. — Après la suppression des compagnies de finances et de tous les emplois de l'ancien régime, il fut rendu, le 22 septembre 1791, une loi pour le remboursement de tous les cautionnements des employés comptables et non comptables de la ferme et de la régie générale.

Le 14 pluviôse an II, une loi, renouvelée par une autre du 7 floréal suivant, avait ordonné qu'il ne serait plus exigé de cautionnement des receveurs des deniers publics (1).

Mais la loi du 15 germinal an IV ne tarda pas à rapporter cette disposition, quant aux receveurs des impositions directes des départements, et elle ordonna que ceux-ci fourniraient un cautionnement en immeubles, de la valeur du douzième du montant des impositions directes d'une année, et que ce cautionnement serait reçu par les administrateurs de département, et fixé par eux d'après les rôles desdites impositions. — Cette fixation devait être renouvelée chaque année.

Bientôt après, un grand nombre d'autres lois ont

(1) M. Merlin, *loc. cit.*

rétabli le principe du cautionnement soit en immeubles soit en numéraire, et en ont étendu l'obligation, non-seulement à tous les comptables de deniers publics, mais aux notaires et aux officiers ministériels, au fur et à mesure de leur création ou de leur réorganisation.

D'un autre côté, des lios, ordonnances et règlements particuliers ont depuis longtemps assujetti au cautionnement les fournisseurs, entrepreneurs et concessionnaires de services et de travaux d'utilité publique.

Enfin, des lois récentes ont assujetti les gérants et propriétaires de journaux et écrits périodiques à fournir un cautionnement qui est affecté, par privilége, aux dépens, dommages-intérêts et amendes auxquels ils peuvent être condamnés.

De telle sorte qu'aujourd'hui la règle du cautionnement atteint un très-grand nombre de personnes.

115. Pour plus de clarté, nous diviserons ce chapitre en trois sections.

Dans la première, nous exposerons les règles relatives aux cautionnements à fournir par les fonctionnaires publics, les officiers ministériels et les comptables des deniers publics.

La deuxième section présentera les diverses dispositions des lois, ordonnances et règlements qui régissent les cautionnements des fournisseurs, entrepreneurs et concessionnaires de services et de travaux d'utilité publique.

Dans la troisième section nous traiterons des cautionnements des journaux ou écrits périodiques.

PREMIÈRE SECTION.

CAUTIONNEMENTS DES FONCTIONNAIRES PUBLICS; DES OFFICIERS MINISTÉRIELS, ET DES COMPTABLES DES DENIERS PUBLICS.

§ Ier. — Création de ces cautionnements ; — Fixation de leur quotité actuelle.

116. — On a vu que la loi du 15 germinal an IV avait ordonné que les receveurs des contributions directes des départements fourniraient un cautionnement en immeubles.

117. — Mais la loi du 6 frimaire an VIII, substitua à cette obligation, celle de fournir un cautionnement en espèces métalliques, dont elle prescrivait le versement dans la caisse d'amortissement.

118. — La loi du 7 ventôse an VIII, assujettit à verser dans la même caisse des cautionnements en numéraire, suivant les diverses fixations qu'elle détermine, les régisseurs, administrateurs et employés des régies et administrations de l'enregistrement et des domaines, des douanes, des postes, et de la loterie nationale (aujourd'hui supprimée), et les notaires.

Les fonds de ces cautionnements étaient mis à la disposition du Gouvernement, pour être employés aux dépenses de l'an VIII (art. 4) (1).

A compter de l'an IX, il devait être fait un fonds spécial pour le paiement des intérêts de ces cautionnements, à raison de cinq pour cent par an sans retenue (art. 5).

A compter de l'an X, il devait être fait un fonds de 2,500,000 fr. destinés, chaque année, au rétablissement du principal des cautionnements dans la

(1) *Vide* dans l'*Histoire du Consulat et de l'Empire*, par M. Thiers, t. I, p. 40 et suiv., l'explication de ces mesures financières.

caisse d'amortissement, et affectés à l'amortissement de la dette publique (art. 6).

L'art. 7 porte : « Dans tous les cas de vacance par mort ou autrement, le cautionnement du nouveau titulaire servira au remboursement de celui de son prédécesseur, et en cas de suppression d'emploi, il sera pourvu au remboursement par la caisse d'amortissement, sur les fonds qui lui auront été versés.

« Art. 8. Tout citoyen qui n'aura pas satisfait, dans les délais fixés, au paiement de son cautionnement, ne pourra continuer l'exercice de ses fonctions, sous peine de destitution, s'il est employé des régies et administrations, et quant aux notaires, d'une amende égale à la moitié de la somme fixée pour le cautionnement et, en cas de récidive, d'une amende égale au montant du cautionnement. »

119. — Les dispositions de cette loi furent déclarées applicables, par l'art. 97 de celle du 27 ventôse an VIII, sur l'organisation des tribunaux, à tous les greffiers, avoués et huissiers, dont les cautionnements furent fixés conformément à un tarif annexé à ladite loi.

120. — Des lois semblables furent rendues, le 14 germinal de la même année, pour les payeurs du trésor public ; — Le 27 ventôse an IX, art. 10, pour les commissaires-priseurs ; — Le 28 du même mois, art. 9 et 10, pour les agents de change et pour les courtiers de commerce; — Le 28 floréal an X, articles 3 et 14, pour les greffiers des justices de paix et des tribunaux de police ; — Le 5 nivôse an XII, art. 12 et 13, pour les percepteurs des contributions directes.

Les payeurs des divisions militaires des armées, des colonies, des ports principaux et des départements, ont été assujettis à fournir un cautionnement en numéraire par les arrêtés du gouvernement des 18 frimaire, art. 11 et 12, et 26 germinal an XII.

L'obligation de fournir un cautionnement en numéraire, fut étendue aux receveurs des hôpitaux et autres établissements de charité, par un arrêté du gouvernement du 16 germinal an XII.

Les cautionnements des secrétaires des écoles de droit ont été établis par le décret du 4e jour complémentaire an XII : ils ont été fixés par l'art. 20 de ce décret à la somme de 8,000 fr. : ils n'ont, depuis cette époque, subi aucune modification.

Les cautionnements des gardes du commerce dans le département de la Seine (il n'y en a pas ailleurs), ont été fixés à 6,000 fr. par l'art. 5 du décret du 14 mars 1808. — Il n'y a pas eu de changement depuis.

Il a été rendu, pour la fixation définitive et le mode de versement des divers cautionnements des fonctionnaires publics, employés et comptables énumérés ci-dessus, un grand nombre de lois, décrets, arrêtés du gouvernement et ordonnances qui n'ont plus aujourd'hui qu'un intérêt historique (1). Nous reviendrons seulement, dans l'ordre que nous avons adopté, sur celles de ces dispositions législatives ou réglementaires qui sont encore en vigueur.

(1) *Vide,* entr'autres au Bulletin des lois, aux dates des 18 et 23 ventôse, 24 germinal, 27 floréal, 18 et 28 prairial et 7 thermidor an VIII; — 9 et 13 frimaire, 17 pluviôse et 20 germinal an XI; — 25 ventôse, 26 prairial an XI; — 2 ventôse an XIII.

121. — La loi du 28 avril 1816 forme, sur cette matière, le dernier état de la législation : nous croyons devoir rapporter textuellement *le titre IX* de cette loi, intitulé *des cautionnements.*

« Art. 80. A partir du 1er janvier 1816, les cautionnements que les receveurs généraux ont fournis d'après la loi du 2 ventôse an XIII, pour les recettes qu'ils font sur le produit de l'enregistrement, des domaines et des douanes, s'étendront aux recettes provenant des contributions indirectes, des tabacs, des sels, de la loterie, et généralement de tous les produits indirects.

« Ce supplément sera fixé conformément à l'état annexé à la présente loi, sous le n° 1er, ainsi que le cautionnement primitif l'avait été par l'art. 16 de la loi du 2 ventôse an XIII.

« Art. 81. Les receveurs des arrondissements autres que celui du chef-lieu du département fourniront, pour les mêmes produits, ainsi que pour l'enregistrement, les domaines et les douanes, un cautionnement qui est fixé par le tarif annexé sous le n° 2.

« Art. 82. Les cautionnements des percepteurs sont fixés au douzième du montant total, en principal et centimes additionnels, des recettes qu'ils font sur les quatre contributions directes pour le compte du trésor, des départements et des communes.

« Dans les villes de Paris, Bordeaux, Marseille, Lyon, Montpellier, Nantes, Rouen, Lille, Strasbourg, Orléans, Toulouse, Amiens, Metz, Dijon, Caen, Rennes, Nîmes et Versailles, le cautionnement des percepteurs ne sera que du quart en sus de celui auquel ils sont assujettis.

« Art. 83. Les cautionnements des receveurs des communes sont fixés au dixième de toutes les recettes qu'ils font pour le compte des communes.

« Art. 84. Les cautionnements des payeurs divisionnaires (1) et des payeurs des départements, sont fixés d'après l'état annexé à la présente loi sous le n° 3.

« Art. 85. Les inspecteurs, contrôleurs principaux, contrôleurs ambulants et contrôleurs de ville pour les contributions indirectes, employés des manufactures de tabac, contrôleurs de navigation, contrôleurs de salines ou vérificateurs, seront tenus de fournir un cautionnement en numéraire, d'après le tarif annexé à la présente loi sous le n° 4.

« Art. 86. Les cautionnements des conservateurs des hypothèques seront augmentés et fixés conformément au tarif ci-joint, n° 5.

« Art. 87. Les divers agents de l'administration des douanes fourniront des cautionnements, conformément à l'état ci-joint, sous le n° 6.

« Art. 88. Les cautionnements des avocats à la cour de Cassation, notaires, avoués, greffiers et huissiers à notre cour de Cassation et dans les cours royales et tribunaux de première instance, tribunaux de commerce et justices de paix, sont fixés en raison de la population et du ressort des tribunaux de la résidence

(1) Ces payeurs ont été supprimés à partir du 1er janvier 1818, ainsi que les payeurs généraux des dépenses de la guerre, de la marine, de la dette publique et des dépenses diverses, créés par l'arrêté du gouvernement du 1er pluviôse an VIII.

de ces fonctionnaires, conformément au tarif annexé à la présente loi sous les n°s 7, 8 et 9.

«Art. 89. Il pourra être établi, dans toutes les villes et lieux où Sa Majesté le jugera convenable, des commissaires-priseurs dont les attributions seront les mêmes que celles des commissaires-priseurs établis à Paris par la loi du 27 ventôse an IX. — Ces commissaires n'auront, conformément à l'art. 1er de ladite loi, de droit exclusif que dans le chef-lieu de leur établissement. Ils auront, dans tout le reste de l'arrondissement, la concurrence avec les autres officiers ministériels, d'après les lois existantes. — En attendant qu'il ait été statué par une loi générale sur les vacations et frais desdits officiers, ils ne pourront percevoir autres et plus forts droits que ceux qu'a fixés la loi du 17 septembre 1793.

« Art. 90. Il sera fait par le Gouvernement, une nouvelle fixation des cautionnements des agents de change et courtiers de commerce ; cet état sera réglé sur la population et le commerce des lieux où résident lesdits agents de change et courtiers, et portera les cautionnements du *minimum* de 4,000 francs au *maximum* de 125,000 francs (1).

«Art. 91. Les avocats à la cour de Cassation, notaires, avoués, greffiers, huissiers, agents de change, courtiers, commissaires-priseurs, pourront présenter à l'agrément de Sa Majesté des successeurs, pourvu qu'ils réunissent les qualités exigées par les lois. Cette faculté n'aura pas lieu pour les titulaires destitués.

(1) *Vide* l'ord. du 9 janvier 1818.

«Il sera statué par une loi particulière, sur l'exécution de cette disposition, et sur les moyens d'en faire jouir les héritiers ou ayant-cause desdits officiers.

«Cette faculté de présenter des successeurs ne déroge point, au surplus, au droit de Sa Majesté de réduire le nombre desdits fonctionnaires, notamment celui des notaires, dans les cas prévus par la loi du 25 ventôse an XI sur le notariat.

«Art. 92. Les cautionnements et suppléments de cautionnement demandés par la présente loi seront versés au trésor, savoir : un quart en numéraire, un mois après la promulgation de la présente loi ; et les trois autres quarts en obligations payables à la fin des mois de juillet, octobre et décembre 1816.

«A l'égard des cautionnements intégraux à fournir pour des créations de places nouvelles, ou pour des mutations, il seront versés en numéraire avant l'installation des fonctionnaires.

«Art. 93. L'intérêt des cautionnements et des suppléments de cautionnement continuera d'être payé, comme pour le cautionnement primitif, au taux et aux époques usités par le passé.

« Art. 94. Les fonds de tous les cautionnements fournis jusqu'à ce jour ayant été remis au trésor, il demeure chargé de rembourser le capital, lorsqu'il y aura lieu, et d'en payer les intérêts ainsi que ceux des suppléments et des cautionnements nouveaux qu'il recevra en exécution de la présente loi.

«L'intérêt des cautionnements nouveaux sera fixé à quatre pour cent sans retenue (1).

(1) *Vide* § III, ci-après.

«Art. 95. Il sera pourvu au remplacement des fonctionnaires qui ne fourniraient pas les cautionnements et suppléments de cautionnement dans le délai ci-dessus fixé, ou qui manqueraient de s'acquitter aux époques déterminées ci-dessus.

«Art. 96. Nul ne sera admis à prêter serment et à être installé dans les fonctions auxquelles il aura été nommé, s'il ne justifie préalablement de la quittance de son cautionnement.

Art. 97. La faculté conservée à des fonctionnaires de l'ordre judiciaire, employés des administrations civiles, receveurs des communes et comptables de deniers publics, de fournir tout ou partie de leurs cautionnements en immeubles ou en rentes sur l'État, ne sera pas accordée à ceux qui seront nommés à partir de la publication de la présente loi. Ces cautionnements devront en conséquence, être fournis, à l'avenir, en numéraire pour la totalité.»

Il est à remarquer que la loi du 28 avril 1816, n'a introduit aucun changement à la fixation des cautionnements des préposés des administrations des douanes et les postes, faite par la loi du 7 ventôse an VIII, que nous avons rapportée, non plus qu'aux cautionnements des receveurs de l'enregistrement, des domaines et du timbre, fixés par cette loi et portés par la loi du 24 avril 1806, au double de la remise accordée à chaque préposé.

L'art. 159 de la seconde loi du 28 avril 1816, sur les contributions indirectes porte : « Tous les préposés comptables des octrois, sont tenus de fournir un cautionnement en numéraire, qui sera fixé par le ministre des finances, à raison du vingt cinquième brut de la recette présumée. — Le *minimum* ne pourra être au-dessous de 200 fr. — Pour les octrois des grandes villes, il sera présenté des fixations particulières. — Ces cautionnements seront versés au trésor qui en paiera l'intérêt au terme fixé pour ceux des employés des contributions indirectes.

122.—Plusieurs ordonnances ont été rendues pour assurer l'exécution de ces dispositions de la loi du 28 avril 1816. —Il suffira de citer celles des 1er mai et 11 janv. 1816, et celles des 19 février 1817, 9 janvier 1818, 12 janvier et 6 avril 1820, qui ont accordé des prorogations de délais pour le versement des suppléments de cautionnements exigés par cette loi.

123. — Une ordonnance du 9 octobre 1816, a interprété les dispositions de la loi du 28 avril précédent, en ce qui concerne la fixation des suppléments de cautionnements de deux classes d'officiers de l'ordre judiciaire, ainsi qu'il suit :

«Art. 1er. Les greffiers des tribunaux de police doivent un supplément de cautionnement supérieur, du quart en sus, à celui que doivent fournir les greffiers des justices de paix de leur résidence.

«Art. 2. Les huissiers près la cour de cassation, les cours royales, les tribunaux de commerce, les tribunaux de police, doivent un cautionnement égal à celui des huissiers du tribunal civil de l'arrondissement dans le ressort duquel ils résident.

« Art. 3. Les dispositions de l'article précédent sont applicables aux huissiers près les justices de paix, s'ils ont été choisis parmi les huissiers des tribunaux d'appel, criminels, ou de première instance, conformément aux art. 5 et 6 de l'acte du 18 mai 1802.»

124. — L'ordonnance du 18 novembre 1817, concernant la réorganisation du service de la recette et de la comptabilité au trésor, à partir du 1er janvier 1818, a créé un caissier de la caisse centrale et de service du trésor public, art. 3.

Le cautionnement de ce comptable avait été fixé par l'art. 7, à la somme de 120,000 fr., en numéraire : mais il a été élevé à 300,000 fr., également en numéraire, par l'art. 2 de l'ordonnance du 27 mai 1832.

Les cautionnements des payeurs principaux de la dette publique et des dépenses des ministères, institués par l'ordonnance du 18 novembre 1817, art. 5, ont été fixés par l'art. 6, en numéraire, à 100,000 fr., pour chacun de ces comptables.

L'art. 11 de cette ordonnance réservait au ministre des finances de proposer au roi une nouvelle fixation des cautionnements à fournir, en numéraire, au trésor, par les payeurs des départements et des ports.

Cette fixation a eu lieu par l'ordonnance du 9 janvier 1818.

Une autre ordonnance du même jour, a également fixé les cautionnements des agents de change et courtiers.

La loi de finances du 17 juillet 1819, art. 9, a soumis à un cautionnement de 2,400 fr., chacune, les distributrices de papier timbré à Paris.

125.—Une ordonnance du 19 juin 1825, a déterminé les bases des cautionnements fournis en rentes au trésor :

« Sur ce qu'il nous a été représenté, dit le préambule de cette ordonnance, qu'il existe à notre trésor un assez grand nombre de cautionnements en rentes 5 pour 100 consolidés qui ont été fournis en vertu des lois, arrêtés ou règlements qui les ont autorisés ou prescrits ; et que ces mêmes lois, arrêtés ou règlements, *mettent notre trésor dans le cas d'en recevoir journellement de nouveaux;* voulant régler, d'une manière uniforme pour tous les bases d'après lesquelles les cautionnements devront être fournis dans les diverses natures de rentes actuellement existantes ; — Considérant que la fixation des cautionnements en rentes 5 pour 100 consolidés, a toujours été faite en vue de la valeur desdites rentes, et qu'aux termes de la loi du 1er mai dernier, sur la dette publique et l'amortissement, les rentes en 3 pour 100 à 75 fr., et celles en 4 et 1/2 pour 100 à 100 fr., représentent identiquement la même valeur que les rentes en 5 pour 100 à 100 fr., etc.

« Art. 1er. Les inscriptions de rentes en 3 pour 100 ou en 4 et 1/2 qui proviendront de la conversion des inscriptions de rentes en 5 pour 100 affectées à des cautionnements envers le trésor ou les administrations publiques, remplaceront les cautionnements primitifs, sans que les cautions puissent être tenues de compléter la somme en rentes précédemment affectées.

« Art. 2. A l'égard de tous les cautionnements *à fournir à l'avenir* en rentes, ils seront, à la volonté de ceux qui y sont tenus, réalisés, soit en rentes en 5 pour 100, soit en rentes en 4 et 1/2 au pair, ou en rentes en 3 pour 100 à 75 fr. (1). »

(1) *V*. cependant un arrêt du conseil d'État du 28 janvier 1836, *infrà*, section II, nº 196.

126. — Le chef agent comptable du grand livre, et le chef agent comptable des mutations et transferts au trésor, ont été assujettis à fournir un cautionnement par l'ordonnance du 8 décembre 1832.

« Considérant, dit le préambule, qu'il importe de compléter les garanties assurées par l'ordonnance du 19 juin 1825, en assujettissant au versement d'un cautionnement matériel ceux des comptables de la dette publique qui engagent le trésor public par la reconnaissance du droit à une créance sur l'État, ou par l'émission du titre exprimant cette créance, etc.

«Art. 1er. Le chef agent comptable du grand livre et le chef agent comptable des mutations et transferts au trésor, sont tenus de verser un cautionnement de 50,000 fr., soit en numéraire, soit en rentes 5 p. 100, ou 4 et 1/2 pour 100 au pair, ou en rentes 3 p. 100 à 75 fr. »

127. — Indépendamment de tous les cautionnements ci-dessus énumérés, il en existe encore un grand nombre d'autres qui ne peuvent être confondus avec les précédents.

Ces cautionnements sont, notamment, ceux :

1° Des gardes-magasins du campement et de l'habillement de l'administration de la guerre, créés par le décret du 17 mars 1811 ;

2° Des fermiers des droits à percevoir pour le lâchage et le remontage de bateaux sous les ponts de Paris, créés par le décret du 28 janvier 1811 ;

3° Des agents de la direction des poudres et salpêtres, établis par ordonnance du 15 juillet 1819 ;

4° Des entreposeurs des poudres et salpêtres, créés par la loi du 23 juillet 1820 ;

5° Des préposés de l'administration des monnaies, créés par arrêté du 10 floréal an XI.

128. — On voit par ce qui précède que l'obligation du cautionnement atteint, d'une part, tous les fonctionnaires publics et officiers ministériels pourvus d'une charge ou d'un office qu'ils peuvent transmettre à des successeurs dans les conditions prescrites par les lois et règlements, et d'autre part, tous les comptables de l'État, des communes et des établissements publics de bienfaisance ou autres.

L'assujettissement à fournir un cautionnement étant la règle générale pour tous les comptables, il est à présumer que les lois et règlements à intervenir pour les comptes-matières des objets appartenant à l'État, imposeront cette obligation aux préposés comptables de ces matières, ressortissant aux diverses administrations publiques.

§ II.—Versement au Trésor des cautionnements en numéraire, et inscription de ceux en rentes sur l'État; Réception des cautionnements fournis en immeubles; Suppléments de cautionnement à fournir par suite de mutations d'emploi, ou de condamnations; Cautionnements à résidence fixe, et sans fixation de résidence; Cautionnements affectés à plusieurs gestions successives.

129.—La règle générale établie par l'art. 97 de la loi du 28 avril 1816, est que les fonctionnaires de l'ordre judiciaire, les employés des administrations civiles, les receveurs des communes et les comptables de deniers publics, qui ont été nommés à partir de la publication de cette loi, doivent fournir leurs cautionnements en numéraire, pour la totalité.

Il n'y a que les fonctionnaires, employés et comptables, nommés antérieurement au 28 avril 1816, qui aient conservé la faculté de fournir tout ou partie de leurs cautionnements en immeubles ou en rentes sur l'État, lorsque les anciens règlements les y autorisaient.

La substitution des cautionnements en numéraire à ceux en immeubles ou en rentes sur l'État, a été adoptée pour deux raisons principales : la première s'explique par la situation de la France en 1816, alors qu'il fallait faire face aux dépenses énormes des deux invasions, à la liquidation des dettes arriérées de l'Empire et à la réorganisation de tous les services publics. —Le gouvernement avait besoin d'argent, il se créa des ressources précieuses en augmentant les cautionnements et en exigeant le versement en numéraire des suppléments établis par la loi de 1816. La fixation, pour l'avenir, des cautionnements en numéraire devait annuellement, procurer au trésor une somme considérable qu'il pourrait employer à des besoins urgents, sans craindre les demandes de remboursements : puis que le cautionnement n'est remboursable que longtemps après la cessation des fonctions du titulaire, et qu'avant ce remboursement, le successeur aux fonctions ou emplois publics, a toujours versé un nouveau cautionnement égal à celui que le trésor doit restituer.

La seconde raison, et la véritable, au point de vue de l'intérêt permanent de l'État et des tiers intéressés, c'est qu'un cautionnement en numéraire, est une garantie beaucoup plus sûre et plus facilement disponible, que le cautionnement qui serait fourni en immeubles. — D'une part, la valeur des biens immeubles est toujours incertaine; leur réalisation est quelquefois difficile; et notre système hypothécaire, quelques précautions que l'on prenne, présentera toujours de graves difficultés, surtout à cause de l'existence des hypothèques légales, lorsqu'il s'agira d'exercer le recours de l'État ou des tiers sur le cautionnement immobilier.

C'est donc avec raison que la loi a proscrit, pour l'avenir, cette espèce de cautionnement, pour s'en tenir au cautionnement en numéraire.

130. — Toutefois, nous croyons que les cautionnements en rentes offrent à l'État des garanties encore plus complètes que ceux en espèces, sans porter aucun préjudice aux tiers.

En effet, l'État y trouve l'avantage très-considérable de n'avoir point à payer les intérêts d'un capital improductif dans ses mains; et, de plus, de ne rendre identiquement que la même inscription de rente, qui reste inaliénable, si ce n'est pour faits de charge, pendant toute la durée des fonctions du titulaire. — D'un autre côté, la réalisation des cautionnements en rentes est aussi facile que celle des cautionnements en numéraire : elle présenterait même sur ces deniers l'avantage de ne point obliger l'État à faire chaque année un fonds spécial pour le paiement des intérêts et pour le remboursement des capitaux des cautionnements, puisque les intérêts seraient acquittés avec ceux des rentes sur l'État; et que, pour restituer le capital, il suffirait, après la cessation des fonctions du titulaire, ou dans le cas de faits de charge, d'autoriser le transfert à la bourse, en rendant à l'inscription son aliénabilité. Cette amélioration à introduire dans le service des cautionnements était déjà signalée, dans le *Rapport au roi sur l'administration des finan-*

ces (1), par M. le comte de Chabrol : on doit désirer de la voir promptement réalisée.

La proscription des cautionnements en rentes, prononcée par l'art. 97 de la loi de 1816, n'a eu lieu que parce que l'État voulait alors trouver de l'argent disponible : c'est là une raison d'expédient qui s'explique par les nécessités de cette époque : mais elle ne doit pas prévaloir, dans de meilleurs temps, sur les considérations d'intérêt public qui conseilleront toujours de diminuer les charges de l'État, toutes les fois qu'on le peut sans affaiblir les garanties exigées, avec raison, des titulaires de cautionnements.

Aussi, est-il à remarquer que l'ordonnance du 19 juin 1825, que nous avons rapportée ci-dessus, autorise certains fonctionnaires, employés et comptables à fournir, *à l'avenir*, des cautionnements en rentes, au taux qu'elle détermine. — Par une conséquence de ce principe, l'ordonnance du 8 décembre 1832, rapportée également plus haut, donne au chef agent comptable du grand livre de la dette publique, et au chef agent comptable des mutations et transferts, le choix de verser le cautionnement de 50,000 fr., qu'elle impose à chacun d'eux, soit en numéraire, soit en rentes sur l'État.

Cette dérogation, par ordonnance, à la règle posée par la loi de 1816, est certainement dans l'intérêt public ; mais il est à regretter qu'elle ait été établie en cette forme : nos lois constitutionnelles s'opposant à ce qu'une ordonnance puisse déroger à la loi ou empêcher son exécution ; d'après ce principe, qu'il

(1) Paris, 1830, Imprimerie Royale, p. 186.

est dangereux d'oublier *ejus dem abrogari cujus condere.*

131. — On sait qu'avant la liquidation de l'ancienne caisse d'amortissement, ordonnée par la loi du 28 avril 1816, art. 98, les cautionnements étaient versés dans cette caisse qui était chargée du service des intérêts et du remboursement des capitaux.

Mais ce service a été attribué au trésor à partir de l'exécution de cette loi, et conformément à l'ordonnance du 8 mai 1816.

D'après cette ordonnance, le service des cautionnements forme une branche spéciale de l'administration du ministère des finances. Les comptes annuels du trésor, imprimés et publiés, doivent contenir un chapitre spécial destiné à présenter les mouvements en recettes et dépenses et la situation de cette partie du service des finances (art. 1, 2 et 4).

Du reste, aux termes de l'art. 3, « les règles suivies, tant pour la recette, l'inscription, les transferts, applications et remboursements des cautionnements, que pour le mode et les époques de paiement des intérêts, ont été maintenus, sauf les modifications dont le temps et l'expérience pourraient démontrer la convenance et la nécessité pour l'avantage respectif des créanciers et du trésor. »

Nous allons donc examiner ces règles, et indiquer les modifications qu'elles ont subies depuis 1816, en ce qui concerne le versement des cautionnements en numéraire, l'inscription de ceux en rentes, et la réception de ceux fournis en immeubles.

132. — Les cautionnements en numéraire, applicables à la garantie des fonctions publiques qui y sont assujetties par les lois et règlements, doivent être versés dans les caisses du trésor (Règlement général sur la comptabilité publique, ord. du 31 mai 1838, art. 242).

Le cautionnement est versé en une seule fois : il ne peut être acquitté par à-comptes (L. du 28 avril 1816, art. 92, 96).

Dans les départements, autres que celui de la Seine, les cautionnements sont versés dans les caisses des receveurs de départements et d'arrondissements, comptables et préposés directs du trésor.

Un récépissé comptable du versement est remis à la personne qui l'a effectué à la caisse publique, et ce, pour servir provisoirement et jusqu'à la délivrance du certificat d'inscription du cautionnement, de justification de ce versement (arrêté du gouvernement du 24 germinal an VIII, art. 5 et 6).

Aucun certificat d'inscription du cautionnement n'est délivré, sans que le récépissé comptable du versement fait dans une des caisses publiques, n'ait été rapporté au bureau des cautionnements chargé d'effectuer l'inscription sur les livres du trésor (Règlement général, art. 243).

Les certificats d'inscription de cautionnements, et ceux de privilége de deuxième ordre à délivrer aux bailleurs de fonds (ainsi que nous l'expliquerons § V), doivent, pour former titre valable contre le trésor public, être revêtus du visa du contrôle (L. du 24 avril 1833, art. 5; — Règlement général article 244).

133. — Aucun titulaire d'un emploi de comptable de deniers publics, fonctionnaire ou officier ministériel, assujetti à fournir un cautionnement, ne peut être installé, ni entrer en exercice, qu'après avoir justifié, dans les formes et devant les autorités déterminées par les lois et règlements, du récépissé du versement de son cautionnement et de l'acte de sa prestation de serment (L. du 28 avril 1816, article 96 ; — Règlement général, art. 324).

134. — Quant aux cautionnements que les titulaires peuvent fournir en rentes sur l'État, dans les cas prévus par les lois et règlements, il en est également délivré récépissé ; le certificat d'inscription de rente, affecté au cautionnement, est remis ensuite au titulaire ou au bailleur de la rente, après qu'il a été fait mention, sur le grand livre et sur l'inscription, de son affectation spéciale à la garantie des fonctions ou de la gestion du titulaire.

135. — La réception des cautionnements en immeubles, dans les cas prévus par les lois et règlements antérieurs à la loi du 28 avril 1816, exige l'accomplissement de formalités beaucoup plus compliquées que celles relatives aux cautionnements en numéraire et en rentes.

La principale difficulté consiste à bien connaître la valeur réelle des immeubles offerts en cautionnement, et leur véritable situation hypothécaire.

Sous ces deux derniers points, les lois actuellement en vigueur, laissent beaucoup à désirer, et sont loin de donner au trésor toutes les garanties qu'il est en droit d'exiger; on en jugera par les dispositions suivantes de la loi du 21 ventôse an VII, relative à l'organisation de la Conservation des hypothèques.

« Art. 5. Le préposé fournira, en outre, un cautionnement en immeubles. Il sera payé, pour l'enregistrement dudit cautionnement, un droit fixe de 1 fr.

« Le cautionnement sera reçu par le tribunal civil de la situation des biens, contradictoirement avec le commissaire du Directoire exécutif près le même tribunal (le procureur du Roi).

« Art. 6. Le préposé sera tenu de faire recevoir son cautionnement, et d'en justifier à la régie nationale (de l'enregistrement et des domaines), dans le mois de l'enregistrement de sa commission ; il déposera, dans le même délai, une expédition de la réception dudit cautionnement, au greffe du tribunal civil dans l'arrondissement duquel il remplira ses fonctions.

« Art. 7. L'inscription du cautionnement sera faite à la diligence et aux frais du préposé.

« Elle subsistera pendant toute la durée de sa responsabilité, sans avoir besoin d'être renouvelée (1). »

Comme on le voit, cette loi ne s'explique nullement sur les formalités à remplir pour établir la valeur des immeubles offerts en cautionnement et leur état hypothécaire ; elle laisse au tribunal de la situation des biens, à juger, sur les conclusions du procureur du Roi, de la suffisance et de l'affranchissement du cautionnement proposé.

Une instruction de l'administration de l'enregis-

(1) Contrairement aux prescriptions de cet article, un avis du conseil d'État, du 18 avril 1809, cité par M. Chevalier, dans la *Jurisprudence administrative*, t. 1, p. 184, V^{is} Comptabilité publique, mais dont je n'ai pu trouver le texte, a décidé que « les inscriptions prises sur les immeubles affectés au cautionnement des conservateurs des hypothèques sont sujettes au renouvellement décennal. *Vide* le chap. V.

trement et des domaines du 4 juin 1822, n° 1045, a indiqué, d'après une circulaire du Garde des sceaux du 1er du même mois, les précautions à prendre pour la rédaction des actes de cautionnement dont il s'agit, et en a donné le modèle.

Mais ces précautions paraîtront toujours insuffisantes à ceux qui ont pu apprécier les difficultés de toutes espèces que fait naître l'application de notre système hypothécaire, et de nos lois de procédure sur l'expropriation forcée. Ce qu'il faut à l'État, pour garantie de la gestion du titulaire d'un emploi public, c'est un cautionnement dont la propriété passe entièrement dans les mains du trésor, pour rester affectée, comme un gage, aux faits de charge du titulaire : or, il n'y a que le cautionnement en numéraire, ou celui en rentes sur l'État qui offre cet avantage. — Car le cautionnement, donné en immeuble, n'attribue à l'État qu'un droit hypothécaire, droit qu'il ne peut exercer qu'en se conformant aux lois civiles ordinaires, et en restant exposé aux contestations des créanciers ordinaires ou privilégiés, des tiers détenteurs, des anciens propriétaires, et de toutes autres personnes pouvant faire valoir des droits réels sur l'immeuble affecté au cautionnement.

C'est donc avec raison que la loi du 28 avril 1816, art. 97, a proscrit les cautionnements en immeubles : l'intérêt de l'État et celui des créanciers des titulaires de cautionnements, se réunissent également pour que, à l'avenir, on maintienne avec soin l'exécution de cette disposition.

156. — Lorsqu'il y a changement ou mutation dans l'emploi ou dans la fonction du titulaire du cautionnement, le versement d'un nouveau cautionnement devient-il nécessaire; ou bien, au contraire, le cautionnement primitivement fourni peut-il être affecté en totalité ou en partie à la garantie des nouvelles fonctions?

Il faut distinguer, pour résoudre cette question, entre les diverses fonctions ou emplois des titulaires de cautionnements.

En effet, le cautionnement des officiers ministériels, possesseurs d'office, est affecté spécialement à la sûreté et garantie de l'exercice des fonctions du titulaire de la charge; de telle sorte qu'il est comme une partie inhérente de cette charge, laquelle ne pourrait être exercée sans le cautionnement qui y est attaché. Les créanciers, pour faits de charge, ayant un privilége sur le cautionnement, tant que le titulaire exerce ses fonctions, et même après leur cessation, pendant trois mois, à partir de l'installation du successeur, ainsi que nous l'expliquerons (*Vid.* § IV), on conçoit qu'on ne puisse transporter le cautionnement d'une charge à une autre. Car ce transport confondrait les priviléges des créanciers de la première charge avec ceux de la seconde, et nuirait par cela même aux uns et aux autres. Il est donc nécessaire, lorsqu'un officier ministériel change de fonctions, par exemple lorsqu'un greffier devient notaire, ou lorsqu'un notaire de chef-lieu de canton de justice de paix, devient notaire de chef-lieu d'arrondissement, ou qu'un avoué de première instance se fait nommer avoué de cour royale, il est nécessaire, disons-nous, que l'officier ministériel, qui a ainsi permuté, fournisse un nouveau cautionnement (Circulaires du Garde des sceaux, des 31 oct. 1836, et 28 juin 1838).

Mais, lorsqu'un comptable de deniers publics change de résidence, ou obtient de l'avancement, par exemple, lorsqu'un receveur particulier d'arrondissement est nommé receveur général de département, le cautionnement, affecté primitivement à la recette particulière, devient de droit, après l'installation du titulaire dans ses nouvelles fonctions, affecté à la garantie de la gestion de la recette générale, et le titulaire n'a qu'un supplément à verser pour le compléter.

Le motif principal de cette différence vient de l'intérêt de l'État, qui veut que les services publics ne soient jamais interrompus : or, si l'on devait exiger un nouveau cautionnement, indépendamment de l'ancien, de tout titulaire comptable qui serait nommé à un emploi supérieur, il arriverait nécessairement que le titulaire aurait besoin de délais pour se mettre en mesure de le fournir, et cette circonstance, nuisible à la régularité du service, serait même un obstacle à l'avancement d'employés et de fonctionnaires souvent peu riches, mais non moins dignes de l'intérêt du gouvernement par suite de l'ancienneté de leurs services, ou de leur zèle et de leur capacité.

D'ailleurs, les cautionnements ne deviennent disponibles, pour une seconde gestion, qu'autant que la première est reconnue régulière, et que le titulaire a rendu un compte de clerc à maître de son ancienne gestion ; compte qui doit être admis par l'administration à laquelle il appartient.

Il y a donc cette différence entre les officiers ministériels et les comptables de deniers publics, que les premiers sont assujettis à un nouveau cautionnement lorsqu'ils changent de position en devenant possesseurs d'une nouvelle charge, tandis que les autres n'ont besoin, dans tous les cas, que de verser un supplément pour être employé, concurremment avec le cautionnement primitif, à la garantie des fonctions nouvelles qu'ils doivent exercer.

137. — De là résulte une conséquence digne de remarque, et sur laquelle nous reviendrons (*Vide* § IV) : C'est que les créanciers pour faits de charge des officiers ministériels, n'ont privilége que sur le cautionnement qui a été affecté à la fonction dans l'exercice de laquelle les faits de charge sont intervenus : mais ces créanciers ne peuvent jamais être admis, comme privilégiés, sur le second cautionnement qu'aurait fourni l'officier ministériel pour l'exercice d'une autre fonction.

Tandis qu'au contraire, par cela que les comptables qui obtiennent de l'avancement, en changeant de position, ne sont pas assujettis à un nouveau cautionnement, mais seulement à le compléter au moyen d'un supplément, il en résulte que les créanciers pour faits de charge survenus dans la gestion des premières fonctions, conservent leur privilége sur le cautionnement; mais seulement jusqu'à concurrence de la somme dont il se composait à l'époque où les faits de charge sont intervenus : le supplément de cautionnement, fourni depuis, échappant à l'action privilégiée de ces créanciers, par le motif qu'il ne faisait pas partie du cautionnement primitif, et qu'il n'a été fourni qu'en vue des nouvelles fonctions du titulaire. C'est au surplus ce que nous examinerons plus amplement dans le § IV où nous traiterons du privilége de 1er ordre, et des créanciers pour faits de charge.

138. — Voici au surplus les dispositions législatives qui ont autorisé les comptables à faire servir leur cautionnement à la garantie de plusieurs gestions successives.

L'ordonnance royale du 25 septembre 1816, modifiée par celle du 23 novembre 1825, a déterminé, ainsi qu'il suit, les cautionnements des préposés de l'administration des contributions indirectes, tant à résidence fixe, que sans fixation de résidence.

L'art. 1er de l'ordonnance du 25 septembre 1816, porte :

«Les cautionnements des préposés de l'administration des contributions indirectes seront affectés à la garantie de la gestion des titulaires, quel que soit le lieu où ils exerceront ou auront exercé leurs fonctions : en conséquence, à dater de ce jour, les cautionnements qu'ils verseront au trésor seront inscrits sans résidence, d'après le mode déjà établi, à l'égard de ceux des receveurs ambulants, par le décret du 28 août 1808, et il ne pourra être formé d'oppositions sur ces cautionnements aux greffes des tribunaux de première instance, mais seulement au trésor royal, à l'administration des cautionnements.»

Suivant l'art. 1er de l'ordonnance du 23 novembre 1825, les cautionnements des régisseurs des manufactures de tabacs, des inspecteurs de fabrication, des contrôleurs et gardes-magasins des manufactures et magasins de feuilles; des contrôleurs de culture et autres préposés du service des tabacs, seront inscrits sans distinction de résidence, et serviront à garantir toutes les gestions qui leur ont été ou qui leur seront confiées. — Sont exceptés de cette disposition les cautionnements des débitants de tabac, lesquels continueront de recevoir une application à résidence fixe.

Selon l'art. 2 de la même ordonnance, toutes les dispositions de l'ordonnance du 25 septembre 1816, et notamment celles de l'art. 3, sont applicables aux préposés désignés dans l'art. 1er.

L'art. 3 de l'ordonnance de 1816, porte :

« Pour que les cautionnements déjà versés et inscrits à résidence au trésor puissent suivre à l'avenir les préposés, et servir de garantie à leur gestion dans le cas où ils viendraient à être nommés à de nouveaux emplois, ces préposés devront adresser à l'administrateur chargé du service des cautionnements au trésor :

1° Le certificat d'inscription qu'ils ont reçu;

2° Le certificat de non-opposition du greffier du tribunal de première instance de l'arrondissement porté sur l'inscription.

3° Le consentement du bailleur des fonds, (s'il y en a un). Ce consentement devra être conforme au modèle annexé à la présente ordonnance, et ne sera passible que du droit fixe de 2 fr.

« Art. 4. Les cautionnements ne devenant disponibles pour une seconde gestion qu'autant que la première est reconnue régulière, aucun préposé ne devra être installé dans de nouvelles fonctions, qu'après qu'il aura rendu un compte de clerc à maître de son ancienne gestion, et que ce compte aura été admis par l'administration des contributions indirectes, qui en déclarera la régularité. »

139. — L'ordonnance royale du 25 juin 1825, a complétement réglé les formalités relatives à l'application des cautionnements d'une gestion à une autre, lors des changements de fonctions ou de résidence des titulaires; en voici le texte :

« Art. 1er. A l'avenir les cautionnements fournis par les préposés des administrations ou régies, ressortissant au ministère des finances, serviront de garantie pour tous les faits résultant des diverses gestions dont ils pourront être chargés par la même administration, quel que soit le lieu où ils exerceront ou auront exercé leurs fonctions.

« Art. 2. Seront appliquées aux cautionnements des préposés des douanes, des postes, de l'enregistrement et des domaines, les dispositions des art. 1 et 3 de l'ordonnance royale du 25 septembre 1816, relatives à l'inscription desdits cautionnements sur les livres du trésor, sans affectation de résidence, et aux formalités à remplir, tant par les titulaires que par leurs bailleurs de fonds.

« Les créanciers conservent néanmoins le droit, qui leur est accordé par la loi des 25 nivôse et 6 ventôse an XIII, de former opposition aux greffes des cours et tribunaux civils de la résidence des comptables leurs débiteurs.

« Art. 3. Lorsqu'un préposé des douanes, des postes et de l'enregistrement et des domaines, sera appelé à de nouvelles fonctions ou à une nouvelle résidence, il ne pourra entrer en exercice qu'après avoir présenté au chef de service chargé de l'installer :

1° Le certificat d'inscription de son dernier cautionnement ;

2° Le récépissé à talon, constatant le versement du supplément auquel il aura pu être assujetti ;

3° Le certificat de non opposition délivré en exécution des lois des 25 nivôse (15 janvier) et 6 ventôse an XIII (25 février 1805), par le greffier du tribunal dans le ressort duquel il a exercé ses fonctions précédentes.

« Lors de la demande en remboursement de son cautionnement, après cessation de fonctions, chaque titulaire continuera de produire, avec les pièces justificatives constatant qu'il est libéré, le certificat de non opposition du greffier du tribunal dans le ressort duquel se trouve sa dernière résidence.

« Art. 4. Les dispositions de l'art. 5 de l'ordonnance royale du 22 mai 1825, continueront d'être exécutées en ce qu'elles n'ont point de contraire à la présente, relativement aux préposés des administrations financières. »

140. — Enfin, l'ordonnance du 17 septembre 1837, relative aux percepteurs et receveurs des communes et des établissements de bienfaisance, porte :

Art. 9. A l'avenir, et sauf, les exceptions mentionnées au deuxième paragraphe de l'art. 82 de la loi du 28 avril 1816, le cautionnement des percepteurs des contributions directes sera fixé, à chaque mutation, au douzième des rôles généraux et supplémentaires de l'année qui aura précédé la nomination du nouveau titulaire.

«Art. 10. Dans les localités où les rôles de contributions, les revenus ordinaires des communes ou ceux des établissements de bienfaisance auraient éprouvé, depuis la nomination du receveur, un accroissement considérable et permanent, il pourra être procédé à une nouvelle fixation des cautionnements, d'après les bases de la loi du 28 avril 1816, sur la demande qui en sera faite par le préfet et le receveur général des finances du département.

«Art. 11. Lorsqu'un déficit existera sur un ou plusieurs des services confiés aux percepteurs ou aux receveurs des communes et établissements charitables, la portion de chaque cautionnement, restée disponible sur le service dont il forme la garantie spéciale, sera affectée aux autres services créanciers, pour leur être distribuée au marc le franc des sommes dues à chacun d'eux. »

A cet effet, les percepteurs, les receveurs des communes et des établissements de bienfaisance, actuellement en fonctions, devront produire immédiatement leur consentement à cette extension de garantie, ou s'il y a lieu, celui de leurs bailleurs de fonds, dans les six mois de la publication de la présente ordonnance, et dans le même délai, la main-levée de toutes oppositions qui pourraient exister sur les cautionnements actuels, ou au moins le consentement desdits opposants à l'application stipulée par le paragraphe précédent.

Les comptables qui n'auront pas satisfait à ces

prescriptions dans les délais fixés, seront tenus de verser un nouveau cautionnement. »

141. — La loi du 25 ventôse an XI, sur le notariat, dispose, dans son art. 33, que lorsque, par l'effet d'une condamnation prononcée contre un notaire par suite de l'exercice de ses fonctions, le montant du cautionnement aura été employé en tout ou en partie, le notaire sera suspendu de ses fonctions, jusqu'à ce que le cautionnement ait été entièrement rétabli ; et, faute par lui de rétablir, dans les six mois, l'intégralité du cautionnement, le notaire doit être considéré comme démissionnaire, et remplacé.

Ces règles sont applicables à tous les officiers ministériels pourvus de cautionnements, s'ils ne peuvent être admis à exercer leurs fonctions, aux termes de l'art. 96 de la loi du 28 avril 1816, qu'à la condition d'avoir fourni le cautionnement qui est exigé d'eux ; il y a même raison pour les obliger à compléter ce cautionnement lorsqu'il se trouve diminué par l'effet de condamnations encourues : et l'on doit remarquer que bien que, la loi du 25 ventôse an XI ne parle que de condamnations pour faits de charge, il n'est pas moins certain que toutes espèces de condamnations qui auraient pour effet de diminuer le cautionnement obligeraient le titulaire à fournir le complément, dans le délai fixé, s'il ne voulait pas être considéré comme démissionnaire et remplacé. Des règles analogues sont établies pour les comptables : si, par suite de condamnation encourue, le cautionnement d'un comptable venait à être distribué à ses créanciers, le titulaire se verrait suspendu de ses fonctions et ne pourrait en reprendre l'exercice qu'après avoir versé un nouveau cautionnement en numéraire ou en rentes sur l'État; et si le cautionnement était en immeubles, il devrait en faire recevoir un autre, en remplacement de celui dont l'expropriation aurait été poursuivie.

§ III. — Taux de l'intérêt payé par le trésor, aux titulaires de cautionnement ; — Prescription quinquennale des intérêts dus par l'État.

142. — Dans l'origine, les intérêts des cautionnements furent réglés, savoir : — 1° Ceux des receveurs généraux, à 10 pour 100 pour l'an VIII, à 7 pour 100 pour l'an IX, à 6 pour 100 pour l'an X, réduits à 5 pour 100 par la loi du 14 septembre 1807, et à 4 pour 100 par celle du 28 avril 1816, art. 94; — 2° Ceux des payeurs, au même taux que ceux des receveurs-généraux par le décret du 5 octobre 1808 et par la loi de 1816 ; — 3° Ceux des receveurs particuliers et percepteurs, à 6 pour 100, lors de la création des cautionnements, à 5 pour 100 par la loi du 5 septembre 1807, et à 4 pour 100 par celle de 1816 ; — 4° Ceux des receveurs communaux, à 5 pour 100 lors de leur création, et réduits à 4 pour 100 par la loi du 15 septembre 1807.

Les intérêts des cautionnements des notaires, des régisseurs, administrateurs et employés des régies de l'enregistrement et des domaines, des douanes et des postes, furent fixés à 5 pour 100 par la loi de leur création du 7 ventôse an VIII, art. 5, et réduits à 4 pour 100 par la loi de 1816.

L'intérêt des cautionnements des officiers ministériels, avoués, commissaires-priseurs, huissiers, etc. fut fixé et réduit aux mêmes taux.

Aujourd'hui, d'après la loi du 4 août 1844, portant fixation du budget des dépenses de l'exercice 1845, art. 7, l'intérêt des cautionnements en numéraire, est fixé à 3 pour 100, à partir du 1er janvier 1845.

Le projet de loi ne proposait de réduction que sur les cautionnements des officiers ministériels. Ce système n'eut produit qu'une économie de 800,000 fr. M. Havin député, a demandé, et les chambres ont trouvé juste, que la réduction s'étendît à tous les cautionnements en numéraire ; il en est résulté une diminution de 2,312,500 fr. dans les sommes que l'État paie pour intérêts de ces cautionnements.

Il n'y a rien de changé à l'intérêt servi pour les cautionnements en rentes sur l'État : il va sans dire que cet intérêt n'est autre que celui produit par les arrérages annuels de la rente affectée au cautionnement du titulaire.

Les cautionnements fournis en immeubles ne produisent point d'intérêts au profit du titulaire, puisqu'ils ne consistent que dans un droit réel, dans une affectation hypothécaire attribuée à l'État par le propriétaire des biens immeubles obligés à la responsabilité de la gestion ou fonction.

143. — Le service des intérêts des cautionnements se fait à Paris au trésor public, pour les comptables et pour les officiers ministériels résidant à Paris et dans le département de la Seine.

Tous les autres titulaires de cautionnements en reçoivent les intérêts, suivant leur résidence, à la caisse des payeurs, en vertu des ordonnances de paiement du ministre des finances (Règlement général du 31 mai 1838, art. 245).

Le paiement a lieu au porteur du titre, lequel, s'il n'est point propriétaire du cautionnement ou bailleur de fonds, doit justifier de la procuration notariée du titulaire à l'effet de recevoir. Quand il y a un privilége de second ordre, les intérêts sont payés au vu du certificat délivré en exécution du décret du 22 décembre 1812.

Enfin, s'il y a des créanciers, les intérêts sont payés à ces créanciers sur la production des pièces justificatives de leurs droits (Règlement général, article 246).

Les formalités pour recevoir ces intérêts consistent dans 1° le visa du préposé du trésor ou du comptable, constatant qu'il n'y a pas d'opposition sur le cautionnement; 2° et dans une quittance ou émargement de la somme reçue. La mention du paiement est toujours faite sur le titre par le préposé comptable.

144. — Les intérêts des cautionnements se prescrivent par cinq ans, comme les arrérages des rentes sur l'État et comme toutes les créances dues par l'État : c'est un principe général établi par la loi, du 29 janvier 1831, que nous expliquerons au chap. XII, auquel nous renvoyons : bien avant cette loi le conseil d'État, par un avis du 24 décembre 1808, approuvé le 24 mars suivant, avait décidé que la caisse des amortissements, devait rejeter, à l'avenir, toute demande d'intérêts de cautionnements qui remonteraient au delà, de cinq ans si la prescription n'avait été interrompue.

Mais actuellement, en présence de la règle générale posée par la loi du 29 janvier 1831, la prescription de cinq ans ne pourrait être interrompue que si le défaut de paiement des intérêts des cautionnements provenait du fait de l'administration, ou se trouvait être la conséquence d'un recours formé au conseil d'État (Voy. au surplus le chap. XII).

§ IV. — Privilége de premier ordre, sur les fonds et sur les intérêts des cautionnements pour créances résultant d'abus et prévarications commis par les titulaires, dans l'exercice de leurs fonctions.

145. — De tout temps, le cautionnement en numéraire a été considéré comme un vrai gage remis dans un dépôt public, pour la sûreté des indemnités dues par suite d'abus et prévarications commis par les titulaires dans l'exercice de leurs fonctions. Les personnes lésées doivent donc avoir, sur les fonds du cautionnement, le même privilége que celui du créancier sur son gage.

Cependant, les premières lois qui, depuis celle du 15 germinal an IV, jusqu'à celle du 25 ventôse an XI, rétablirent, pour les comptables de deniers publics et pour les officiers ministériels, l'obligation de fournir un cautionnement en numéraire, ne s'expliquèrent nullement sur l'affectation du cautionnement à la garantie de la gestion des titulaires, non plus que sur les droits des créanciers pour abus et prévarications commis dans l'exercice des fonctions des personnes assujetties à un cautionnement.

146. — La loi du 21 ventôse an VII, relative à l'organisation de la conservation des hypothèques, en obligeant les conservateurs à fournir un cautionnement en immeubles, statua en ces termes sur l'affectation spéciale de ce cautionnement :

« **Art. 8.** Le cautionnement ci-dessus demeurera spécialement et exclusivement affecté à la responsabilité du préposé à la conservation des hypothèques pour les erreurs et omissions dont la loi le rend garant envers les citoyens.

« Cette affectation subsistera pendant toute la durée des fonctions, et dix années après : passé lequel délai, les biens servant de cautionnement seront affranchis de plein droit de toutes actions de recours qui n'auraient point été intentées dans cet intervalle.

« **Art. 9.** Les préposés à la conservation des hypothèques auront domicile dans le bureau où ils rempliront leurs fonctions, pour les actions auxquelles leur responsabilité pourrait donner lieu.

« Ce domicile est de droit ; il durera aussi longtemps que la responsabilité des préposés : toutes poursuites à cet égard pourront y être dirigées contre eux, quand même ils seraient sortis de place, ou contre leurs ayants-cause.

« **Art. 10.** Le passage d'un bureau dans un autre, n'emportera point l'obligation d'un nouveau cautionnement ; celui déjà fourni subsistera pour le nouveau bureau, sauf à suppléer, s'il y a lieu. »

Cette loi, sur laquelle nous reviendrons, est la première qui se soit expliquée sur l'affectation spéciale du cautionnement à la responsabilité du titulaire.

Bientôt la loi du 25 ventôse an XI, contenant organisation du notariat, s'expliqua, sur cette affectation, dans les termes suivants :

« **Art. 33.** Les notaires exercent sans patentes ; mais ils sont assujettis à un cautionnement fixé par le gouvernement d'après les bases ci-après, et qui sera spécialement affecté à la garantie des condamnations prononcées contre eux par suite de l'exercice de leurs fonctions.

« Lorsque par l'effet de cette garantie, le montant du cautionnement aura été employé en tout ou en partie, le notaire sera suspendu de ses fonctions jusqu'à ce que le cautionnement ait été entièrement rétabli ; et faute par lui de rétablir, dans les six mois, l'intégralité du cautionnement, il sera considéré comme démissionnaire, et remplacé. »

Tel était l'état de la législation sur l'affectation des cautionnements à la responsabilité des titulaires, à l'époque de la discussion duCode civil.

147. — Lors de la discussion au conseil d'État (1) du chapitre des priviléges, le n° 6, du projet de l'article 10 de ce chapitre, qui est devenu depuis textuellement le n° 7 de l'art. 2102, donna lieu aux observations suivantes (2) :

« M. Regnaud (de Saint-Jean d'Angely) demande, sur le n° 6 de l'article, qu'il soit accordé à celui qui a fourni le cautionnement un privilége, lequel, comme bailleur de fonds, le fasse venir immédiatement après les créanciers pour abus et prévarications.

« M. Treilhard objecte que les bailleurs de fonds sont propriétaires du cautionnement, et qu'on n'a pas besoin de privilége sur sa propre chose.

« M. Jolivet dit que ce principe n'est pas consacré par l'usage.

« M. Defermon, dit que si la disposition demandée

(1) Procès-verbal de la séance du 3 ventôse an XII. — Fenet, *Travaux préparatoires du Code civil,* t. 15, p. 326, 328.

(2) Procès-verbal de la séance du 3 ventôse an XII. — Fenet, *Travaux préparatoires du Code Civil,* t. 15, p. 355.

par M. Regnaud (de Saint-Jean d'Angely), était placée dans le Code civil, elle deviendrait une règle absolue, et gênerait les opérations de la caisse d'amortissement, qui n'a pas de bureau d'opposition ; mais qu'on pourra la prendre en considération lorsqu'on s'occupera des lois annoncées par l'art. 11 (1).

« M. Regnaud (de Saint-Jean d'Angely) dit que sa proposition ne se rapporte pas à l'intérêt du trésor public, mais à l'intérêt du tiers bailleur de fonds.

« Il est certain qu'autrefois il avait privilége sur la finance de la charge. Aujourd'hui, il faut exprimer dans la quittance du cautionnement, qu'il a fourni les deniers : cette déclaration doit lui assurer un privilége.

« M. Bérenger dit que l'usage est d'expédier la quittance à celui qui fournit les fonds, en énonçant qu'ils l'ont été pour le cautionnement d'un tiers ; qu'ainsi, la propriété des deniers est consacrée au bailleur.

« M. Tronchet dit qu'autrefois le récépissé était au nom du titulaire ; mais que, dans l'acte du prêt, celui qui fournissait les fonds en faisait exprimer la destination, et que le récépissé lui était remis par forme de nantissement.

« M. Treilhard dit que cet usage est maintenu et autorisé par le n° 2 de l'article (2). »

Après ces observations, le procès-verbal de la la séance (3) ajoute : « L'article est renvoyé à la

(1) Cet article du projet était ainsi conçu : « Le privilége à raison des contributions publiques, et l'ordre dans lequel il s'exerce, sont réglés par les lois qui les concernent. » Fenet, t. 15, p. 328 ; *Vide* chap. VIII.

(2) Ce n° qui est le même que le n° 2 de l'art. 2102. — « 2° La créance sur le gage dont le créancier est saisi. »

(3) — Fenet, t. 15, p. 336.

section pour le rédiger d'après les amendements adoptés. »

Cependant, le texte définitif du Code civil constate qu'aucun changement ne fut apporté dans la rédaction du n° 6 de l'art. 10 du projet, qui est devenu, textuellement, le n° 7 de l'art. 2102.

148. — Mais la loi du 25 nivôse an XIII, ne tarda pas à remplir l'objet de la proposition faite lors de la discussion du Code civil ; en voici le texte :

« Art. 1er. Les cautionnements fournis par les agents de change, les courtiers de commerce, les avoués, greffiers, huissiers et les commissaires-priseurs, sont, comme ceux des notaires, affectés, par premier privilége, à la garantie des condamnations qui pourraient être prononcée contre eux par suite de l'exercice de leurs fonctions; par second privilége, au remboursement des fonds qui leur auraient été prêtés pour tout ou partie de leurs cautionnements, et, subsidiairement, au paiement dans l'ordre ordinaire des créances particulières qui seraient exigibles sur eux.

« Art. 2. Les réclamants, aux termes de l'article précédent, seront admis à faire, sur ces cautionnements, des oppositions motivées, soit directement à la caisse d'amortissement, soit aux greffes des tribunaux dans le ressort desquels les titulaires exercent leurs fonctions; savoir, pour les notaires, commissaires-priseurs, avoués, greffiers et huissiers, au greffe des tribunaux civils ; et pour les agents de change et courtiers, au greffe des tribunaux de commerce.

« Art. 3. L'original des oppositions faites sur les cautionnements, soit à la caisse d'amortissement, soit au greffe des tribunaux, y restera déposé pendant vingt-quatre heures, pour y être visé.

« Art. 4. La déclaration au profit des prêteurs des fonds de cautionnement, faite à la caisse d'amortissement à l'époque de la prestation, tiendra lieu d'opposition pour leur assurer l'effet du privilége du second ordre, aux termes de l'art. 1er.

« Art. 5. Les notaires, avoués, greffiers et huissiers près les tribunaux, ainsi que les commissaires-priseurs, seront tenus, avant de pouvoir réclamer leur cautionnement à la caisse d'amortissement, de déclarer au greffe du tribunal dans le ressort duquel ils exercent, qu'ils cessent leurs fonctions : cette déclaration sera affichée dans le lieu des séances du tribunal pendant trois mois; après ce délai et après la levée des oppositions directement faites à la caisse d'amortissement, s'il en était survenu, leur cautionnement leur sera remboursé par cette caisse, sur la présentation et le dépôt d'un certificat du greffier, visé par le président du tribunal, qui constatera que la déclaration prescrite a été affichée dans le délai fixé; que, pendant cet intervalle, il n'a été prononcé contre eux aucune condamnation pour fait relatif à leurs fonctions, et qu'il n'existe au greffe du tribunal aucune opposition à la délivrance du certificat, ou que les oppositions survenues ont été levées.

« Art. 6. Les agents de change et courtiers de commerce, seront tenus de remplir les formalités ci-dessus devant les tribunaux de commerce; ils feront, en outre, afficher pendant le même délai, la déclaration de la cessation de leurs fonctions, à la bourse près de laquelle ils les exercent, et ils produiront à la caisse d'amortissement le certificat du syndic de cette bourse, relatif à l'affiche de leur démission, joint au certificat du greffier, visé par le président du tribunal, motivé ainsi qu'il est prescrit par l'article précédent.

«Art. 7. Seront assujettis aux mêmes formalités, pour la notification de la vacance, ceux qui seront destitués, et les héritiers de ceux qui seront décédés dans l'exercice de leur fonctions. »

Cette loi ne parle pas des comptables : mais la loi additionnelle du 6 ventôse an XIII, a réparé cette omission, ainsi qu'il suit :

« Art. 1er. Les art. 1, 2 et 4 de la loi de 25 nivôse dernier, relative aux cautionnements fournis par les notaires, avoués et autres, s'appliqueront aux cautionnements des receveurs-généraux et particuliers, et de tous les autres comptables publics, ou préposés des administrations.

«Art. 2. Les prêteurs des sommes employées auxdits cautionnements jouiront du privilége de second ordre, institué par l'article 1er de la loi du 25 nivôse dernier, en se conformant aux art. 2 et 4 de la même loi. »

Ces deux lois nous régissent encore actuellement.

Comme on le voit, elles établissent sur les cautionnements :

En premier ordre, un privilége au profit des personnes lésées par les fonctionnaires publics, officiers ministériels et comptables, par suite de l'exercice de leurs fonctions ;

En second ordre, elles autorisent les prêteurs ou

bailleurs des fonds qui ont servi à faire le cautionnement du titulaire à se réserver un privilége, en remplissant les formalités prescrites ;

Enfin, elle reconnaît, en troisième ordre, l'exercice des droits des créanciers ordinaires sur le cautionnement.

C'est du premier de ces priviléges que nous allons nous occuper dans ce paragraphe.

149. — Toutes les dispositions législatives qui ont établi le privilége de premier ordre sur les cautionnements, sont d'accord sur ce point qu'elles n'accordent ce privilége que pour créances résultant d'abus et prévarications commis, de condamnations encourues par les titulaires, par suite *de l'exercice de leurs fonctions*.

L'intention du législateur a donc été d'assurer la garantie du cautionnement, en premier ordre et spécialement, pour les actes dans lesquels le ministère de l'officier public ou du comptable est indispensable, et par conséquent de la restreindre aux actes de cette espèce. En effet, si cette garantie était étendue à tous les actes que les officiers ministériels ne sont pas obligés de faire, *ex necessitate officii*, il en résulterait que le grand nombre de cas auxquels cette garantie serait appliquée, la rendrait illusoire, et que réellement elle n'existerait plus pour les créances auxquelles la loi a voulu l'assurer, celles qui ont pour causes un acte obligé de la fonction.

Le principe du privilége de premier ordre sur le cautionnement a été introduit en considération de la foi publique. Il est juste, en effet, que ce cautionnement réponde spécialement des fautes de celui qui en est titulaire, attendu qu'on est forcé de contracter avec lui et de recourir à sa charge, à son ministère, à cause de ses fonctions.

Le fait nécessaire, résultant de l'exercice des fonctions du titulaire du cautionnement et qui donne ouverture au privilége de premier ordre, a été depuis longtemps désigné par les mots de *fait de charge*.

Dans l'ancien droit, le même privilége existait, et dans les mêmes limites, sur certains offices et charges d'officiers publics, tels que receveurs des consignations, commissaires aux saisies réelles, procureurs, husisiers, etc., etc. (1). Aujourd'hui qu'il n'y a plus de charge ou d'office dont la finance soit versée entre les mains du gouvernement, le privilége pour fait de charge s'exerce sur le cautionnement, dans les termes des lois ci-dessus rapportées.

Mais, nous le répétons, il n'y a *fait de charge* emportant, au profit de celui qui en a été victime, privilége de premier ordre sur le cautionnement du fonctionnaire qui s'en est rendu l'auteur, qu'autant que le fait préjudiclable résulte de l'un des actes de l'exercice légal et obligé des fonctions du titulaire.

Ainsi, on ne peut voir un *fait de charge* dans le fait, de la part d'un avoué, d'avoir obtenu, sans ordre de son client, et à l'aide de menaces de poursuites, la valeur des condamnations prononcées au profit de celui-ci contre l'un de ses débiteurs, puis de lui avoir consenti, pour lui tenir lieu de cette valeur,

(1) M. Merlin, Rép. v^is *Fait de charge*.

des billets qu'il a été dans l'impossibilité d'acquitter (1).

De même, on ne peut considérer comme *fait de charge*, le détournement par un notaire qui a reçu un acte de vente, du prix de cette vente que l'acquéreur a laissé entre ses mains pendant le temps de la purge (2).

De même, lorsqu'un courtier de commerce, chargé de vendre des marchandises, en touche aussi le prix, le commerçant qui l'a employé pour cette opération, n'a point de privilége sur son cautionnement pour le remboursement de ce prix. Le courtier en touchant ce prix, fait acte de commissionnaire et non de courtier (3).

Il n'y a pas non plus *fait de charge,* lorsque, par suite d'opérations de bourse, il s'établit un compte courant entre un agent de change et son client, et le solde, dont ce dernier se trouve créditeur, ne peut donner ouverture au privilége de premier ordre sur le cautionnement de l'agent de change : il en serait ainsi, même quand le client aurait donné l'ordre d'employer ce solde en achats d'effets publics, et aurait été induit à croire à l'exécution de son ordre, par les manœuvres frauduleuses de l'agent de change. — De même, lorsqu'un agent de change abuse d'une procuration en blanc qui lui a été confiée pour faire des opérations de bourse, on ne peut considérer ces abus comme une prévarication dans

(1) Arrêt C. de Toulouse, 15 mai 1844, Dalloz 1845, 2, 21.

(2) Arrêt C. de Rouen, 15 février 1838, Sirey-Villeneuve, 39, 2, 105.

(3) Arrêt C. de Paris, 14 mai 1832, Dalloz 1832, 2, 115.

l'exercice de ses fonctions, et le mandant n'a pas droit au privilége sur le cautionnement (1). Le client ainsi trompé n'aurait que l'action du mandat, et, suivant les circonstances, celle en police correctionnelle, pour abus de confiance.

Mais il y a *fait de charge*, emportant privilége de premier ordre, dans le défaut de paiement, dont les agents de change sont responsables, aux termes de l'art. 13, du règlement du 27 prairial an X, des effets publics qu'ils achètent pour leurs clients ; et, par suite, les condamnations prononcées contre les agents de change pour ce défaut de paiement, emportent privilége de premier ordre sur leur cautionnement (2).

Il y aurait également *fait de charge* de la part d'un notaire, si après avoir reçu les fonds pour les compter immédiatement à l'emprunteur, il ne remettait en échange au prêteur, qu'une obligation entachée de faux ou de nullité (3).

La même distinction est à établir, en ce qui concerne la responsabilité des comptables de deniers publics.

Ainsi, toutes les fois qu'il y aura prévarication ou abus dans l'exercice obligé des fonctions, le fait donnera ouverture au privilége de premier ordre, sur le cautionnement. Mais il faut que l'abus, la pré-

(1) Jugement du tribunal de commerce de la Seine, rapporté dans la *Gazette des tribunaux* du 12 octobre 1832, et dans le traité du rég. hyp. de M. Persil, 4e édition, t. 1, p. 164.

(2) Arrêt C. de Paris, 29 mai 1810, Sirey, 11, 2, 25, et M. Persil, *loc.*, *cit.* p. 163, V.

(3) Arrêt C. de Paris, du 14 mars 1834, Dalloz, 1834, 2, 115.

varication soit une suite nécessaire de l'emploi du titulaire.

Par exemple : le fait, par un receveur particulier des finances, d'avoir détourné des fonds provenant du versement effectué entre ses mains par un receveur-percepteur des deniers publics, pour contributions directes, constitue un fait charge, parce que les fonds ne pouvaient être versés dans une autre caisse, que dans celle de ce comptable : mais il en serait tout autrement, si une somme avait été versée entre les mains du receveur particulier, non plus par un receveur de deniers publics, obligé d'effectuer ce versement, mais par un particulier, pour être transmise en compte à un tiers, par l'intermédiaire du receveur des finances. Dans ce dernier cas, le versement n'aurait pas eu lieu, *ex necessitate officii,* mais volontairement, et parce qu'il entrait dans les convenances du déposant de confier la somme au receveur des finances, devenu, dans cette circonstance, le banquier, l'intermédiaire, le *negotiorum gestor* de la personne dont il a trompé la confiance.

150. — M. Troplong, dans son commentaire sur le n° 7, de l'art 2,102, du Code civil (1), fait remarquer, « qu'il y a une grande distinction à faire entre les cautionnements des comptables, et ceux des autres officiers publics, tels que notaires, avoués, etc.

« Les cautionnements fournis par les comptables, dit ce savant jurisconsulte, le sont dans l'intérêt du gouvernement, qui ne donne le maniement de ses fonds que sous cette garantie.

(1) Des priviléges et hypothèques, 3e édition, t. 1, n° 209, p. 322.

« Au contraire, les cautionnements des greffiers, notaires, avoués, etc., ne sont déposés que pour répondre des faits de ces officiers envers les particuliers qui sont obligés *ex necessitate officii*, de recourir à leur ministère, et de suivre la foi publique.

« Le gouvernement n'a de privilége sur ces cautionnements qu'autant qu'il se sert, comme partie privée, du ministère des officiers publics qui les ont déposés.

« Sous tout autre rapport, ces cautionnements n'ont pas été établis en sa faveur, et il est sensible qu'il n'y a aucun intérêt. »

Cette observation est fort juste : mais, s'il est vrai que le gouvernement ne donne le maniement de ses fonds aux comptables que sous la garantie de leurs cautionnements, il ne serait pas exact néanmoins, d'en tirer cette conséquence que ces cautionnements ne sont fournis que dans l'intérêt de l'État.

Sans doute, le trésor public a un privilége sur les cautionnements des comptables, et ce privilége est confirmé par la loi du 5 septembre 1807, art. 3, que nous expliquerons (1). Mais, ce privilége n'est pas exclusif de celui que les particuliers pourraient avoir à exercer pour faits de charge commis par des comptables de deniers publics, dans l'exercice de leurs fonctions ; car ce dernier privilége résulte clairement : 1° du n° 7, de l'art. 2102, du C. civil, qui ne fait aucune distinction entre *les créances résultant d'abus et de prévarications commis par les fonctionnaires publics, dans l'exercice de leurs fonctions ;*

(1) *Vide* le chap. V.

2° et de la loi du 6 ventôse an XIII, qui déclare applicables aux comptables les art. 1, 2 et 4, de la loi du 25 nivôse précédent, et, par conséquent, affecte les cautionnements à *la garantie des condamnations qui pourraient être prononcées contre eux, par suite de l'exercice de leurs fonctions*, sans distinguer si ces condamnations seront prononcées au profit de l'État, ou au profit de simples particuliers lésés.

Il faut donc tenir pour certain que si un comptable se rendait coupable de faits de charge au préjudice d'un particulier, ce dernier aurait un privilége de premier ordre à exercer sur le cautionnement du titulaire.

151.—Et comme les lois qui ont établi ce privilége n'ont pas réglé le rang des créanciers pour faits de charge, on doit conclure, conformément à la règle posée par l'art. 2097, du Code civil, que tous les créanciers pour faits de charge, soit des officiers ministériels, soit des comptables, sans distinction, doivent être payés sur le cautionnement, par concurrence, sans que l'État, s'il est créancier d'un comptable pour fait de charge, puisse exercer son privilége sur le cautionnement, préférablement aux autres créanciers de la même catégorie.

Cette loi de concurrence, sur le cautionnement, de tous les créanciers privilégiés pour faits de charge, est toujours applicable lorsqu'il s'agit de la responsabilité d'un officier ministériel, parce que le cautionnement de ces officiers publics n'est jamais affecté qu'à une seule charge, et ne garantit que l'exercice de la même fonction.

152.—Mais nous avons expliqué plus haut que le cautionnement d'un comptable peut servir, aux termes de l'ordonnance du 25 juin 1835, de garantie pour tous les faits résultant des diverses gestions successives dont il peut être chargé par la même administration, quel que soit le lieu où il exerce et aura exercé ses fonctions.

Dans le cas de l'affectation du même cautionnement à plusieurs gestions successives du même comptable, quel sera le sort des créanciers pour faits de charge ?

En principe, le fait de charge suit la gestion à laquelle il s'applique, dans l'exercice de laquelle il a été commis : par conséquent le créancier, pour fait de charge d'une gestion, a le droit d'exercer son privilége sur le cautionnement affecté actuellement ou originairement à cette gestion.

Mais si le même comptable, qui a exercé plusieurs gestions successives avec le même cautionnement, augmenté seulement du supplément exigé suivant l'importance de ses dernières fonctions, avait commis des faits de charge dans quelques-unes de ces gestions ou dans toutes, quel serait alors le sort des créanciers pour ces faits de charge, et comment pourraient-ils exercer leurs priviléges sur le cautionnement? ceux d'entre eux qui auraient été victimes d'un fait de charge commis dans la première gestion, auraient-ils un droit de préférence, à cause de la date du fait qui leur a été préjudiciable, ou devraient-ils venir tous, sans distinction, par concurrence, et par voie de contribution au centime le franc de leurs créances, sur le cautionnement?

Ces questions sont neuves, et n'ont jamais été, au moins nous le croyons, examinées par les auteurs, ni décidées par les tribunaux : elles méritent de fixer l'attention des jurisconsultes.

Nous croyons que tous les créanciers pour faits de charge devraient subir la loi de la concurrence, sans qu'il fût possible d'accorder aux créanciers, pour les faits de charge les plus anciens, une préférence qui n'est écrite dans aucune loi, et que les principes généraux du droit commun nous paraissent complétement repousser. En effet, les cautionnements fournis en numéraire, et c'est de ceux de cette espèce seulement que nous nous occupons en ce moment, ces cautionnements, disons-nous, sont meubles : par conséquent ils n'ont point de suite par hypothèque : et comme, ni les lois spéciales sur les cautionnements, ni le Code civil n'ont attribué un rang de préférence entre les divers créanciers pour faits de charge, l'on doit tenir pour constant qu'ils doivent tous venir concurremment sur le capital et sur les intérêts du cautionnement.

Les créanciers pour les faits de charge les plus anciens seraient mal fondés à prétendre que ceux qui ne sont créanciers que pour les derniers faits de charge, applicables à la gestion la plus récente, doivent être repoussés, par le motif que le cautionnement était dans l'origine leur gage spécial et exclusif : il est certain qu'en changeant de fonction, le titulaire a pu transférer son cautionnement à la garantie de sa nouvelle gestion, à moins d'oppositions formées, à cette époque, avant son installation. Mais il est également vrai que ce changement de position n'a pu enlever aux créanciers de la première gestion leur privilége, puisque le cautionnement était leur gage originaire, au moins jusqu'à concurrence de la somme exigée pour garantie du premier emploi du comptable, et que l'ordonnance du 23 juin 1835 n'autorise l'affectation du même cautionnement à plusieurs gestions successives, qu'à la condition de rester affecté à la garantie de tous les faits résultant des diverses gestions du titulaire. Par ce motif, les créanciers de la seconde ou dernière gestion ne pourraient légitimement contester l'exercice du privilége des premiers, dans la limite de la somme affectée, à titre de cautionnement, à la gestion de laquelle ils sont créanciers.

Mais les créanciers de la première gestion ne peuvent prétendre aucun privilége sur le supplément de cautionnement fourni par le comptable pour pouvoir exercer la seconde ou subséquente gestion. Car ils n'ont jamais dû compter sur ce supplément qui s'applique uniquement à la gestion pour laquelle il a été exigé. C'est pourquoi il doit être réservé, exclusivement et par privilége spécial, aux créanciers pour faits de charge commis pendant la gestion à laquelle ce supplément appartient.

En cas de réduction opérée dans le cautionnement affecté à la dernière gestion, tous les créanciers pour faits de charge devraient venir par concurrence; car les créanciers de la première gestion, faute de former opposition, à l'époque ou le titulaire a été nommé à la nouvelle fonction qui n'exigeait qu'un cautionnement inférieur, ont perdu le droit qu'ils auraient eu alors de se faire colloquer, exclusivement à tous autres, sur la portion de cautionnement dont ils ont laissé opérer le retranchement ou remboursement par le trésor.

Ce que nous venons de dire doit s'appliquer également aux cautionnements fournis en rentes sur l'État, lesquels, ainsi que ceux en numéraire, sont dans la classe des biens meubles.

Et nous ne croyons pas que les significations au trésor des jugements emportant condamnations pour faits de charge puissent, dans aucun cas, à cause de leurs dates plus ou moins anciennes, donner un droit de préférence aux créanciers. Ces significations ne valent que comme oppositions pour conserver le droit du réclamant à être payé, par concurrence comme les autres, lorsque le trésor, détenteur du cautionnement, videra ses mains, ainsi que par justice il sera ordonné.

153. — Mais les cautionnements en immeubles sont régis par d'autres principes. Sans doute, ils peuvent être, comme ceux en numéraire et en rentes, affectés successivement à toutes les gestions des comptables : c'est un avantage que la loi du 21 ventôse an VII, a attribué, notamment, aux conservateurs des hypothèques, par son art. 10, qui porte « que le passage d'un bureau dans un autre n'emportera point l'obligation d'un nouveau cautionnement; celui déjà fourni subsistera pour le nouveau bureau, sauf à suppléer, s'il y a lieu. »

Cet avantage appartient également à tous les comptables qui ont la faculté de fournir un cautionnement en immeuble : ainsi que cela résulte de l'ordonnance du 22 mai 1825, art. 5.

Mais cette affectation successive, à plusieurs gestions

des mêmes immeubles obligés au cautionnement, n'a toujours lieu que sous l'empire des lois qui régissent les biens immeubles : or, ces lois veulent que les immeubles aient une suite par hypothèque, et qu'entre créanciers, les priviléges ne produisent d'effets, à l'égard des immeubles, qu'autant qu'ils sont inscrits sur les registres du conservateur, sauf les exceptions déterminées par la loi (C. civ. 2106.)

Si donc un créancier, pour fait de charge du titulaire d'un cautionnement immobilier, obtient contre ce titulaire un jugement de condamnation pour ce fait, il pourra prendre, pour l'exercice et la garantie de son privilége, une inscription d'hypothèque judiciaire sur les immeubles affectés au cautionnement, (C. civ. 2123); et, comme entre créanciers, l'hypothèque, soit légale, soit judiciaire, soit conventionnelle, n'a de rang (sauf les exceptions déterminées par l'art. 2135 C. civ.), que du jour de l'inscription prise par le créancier, il en résultera que l'inscription le plus anciennement prise, en vertu de jugement prononçant condamnation pour fait de charge, vaudra, au profit de celui qui l'aura requise, un rang de préférence à tous les autres créanciers pour faits de charge inscrits postérieurement.

En vain objecterait-on que la loi accorde aux créanciers un privilége pour condamnation résultant de faits de charge, et que ce privilége doit exister par l'effet seul de la condamnation : ce raisonnement est suffisamment refuté par l'art. 2106 du Code civil, qui décide qu'entre créanciers, les priviléges ne produisent d'effet *à l'égard des immeubles*, qu'autant qu'ils sont rendus publics par l'inscription sur les registres du conservateur, et *à compter de la date de cette inscription*, sous les seules exceptions déterminées par les art. 2107, 2108 et suivants, parmi lesquelles exceptions ne se rencontre par celle des créances résultant de condamnations pour faits de charge.—Il est donc certain que le privilége résultant de ces condamnations ne peut produire d'effet contre les tiers, qu'à dater de son inscription au bureau des hypothèques.

154. — Lorsqu'un comptable se trouve chargé simultanément de la recette de plusieurs gestions, par exemple un percepteur qui est en même temps receveur municipal, et qu'il est condamné pour faits de charge, le trésor a-t-il privilége spécial sur la portion du cautionnement exigé pour la perception des deniers publics, et la commune ne peut-elle exercer son recours privilégié que sur le supplément fourni pour la garantie de la recette des deniers communaux? ou bien, le cautionnement est-il affecté, en totalité, par concurrence, à la garantie de tous les faits de charge, sans aucune distinction?

La cour de Cassation a décidé par arrêt du 5 décembre 1843 (1) que : les sommes versées au trésor par un percepteur des contributions directes, exerçant en même temps les fonctions de receveur municipal d'une commune, pour garantie de sa double gestion, ne constituent qu'un cautionnement unique, dont la totalité, en cas de déficit dans la caisse municipale, est affectée par privilége à la créance de la commune, en vertu du § 47 de l'art. 2102 du Code civil.

« Attendu, a dit la cour, que la disposition de l'ar-

(1) Dalloz, 1844, 1, 63.

ticle 2102, n° 7, Code civil, qui déclare privilégiées les créances résultant d'abus et de prévarications commis par les fonctionnaires dans l'exercice de leurs fonctions, sur le fonds de leur cautionnement, est générale et absolue, et s'étend, sans division sur toutes les parties du cautionnement qui se servent de supplément l'une à l'autre; qu'au nombre des fonctionnaires mentionnés dans l'article précité, sont évidemment les percepteurs et les receveurs communaux; et que, dès avant la promulgation du titre des priviléges et hypothèques du Code civil, et, en vertu de lois spéciales, les recettes communales étaient faites par le percepteur des contributions foncière et personnelle de la commune; — Attendu que la loi du 30 frimaire an XIII, en exigeant un supplément de cautionnement de ces percepteurs, n'a pu avoir pour but ni pour effet d'en diminuer l'affectation privilégiée aux créances résultant d'abus commis dans leur gestion; que ce privilége est encore maintenu au profit du trésor et des communes par les art. 82 et 83 de la loi du budget du 28 avril 1816. »

Comme on le voit la cour a décidé que le supplément de cautionnement exigé des percepteurs, à titre de receveurs communaux, ne constituait pas seul le gage de la commune, mais que le cautionnement tout entier était affecté à la garantie des créances communales pour faits de charge.

Nous ne croyons pas que tel ait été le sens véritable des lois qui ont assujetti les percepteurs à fournir un supplément de cautionnement à cause de leur qualité de receveurs communaux. En effet, l'art. 3 de la loi du 30 frimaire an XIII, qui reproduit l'art. 12

de la loi du 5 ventôse an XII, est ainsi conçu : « Ces receveurs (des derniers communaux) fourniront, indépendamment du cautionnement qui leur a été prescrit par la loi du budget de l'an XII, un cautionnement, également en numéraire, du douzième des revenus communaux dont ils font la recette. » Sans doute, comme le fait remarquer M. Dalloz, dans sa note 2, sur l'arrêt précité, le but essentiel de ce supplément de cautionnement était de fournir aux caisses publiques le numéraire qui leur manquait et dont elles avaient un besoin urgent. En second lieu, figure l'intention d'ajouter à la garantie du comptable: mais cette nouvelle garantie, l'État n'en avait pas besoin pour la gestion de ses deniers, puisqu'il était déjà nanti d'un cautionnement que la loi de frimaire n'augmentait pas: le supplément exigé avait donc pour objet d'assurer, en cas de concours de l'État et de la commune, tous deux victimes du déficit du comptable, un privilége séparé, que la commune exercerait seulement sur la portion supplémentaire de cautionnement affectée spécialement à la garantie du comptable comme receveur municipal, le trésor conservant un privilége exclusif sur le cautionnement originaire.

Aussi, est-il à remarquer que si la cour de cassation a motivé son arrêt *en droit*, comme nous l'avons rapporté, en fait, elle parait s'être principalement déterminée par cette circonstance « que dans l'espèce, ainsi qu'elle le constate, le trésor public, appelé au procès, fait cause commune avec la commune de Vrétot, et adhère à sa réclamation : » par le motif, sans doute, que ce n'était que dans la gestion des deniers communaux que le comptable avait laissé un déficit, et que le trésor était sans intérêt dans la cause.

Au surplus, l'opinion que nous soutenons ne peut plus faire de doute depuis l'ordonnance du 17 septembre 1837, dont l'art. 11 porte : « Lorsqu'un déficit existera sur un ou plusieurs des services confiés aux percepteurs ou aux receveurs des communes et établissements charitables, *la portion de chaque cautionnement restée disponible sur le service dont il* FORME LA GARANTIE SPÉCIALE, *sera affectée aux autres services créanciers, pour leur être distribuée au marc le franc des sommes dues à chacun d'eux.*

« A cet effet, les percepteurs, les receveurs des communes et des établissements de bienfaisance, actuellement en fonctions, devront produire immédiatement leur consentement à cette extension de garantie, ou, s'il y a lieu, celui de leurs bailleurs de fonds, dans les six mois de la présente ordonnance et, dans le même délai, la main-levée de toutes oppositions qui pourraient exister sur les cautionnements actuels, ou au moins le consentement desdits opposants à l'application stipulée par le paragraphe précédent.

« Les comptables qui n'auront pas satisfait à ces prescriptions dans les délais fixés seront tenus de verser un nouveau cautionnement. »

Il résulte clairement de cette disposition, qu'avant la promulgation de l'ordonnance du 17 septembre 1837, l'administration ne croyait pas que le privilége pour faits de charge, commis par un percepteur investi en même temps de la recette communale, pût s'exercer sans distinction sur la totalité du cautionnement : et que depuis cette ordonnance, chaque portion de cautionnement fournie pour une fonction distincte, quoique réunie avec d'autres dans les mêmes mains, forme la garantie spéciale à chaque emploi auquel elle est attachée, puisque ce n'est qu'après la libération de la responsabilité de cet emploi, que la portion disponible de chaque cautionnement peut être affectée aux autres services créanciers pour leur être distribuée au marc le franc des sommes dues à chacun d'eux. — Par conséquent la commune, créancière pour fait de charge d'un receveur communal qui est en même temps percepteur, ne peut exercer son recours sur la portion de cautionnement affectée spécialement à la garantie de la recette des fonds appartenant à l'État, qu'autant que le trésor public se trouve complétement désintéressé.

155. — Nous avons expliqué que le privilége accordé par l'art. **2102**, n° 7, du Code civil, et par les lois spéciales sur les cautionnements des fonctionnaires publics, des officiers ministériels et des comptables, s'appliquait exclusivement aux créances résultant de *faits de charge.*

On ne doit pas considérer comme telles, les condamnations qui prononcent des amendes et peines pécuniaires, au profit du fisc, contre les titulaires de cautionnements.

D'après les lois romaines 17 et 37, *Dig. de jure fisci*, il était de principe que *fiscalium pœnarum petitio creditoribus postponitur*. Le Code civil paraît avoir adopté cette maxime dans l'art. 2098, portant : « Le trésor public ne peut obtenir de privilége au préjudice des droits antérieurement acquis à des tiers ; » et l'art. 2202 applique cette règle aux amendes encourues par les conservateurs des hypothèques, en ordonnant que les dommages-intérêts des parties seront payés avant l'amende. Enfin, la loi du 5 septembre 1807, sur les frais en matière correctionnelle et de police, dont la condamnation est prononcée au profit du trésor public, lui accorde un privilége; mais elle veut qu'il ne l'exerce qu'après les priviléges désignés à l'art. 2102 du Code civil : — Il est vrai que cette loi ne parle que des frais, mais ses dispositions doivent, à plus forte raison, être appliquées aux amendes ; application d'ailleurs clairement exprimée dans le discours de l'orateur du Gouvernement qui proposa la loi, dans lequel il est dit que « le principe consacré par l'art. 2098 du Code civil, doit toujours servir de guide. »

C'est avec les motifs qu'on vient de lire, que la cour de cassation a décidé, par un arrêt du 7 mai 1816 (1), que les créanciers d'un agent de change, pour faits de charge, avaient privilége sur son cautionnement, par préférence au trésor public pour le recouvrement des amendes prononcées contre cet officier ministériel : et la cour de Paris, conformément à cette jurisprudence, a décidé par un arrêt du 21 janvier 1837 (2), que les amendes et peines pécuniaires prononcées contre un fonctionnaire (un huissier), ne sont pas privilégiées sur son cautionnement.

156. — Le privilége pour fait de charge sur le

(1) Sirey, 17, 1, 55.
(2) Dalloz, 1837. 2, 175

cautionnement dure tant que le cautionnement subsiste et est affecté à la garantie des fonctions du titulaire.

Ainsi, pour les cautionnements en numéraire fournis par les officiers ministériels, ce privilége peut être exercé non seulement pendant toute la durée des fonctions, mais même pendant le délai fixé par les art. 5 et 6 de la loi du 25 nivôse an XIII, pour l'affiche, aux lieux indiqués, de la déclaration de cessation des fonctions du titulaire.

Et si, même, après ce délai, mais avant le remboursement opéré par le trésor, des oppositions ou significations de jugement prononçant des condamnations pour faits de charge étaient faites au trésor ou aux caisses publiques chargées du remboursement du cautionnement, ces oppositions et significations auraient pour effet, conformément aux mêmes articles, de mettre obstacle au remboursement du capital et des intérêts du cautionnement, qui devrait être attribué par privilége à ces créanciers opposants.

Pour les comptables, le privilége pour fait de charge, attaché au cautionnement, cesse également lorsque le cautionnement n'est plus affecté à la garantie de la gestion des deniers publics, par suite de la retraite, démission ou destitution du titulaire.

157. — La loi du 2 ventôse an XIII, art. 17 et suivants, et l'ordonnance du 22 mai 1825 (1), ont tracé les formalités à remplir par les comptables qui cessent leurs fonctions, pour obtenir le remboursement de leur cautionnement.

(1) *Vide infrà*, § 7.

Ces formalités n'ont été exigées que dans l'intérêt du trésor public ; et bien que l'art. 7 de l'ordonnance du 22 mai 1825, ait pris soin de déclarer que ladite ordonnance ne préjudicierait en aucune manière à l'exercice des droits des tiers sur les cautionnements des comptables, toujours est-il qu'il n'a été imposé à ces titulaires, lorsqu'ils cessent leurs fonctions, aucune obligation semblable à celle exigée des officiers ministériels par les art. 5 et 6 de la loi du 25 nivôse an XIII. C'est là une lacune regrettable, et qui, avec bien d'autres omissions et incohérences dans la législation des cautionnements, fait sentir la nécessité d'une loi générale et complète sur cette importante matière.

Il suffira donc que le comptable ait obtenu l'apurement de son compte et le certificat de quitus définitif, et qu'il ne soit survenu, avant le remboursement du cautionnement, aucune opposition à ce remboursement, pour que le privilége des tiers pour faits de charge, ait cessé d'exister du jour où le remboursement aura été affectué.

158. — Mais si le cautionnement en numéraire ou en rentes, après avoir été réclamé par le titulaire, et après l'accomplissement de toutes les formalités et justifications prescrites, restait entre les mains du trésor sans être frappé d'oppositions, et que plus tard il survînt une condamnation pour fait de charge, la créance, résultant de cette condamnation, serait-elle privilégiée sur la somme représentative du cautionnement restée au trésor, ou sur l'inscription de rentes toujours inscrite comme affectée au cautionnement du titulaire des anciennes fonctions ?

L'affirmative nous paraît certaine ; car le cautionnement est un gage. Or, le gage confère au créancier le droit de se faire payer sur la chose qui en est l'objet par privilége et préférence aux autres créanciers, tant que ce gage subsiste, et qu'il a été mis et est resté, soit en la possession du créancier, soit d'un tiers convenu entre les parties (C. civ. 2073-2076).

Ici, le trésor est le tiers dépositaire des cautionnements, dans un intérêt public. Par conséquent, tant que la détention du cautionnement a lieu de la part du trésor, le privilége du créancier pour fait de charge peut être exercé.

Mais aucun privilége pour fait de charge ne pourrait plus être exercé si les fonds affectés primitivement au cautionnement, bien que restés dans les caisses du trésor, avaient reçu une autre destination; ou si la rente, bien qu'inscrite encore au nom de l'ancien titulaire, avait été soumise à une nouvelle immatricule ayant fait disparaître sa précédente affectation au cautionnement. Dans ces deux circonstances, il se serait opéré une véritable novation, une transformation complète dans la nature du gage, transformation qui aurait anéanti son existence en même temps que son affectation spéciale.

159. — Quant à la durée du privilége sur le cautionnement en immeubles, il subsiste également tant que le comptable n'est pas complétement libéré de sa gestion par l'apurement de son compte et la délivrance de son quitus définitif.

La loi du 21 ventôse an VII, art. 8, a voulu que l'affectation du cautionnement que les conservateurs des hypothèques peuvent fournir en immeubles, subsistât pendant toute la durée de leurs fonctions, et dix années après; « passé lequel délai, dit cet article, les biens servant de cautionnement seront affranchis de plein droit de toutes actions de recours qui n'auraient point été intentées dans cet intervalle. »

Un arrêt de la cour de Liége, du 31 mars 1813, avait jugé que l'action en garantie formée contre un conservateur des hypothèques, à raison d'erreurs par lui commises au préjudice de créanciers inscrits sur un immeuble, n'était soumise qu'à la prescription de trente ans, et par conséquent, était recevable plus de dix années après la cessation des fonctions du conservateur. Mais, sur le pourvoi formé contre cet arrêt, il est intervenu, le 22 juillet 1816, un arrêt de cassation de la chambre civile, ainsi conçu (1) :

« Vu les art. 5, 6, 7 et 8, de la loi du 21 ventôse an VII; — Considérant que, suivant l'art. 7, le cautionnement que le conservateur est obligé de fournir subsiste pendant toute la durée de sa responsabilité; que ces expressions énoncent clairement que la durée du cautionnement et celle de la responsabilité sont choses corrélatives et indivisibles; qu'ainsi, le conservateur doit un cautionnement pendant tout le temps qu'il est responsable : et que, lorsqu'il ne doit plus de cautionnement, il cesse d'être responsable; — qu'aux termes de l'art. 8, le conservateur étant libéré de son cautionnement dix ans après la cessation de ses fonctions, il suit qu'après ce délai il est également libéré de sa responsabilité; et, par consé-

(1) Voy. cet arrêt dans le Répertoire de M. Favart de Langlade, v° *Conservateur des hypothèques*, t. X, p. 672.

quent, qu'il est affranchi de toute action, soit réelle, soit personnelle, puisque la loi n'en réserve, et ne pouvait, dans le système qu'elle a adopté, en réserver aucune ; considérant qu'en prorogeant pendant trente ans la responsabilité du conservateur, l'arrêt contrevient aux articles ci-dessus, la cour casse et annulle l'arrêt de la cour de Liége du 31 mars 1813. »

160. — Dans la discussion du titre des priviléges et hypothèques, séance du conseil d'État du 12 pluviôse an XII, M. Berlier disait : « Le cautionnement du conservateur ne constitue pas la limite de la garantie qu'il peut devoir aux parties lésées par son fait; son cautionnement est le gage, mais non la mesure des actions qu'on a contre lui, et qu'on peut exercer contre le surplus de ses biens. »

Cette explication d'un des rédacteurs du Code civil est très-juste : elle serait également exacte appliquée à tous les titulaires de cautionnements. Il est très-vrai qu'en cas d'insuffisance du cautionnement à solder toutes les dettes privilégiées pour faits de charge, les créanciers ont le droit d'exercer leur recours sur le surplus des biens du comptable ou de l'officier ministériel; mais, dans ce cas, l'action des créanciers pour faits de charge n'a rien de privilégié ; ils ne viennent sur les meubles qu'après les créanciers qui seraient privilégiés, et concurremment avec les créanciers ordinaires. — Quant aux immeubles, ils ne pourraient exercer leurs droits que postérieurement à toutes les créances privilégiées ou hypothécaires, ayant date certaine antérieure, et inscrites dans un rang de pré-

(1) Fenet, t. XV, p. 279.

férence; car le privilége des créanciers pour faits de charge est limité au cautionnement qui est leur gage spécial : ils n'ont sur le surplus des biens du titulaire qu'un droit semblable à celui des autres créanciers non privilégiés.

161. — Une remarque nous reste à faire sur le privilége de premier ordre qui affecte spécialement le cautionnement des officiers ministériels et des comptables, c'est que les créanciers pour faits de charge peuvent faire saisir le cautionnement du titulaire pendant son exercice et sans attendre la vacance de son office. La loi autorise le versement dans les mains de la partie saisissante, sauf au titulaire à remplacer les deniers dans le délai et sous la peine prescrite par la loi : c'est ce qui résulte de deux arrêts de la cour de Cassation, l'un du 26 mars 1821 (1), et l'autre du 4 février 1822 (2).

Une conséquence logique de cette jurisprudence, c'est que les créanciers, pour faits de charge des comptables qui ont fourni leur cautionnement en immeubles, doivent avoir le droit de saisir les immeubles affectés à ce cautionnement, et, par suite, d'en poursuivre l'expropriation pour obtenir le paiement de leurs créances privilégiées. Dans ce cas, le comptable serait obligé, comme les titulaires de cautionnements en numéraire, de faire accepter d'autres immeubles, à la place ou comme complément de ceux qui auraient été aliénés en tout ou en partie.

(1) Sirey, 21, I, 346.
(2) Sirey, 22, I, 341.

§ V. — Privilége de second ordre en faveur des bailleurs de fonds de cautionnement.

162. — On a vu que pour remplir l'objet de la proposition faite lors de la discussion du chapitre des priviléges du Code civil, la loi du 25 nivôse an XIII avait affecté les cautionnements des officiers ministériels, par second privilége, au remboursement des fonds qui leur auraient été prêtés pour tout ou partie de leurs cautionnements, et que cette disposition avait été rendue applicable, par la loi du 6 ventôse an XIII, aux cautionnements des receveurs généraux et particuliers, et de tous les autres comptables publics, ou préposés des administrations.

Depuis cette époque, cette faculté accordée à tous les titulaires de cautionnements en numéraire, d'emprunter des fonds pour fournir leur cautionnement, avec réserve de privilége spécial, au profit du prêteur, sur le cautionnement ainsi formé, n'a point cessé de pouvoir être exercée.

Le projet de loi portant règlement définitif du budget de l'exercice 1840, à la chambre des Députés, contenait la disposition suivante :

« Art. 13. Sont abrogées les lois des 25 nivôse et 6 ventôse an XIII, dans leurs dispositions relatives au privilége de second ordre accordé sur les fonds des cautionnements, et les décrets spéciaux des 28 août 1808 et 22 décembre 1812. En conséquence, à partir de la promulgation de la présente loi, le privilége de second ordre ne sera plus concédé, et les bailleurs de fonds ne pourront exercer d'autres droits que ceux qui appartiennent aux créanciers ordinaires et non privilégiés. »

Dans l'exposé des motifs, le gouvernement cherchait à justifier la mesure proposée par diverses raisons : il expliquait les abus auxquels avait donné lieu le privilége de second ordre ; il signalait l'affaiblissement, par la substitution de prêteurs particuliers, des garanties de la solvabilité personnelle des titulaires d'emplois ; la soustraction au droit proportionnel d'enregistrement des emprunts pour cautionnements ; enfin, la fréquence des mutations qui accroissent le travail de l'administration, et compromettent quelquefois la responsabilité du trésor (1).

La commission de la chambre des Députés n'a pas cru devoir adopter la disposition proposée.

« Ce qui a d'abord fixé son attention, a dit le rapporteur (2), c'est que la suppression du privilége de second ordre, tendrait à concentrer parmi les propriétaires de capitaux l'exercice d'un grand nombre d'offices et de fonctions publiques, en élevant une barrière presque insurmontable pour les hommes qui seraient doués de capacité et de connaissances, mais que la fortune n'aurait point favorisés.

« Ce serait une mesure tout à fait impolitique, que d'éloigner des emplois des hommes qui auraient la noble et juste ambition d'y parvenir loyalement par leur mérite, et qui offriraient des garanties mo-

(1) Voy. l'exposé des motifs à la chambre des Députés, *Moniteur* du 3 mars 1842.

(2) M. Henri Étienne, voy. *Moniteur* du 23 mai 1842.

rales plutôt que pécuniaires. Les fonctions publiques et les offices ne sont-ils pas nécessaires à ceux qui se recommandent plus par leur intelligence et leur probité que par les faveurs de la fortune?

« Que veut-on d'ailleurs obtenir par le dépôt d'un cautionnement? C'est la garantie de la gestion de l'officier public ou du comptable. N'est-elle pas complète lorsque le cautionnement est fourni, et que le titulaire a su attirer assez de confiance, pour obtenir un prêt? Un employé qui se procure par voie d'emprunt un cautionnement n'offre-t-il pas autant et quelquefois même plus de garanties, que celui qui possède de lui-même des capitaux? Il a fallu que le premier, par sa conduite et son mérite, obtînt un crédit qui eût été peut-être refusé au second, malgré sa situation plus fortunée.

« Voudrait-on immobiliser les capitaux de cautionnement? Ce serait encore mettre un obstacle qui interdirait la carrière des fonctions publiques à beaucoup de personnes; car il serait bien difficile de trouver un cautionnement, si l'immobilisation du prêt était consacrée.

« Votre commission repousse donc, sous ces divers points de vue, les dispositions de l'article 13, et ne regarde pas les embarras allégués par l'administration comme nécessitant, d'une manière absolue et urgente, l'abrogation des dispositions des lois des 25 nivôse et 6 ventôse an XIII, et des décrets spéciaux des 28 août 1808 et 22 décembre 1812.

« Quant au droit proportionnel d'enregistrement, qu'il paraît juste d'établir sur les transactions relatives aux cautionnements, un article de la loi des recettes peut statuer sur ce point, qui ne nous a pas semblé susceptible d'être compris dans la loi des comptes.

« En terminant l'examen de l'art. 13, nous devons dire que M. le ministre des finances, a reconnu lui-même que depuis la proposition du projet de loi, la question lui avait paru plus complexe, et nous a déclaré qu'il s'en rapportait à la sagesse de votre commission. Nous pensons qu'un changement utile aux intérêts du trésor, pourrait être opéré par la proposition d'un projet de loi sur l'ensemble de la législation des cautionnements, soit afin d'en fixer les quotités suivant l'importance relative des fonctions auxquelles ils se rapportent, soit afin d'exiger le dépôt des cautionnements en rentes sur l'État plutôt qu'en numéraire. »

Par suite de ces observations, l'art. 13 a été retranché du projet, lors de la seconde présentation de la loi, et par conséquent les dispositions des lois de nivôse et ventôse an XIII, relatives au privilége de second ordre, se trouvent maintenues.

L'art. 4 de la première de ces lois porte : « La déclaration au profit des prêteurs des fonds de cautionnement, faite à la caisse d'amortissement, à l'époque de la prestation, tiendra lieu d'opposition pour leur assurer l'effet du privilége de second ordre. »

163. — Mais deux décrets postérieurs des 28 août 1808, et 22 décembre 1812, ont modifié et expliqué cette disposition : nous croyons utile de les rapporter textuellement.

Décret du 28 août 1808. — « Art. 1er. Les prêteurs

de fonds de cautionnement, qui n'auraient pas fait remplir, à l'époque de la prestation, les formalités exigées par les art. 2, 3 et 4, de la loi du 25 nivôse an XIII, pour s'assurer de la jouissance du privilége du second ordre, pourront l'acquérir à quelque époque que ce soit, en rapportant au bureau des oppositions établi à la caisse d'amortissement, en exécution de la susdite loi du 25 nivôse, la preuve de leur qualité, et mainlevée des oppositions existantes sur le cautionnement, ou le certificat de non-opposition du tribunal de première instance.

« Art. 2. Il sera délivré aux prêteurs de fonds inscrits sur les registres des oppositions et déclarations de la caisse d'amortissement, et sur leur demande, un certificat conforme au modèle annexé au présent.

« Art. 3. Les prêteurs de fonds ne pourront exercer le privilége du second ordre qu'en représentant le certificat mentionné en l'article précédent, à moins cependant que leur opposition ou la déclaration faite à leur profit ne soit consignée aux registres des oppositions et déclarations de la caisse d'amortissement ; faute de quoi, ils ne pourront exercer de recours contre la caisse d'amortissement que comme créanciers ordinaires, en vertu des oppositions qu'ils auraient formées au greffe des tribunaux indiqués par la loi. »

MODÈLE DU CERTIFICAT.

Je soussigné, chef du bureau des oppositions à la caisse d'amortissement, certifie que N..... s'est conformé aux dispositions prescrites par les lois des 25 nivôse et 6 ventôse an XIII, pour acquérir le privilége du second ordre ; qu'en conséquence, il est inscrit sur le registre à ce destiné comme bailleur de fonds du cautionnement de N..... pour la totalité ou jusqu'à la concurrence de la somme de..... qu'il a prêtée audit N..... pour acquitter partie de son cautionnement.

Vu par nous administrateur.

Décret du 22 décembre 1812. — « Art. 1er. Les déclarations à faire à l'avenir par les titulaires de cautionnements, en faveur de leurs bailleurs de fonds, pour leur faire acquérir le privilége du second ordre, seront conformes au modèle ci-annexé, passées devant notaires, et légalisées par le président du tribunal de l'arrondissement.

« Art. 2. Dans le cas où le versement à la caisse d'amortissement serait antérieur de plus de huit jours à la date de ces déclarations, elles ne seront valables qu'autant qu'elles seront accompagnées du certificat de non-opposition, délivré par le greffier du tribunal du domicile des parties, dont il sera fait mention dans lesdites déclarations, lesquelles, au surplus, ne seront admissibles à la caisse d'amortissement, s'il y a des oppositions à cette caisse, que sous la réserve de ces oppositions.

« Art. 3. Le droit d'enregistrement de ces déclarations est fixé à un franc.

« Art. 4. Il n'est point dérogé par le présent décret à celui du 28 août 1808, portant que « Les prêteurs de fonds ne pourront exercer le privilége du second ordre, qu'en représentant le certificat mentionné à l'art. 2, de ce décret, » à moins cependant que leur opposition ou la déclaration faite à leur profit, ne soit consignée aux registres des oppositions et déclarations de la caisse d'amortissement ; faute de quoi, ils ne pourront exercer de recours contre la caisse d'amortissement que comme les créanciers ordinaires, et en vertu des oppositions qu'ils auraient formées aux greffes des tribunaux indiqués par la loi.

« Art. 5. Notre grand-juge ministre de la justice, et notre ministre des finances, sont chargés de l'exécution du présent décret. »

MODÈLE DE DÉCLARATION A PASSER DEVANT NOTAIRES PAR LES TITULAIRES DE CAUTIONNEMENTS, EN FAVEUR DE LEURS PRÊTEURS DE FONDS, POUR LEUR FAIRE ACQUÉRIR LE PRIVILÉGE DU SECOND ORDRE.

Par-devant, etc..... fut présent M. (*mettre les noms, qualité et demeure.*)

Lequel a, par ces présentes, déclaré que la somme de..... que le comparant a versée à la caisse..... pour la (*totalité ou partie*) du cautionnement auquel il est assujetti en sadite qualité, appartient en capital et intérêts à M. (*mettre les noms, qualité et demeure*), ou à NN., savoir, à N. jusqu'à la concurrence de la somme de..... et à N. jusqu'à la concurrence de celle de...., pourquoi il requiert et consent que la présente déclaration soit inscrite sur les registres de la caisse d'amortissement, afin que ledit N. ait et acquière (ou lesdits NN. aient et acquièrent) le privilége du second ordre, sur ledit cautionnement, conformément aux dispositions de la loi du 25 nivôse an XIII, et du décret du 28 août 1808.

Dont acte, etc.

164. — L'effet du privilége de second ordre est d'assurer au bailleur de fonds, de tout ou partie du cautionnement, la préférence pour le remboursement des sommes par lui prêtées au titulaire, sur tous les créanciers autres que ceux pour faits de charge.

165.—Ce privilége s'étend-il aux intérêts produits par le cautionnement? La loi ne distingue pas, et ne pouvait pas distinguer entre le capital et les intérêts : car, puisque le bailleur de fonds a prêté le capital, productif d'intérêts, on ne voit pas comment il aurait un privilége sur l'un, et ne deviendrait qu'un créancier ordinaire à l'égard des autres. La réserve de privilége de second ordre, ayant principalement pour objet de conserver intacte au bailleur de fonds, sauf l'effet des condamnations pour faits de charge, la propriété du cautionnement, il est conforme à l'esprit de la loi, que le privilége s'étende, aussi bien sur l'accessoire, que sur le principal. Les créanciers ordinaires du titulaire n'ont pas plus le droit de se plaindre de l'une que de l'autre exception à l'exercice de leurs droits, puisqu'ils sont avertis, dès l'origine du dépôt du cautionnement, que cette valeur n'est pas la propriété de leur débiteur, et par conséquent qu'elle ne saurait devenir le gage de leurs créances.

166. — Le privilége de second ordre dure, autant que l'affectation du cautionnement à la garantie du titulaire, à moins que le fonctionnaire public, ou le comptable, n'ait remboursé le bailleur de fonds du cautionnement, avec déclaration notariée que ce remboursement a pour objet de faire cesser le privilége de second ordre, et d'attribuer au titulaire la propriété de son cautionnement. Rien n'empêche, en effet, l'emprunteur du cautionnement d'en rembourser le montant pendant l'exercice de ses fonctions; et lorsque ce remboursement a été signifié au trésor, il est évident que le privilége de second ordre ne doit plus continuer à subsister.

Le remboursement pourrait n'être que partiel, et,

dans ce cas, le privilége de second ordre subsisterait, conformément à l'art. 1er de la loi du 25 nivôse an XIII, sur la portion qui resterait appartenir au bailleur de fonds.

167. — Mais lorsque la déclaration primitivement faite au profit du prêteur des fonds du cautionnement a été annulée après remboursement opéré par le titulaire, le privilége de second ordre pourrait-il être conféré aux prêteurs postérieurs des fonds de ce même cautionnement, en faveur desquels une nouvelle déclaration serait faite par le titulaire?

Cette question a été résolue négativement par un jugement du tribunal de la Seine du 6 juin 1833, confirmé sur l'appel, par arrêt de la cour de Paris, du 4 mars 1834, malgré les conclusions fort remarquables, en sens contraire, de M. l'avocat général Bayeux (Recueil de M. Dalloz, année 1834, 2, 115).

Depuis, la même cour a persisté dans sa jurisprudence par un arrêt du 11 juillet 1836 (1), confirmé lui-même par un arrêt de rejet de la chambre des requêtes du 30 mai 1838, dont les considérants sur la question portent :

« Attendu que la loi du 25 nivôse an XIII, a établi deux sortes de priviléges sur les cautionnements: ceux du premier ordre qui se rattachent aux faits de charge, ceux du second ordre qui appartiennent aux bailleurs de fonds de ces cautionnements ; — Qu'elle a entendu si bien restreindre le bénéfice du privilége de second ordre aux bailleurs de fonds, qu'elle a exigé que la déclaration fût faite à l'instant même

(1) Dalloz, 1836, II, 139.

où on déposait le cautionnement ; — Si plus tard, et par les décrets des 28 août 1808 et 22 décembre 1812, l'époque où la déclaration pouvait être faite a été changée, au moins le législateur n'a rien innové, relativement à l'unique genre de prêt qui pouvait donner ouverture au privilége, puisqu'il prescrit qu'il n'aura lieu qu'en faveur des prêteurs qui apporteront la preuve de leur qualité de bailleurs de fonds du cautionnement » (1).

Les conséquences de cette doctrine sont qu'il n'est pas permis au titulaire du cautionnement de subroger, dans le privilége de second ordre, le prêteur dont les deniers servent à rembourser le bailleur originaire des fonds du cautionnement ; — à plus forte raison, ne pourrait-il céder et transporter purement et simplement le cautionnement à un tiers.

Ces conséquences sont bien rigoureuses, et nous avons peine à croire que telle ait été l'intention des décrets de 1808 et 1812 qui autorisent les déclarations, afin d'acquérir le privilége de second ordre, *à quelque époque que ce soit,* en se conformant aux justifications qu'ils exigent.

« Si, disait dans ses conclusions devant la cour de Paris en 1834, M. l'avocat général Bayeux, si l'on peut faire la déclaration à une époque quelconque en faveur du premier bailleur de fonds, on peut la faire également à une époque quelconque pour tous les autres. Où puiserait-on la différence ? Dans le motif que, par cette déclaration, le titulaire assure un privilége au profit d'un créancier. Mais le motif

(1) Dalloz, 1838, I, 226-228.

n'est-il pas le même pour le premier bailleur de fonds? Le titulaire verse son cautionnement; un an, deux ans, dix ans s'écoulent, puis il vient faire sa déclaration en faveur d'un tiers. Est-ce que la présomption n'est pas qu'il était propriétaire ou qu'il veut avantager ce tiers? Si cette déclaration est cependant respectée, elle doit l'être de même pour le second bailleur de fonds qui se trouve aux droits du premier » (1).

Ajoutons, ainsi que le faisait observer M. Dalloz, en soutenant devant la chambre des requêtes, le pourvoi contre l'arrêt de la cour de Paris, du 11 juillet 1836, qu'aucun texte de loi ne déclare un cautionnement incessible; seulement, la cession ne peut nuire ni au privilége de premier ordre, ni à celui de second ordre (2). Mais en affectant les cautionnements, après ces priviléges, au paiement, dans *l'ordre ordinaire des créances particulières qui seraient exigibles sur eux*, l'art. 1er de la loi du 25 nivôse an XIII, n'interdit nullement le transport des cautionnements : elle semble même admettre qu'il y aura entre les créanciers, autres que ceux pour faits de charge et le bailleur de fonds, des différences, des motifs de préférence, puisqu'elle veut qu'on les paye dans *l'ordre ordinaire :* c'est-à-dire dans l'ordre admis par le droit commun, qui reconnaît un droit de préférence au cessionnaire dont le transport, d'une date certaine antérieure, a été régulièrement signifié avant la notification de saisies-arrêts ou oppositions.

(1) Dalloz, 1834, II, p. 116, notes 1 et 2, *in fine*.
(2) Dalloz, 1838, I, 227.

Aussi, la cour de Rouen a-t-elle décidé, par arrêt du 27 février 1838 (1), la question en sens contraire à l'arrêt ci-dessus, et nous préférons cette jurisprudence (2). Ajoutons néanmoins, que la cour de Bourges, par un arrêt récent du 8 mars 1844 (Sirey, 45, II, 191), a décidé la question dans le même sens que la cour de Paris.

168. — Le cautionnement fourni en totalité ou en partie par un tiers, ne redevient sa propriété libre et affranchie de tout recours pour faits de charge, qu'après la cessation définitive des fonctions du titulaire, et même après les délais d'affiche exigés des officiers ministériels; et, s'il s'agit d'un comptable, après les justifications que les comptables doivent obtenir pour l'apurement de leurs comptes, ainsi que nous l'avons expliqué.

169. — Lorsqu'un comptable change de fonctions et que son cautionnement ne lui appartient pas, il doit, pour pouvoir l'affecter à la garantie de sa nouvelle gestion, justifier du consentement du bailleur des fonds, conformément à l'art. 3 de l'ordonnance du 25 septembre 1816, et à l'art. 2 de celle du 25 juin 1835, que nous avons rapportées.

170. — Il est à remarquer que la faculté de fournir un cautionnement, avec réserve de privilége de second ordre, appartient, aux termes de la loi du 6 ventôse an XIII, art. 2, non-seulement à tous les comptables des fonds appartenant à l'État, mais aussi *à tous les autres comptables publics, ou préposés des*

(1) Sirey-Villeneuve, 38, I, 753, *en note.*

(2) Voy. dans le même sens, Dictionnaire de procédure civile, v° *Cautionnement*, § 3, n°s 31 et suiv.

administrations, ce qui comprend tous les comptables chargés de la gestion des communes, hospices, et autres établissements publics.

171. — Les lois de nivôse et ventôse an XIII, ne statuent que sur les cautionnements en numéraire : elles ne parlent point de ceux en rentes sur l'État, parce qu'à cette époque, la règle était d'exiger des cautionnements en numéraire ou en immeubles.

Toutefois, malgré ce silence de la loi, nous n'hésitons pas à penser que les dispositions de ces lois, sur le privilége de second ordre, sont applicables aux cautionnements fournis en rentes par un tiers, pour la garantie de la gestion d'un comptable, lorsque les ordonnances et règlements autorisent les cautionnements de cette nature.

En effet, la rente étant meuble, rien ne s'oppose à ce que le propriétaire de l'inscription en fasse opérer le transfert au nom du comptable, mais avec réserve du privilége de second ordre. Cette déclaration est tout aussi conforme à l'esprit, si ce n'est à la lettre des lois de l'an XIII, que celle faite par le bailleur de fonds du cautionnement en numéraire.

172. — Mais il en est tout autrement à l'égard des cautionnements fournis en immeubles : — Il est certain que notre législation hypothécaire s'opposerait, dans son état actuel, à ce qu'il fût constitué un cautionnement immobilier, pour garantie de la gestion d'un tiers, avec réserve de privilége de second ordre au profit du propriétaire de l'immeuble affecté au cautionnement.

En effet, les seules personnes privilégiées sur les immeubles sont désignées en l'art. 2103 du Code civil, dont aucun paragraphe ne peut s'appliquer au propriétaire de l'immeuble obligé au cautionnement; et d'un autre côté, comme les lois spéciales relatives au cautionnement immobilier des comptables, n'ont pas autorisé le privilége de second ordre sur les immeubles, on doit en conclure qu'il ne peut légalement être admis. Ce privilége d'ailleurs serait inadmissible, puisqu'il n'a pour objet que de réserver un droit de propriété sur les valeurs fournies par un tiers pour le cautionnement du titulaire : or, en cas d'affectation à ce cautionnement d'un immeuble appartenant à un tiers, ce tiers conserve son droit de propriété sans qu'il soit besoin d'aucune réserve, et sauf l'effet des condamnations pour faits de charge.

§ VI. — Actions des créanciers ordinaires sur le cautionnement; — Saisies-arrêts et oppositions.

175. — Ce n'est qu'après le paiement des créances privilégiées, en premier ordre, pour faits de charge, et après le remboursement des fonds prêtés, avec privilége de second ordre, sur le cautionnement, que les créanciers ordinaires du titulaire peuvent faire valoir leurs droits sur cette valeur (L. du 25 nivôse an XIII, art. 1er).

Par application de ce principe, la cour royale de Paris a jugé, par un arrêt du 24 avril 1834 (1), que les fonds du cautionnement ne peuvent devenir l'objet d'un ordre de distribution entre les créanciers du titulaire, pour des faits autres que des faits de charge, tant que le privilége de second ordre existe : que ce

(1) Dalloz, 34, II, 181.

privilége n'est en réalité qu'un droit de propriété, et que le défaut de production du bailleur de fonds dans un ordre ainsi ouvert, ne peut le faire déclarer déchu de son privilége.

174. — Les réclamants sont admis à faire, sur les cautionnements des officiers ministériels et des comptables, des oppositions motivées, soit directement au trésor, qui maintenant remplace l'ancienne caisse d'amortissement pour le service des cautionnements, soit aux greffes des tribunaux dans le ressort desquels les titulaires exercent leurs fonctions: savoir, pour les notaires, commissaires-priseurs, avoués, greffiers et huissiers, au greffe des tribunaux civils; et pour les agents de change et courtiers, au greffe des tribunaux de commerce (*id.* art. 2, L. du 6 nivôse an XIII, art. 2).

L'original des oppositions faites sur les cautionnements, soit au trésor, soit au greffe des tribunaux, y reste déposé pendant vingt-quatre heures pour y être visé (*ibid.*, art. 3).

Un avis du conseil d'État du 12 août 1808, a décidé que les oppositions formées à la caisse d'amortissement, affectent le capital et les intérêts échus et à échoir des cautionnements, à moins que mention expresse ne soit faite pour les restreindre au capital seulement; et que les oppositions faites aux greffes des tribunaux ne peuvent valoir que pour les capitaux, tant qu'elles n'ont pas été notifiées à la caisse d'amortissement.

Ces règles sont encore aujourd'hui en vigueur; en effet, lors de la discussion de l'art. 12 de la loi du 9 juillet 1836, relatif aux saisies-arrêts et oppositions sur les sommes dues par l'État, le Gouvernement avait proposé que les oppositions sur les capitaux et sur les intérêts des cautionnements fussent faites exclusivement entre les mains du conservateur des oppositions au ministère des finances ; il les plaçait ainsi dans les termes du § 2 de cet article (1).

Mais, sur les observations de la commission, la législation existante a été maintenue, et l'art. 13 de la loi du 9 juillet 1836 porte textuellement, dans son dernier paragraphe : « Il n'est pas dérogé aux lois relatives aux oppositions à faire sur les capitaux et intérêts des cautionnements. »

175. — Dans le projet de la même loi, se trouvait un article qui déclarait applicable aux capitaux et intérêts des cautionnements la prescription de cinq ans, établie par l'art. 9 de la loi du 29 janvier 1831 (2).

Mais la commission, par l'organe de M. Dufaure, rapporteur, a soutenu que les titulaires de cautionnements étaient des créanciers d'une espèce particulière, qui n'étaient pas atteints, *pour leur capital*, par la prescription quinquennale établie en 1831, et qui ne devaient pas y être assujettis, à cause de la nature de leur créance. La chambre des Députés a rejeté l'article du projet, et, par là, elle a décidé deux choses : 1° que les cautionnements n'ont pas été frappés de la déchéance prononcée par la loi de 1831 ; 2° qu'il ne convient pas de leur imposer cette règle. Mais il a été universellement reconnu que les intérêts sont pres-

(1) Voy. le texte, chap. II.
(2) Voy. le chap. XII.

criptibles par cinq ans, aux termes de l'art. 2277 du Code civil (1). Depuis, le conseil d'État a décidé par un arrêt du 28 novembre 1839 (Sirey-Villeneuve 40, II, 231), que l'opposition pratiquée au trésor sur les intérêts d'un cautionnement, et l'instance en main-levée qui en est la suite, n'ont pas pour effet de suspendre la prescription quinquennale des intérêts qui court au profit de l'État (2).

176. — Nous avons expliqué que le titulaire du cautionnement pouvait céder et transporter les fonds de ce cautionnement à un tiers.

Dans ce cas, et si la cession n'avait pas eu lieu en forme de déclaration, ainsi que les décrets de 1808 et 1812, l'autorisent pour le transfert du privilége de second ordre, la cession devrait être faite par acte authentique, ou par acte sous signature privée, ayant date certaine, et sa notification, revêtue du visa du trésor, serait nécessaire pour saisir le cessionnaire et lui donner un droit de préférence sur les créanciers postérieurs.

177. — Mais s'il s'agissait d'un cautionnement en rentes sur l'État, les oppositions des créanciers ordinaires, et les significations de transport des cessionnaires ne seraient pas admises ; parce que les rentes sur l'État, déposées à titre de cautionnement, ne perdent pas, par ce dépôt, leur caractère d'insaisissabilité pour toutes créances, autres que celles résultant des condamnations pour faits de charge que peut encourir le titulaire (3).

(1) *Moniteur* du 11 mai 1836, 2e suppl.

(2) Voy. au surplus le chap. XII.

(3) Arrêt de Paris, 25 juin 1832, Dalloz, 1833, II, 62.

D'un autre côté, le transfert de la rente ne pouvant avoir lieu que dans la forme prescrite par les lois relatives à la dette inscrite, la cession ou le transport consenti de toute autre manière ne serait pas plus recevable.

178. — Les cautionnements en immeubles ne sont pas susceptibles d'oppositions comme ceux fournis en numéraire : mais les condamnations obtenues contre un titulaire de cautionnement immobilier, auraient pour effet de donner aux créanciers qui les auraient obtenues, si elles étaient inscrites au bureau des hypothèques de la situation des biens affectés au cautionnement, un droit de privilége, qui suivant la date de cette inscription, leur assurerait un rang de préférence, et, dans tous les cas, les autoriserait à poursuivre l'expropriation des immeubles affectés au cautionnement, ainsi que nous l'avons expliqué.

179. — Une question fort controversée, est celle de savoir si les créanciers ordinaires d'un titulaire de cautionnement en numéraire peuvent, par suite de saisies-arrêts pratiquées au trésor, faire verser entre leurs mains, par voie de distribution par contribution, le cautionnement saisi avant toute cessation de fonctions. MM. Persil, *Rég. hyp.*, art. 2092, n° 3, Rolland de Villargues, *Rép.*, V[is] *Cautionnement de notaire*, n°s 39 et 40, Thomine-Desmazures, *Comm. sur la proc. civ.*, t. 2, n° 637, soutiennent la négative ; et cette opinion est conforme à deux arrêts de la cour de Bordeaux des 18 et 25 avril 1833 (Sirey-Villeneuve, 33, II, 22 et 463), et à un arrêt de la cour de Grenoble du 15 février 1823 (Sirey, 23, 176). MM. Roger, *Traité* *de la saisie-arrêt,* nos 330 et 331, et Bioche et Goujet, *Dict. de proc., V° Cautionnement,* n° 26, se prononcent pour l'affirmative ; et l'on peut invoquer, à l'appui de cette solution, quatre arrêts de la cour de Cassation qui ont décidé que la régie de l'enregistrement a le droit de saisir-arrêter le cautionnement d'un officier ministériel, et d'en exiger le versement en ses mains, pour remboursement des amendes et frais auxquels il avait été condamné dans l'exercice de ses fonctions (1). Or, comme les amendes et frais de condamnations ne peuvent être considérés comme faits de charge (2), il en résulte que la jurisprudence de la cour régulatrice pourrait être invoquée par les créanciers ordinaires du titulaire.

Cette opinion nous paraît incontestable ; car, en principe, il faut une disposition spéciale de loi pour soustraire les biens du débiteur à l'action de ses créanciers, puisque la règle générale est que tous les biens sont saisissables et disponibles.

On dit, pour soutenir l'opinion contraire, que le cautionnement est une garantie pour tous les faits de charge qui peuvent survenir pendant la durée des fonctions du titulaire ; que par conséquent, il n'est pas libre dans les mains de ce dernier, et que pendant que celui-ci est en fonctions, ses créanciers ne peuvent le détourner de l'affectation spéciale qu'il a reçue de la loi.

(1) V. ces arrêts, 11 juin 1811, dans le nouveau recueil général des lois et arrêts de Villeneuve et Carrette, 3e vol., p. 359.—1er juin 1814. — *id.* 4e vol. p. 573. — 26 mars 1821. — *id.* 6e vol. p. 404.— 4 février 1822. — *id.* 7e vol. p. 26.

(2) *V. supra,* § 1er.

Mais on répond, ce semble victorieusement, à cette objection, que d'une part le droit commun ne met aucun obtacle à la distribution du cautionnement aux créanciers ordinaires du titulaire, et que la législation spéciale sur la matière ne s'y oppose pas davantage. Car la loi du 25 nivôse an XIII, après avoir affecté les cautionnements par premier privilége, à la garantie des condamnations pour faits de charge, par second privilége au remboursement des bailleurs de fonds, les affecte subsidiairement *au paiement*, dans l'ordre ordinaire, des créances particulières qui seraient *exigibles* sur eux. La loi ne subordonne pas ce paiement ou l'exigibilité des créances ordinaires à la cessation des fonctions des titulaires, toutes les fois qu'il n'y a ni condamnations pour faits de charge, ni privilége de second ordre. D'où résulte la pensée manifeste que le paiement des créances ordinaires *exigibles* doit avoir lieu de suite.

Agir autrement serait exposer les créanciers ordinaires aux plus grands inconvénients : ainsi, par exemple, les héritiers de la femme d'un titulaire de cautionnement, pourraient bien faire fixer le montant des reprises de leur auteur, mais ils ne pourraient pas exiger, sur le cautionnement en numéraire, le remboursement de ces reprises, qui priment les autres créances postérieures au mariage; et ils seraient même exposés à perdre une partie des intérêts; puisque, à supposer qu'on les admît par préférence dans la distribution des intérêts du cautionnement, ce qui est contestable, ils ne recevraient toujours que trois pour cent de l'État, au lieu du taux plus élevé qu'ils auraient pu se procurer, en disposant, à leurs risques et périls, du capital remboursé. — Après tout, les créanciers pour faits de charge, s'il en survenait, n'ont rien à redouter du remboursement du cautionnement effectué aux créanciers ordinaires : en effet, le paiement ne peut avoir lieu qu'après l'accomplissement des formalités prescrites par les art. 5 et 6 de la loi du 25 nivôse an XIII (1). Par conséquent les créanciers pour faits de charge, s'il y en a, sont avertis, et s'ils veulent former des oppositions au remboursement des créances ordinaires, ce remboursement ne peut être fait au préjudice de leur privilége.

Quant au bailleur de fonds, il est désintéressé dans la question : car il est certain, ainsi que nous l'avons exposé (*supra*, n° 173), qu'aucune distribution, autre que celle pour faits de charge, ne peut avoir lieu à son préjudice sur le cautionnement qu'il a fourni.

Ce que nous venons de dire s'applique aux cautionnements en immeubles, avec cette différence, que les créanciers ordinaires devront, pour l'exercice de leurs droits, se conformer aux lois qui régissent les immeubles, et notamment à celles sur l'expropriation : les créanciers pour faits de charge des titulaires de cautionnements immobiliers pourraient, comme tous les autres créanciers, requérir, conformément à l'art. 834 du Code de procédure, l'inscription de leur privilége, dans la quinzaine de la trans-

(1) V. en ce sens, M. Pigeau, Comm. sur la proc. civ., 2. 151-152, et Bioche et Goujet, Dict. proc., V^is *Distribution par contribution*, p. 555, n° 158.

cription qui devrait être faite, et, dans ce cas, ils primeraient les créanciers ordinaires.

180. — Les cautionnements en rentes sur l'État ne sont point susceptibles d'être saisis et transférés à la requête des créanciers ordinaires : la législation sur la dette publique s'opposant à la saisie des rentes et à leur transfert, qui ne peut être fait que dans la forme autorisée par les lois spéciales sur la dette inscrite.

181. — L'art. 8, de la loi du 7 ventôse an VIII, porte que tout citoyen qui n'aura pas satisfait, dans les délais fixés, au paiement de son cautionnement, ne pourra continuer l'exercice de ses fonctions, sous peine de destitution, s'il est employé des régies et administrations, et, quant aux notaires, d'une amende égale à la moitié de la somme fixée pour le cautionnement, et, en cas de récidive, d'une amende égale au montant du cautionnement. — Comme la loi du 7 ventôse an VIII a été rendue applicable par l'art. 97 de celle du 27 ventôse suivant, à tous les greffiers, avoués et huissiers établis en vertu de cette dernière loi, il n'est pas douteux que ces officiers ministériels sont soumis aux pénalités portées par l'art. 8 de la loi du 7 ventôse. Elles seraient encourues, si, par suite de condamnation, le cautionnement venait à être distribué en totalité ou en partie aux créanciers du titulaire, et que ce dernier ne l'eût pas immédiatement remplacé ou complété, afin de pouvoir continuer ses fonctions. — Le cautionnement étant la condition imposée, à titre de garantie publique, à l'exercice des fonctions, il en résulte que la fonction ne peut être exercée lorsque la condition n'est pas remplie : et par conséquent, la destitution est, dans ce cas, la peine encourue par tous les titulaires d'emplois ou de fonctions assujetties à l'obligation du cautionnement. Mais l'amende est une peine spéciale qui ne peut être prononcée que contre les officiers ministériels auxquels une loi expresse a infligé cette punition pour avoir exercé leurs fonctions sans cautionnement préalable ou complet. Les agents de change et courtiers n'étant soumis, par la loi du 25 ventôse an IX, à aucune amende, en ce cas, ne seraient donc passibles que de la destitution. Car il est à remarquer que l'art. 8 de la même loi qui défend, sous peine d'une amende, qui est au plus du sixième du cautionnement des agents de change ou courtiers, et au moins du douzième, à tous individus autres que ceux nommés par le Gouvernement, d'exercer les fonctions de courtiers ou d'agents de change, ne peut s'appliquer qu'à des personnes qui ne seraient pas investies de ces fonctions.

§ VII. — Remboursement des cautionnements en numéraire des officiers ministériels et des comptables; — Affranchissement des inscriptions de rentes sur l'Etat données en cautionnement; — Libération des immeubles affectés aux cautionnements des comptables ; —Consignations des cautionnements non remboursés.

182. — Les formalités à remplir pour obtenir le remboursement des cautionnements en numéraire fournis par les officiers ministériels, sont indiquées dans les art. 5, 6 et 7 de la loi du 25 nivôse an XIII, que nous avons rapportés.

Nous allons les retracer succinctement, en indiquant également les autres conditions exigées et qui ne sont pas mentionnées dans cette loi.

Toutes les fois qu'un officier ministériel cesse ses

fonctions, par quelque cause que ce soit, il doit, avant de demander le remboursement de son cautionnement, déclarer cette cessation, soit au greffe du tribunal de première instance, s'il s'agit d'un avoué ou greffier de première instance, soit devant la cour royale, pour les greffiers et avoués à la cour royale, soit même à la cour de Cassation pour les avocats à la cour de Cassation ; et devant les tribunaux de commerce, s'il s'agit des agents de change, courtiers et greffiers des tribunaux de commerce : cette déclaration est affichée, dans le lieu des séances de la cour ou du tribunal, pendant trois mois.

De plus, les agents de change et courtiers sont, en outre, tenus de faire afficher cette déclaration à la bourse près de laquelle ils exercent leurs fonctions. L'accomplissement de cette formalité est constaté par le certificat du syndic de la bourse.

Le titulaire doit produire en outre : 1° le certificat d'inscription de son cautionnement ; à son défaut, une déclaration faite sur papier timbré, dûment légalisée, portant qu'il est adiré, que l'on renonce à s'en prévaloir, et qu'on s'engage à le renvoyer à l'administration dans le cas où il serait retrouvé.

2° Un certificat du greffier du tribunal dans le ressort duquel le titulaire exerçait ses fonctions, certificat visé par le président, et constatant que la déclaration prescrite a été affichée pendant le délai fixé ; que, pendant cet intervalle, il n'a été prononcé contre le titulaire aucune condamnation pour fait de charge, et qu'il n'a été formé aucune opposition au greffe du tribunal, ou qu'elles ont été levées (Loi du 25 niv. an XIII, art. 5, 6 et 7).

De plus, les avocats à la cour de Cassation, et les avoués à la cour royale, doivent également produire, indépendamment du certificat délivré aux premiers par le greffier en chef de la cour de Cassation, et de celui délivré aux seconds par le greffier de la cour royale, un certificat de non-opposition du greffier du tribunal civil de leur résidence.

Le réclamant joint à ces pièces une lettre de demande en remboursement, adressée au ministre des finances, énonçant les pièces produites, et indiquant le département et l'arrondissement où devra s'effectuer le remboursement.

Les commissaires-priseurs et les huissiers, doivent en outre, rapporter un certificat de *quitus* ou libération du produit des ventes dont ils ont été chargés. Aux termes du décret du 24 mars 1809, ce certificat est délivré par leur chambre, sur le vu des quittances des produits de leurs ventes, ou du récépissé de la caisse des consignations pour les sommes par eux versées à cette caisse. Ce certificat est visé par le procureur du Roi du tribunal du ressort.

L'ordonnance royale du 22 août 1821, a tracé les règles à suivre par les huissiers et commissaires-priseurs, lorsqu'ils ne peuvent faire les justifications exigées pour obtenir le certificat de *quitus* : en voici le texte.

« Louis, etc.—Sur le compte qui nous a été rendu que, dans plusieurs circonstances, les commissaires-priseurs et les huissiers, étaient hors d'état de faire, après un long exercice, les justifications nécessaires pour obtenir le certificat de *quitus*, exigé par le décret du 24 mars 1809, à l'effet de recevoir le remboursement de leurs cautionnements; vu la loi du 25 nivôse an XIII, les décrets des 25 septembre 1806 et 24 mars 1809, notre ordonnance du 9 janvier 1818; voulant concilier les droits acquis aux tiers intéressés sur les cautionnements des officiers ministériels, et ceux de ces mêmes officiers à en être remboursés, lorsqu'après une publicité suffisante de la cessation de leurs fonctions, il ne survient aucune opposition; — sur le rapport de notre ministre secrétaire d'État des finances, notre conseil d'État entendu, nous avons ordonné et ordonnons ce qui suit :

« Art. 1er. Lorsque les commissaires-priseurs ou huissiers auront cessé leurs fonctions, et que les titulaires, leurs héritiers ou ayants-cause, seront dans l'impossibilité de représenter toutes les pièces comptables nécessaires pour obtenir le certificat de *quitus* exigé par le décret du 24 mars 1809, les chambres de discipline dont les titulaires dépendaient, ou le procureur du Roi du ressort, dans les cas prévus par notre ordonnance du 9 janvier 1818, constateront cette impossibilité et en déduiront les motifs. Les chambres de discipline par une délibération, et le procureur du Roi, dans un avis donné sur la demande des titulaires, de leurs ayants-cause, ou de leurs créanciers.

« Art. 2. Dans le cas prévu en l'article ci-dessus, la déclaration de cessation de fonctions devra, outre l'affiche prescrite par l'art. 5 de la loi du 25 nivôse an XIII, être insérée, à la poursuite du titulaire ou de ses ayants-droit, pendant chacun des trois mois que durera ladite affiche, dans un des journaux imprimés au chef-lieu de l'arrondissement du tribunal, ou à défaut, au chef-lieu du département.

« Art. 3. Le certificat des chambres de discipline ou des procureurs du Roi, attestant l'accomplissement des formalités réglées par les articles précédents, tiendra lieu du certificat de *quitus* exigé par le décret du 24 mars 1809.

« Art. 4. A l'avenir, les commissaires-priseurs et les huissiers seront admis à faire régler, chaque année, par leurs chambres de discipline, et, à défaut de chambre de discipline, par le procureur du Roi du ressort, le compte de leur gestion antérieure.

« Ce règlement de compte, qui ne pourra porter aucun préjudice aux droits des tiers intéressés, aura pour effet de décharger les titulaires de l'obligation de représenter, lors de la cessation de leurs fonctions, et pour tout le temps compris audit règlement, le certificat de *quitus* prescrit par le décret du 24 mars 1809. »

183. — Lorsque la demande de remboursement du cautionnement est adressée par les héritiers du titulaire, les héritiers sont tenus, en outre des justifications ci-dessus prescrites, de fournir un certificat de propriété constatant leurs noms, prénoms, domiciles, la qualité en laquelle ils procèdent et possèdent, l'indication de leurs portions dans le cautionnement à rembourser, et l'époque de leur jouissance (Décret du 18 septembre 1806, art. 1er).

Ce certificat est délivré par le notaire détenteur de la minute, lorsqu'il y a inventaire, partage et autre acte public de transmission à titre gratuit; à défaut d'inventaire, il faut faire constater la qualité des héritiers par un acte de notoriété, passé en minute, et en vertu duquel le notaire qui l'a reçu délivre le certificat de propriété.

L'acte de notoriété peut être reçu par le juge de paix du lieu de l'ouverture de la succession, et, dans ce cas, le certificat de propriété peut être délivré par le juge de paix, sur l'attestation de deux témoins.

Lorsque la propriété de tout ou partie du cautionnement est constatée par un jugement, le certificat est délivré par le greffier dépositaire de la minute du jugement (même décret).

Ce que nous venons d'exposer s'applique aux cautionnements des officiers ministériels.

184. — Quant à ceux des comptables, la loi du 2 ventôse an XIII, art. 15 et 19, et l'ordonnance du 27 septembre 1820, avaient tracé les formalités à observer et les conditions à remplir pour en obtenir le remboursement : mais ces dispositions ont été modifiées par l'ordonnance royale du 22 mai 1825, que nous croyons utile de rapporter.

« Charles, etc. — Vu notre ordonnance du 4 novembre dernier;

« Vu les dispositions de la loi du 21 février 1805 (2 ventôse an XIII), relatives aux remboursements des cautionnements fournis par les receveurs des finances, ainsi que l'ordonnance royale du 27 septembre 1820;

« Considérant que les deux portions de cautionnement dont cette loi autorise la restitution avant l'apurement définitif des comptes, représentent les deux tiers du cautionnement total;

« Considérant que l'ordre introduit dans la comptabilité publique, présente des garanties qui permettent de faire jouir tous les comptables soumis à la juridiction de notre cour des comptes, des avantages que la loi accorde aux receveurs des finances pour le retrait de leur cautionnement, et qui ont déjà été accordés, en partie, aux agents de l'administration des contributions indirectes, par l'ordonnance royale du 8 septembre 1815 ;

« Voulant fixer d'une manière uniforme les règles à suivre pour le remboursement des cautionnements des comptables qui ne sont pas soumis directement à la juridiction de notre cour des comptes, et les justifications à obtenir par les comptables pour obtenir, conformément à notre ordonnance du 14 février 1816, la compensation du cautionnement d'une gestion terminée avec celui d'une autre gestion qui serait confiée au même comptable ;

« Notre conseil d'État entendu, etc.

« Art. 1er. Conformément à la loi du 21 février 1805 (2 ventôse an XIII), et à l'ordonnance du 27 septembre 1820, tous les comptables des finances qui sont justiciables de notre cour des comptes, et qui cesseront leurs fonctions, pourront, avant l'apurement définitif de leur comptabilité, obtenir le remboursement des deux tiers du cautionnement fourni par eux en numéraire, lorsqu'ils auront remis au ministre des finances le dernier compte de leur gestion, et que la vérification de ce compte et de leurs écritures n'aura fait reconnaître aucun débet à leur charge.

« Le surplus du cautionnement pourra aussi être immédiatement remboursé, s'il est fourni, en remplacement de cette dernière partie, un cautionnement équivalent en immeubles ou rentes sur l'État.

« Art. 2. Les demandes formées en vertu de l'article précédent, devront être accompagnées du consentement de l'administration des finances, à laquelle le titulaire est attaché, et d'un certificat constatant que le dernier compte de sa gestion, appuyé de pièces et vérifié au ministère des finances, ne le constitue pas débiteur envers le trésor royal.

« Art. 3. Ces comptables obtiendront la remise du cautionnement immobilier mentionné dans l'art. 1er, ou le remboursement de la portion de leur cautionnement réservée par le trésor, en produisant, avec l'arrêt de quitus rendu sur leur dernier compte de gestion, un certificat de libération définitive qui leur sera délivré par le ministère des finances.

« Art. 4. Les comptables qui ne sont pas soumis directement à la juridiction de la cour des comptes, pourront obtenir le remboursement intégral des cautionnements qu'ils auront fournis en numéraire, en produisant à l'appui de leur demande le certificat de quitus définitif que les comptables supérieurs, sous la responsabilité desquels ils auront géré, devront leur délivrer dans les quatre mois qui suivront la cessation du service des titulaires.

« Ce certificat sera visé au ministère des finances et par le fonctionnaire chargé de surveiller la gestion du titulaire.

« Art. 5. Les comptables qui réclameront en vertu, de l'ordonnance du 14 février 1816, la compensation du cautionnement d'une gestion, avec le cautionnement exigé pour une nouvelle gestion qui serait confiée au même titulaire, seront tenus de fournir à l'appui de leurs demandes les justifications indiquées ci-après, savoir :

« 1° Les comptables directs de la cour des comptes produiront le consentement et le certificat prescrits par l'art. 2, lorsque le cautionnement ancien sera égal ou inférieur au nouveau ; et les pièces indiquées à l'art. 3, dans le cas où le cautionnement exigé pour la nouvelle gestion se trouvant inférieur au cautionnement réalisé précédemment, le comptable demanderait la restitution de cet excédant.

« 2° Les comptables subordonnés à des comptables supérieurs produiront les pièces prescrites par l'article 4, quelle que soit d'ailleurs la quotité du nouveau cautionnement.

« Art. 6. Lorsqu'il y aura lieu d'appliquer les cautionnements des comptables au paiement des débets qu'ils auront contractés, cette application aura lieu en vertu des décisions spéciales de notre ministre secrétaire d'État des finances.

« Art. 7. La présente ordonnance ne préjudiciera en aucune manière à l'exercice des droits des tiers sur les cautionnements des comptables. »

Si le comptable était décédé, ses héritiers ne pourraient obtenir le remboursement du cautionnement de leur auteur, qu'en justifiant de leurs droits par un certificat de propriété, ainsi que nous l'avons expliqué ci-dessus.

La loi du 21 ventôse an VII, affectant le cautionnement immobilier fourni par les conservateurs des hypothèques à la garantie de leurs fonctions pendant dix années après la cessation de ces fonctions, ces titulaires ne peuvent être affranchis de cette responsabilité avant l'expiration de ce délai. Mais aussi, ce délai passé, ils ne peuvent être soumis à aucune action personnelle ou réelle à raison de leurs fonctions. Telle est la jurisprudence de la cour de Cassation (Voy. n° 159).

185. — Suivant l'ordonnance du 31 mai 1838, portant règlement général sur la comptabilité publique, art. 245, le remboursement des capitaux de cautionnements est effectué par les payeurs, en vertu des ordres de paiement du ministre des finances, et imputé sur le fonds flottant des cautionnements. Les intérêts annuels sont acquittés par les payeurs, d'après les ordonnances du même ministre, imputables sur les crédits législatifs.

186. — L'art. 16 de la loi de finances du 9 juillet 1836 porte :

« Le montant des cautionnements dont le remboursement n'aura pas été effectué par le trésor public, faute de productions ou de justifications suffisantes, dans le délai d'un an, à compter de la cessation des fonctions du titulaire ou de la réception des fournitures et travaux (s'il s'agit d'un entrepreneur ou fournisseur), pourra être versé en capital et intérêts à la caisse des dépôts et consignations, à la conservation des droits de qui il appartiendra. — Ce versement libérera définitivement le trésor public. »

On voit que la consignation est facultative de la part du trésor : l'article portait d'abord, *sera versé.* M. le ministre des finances a demandé qu'on y substituât: *pourra être versé.* « On ne peut pas imposer, a-t-il dit, cette obligation d'une manière absolue au Gouvernement; il peut y avoir des circonstances où la mesure présenterait des inconvénients, parce qu'il peut arriver que le Gouvernement ne soit pas averti à une époque convenable. »

Mais les créanciers opposants ont le plus grand intérêt à faire verser le cautionnement à la caisse des consignations ,pour éviter la prescription quinquennale qui atteindrait les arrérages; ils devront donc mettre le trésor en demeure d'effectuer cette consignation par un acte extrajudiciaire.

§ VIII. — Compétence respective des tribunaux ordinaires et de l'administration, relativement aux questions qui peuvent s'élever à l'occasion des cautionnements.

187. — Les lois des 25 nivôse et 6 ventôse an XIII, n'ont établi aucunes règles spéciales de compétence, pour la décision des questions qui peuvent s'élever sur leur application : les autres lois et ordonnances postérieures ne s'expliquent pas davantage sur la compétence respective des tribunaux civils et de l'administration.

Nous allons essayer de suppléer à ce silence, soit en rappelant les règles tracées par la jurisprudence, soit en indiquant celles qui nous paraissent devoir être adoptées.

D'abord, il est certain que toutes les questions qui peuvent s'élever sur les droits à la propriété du cautionnement, sont de la compétence des tribunaux ordinaires, seuls juges naturels des questions de propriété, à moins d'exceptions formellement exprimées par une loi spéciale.

Par conséquent, les contestations qui surgiraient, soit entre le titulaire ou ses héritiers, soit entre ses créanciers ordinaires et le bailleur de fonds, sur la propriété même du cautionnement en numéraire ou en rentes, comme sur la propriété des immeubles obligés au cautionnement, devraient être décidées exclusivement par les tribunaux civils. — Par exemple, l'autorité judiciaire est compétente pour connaître d'une action intentée par le bailleur des fonds d'un cautionnement, lorsque l'action n'a pas pour objet d'attribuer aux tribunaux civils la connaissance des formes administratives établies pour la constitution et la conservation du privilége de second ordre, mais a pour objet de réclamer, en faveur du bailleur des fonds, les droits résultant pour lui de son privilége, et l'annulation des paiements faits au mépris des oppositions par lui formées en vertu de ce privilége (1).

Il en serait de même des difficultés dont le résultat serait de faire constater des faits de charge, ainsi que de toutes autres contestations ayant pour objet la réclamation de priviléges ou de droits de préférence sur le cautionnement, et sa distribution par contribution.

Ainsi, lorsqu'une personne s'est rendue caution d'un comptable du gouvernement, ou, ce qui serait la même chose, a fourni les fonds du cautionnement, et qu'elle poursuit ce comptable pour qu'il ait à lui fournir la décharge de son cautionnement, la

(1) Arrêt du cons. d'État, du 5 septembre 1838. — Recueil des arrêts du cons. 1838, p. 554.

connaissance de l'action appartient à l'autorité judiciaire et non à l'autorité administrative (1).

188. — Mais le ministre des finances et la cour des comptes, suivant les circonstances, seraient seuls compétents pour fixer *le déficit* ou *le débet* d'un comptable : et la décision de ces autorités serait exécutoire sur le cautionnement, en la forme administrative. La raison est que, lorsqu'il s'agit de vérifier la gestion d'un comptable, l'acte à apprécier étant purement administratif, les tribunaux doivent s'abstenir d'en connaître, aux termes de la loi du 24 août 1790 et 16 fructidor an III.

Il en serait de même toutes les fois qu'il s'agirait de déterminer les effets d'un acte administratif ; ce qui ne peut être fait que par l'autorité administrative, c'est-à-dire, en première instance, suivant les cas, soit par les conseils de préfecture, soit par le ministre ; et, en dernier ressort, par la cour des comptes et le conseil d'État.

Ainsi, ce conseil a décidé, par application de cette règle, que c'est à l'autorité administrative, et non aux tribunaux, qu'il appartient de prononcer sur le mérite d'une opposition formée par un particulier qui, pour se soustraire aux poursuites dirigées contre lui en qualité de caution d'un fermier de droits de l'État, conteste cette qualité (2).

De même, la suffisance du cautionnement, et la nécessité du complément ou supplément à fournir par le titulaire, ne peuvent être appréciées que par

(1) Arrêt de Cassation, 22 mai 1811, Sirey, I, 262.
(2) Décret du 24 juin 1808, Sirey, 16, II, 358.

l'autorité administrative, chargée de recevoir et de conserver, dans l'intérêt public, le dépôt des cautionnements.

189. — Cependant, la loi du 21 ventôse an VII, attribue au tribunal civil de la situation des biens contradictoirement avec le procureur du Roi, le droit de recevoir le cautionnement en immeubles des conservateurs des hypothèques : et ce droit implique le pouvoir de décider toutes les questions qui pourraient s'élever sur l'état hypothécaire, la propriété et la valeur des immeubles ainsi offerts en cautionnement : sauf à l'administration à faire valoir toutes ses objections par l'organe du procureur du Roi.

190. — Il n'y a que le ministre des finances qui ait le pouvoir d'autoriser le remboursement des cautionnements dont le service est fait par le trésor. Car l'acte qui autorise ce remboursement engage l'État et le constitue débiteur d'une somme exigible, et il n'y a que le ministre ordonnateur des fonds des cautionnements déposés au trésor qui puisse ainsi créer un titre contre l'État. Toutefois, s'il y avait des oppositions, le ministre ne devrait pas ordonner le remboursement avant leur mainlevée : et, si un jugement prescrivait la distribution du cautionnement par contribution, l'autorité administrative ne pourrait vider valablement ses mains, que suivant que par justice il aurait été ordonné, à moins d'effectuer la consignation.

DEUXIÈME SECTION.

CAUTIONNEMENTS DES FOURNISSEURS, ENTREPRENEURS ET CONCESSIONNAIRES DE SERVICES ET DE TRAVAUX D'UTILITÉ PUBLIQUE.

191. — Les cautionnements des officiers ministériels et des comptables ont été établis pour être affectés à la responsabilité de l'exercice de leurs fonctions : ceux des fournisseurs, entrepreneurs et concessionnaires de services et de travaux d'utilité publique ne sont pas moins utiles, car ils ont pour objet la garantie de la fidèle exécution des conventions intervenues entre ces traitants et l'État.

L'intérêt général et les règles d'une sage prévoyance ne permettent pas de confier, à des particuliers, sans aucune garantie, l'entreprise des services et des travaux de l'État : il faut que la réalisation de ces entreprises soit assurée par le dépôt préalable d'un gage qui répond de leur exécution à l'époque et de la manière convenues, et qui ne peut être restitué qu'après la décharge de l'entrepreneur.

192. — Jusqu'à présent, il n'y a pas de loi qui ait tracé les règles applicables aux cautionnements des fournisseurs, entrepreneurs et concessionnaires publics (1). La matière est régie par des ordonnances et règlements, et surtout par les clauses et conditions par-

(1) Plusieurs lois récentes sur les concessions des lignes de chemins de fer, ont fixé la quotité du cautionnement à verser préalablement à l'adjudication. Mais ces lois ne mentionnent aucunes règles sur l'affectation de ces cautionnements, sur les priviléges dont ils seraient susceptibles, etc. — Voy., entre autres, la loi du 26 juillet 1844, sur le chemin de fer d'Orléans à Bordeaux, art. 5.

ticulières à chaque marché ou entreprise. En outre, on a été conduit, par analogie, à considérer comme applicables à ces cautionnements certaines dispositions de la loi du 25 ventôse an XIII, par exemple, celles relatives au privilége de second ordre du bailleur de fonds. Cette extension d'un privilége, en l'absence d'une loi, n'est pas exempte de difficultés : nous reviendrons sur cette question. Bornons-nous à signaler, dès à présent, la nécessité d'une loi qui établisse les principes fondamentaux sur cette importante matière. Les entreprises pour le compte de l'État, des départements et des communes, et particulièrement celles pour travaux publics de viabilité, canaux, ports, chemins de fer, etc., prennent chaque année de nouveaux développements : il importe donc d'assurer à l'État, aux départements et aux communes les garanties les plus complètes, tout en écartant l'arbitraire, qui éloigne les entrepreneurs, blesse souvent la justice, fait presque toujours naître des difficultés, et nuit au crédit de l'État non moins qu'à sa véritable dignité.

En l'absence d'une loi, nous allons exposer les dispositions réglémentaires qui statuent sur l'obligation du cautionnement préalable à toute entreprise, sur l'affectation de ce cautionnement à la responsabilité du fournisseur ou entrepreneur, et sur les formalités à remplir pour en obtenir le remboursement.

193. —L'ordonnance royale du 4 décembre 1836, sur les formalités à suivre dans tous les marchés passés au nom du Gouvernement, rendue en exécution de l'art. 12 de la loi de finances du 31 janvier 1833, dispose dans son art. 5 :

« Les cahiers des charges détermineront la nature et l'importance des garanties que les fournisseurs ou entrepreneurs auront à produire, soit pour être admis aux adjudications, soit pour répondre de l'exécution de leurs engagements; ils détermineront aussi l'action que l'administration exercera sur ces garanties en cas d'inexécution de ces engagements. »

Il résulte de cet article que l'importance du cautionnement, et le recours en garantie auquel il est soumis, doivent être réglés par le cahier des charges de l'entreprise : cette disposition a été répétée dans l'art. 4 de l'ordonnance du 14 novembre 1837, relative aux travaux qui s'exécutent au compte des communes et des établissements publics. L'art. 5 ajoute que « les cautionnements à fournir par les adjudicataires seront réalisés à la diligence des receveurs des communes et des établissements de bienfaisance. »

194. — On sait que depuis longtemps l'administration des ponts et chaussées a dressé, dans un règlement spécial, les clauses et conditions générales imposées aux entrepreneurs, indépendamment des conditions particulières à chaque entreprise.

D'après ce règlement, art. 1er : « Nul n'est admis à concourir aux adjudications, s'il n'a les qualités requises pour entreprendre les travaux et en garantir le succès. A cet effet, chaque concurrent est tenu de fournir un certificat de capacité, et de présenter un acte régulier, ou au moins une promesse valable de cautionnement. Il n'est point exigé de certificat de capacité pour les fournitures de matériaux destinés à l'entretien des routes, ni pour les travaux de terrassement dont l'estimation ne s'élève pas à plus de 15,000 fr. (art. 9, ord. du 10 mai 1829).

« Le certificat devra avoir été délivré dans les trois ans qui précèdent l'adjudication, et contenir l'indication des travaux exécutés ou suivis par l'entrepreneur, ainsi que la justification de l'accomplissement des engagements qu'il aurait contractés selon l'art. 2. Le montant du cautionnement ne doit pas excéder le trentième de l'estimation des travaux, déduction faite de toutes sommes portées à valoir pour cas imprévus, indemnités de terrain et ouvrages en régie.

« Le cautionnement peut être mobilier ou immobilier, à la volonté des soumissionnaires. Les valeurs mobilières ne peuvent être que des effets publics ayant cours sur la place (art. 20 de la même ordonnance).

195. — D'après les clauses et conditions générales imposées aux entrepreneurs par le génie militaire, pour les travaux qu'il fait exécuter, nul ne peut être admis à concourir à l'adjudication, s'il n'a produit, (indépendamment des autres conditions exigées) une caution personnelle reconnue solvable (art. 1er).

Le même article ajoute : « lorsqu'il y aura lieu à l'exiger, d'après l'importance de l'entreprise, le concurrent devra, en outre, se mettre en mesure de fournir un cautionnement matériel, conformément aux titres 2 et 3 du règlement du 15 novembre 1822, sur les cautionnements en général. Dans ce cas, le montant de ce cautionnement, qui ne pourra être moindre du quart présumé de la dépense annuelle pendant la durée du marché, devra être énoncé dans les conditions générales, et ce montant nominal sera soumis, lors de l'envoi du travail préparatoire de l'adjudication, à l'acceptation du ministre, qui se réserve de statuer s'il y a lieu à maintenir la condition du cautionnement matériel ou à en modifier la fixation. »

Comme on le voit d'après les dispositions qui précèdent, le cautionnement, pour les travaux exécutés par les ponts et chaussées, ainsi que par le génie militaire, est mobilier ou immobilier.

Le cautionnement mobilier se fait en numéraire, en rentes sur l'État, en bons du trésor, et autres effets ayant cours sur la place.

196. — L'ordonnance du 19 juin 1825, que nous avons rapportée n° 125, fixait le taux des rentes sur l'État données en cautionnement; mais un arrêt du conseil d'État du 28 janvier 1836 (1) a décidé que, lorsque l'administration exige un cautionnement en espèces ou en rentes calculées au pair, le pair des rentes 3 p. 0/0, doit s'entendre de 100 fr. et non de 75 fr.; ainsi 1500 fr. de rente 3 p. 0/0, suffisent pour un cautionnement à fournir de 50,000 fr.

Il est à remarquer que les cautionnements en rentes sont réalisés par un transfert au profit du trésor. — Si les valeurs déposées étaient nominatives, elles devraient, pour la régularité du cautionnement, être passées à l'ordre du caissier de la caisse des consignations ou du trésor public, avec mention de leur affectation spéciale.

197. — Ce n'est pas le trésor qui est chargé du service des cautionnements des fournisseurs et entre-

(1) Recueil des arrêts du Conseil. 1836, p. 48.

preneurs; la caisse des dépôts et consignations reçoit seule directement à Paris, et dans les départements par l'intermédiaire des receveurs des finances, ses préposés, les cautionnements en numéraire.

198.—L'entrepreneur justifie du versement exigé par le récépissé délivré par le receveur général.

Conformément aux règlements particuliers de la caisse des consignations, la reconnaissance ou récépissé du versement doit être enregistré dans les cinq jours ; et les intérêts de la somme consignée, à titre de cautionnement, ne commencent à courir, à raison de trois pour cent par an, qu'à partir du soixante-unième jour du versement (1). Mais, contrairement à ce qui a lieu pour les intérêts de toutes les autres consignations, ceux des cautionnements sont payés annuellement aux entrepreneurs, sur la représentation de récépissé du versement : par conséquent, la prescription quinquennale doit leur être applicable, conformément à l'art. 2077 du Code civil, et à l'avis du conseil d'État du 24 décembre 1808 que nous avons rapporté (2).

199. —Nous avons dit que les prêteurs de fonds du cautionnement étaient admis au bénéfice du privilége de second ordre, en remplissant les formalités prescrites par la loi du 25 nivôse an XIII, et par les décrets des 26 août 1808 et 22 décembre 1812.

Sans doute, l'intérêt de l'État et celui des entrepreneurs commandent également de maintenir ce privilége au profit des bailleurs des fonds de cau-

(1) Voy. mon ouvrage sur cette caisse.
(2) *Suprà*, n° 144.

tionnement des entrepreneurs ou fournisseurs de l'État. — Toutefois, il est de principe, que les priviléges sont de droit étroit et ne peuvent être exercés que lorsqu'ils sont formellement autorisés par une loi spéciale. Or, aucune loi n'a déclaré applicables, aux bailleurs de fonds des cautionnements d'entrepreneurs et fournisseurs, les dispositions de la loi du 25 nivôse an XIII, sur le privilége de second ordre : l'usage qui s'est introduit en faveur de ces bailleurs de fonds ne paraît donc pas sans dangers ; car, lorsqu'il s'agit de privilége, les raisonnements par analogie et les applications par assimilation ne sont d'aucune valeur.

On a vu (1) que le décret du **12** décembre **1806** accorde un privilége aux sous-traitants des services de la guerre, sur le cautionnement des entrepreneurs de cette administration. Nous renvoyons aux explications que nous avons données de cette disposition.

200.—Les cautionnements immobiliers des entrepreneurs, sont réalisés au moyen d'une obligation ou engagement contracté envers le préfet, représentant l'État, et contenant affectation hypothécaire des immeubles soumis au cautionnement : ils peuvent être également souscrits par acte devant notaire.

Nous insisterons ici de nouveau sur les inconvénients attachés aux cautionnements en immeubles (2): interdire aux entrepreneurs, comme aux comptables, la faculté de donner des cautionnements immobiliers serait une mesure prudente, et

(1) N° 97.

(2) Voy. *suprà*, n° 129.

d'une sage administration : car ces cautionnements exposent le trésor à des difficultés de toutes sortes, et ne lui laissent le plus souvent qu'un gage d'une réalisation lente et difficile et d'une valeur insuffisante.

201. — La loi du 26 pluviôse an II, assure aux ouvriers employés par l'entrepreneur un privilége pour leurs salaires, sur les sommes dues par l'État à l'entrepreneur ; un semblable privilége résulte de la même loi en faveur des créances dues pour fournitures de matériaux et autres objets servant à la construction des ouvrages (1).

Ces priviléges s'étendent-ils sur le cautionnement affecté à l'entreprise ? L'affirmative paraît certaine, parce que de sa nature, le cautionnement est la garantie de la fidèle exécution des conditions du marché conclu : or, il est dans les conditions essentielles de ce marché, que les ouvriers employés par l'entrepreneur soient par lui payés de leurs salaires, et que les sous-traitants soient remboursés de leurs fournitures : ce sont là des conséquences nécessaires du marché conclu, du travail entrepris ; et ces conséquences constituent des *faits nécessaires à l'entreprise*, qui sont l'équivalent des faits de charge des comptables et des officiers ministériels : par suite, il en résulte un privilége au profit des personnes employées dans l'entreprise, et qui se trouvent lésées par l'entrepreneur.

C'est conformément à cette règle, que la cour de Cassation a décidé, par deux arrêts du 6 janvier

(1) Voy. n°s 92 à 96.

1840 (1), que les créanciers d'une entreprise de fournitures faites pour le compte de l'État avaient droit, à l'exclusion du bailleur des fonds du cautionnement, aux intérêts aussi bien qu'au capital du cautionnement versé à la caisse des consignations : le prêteur ne serait pas recevable à invoquer les principes relatifs à la caution, et à prétendre, par exemple, qu'il ne peut être privé des intérêts produits par le cautionnement.

202. — On peut saisir-arrêter les capitaux et les intérêts dus des cautionnements des entrepreneurs et fournisseurs, comme ceux des comptables et des officiers ministériels, ainsi que nous l'avons expliqué (2). Il faut, dans ce cas, se conformer aux dispositions du décret du 18 août 1807, et aux autres formalités indiquées dans le chapitre II (3).

On peut également faire ordonner la distribution par contribution des fonds du cautionnement en numéraire (*Vide* au surplus les n°s 173 et suivants, et pour la compétence, les n°s 187 et suivants).

203. — Quant au remboursement du cautionnement, il est effectué, conformément à l'art. 15 de l'ordonnance du 3 juillet 1816, par la caisse des consignations à Paris ; et, dans les départements, par les receveurs des finances, ses préposés, dans le lieu où le dépôt a été fait, à ceux qui justifient de leurs droits, dix jours après la réquisition de paiement au préposé de la caisse.

204. — Les pièces à fournir par l'entrepreneur, pour

(1) Dalloz, 1840, I, 83.
(2) *Suprà*, n°s 173 et suiv.
(3) *Vide* n° 60 et suiv.

obtenir le remboursement et justifier de ses droits, consistent dans :

1° Le certificat de libération de ses engagements, délivré par le ministre compétent, le préfet ou le maire, suivant qu'il s'agit de l'État, des départements ou des communes ; 2° le récépissé du dépôt du versement du cautionnement; 3° le certificat de non-opposition délivré par le greffier du tribunal civil de l'arrondissement dans lequel les travaux ont été exécutés, ou du siége de l'entreprise, s'il s'agit d'un marché embrassant des fournitures à faire en diverses localités.

Les héritiers de l'entrepreneur ont les mêmes productions à faire, et, de plus, ils doivent justifier de leurs droits et qualités, ainsi que nous l'avons expliqué pour les héritiers des comptables et des officiers ministériels (1).

Le bailleur de fonds doit, en outre des formalités imposées à l'entrepreneur, joindre à sa demande en remboursement le certificat qui constate son privilége de second ordre.

Quant aux cautionnements immobiliers, ils cessent d'être affectés à la garantie de l'entreprise, au moyen d'un arrêté du préfet, approuvé par le ministre, et qui constate la décharge et l'entière libération de l'entrepreneur : sur la production de cet acte, le conservateur raye les inscriptions hypothécaires qui avaient été prises pour sûreté du cautionnement de l'entrepreneur.

(1) *Suprà*, nos 182 à 186.

TROISIÈME SECTION.

CAUTIONNEMENTS DES JOURNAUX OU ÉCRITS PÉRIODIQUES.

205. — La loi du 9 juin 1819 a introduit la première l'obligation du cautionnement pour les journaux ou écrits périodiques.

Cette loi fixait le cautionnement à fournir par les propriétaires ou éditeurs de journaux ou écrits périodiques, savoir : Dans les départements de la Seine, de Seine-et-Oise et de Seine-et-Marne, à 10,000 fr. de rente sur l'État, pour les journaux quotidiens, et à 5,000 fr. de rente, pour les journaux ou écrits périodiques paraissant à des termes moins rapprochés; dans les autres départements, le cautionnement des journaux quotidiens devait être de 2,500 fr. de rente, dans les villes de 50,000 âmes et au-dessus; de 1,500 fr. de rente dans les villes au-dessous, et de la moitié de ces rentes pour les journaux ou écrits périodiques qui paraissaient à des termes moins rapprochés.

Les cautionnements pouvaient être également effectués à la caisse des consignations, en y versant le capital de la rente au cours du jour du dépôt (art. 1er loi du 9 juin 1819).

206. — La loi du 18 juillet 1828 modifia ces dispositions : elle maintint, sauf les exceptions exprimées en son art. 3, l'obligation, pour le propriétaire ou les propriétaires de tout journal ou écrit périodique, de fournir un cautionnement, avant sa publication.

Si le journal ou écrit périodique devait paraître plus de deux fois par semaine, soit à jour fixe, soit par livraison et irrégulièrement, le cautionnement était fixé à 6,000 fr. de rente.

Le cautionnement était égal aux trois quarts du taux fixé, si le journal ou écrit périodique ne devait paraître que deux fois par semaine. — Il était égal à la moitié de ce cautionnement, si le journal ou écrit périodique ne devait paraître qu'une fois par semaine. — Il était égal au quart, si le journal ou écrit périodique devait paraître seulement plus d'une fois par mois.

Le cautionnement des journaux quotidiens publiés dans les départements autres que ceux de la Seine, de Seine-et-Oise et de Seine-et-Marne, était de 2,000 fr. de rente, dans les villes de 50,000 âmes et au-dessus ; de 1,200 fr. de rente, dans les autres villes, et de la moitié de ces rentes, pour les journaux ou écrits périodiques qui paraîtraient à des termes moins rapprochés (L. du 18 juillet 1828, art. 2).

La même loi divisait le cautionnement en deux parts ; l'une formant les trois quarts, l'autre le quart ; celle-ci seule devait être la propriété propre du gérant ; les trois quarts pouvaient appartenir à la société du journal, ou à quelques-uns des associés seulement, ou enfin à un tiers qui consentait à déposer, pour le compte de l'entreprise, la somme de rentes requise (*ibid.*, art. 5).

207. — La loi du 14 décembre 1830 abaissa le taux du cautionnement à 2,400 fr. de rente, pour les journaux ou écrits périodiques paraissant plus de deux fois par semaine : pour ceux ne paraissant que deux fois par semaine, le cautionnement fut fixé aux trois quarts de ce chiffre; à la moitié, pour ceux ne paraissant qu'une fois par semaine; au quart, pour ceux paraissant seulement plus d'une fois par mois.

Le cautionnement des journaux quotidiens, publiés dans les départements autres que ceux de la Seine et de Seine-et-Oise, fut fixé à 800 fr. de rente, dans les villes de 50,000 âmes et au-dessus; à 500 fr. de rente, dans les autres villes; et, respectivement, à la moitié de ces deux rentes, pour les journaux ou écrits périodiques qui paraîtraient à des termes moins rapprochés.

Le gérant responsable devait posséder en son propre et privé nom la totalité du cautionnement. —S'il y avait plusieurs gérants responsables, ils devaient posséder en leur propre et privé nom, et par portions égales, la totalité du cautionnement (L. du 14 décembre 1830, art. 1er).

208. —Mais la loi du 9 septembre 1835 a changé les dispositions qui précèdent: comme cette loi résume le dernier état de la législation sur la matière, nous reproduisons textuellement ceux de ses articles relatifs aux cautionnements des journaux ou écrits périodiques.

« Art. 13. Le cautionnement que les propriétaires de tout journal ou écrit périodique sont tenus de fournir, sera versé en numéraire au trésor, qui en paiera l'intérêt au taux réglé pour les cautionnements.

« Le taux de ce cautionnement est fixé comme il suit :

« Si le journal ou écrit périodique paraît plus de

deux fois par semaine, soit à jour fixe, soit par livraison et irrégulièrement, le cautionnement sera de 100,000 fr.

« Le cautionnement sera de 75,000 fr., si le journal ou écrit périodique ne paraît que deux fois par semaine.

« Il sera de 50,000 fr., si le journal ou écrit périodique ne paraît qu'une fois la semaine.

« Il sera de 25,000 fr., si le journal ou écrit périodique paraît seulement plus d'une fois par mois.

« Le cautionnement des journaux quotidiens publiés dans les départements autres que ceux de la Seine, de Seine-et-Oise et de Seine-et Marne, sera de 25,000 fr., dans les villes de 50,000 âmes et au-dessus.

« Il sera de 15,000 fr., dans les villes au-dessous, et respectivement de la moitié de ces deux sommes, pour les journaux et écrits périodiques qui paraissent à des termes moins rapprochés.

« Il est accordé, aux propriétaires des journaux ou écrits périodiques actuellement existants, un délai de quatre mois pour se conformer à ces dispositions.

« Art. 14. Continueront à être dispensés de tout cautionnement les journaux et écrits périodiques mentionnés en l'art. 3 de la loi du 18 juillet 1828.

« Art. 15. Chaque gérant, responsable d'un journal ou écrit périodique, devra posséder, en son propre et privé nom, le tiers du cautionnement.

« Dans le cas où, soit des cessions totales ou partielles du cautionnement appartenant à un gérant, soit des jugements passés en force de chose jugée, prononçant la validité de saisies-arrêts formées sur ce cautionnement, seraient signifiés au trésor, le gérant sera tenu de rapporter, dans les quinze jours de la notification qui lui en sera faite, soit la rétrocession, soit la main-levée de la saisie-arrêt; faute de quoi le journal devra cesser de paraître, sous les peines portées en l'art. 6 de la loi du 9 juin 1819.

« Art. 19. En cas de condamnation, contre un gérant, pour crime, délit ou contravention de la presse, la publication du journal ou écrit périodique ne pourra avoir lieu, pendant toute la durée des peines d'emprisonnement et d'interdiction des droits civils, que par un autre gérant remplissant toutes les conditions exigées par la loi.

« Si le journal n'a qu'un gérant, les propriétaires auront un mois pour en présenter un nouveau, et, dans l'intervalle, ils seront tenus de désigner un rédacteur responsable. — Le cautionnement entier demeurera affecté à cette responsabilité. »

209. — Cette loi, on le voit, a substitué un cautionnement en numéraire, dont le versement serait fait au trésor, à celui en rentes qui pouvait être remplacé par un capital équivalent, déposé à la caisse des consignations.

« Lorsque le cautionnement était en rentes, disait M. Sauzet, rapporteur à la chambre des Députés, l'insaisissabilité des rentes ne permettait pas de suivre contre le cautionnement les conséquences du dépôt, et alors on trouvait des bailleurs de fonds simulés. Le moyen de forcer le gérant à l'exécution sérieuse de la loi, nous a paru être le versement en numéraire, et l'obligation, pour celui qui a déposé un cautionnement, de le compléter toutes les fois qu'il serait attaqué par une saisie ; car, dès ce moment, le cautionnement est entamé : quant à la propriété, l'on ne peut plus dire que celui qui l'a versé en soit véritablement propriétaire. Mais, par cela même, nous serions allés trop loin en appliquant cette disposition à la portion du cautionnement qui n'est pas la propriété du gérant. Quant à celle-là, elle n'est versée que pour assurer les droits de l'État et ceux des tiers, et il importe peu à ces droits qu'il intervienne ou qu'il n'intervienne pas de saisie, car l'État et les particuliers lésés ont, d'après la loi, un droit de préférence ; ce sont eux qui doivent être payés en premier ordre, et alors il importe peu que d'autres puissent venir après eux (1). »

210. — Il résulte du premier paragraphe de l'article 15 et de l'explication donnée par le rapporteur de la loi, qu'il ne peut y avoir de privilége de second ordre sur la portion du cautionnement, *le tiers,* qui doit appartenir au gérant, en son propre et privé nom. Car ce privilége ne fait que constater et conserver la propriété du bailleur de fonds du cautionnenement.

Mais rien n'empêche le gérant du journal d'emprunter les deux autres tiers du cautionnement, et d'en assurer le privilége de second ordre au profit du prêteur, en remplissant les formalités prescrites par la loi du 25 nivôse an XIII, et par les décrets des 28 août 1808, et 22 décembre 1812.

211. — Il ne rentre pas dans l'objet de cet ouvrage d'exposer les divers cas de responsabilité qui

(1) *Moniteur* du 29 août 1835.

peuvent atteindre le gérant d'un journal, et donner lieu contre lui à des recours sur son cautionnement pour *faits de son journal.*

Nous nous bornerons à rappeler l'art. 3 de la loi du 9 juin 1819, toujours en vigueur, qui explique l'affectation spéciale du cautionnement à ces faits de la manière suivante :

« Le cautionnement sera affecté, par privilége, aux dépens, dommages-intérêts et amendes auxquels les propriétaires ou éditeurs (actuellement les gérants) pourront être condamnés : le prélèvement s'opérera dans l'ordre indiqué au présent article. En cas d'insuffisance, il y aura lieu à recours solidaire sur les biens des propriétaires ou éditeurs déclarés responsables du journal ou écrit périodique, et les auteurs et rédacteurs des articles condamnés. »

L'art 4 ajoute : « Les condamnations encourues devront être acquittées, et le cautionnement libéré ou complété dans les quinze jours de la notification de l'arrêt ; les quinze jours révolus, sans que la libération ou le complément ait été opéré, et jusqu'à ce qu'il le soit, le journal ou écrit périodique cessera de paraître. »

On voit, par l'article 3, que le paiement des dépens et dommages-intérêts dont la condamnation est prononcée contre le gérant d'un journal, doit d'abord être prélevé sur le cautionnement, avant l'acquit des amendes au profit de l'État. La loi a voulu ainsi donner aux particuliers lésés par les articles de journaux l'assurance qu'ils pourraient toujours obtenir satisfaction de leurs réclamations, lorsqu'elles seraient accueillies par les tribunaux.

212. — L'art 4 de cette loi, rapproché de l'art. 14 de celle du 9 septembre 1835, démontre que le cautionnement doit toujours être complet pour que le journal ou écrit périodique puisse paraître; la contravention à cette obligation donne lieu à une amende qui est prononcée par le tribunal correctionnel : les contraventions de cette espèce ne pouvant être assimilées à des délits de la presse, dont la connaissance appartient au jury (1).

Nous venons de dire qu'il faut toujours que le cautionnement soit complet ; mais en outre, il faut qu'il soit inscrit au nom du nouveau gérant, pour remplir l'objet de la loi. La cession que l'ancien gérant d'un journal ferait de son cautionnement au nouveau gérant, n'équivaudrait pas, de la part de ce dernier, au versement en numéraire prescrit par l'art. 13 de la loi du 9 septembre 1835 (2).

Et l'on doit remarquer, que la publication de plusieurs numéros d'un journal périodique, sans dépôt préalable de cautionnement, ne constitue pas un seul délit successif, mais bien autant de délits distincts qu'il y a eu de faits de publication ayant donné lieu à des poursuites (3).

213. — Une ordonnance du 18 novembre 1835 a tracé le mode d'exécution de la loi du 9 septembre précédent, en ce qui concerne les cautionnements :

(1) Arrêt, Cour de Paris, 9 décembre 1831, Sirey-Devilleneuve, 32, II, 168.

(2) Arrêts, Cour de Toulouse, 1er juin 1837, Sirey-Devilleneuve, 38, II, 205. — Cour de Riom, 28 décembre 1837, Sirey-Devilleneuve, 38, II, 205.

(3) Arrêt de Cassation, 23 janvier 1836, Sirey-Devilleneuve, 36, I, 134.

Aux termes de cette ordonnance, art. 2, 3, 4, les cautionnements, qui doivent être fournis en numéraire, sont versés à la caisse du caissier central à Paris, ou à la caisse des receveurs des finances dans les départements : il est délivré, de ces versements, des récépissés qui sont convertis en certificats d'inscription sur les livres du trésor, conformément à l'arrêté du Gouvernement du 24 germinal an VIII. Les titulaires touchent, au moyen de ces certificats, les intérêts afférents aux cautionnements qu'ils ont fournis. Ces intérêts courent du jour des versements.

L'article 6 porte qu'il ne pourra être admis aucune déclaration de privilége de second ordre sur le tiers du cautionnement que chaque gérant doit posséder en son propre et privé nom, aux termes de l'art. 15 de la loi du 9 septembre 1835.

L'art. 7 est ainsi conçu :

« Dans le cas où des cessions totales ou partielles de la portion du cautionnement appartenant à un gérant seront signifiées au trésor, le ministre des finances les notifiera immédiatement au gérant.

« Il en sera de même à l'égard des jugements, signifiés au trésor, qui prononceraient la validité des saisies-arrêts formées sur un cautionnement, aussitôt qu'il aura été justifié au trésor que lesdits jugements ont acquis force de chose jugée.

« La notification de ces jugements sera faite au gérant immédiatement après la dite justification, ou, en tout cas, dans le délai de trois mois à compter de la signification au trésor.

« Notre ministre des finances, donnera avis à notre ministre de l'intérieur des notifications qui seraient faites aux gérants en exécution du présent article.

« Si, dans les quinze jours qui suivront la notification, le gérant ne justifie pas au bureau des oppositions établi au trésor public (direction du contentieux), soit qu'il y ait eu rétrocession ou mainlevée des saisies-arrêts, soit que le jugement signifié n'ait pas acquis l'autorité de la chose jugée, notre ministre des finances en donnera avis à notre garde des sceaux, ministre de la justice, à l'effet d'assurer, s'il y a lieu, l'application des peines portées par l'art. 6 de la loi du 9 juin 1819.

Suivant l'article 8, les gérants qui renonceront à leurs fonctions, et les propriétaires qui cesseront leur entreprise, en feront la déclaration à la direction de la librairie à Paris, et dans les départements au secrétariat général de la préfecture; il leur sera donné acte de cette déclaration. « Après un délai de trois mois à partir du jour où il y aura eu réellement cessation, soit des fonctions du gérant, soit de la publication du journal, sur le vu de la déclaration préindiquée, et de la demande spéciale qui lui sera adressée par l'ayant-droit, le ministre des finances ordonnera le remboursement dudit cautionnement, à moins que, par suite de condamnations ou de poursuites commencées, des oppositions n'aient été faites au trésor. »

214. — L'ordonnance ne parle pas des justifications à faire pour obtenir le retrait du cautionnement en cas de décès du gérant : nous pensons, qu'indépendamment de celles exigées par l'article qui précède, les héritiers sont tenus de justifier de leurs qualités et droits par un certificat de propriété et par la production des autres pièces indiquées ci-dessus, nº 183.

215. — Nous venons de parcourir toute la législation qui régit les cautionnements. On a pu voir que cette législation, formée d'éléments divers, réclame une codification qui embrasse toutes ses parties dans une loi générale.

Cette loi a été réclamée à plusieurs reprises par les Chambres, et, notamment, en 1842, lors de la discussion à la chambre des Députés du projet d'article qui proposait la suppression du privilége de second ordre des bailleurs de fonds (1).

Nous croyons devoir, en nous résumant, signaler les principales dispositions nouvelles à introduire dans la loi à intervenir :

1° Prohibition absolue des cautionnements en immeubles, conformément au principe posé par l'art. 97 de la loi du 28 avril 1816.

2° Substitution des cautionnements en rentes sur l'État à ceux en numéraire, à l'exception de ceux des journaux qui sont régis par des principes particuliers, de telle sorte, qu'à l'avenir, les cautionnements en rentes fussent seuls admis.

3° Règlement de toutes les difficultés que peut faire naître, entre les créanciers pour faits de charge, l'affectation du même cautionnement des comptables à plusieurs gestions successives.

4° Fixation des délais et des formalités à observer

(1) Voy. ci-dessus, nº 162.

par les comptables pour obtenir le remboursement de leurs cautionnements.

5° Attribution, aux bailleurs de fonds des cautionnements des entrepreneurs, fournisseurs et concessionnaires, et des gérants ou propriétaires de journaux, de la faculté d'obtenir un privilége de second ordre, et indication des formalités à remplir dans ce cas.

6° Enfin, fixation nouvelle de la quotité des cautionnements suivant l'importance relative des fonctions et entreprises auxquelles ils se rapportent.

CHAPITRE V.

DES DROITS DU TRÉSOR PUBLIC SUR LES BIENS DES COMPTABLES.

SOMMAIRE.

216. — Dispositions des anciennes lois et ordonnances relativement aux droits du trésor sur les biens des comptables.
217. — Édit du 13 août 1669; ses prescriptions, confirmées par le décret des 12-24 novembre 1790.
218. — Loi du 11 brumaire an VII.
219. — Discussion au conseil d'État des art. 2098, 2121 et 2153 du Code civil.
220. — Texte de la loi du 5 septembre 1807.
221. — Étendue des priviléges et droits d'hypothèque légale qu'elle accorde au trésor.
222. — Priviléges sur les meubles des comptables.
223. — La présomption légale est que les comptables sont propriétaires des meubles, même de ceux de leurs femmes dont ils sont séparés de biens; conséquences qui en résultent.
224. — *Quid*, dans le cas où la femme serait séparée de corps?
225. — Ancienne jurisprudence, lorsque les meubles n'étaient plus en la possession du comptable.
226. — La présomption établie en faveur du trésor doit toujours céder à la preuve contraire.

227. — Ordre dans lequel le trésor exerce son privilége sur les meubles des comptables.

228. — Motif qui a fait établir ce privilége. Jusqu'à quelle époque peut-il être exercé?

229. — La loi réserve, au profit du trésor, un privilége sur les cautionnements des titulaires; résultats de cette disposition en ce qui concerne les tiers-créanciers.

230. — Privilége attribué au trésor sur les immeubles des comptables, et sur ceux acquis par leurs femmes, depuis leur nomination;— en quoi il consiste.

231. — Les enfants et autres descendants des comptables peuvent-ils être présumés personnes interposées? — Jurisprudence.

232. — Le privilége sur les immeubles atteint tous ceux acquis à titre onéreux depuis la nomination des comptables; — Ceux acquis auparavant, mais dont le prix a été payé depuis, ne sont pas soumis au privilége du trésor.

233. — Ce privilége n'a lieu qu'à la charge de l'inscription dans les deux mois de l'acte translatif de propriété. — Motifs qui ont fait établir l'obligation de l'inscription.

234. — *Quid*, dans le cas où, le comptable ayant revendu dans les deux mois l'immeuble par lui acquis, sans que le trésor eût pris inscription, le tiers détenteur aurait fait transcrire?

235. — Hypothèque légale du trésor sur les immeubles qui appartenaient aux comptables avant leur nomination; elle n'existe qu'à la charge de l'inscription.

236. — Pourquoi la loi n'a pas accordé au trésor soit un seul privilége, soit une seule hypothèque sur les biens des comptables.

237. — Si l'inscription de privilége n'était pas prise dans le délai fixé, le trésor pourrait-il encore, en s'inscrivant après ce délai, faire valoir son privilége?

238. — Aucun délai n'est fixé pour requérir l'inscription d'hypothèque légale au profit du trésor.

239. — A quelle époque l'inscription fait-elle remonter l'effet de cette hypothèque?

240. — Obligation de renouveler les inscriptions de privilége et d'hypothèque légale du trésor avant l'expiration de dix années de leur date.

241. — Les acquéreurs d'immeubles appartenant aux comptables doivent-ils, pour purger légalement ces immeubles, remplir les formalités prescrites par l'art. 1194 du Code civil?

242. — Le privilége du trésor sur les immeubles des comptables ne s'exerce qu'à défaut de mobilier.

243. — Obligations imposées aux comptables, aux receveurs de l'enregistrement et aux conservateurs des hypothèques.

244. — Les inscriptions à prendre au profit du trésor ne peuvent frap-

per que les comptables nommément désignés dans l'article 7 de la loi du 5 septembre 1807.

245. — Le Ministre des finances peut permettre l'aliénation des biens des comptables.

246. — Injonctions faites aux agents du Gouvernement, dans le cas d'aliénation par un comptable en débet.

247. — Certificat à produire par le trésor dans le cas où le comptable ne serait pas constitué en débet à l'époque de l'aliénation.

248. — Pièces à fournir au conservateur pour obtenir la radiation des inscriptions du trésor.

249. — A partir de quelle époque commence à courir la prescription des droits du trésor public ?

250. — Les inscriptions sur les biens des comptables doivent subsister jusqu'à ce qu'il en soit donné main-levée en la forme prescrite.

251. — Compétence des tribunaux ordinaires en ce qui concerne l'exécution de la loi du 5 septembre 1807.

252. — Les biens des comptables, saisis pour cause de débet, ne sont plus vendus administrativement.

253. — Texte de l'avis du conseil d'État, du 25 février 1808, qui a rendu applicables au trésor de la couronne les articles 2098 et 2121 du Code civil et la loi du 5 septembre 1807.

254. — Critique de cette loi, elle devrait être abrogée ; le cautionnement des comptables étant la garantie la plus sûre de leur gestion.

216. — L'établissement d'un privilége au profit de l'État sur les biens des comptables, remonte en France, à une époque assez ancienne.

D'abord, en vertu de la loi 46, § 3 *dig. de jure fisci : Fiscus semper habet jus pignoris*, on admettait que le trésor avait un droit d'hypothèque sur les biens des comptables, acquis depuis leur gestion, et un privilége qui le faisait préférer à tous les autres créanciers, même privilégiés, tels que le vendeur.

Comme il était arrivé que plusieurs officiers comptables prenaient la précaution de mettre leurs biens à couvert sous des noms empruntés, l'article 16 de l'ordonnance de Roussillon avait défendu, aux habiles à se porter héritiers de ceux qui décédaient en office, charge et administration de finances, de se porter héritiers par bénéfice d'inventaire, les obligeant de se porter héritiers purs et simples, ou de renoncer à la succession (1).

Les officiers comptables, fermiers et autres, employaient souvent les deniers du Roi, comme on disait alors, c'est-à-dire de l'État, en acquisitions de charges et de terres considérables, qui rendaient les priviléges du trésor, ou du Roi, entièrement incertains et arbitraires.

La séparation de biens entre les comptables et leurs femmes, contribuait aussi beaucoup à rendre les droits et les priviléges du Roi inutiles, par le moyen des reprises franches et quittes de toutes dettes que les femmes exerçaient sur les biens de leurs maris, aussi bien que par l'intervention des femmes, frauduleusement séparées de leurs maris (2).

217. — Pour obvier à ces inconvénients, le roi Louis XIV, sur le rapport de Colbert, contrôleur général des finances, renouvela, par l'édit du 13 août 1669, l'ancienne disposition des ordonnances, à l'effet de conserver le privilége des deniers royaux sur les biens des officiers comptables.

L'article 1er de cet édit porte que le Roi aura la préférence aux créanciers des officiers comptables, fermiers généraux, particuliers et autres, ayant le maniement des deniers du Roi, pour les sommes qui lui seront dues, sans concurrence ni contribution, nonobstant toutes saisies précédentes; excepté les

(1) Ferrière, Dictionnaire de droit, vis *Comptables—Finances*, 8; Lebret, *Action*, 9.

(2) Ferrière, Dictionnaire de droit, vis *Comptables—Finances*, 8 Lebret, *Action*, 9.

frais funéraires, de justice, et autres priviléges, droits des marchands qui réclament leurs marchandises dans les délais de la coutume et du propriétaire des maisons des villes, sur les meubles qui s'y trouveront, pour six mois de loyer.

L'art. 2 conserve au Roi la même préférence à tous créanciers, même au vendeur, pour ce qui concerne les offices, afin d'assurer la rentrée des débets, souffrances et supercessions ou pour quelqu'autre cause que ce soit procédant de l'exercice du comptable possesseur de l'office.

L'article 3 ordonne que le Roi soit privilégié sur le prix des immeubles acquis depuis le maniement de ses deniers, néanmoins, après le vendeur et celui dont les deniers ont été employés à l'acquisition, lorsque cet emploi sera mentionné dans le contrat d'acquisition.

Quant aux immeubles acquis avant le maniement, l'art. 4, ne donne point de préférence au Roi, mais seulement une hypothèque à partir des provisions de l'office comptable, des baux à ferme, ou des traités et des commissions.

Pour obvier aux fraudes qui pourraient se commettre au préjudice des droits du Roi, l'art. 5 veut que tout ce qui a été ordonné par les articles précédents ait lieu nonobstant les oppositions et actions des femmes séparées de leurs maris, à l'égard des meubles trouvés dans la maison du comptable qui n'auront pas appartenu à sa femme avant son mariage, même sur le prix des immeubles acquis par elle depuis sa séparation, s'il n'est justifié que les deniers employés à l'acquisition lui appartiennent légitimement.

Nous avons présenté l'analyse complète de l'édit de 1669, parce que cet édit fut en vigueur, sauf de légères modifications, jusqu'à la Révolution de 1789, et qu'il a servi de base à la loi du 5 septembre 1807.

Le décret des 12, 14 et 24 novembre 1790 renouvela, dans les articles 16 et 17, les dispositions de l'édit de 1669.

218. — Plus tard, la loi du 11 brumaire an VII, restreignit les droits du trésor.

Elle ne lui accorda de privilége sur les immeubles, sans qu'il fût nécessaire de prendre aucune inscription, que pour une année échue et celle courante de la contribution foncière (art. 11, 2°).

Mais elle ne reconnut, au profit de la nation, qu'un droit d'hypothèque légale, sur les biens des comptables de deniers publics, pour raison de leur gestion, et sur leurs cautions, à l'égard des biens servant de cautionnement; et l'exercice de ce droit fut subordonné à l'obligation de l'inscription, qui ne devait prendre rang que du jour de l'accomplissement de cette formalité (art. 21, 22). La loi n'accordait du reste, au trésor, aucun privilége sur les meubles des comptables. — Telle était la législation à l'époque de la discussion du Code civil.

219. — L'art. 11 du projet du chapitre des priviléges et hypothèques, devenu depuis l'art. 2098 de ce Code, était ainsi rédigé :

« Le privilége, à raison des contributions publiques, et l'ordre dans lequel il s'exerce sont réglés par les lois qui les concernent (1).

(1) Fenet, tom. XV, p. 328.

Dans la séance du conseil d'État du 3 ventôse an XII, M. Défermon demanda : 1° que la disposition de cet article fût généralisée et étendue à toutes les espèces de priviléges que peut avoir le trésor public ; 2° que l'article fût placé après l'art. 6, maintenant 2097, portant : « Les créanciers privilégiés qui sont dans le même rang, sont payés par concurrence. »

Ces propositions furent adoptées : sur un nouveau rapport, le texte définitif de l'art. 2098 fut arrêté dans la séance du 5 ventôse an XII, en ces termes : « Le privilége, à raison des droits du trésor public, et l'ordre dans lequel il s'exerce, sont réglés par les lois qui les concernent.

« Le trésor public ne peut cependant obtenir de privilége au préjudice des droits antérieurement acquis à des tiers. »

D'un autre côté l'art. 30, du projet, devenu l'art. 2121, porte que les droits et créances auxquels l'hypothèque légale est attribuée sont....

§ 3. « Ceux de l'État, des communes et des établissements publics, sur les biens des receveurs et administrateurs comptables. »

Enfin, l'art. 62, devenu l'art. 2153, dispose : « Les droits d'hypothèque purement légale de l'État, des communes et des établissements publics sur les biens des comptables, ceux des mineurs ou interdits sur les tuteurs, des femmes mariées sur leurs époux, seront inscrits sur la représentation de deux bordereaux contenant seulement :

« 1° Les nom, prénoms, profession et domicile réel du créancier, et le domicile qui sera par lui, ou pour lui, élu dans l'arrondissement ;

« 2° Les nom, prénoms, profession, domicile, ou désignation précise du débiteur ;

« 3° La nature des droits à conserver, et le montant de leur valeur, quant aux objets déterminés, sans être tenu de le fixer, quant à ceux qui sont conditionels, éventuels ou indéterminés. »

Nous reviendrons sur les motifs qui furent donnés pour astreindre le privilége du trésor à la formalité de l'inscription. Bornons-nous à constater ici que cette obligation lui fut imposée par le Code civil.

Il restait, conformément à l'art. 2098, à régler, par des lois particulières, les droits du trésor et l'ordre dans lequel ils s'exercent.

220. — C'est ce que fit la loi du 5 septembre 1807, relativement aux comptables; en voici le texte :

« Art. 1er. Le privilége et l'hypothèque maintenus par les art. 2098 et 2121 du Code civil, au profit du trésor public, sur les biens meubles et immeubles de tous les comptables chargés de la recette et du paiement de ses deniers, sont réglés ainsi qu'il suit.

« Art. 2. Le privilége du trésor public a lieu sur tous les biens meubles des comptables, même à l'égard des femmes séparées de biens, pour les meubles trouvés dans les maisons d'habitation du mari, à moins qu'elles ne justifient légalement que lesdits meubles leur sont échus de leur chef, ou que les deniers employés à l'acquisition leur appartenaient.

« Ce privilége ne s'exerce néanmoins, qu'après les priviléges généraux et particuliers énoncés aux art. 2101 et 2102 du Code civil.

« Art. 3. Le privilége du trésor public, sur les fonds de cautionnement des comptables, continuera d'être régi par les lois existantes.

« Art. 4. Le privilége du trésor public a lieu :

1° Sur les immeubles acquis à titre onéreux par les comptables, postérieurement à leur nomination.

2° Sur ceux acquis au même titre, et depuis cette nomination, par leurs femmes, même séparées de biens.

« Sont exceptées néanmoins les acquisitions à titre onéreux faites par les femmes, lorsqu'il sera légalement justifié que les deniers employés à l'acquisition leur appartenaient.

« Art. 5. Le privilége du trésor public mentionné en l'art. 4 ci-dessus, a lieu conformément aux art. 2106 et 2113 du Code civil, à la charge d'une inscription qui doit être faite dans les deux mois de l'enregistrement de l'acte translatif de propriété.

« En aucun cas, il ne peut préjudicier :

1° Aux créanciers privilégiés désignés dans l'art. 2103 du Code civil, lorsqu'ils ont remplis les conditions prescrites pour obtenir privilége.

2° Aux créanciers désignés aux art. 2101, 2104 et 2105 du Code civil, dans le cas prévu par le dernier de ces articles.

3° Aux créanciers du précédent propriétaire qui auraient, sur les biens acquis, des hypothèques légales existantes indépendamment de l'inscription, ou toute autre hypothèque valablement inscrite.

« Art. 6. A l'égard des immeubles des comptables, qui leur appartenaient avant leur nomination, le trésor public a une hypothèque légale, à la charge de l'inscription, conformément aux art. 2121 et 2134 du Code civil. — Le trésor public a une hypothèque semblable, et à la même charge, sur les biens acquis par le comptable autrement qu'à titre onéreux, postérieurement à sa nomination.

« Art. 7. A compter de la publication de la présente loi, tous receveurs généraux de département, tous receveurs particuliers d'arrondissement, tous payeurs généraux et divisionnaires, ainsi que les payeurs de département, des ports et des armées, seront tenus d'énoncer leurs titres et qualités dans les actes de vente, d'acquisition, de partage, d'échange, et autres translatifs de propriété qu'ils passeront ; et ce, à peine de destitution; en cas d'insolvabilité envers le trésor public, d'être poursuivis comme banqueroutiers frauduleux.

« Les receveurs de l'enregistrement, et les conservateurs des hypothèques, seront tenus, aussi à peine de destitution, et en outre, de tous dommages-intérêts, de requérir ou de faire, au vu desdits actes, l'inscription, au nom du trésor public, pour la conservation de ses droits, et d'envoyer tant au procureur impérial du tribunal de première instance de l'arrondissement des biens, qu'à l'agent du trésor public à Paris, le bordereau prescrit par les art. 2148 et suivants du Code civil.

« Demeurent néanmoins exceptés les cas où, lorsqu'il s'agira d'une aliénation à faire, le comptable aura obtenu un certificat du trésor public, portant que cette aliénation n'est pas sujette à l'inscription de la part du trésor. Ce certificat sera énoncé et daté dans l'acte d'aliénation.

« Art. 8. En cas d'aliénation, par tout comptable, de biens affectés aux droits du trésor public par privilége ou par hypothèque, les agents du gouvernement poursuivront, par voie de droit, le recouvrement des sommes dont le comptable aura été constitué redevable.

« Art. 9. Dans le cas où le comptable ne serait pas actuellement constitué redevable, le trésor public sera tenu, dans trois mois, à compter de la notification qui lui sera faite, aux termes de l'art. 2183 du Code civil, de fournir et de déposer au greffe du tribunal de l'arrondissement des biens vendus, un certificat constatant la situation du comptable. A défaut de quoi, ledit délai expiré, la main-levée de l'inscription aura lieu de droit, et sans qu'il soit besoin de jugement.

« La main-levée aura également lieu de droit, dans le cas où le certificat constatera que le comptable n'est pas débiteur envers le trésor public.

« Art. 10. La prescription des droits du trésor public, établie par l'art. 2227 du Code civil, court, au profit des comptables, du jour où leur gestion a cessé.

« Art. 11. Toutes dispositions contraires à la présente loi sont abrogées. »

221. — Cette loi est remarquable par l'étendue des priviléges et droits d'hypothèque légale qu'elle accorde au trésor.

L'art. 2098 C. civil, avait posé le fondement de ces priviléges et droits, à la condition de respecter les droits antérieurement acquis à des tiers; ce qui ne doit s'entendre, suivant un arrêt de la cour royale de Paris du 4 mars 1839 (1), que des droits acquis avant les lois qui ont organisé le privilége du trésor.

L'art. 2121 avait accordé au trésor, sur les biens des comptables, une hypothèque légale soumise à l'inscription.

Mais la loi du 5 septembre donne une plus grande extension à ces droits.

222. — En effet, l'art. 2 accorde un privilége général au trésor, sur tous les meubles des comptables, même à l'égard des femmes séparées de biens, pour les meubles trouvés dans les maisons d'habitation du mari.

223. — Dans tous les cas, la présomption légale est que les comptables sont propriétaires des meubles; par conséquent, toutes les fois que les femmes même séparées de biens, réclament cette propriété, c'est à elles à faire preuve légalement que lesdits meubles leur sont échus de leur chef, ou que les deniers employés à l'acquisition leur appartenaient.

Mais comment cette preuve pourra-t-elle être rapportée?

La loi, en ne s'expliquant pas sur cette disposition, laisse évidemment toute latitude aux juges : la preuve la plus irréfragable résultera d'abord d'actes authentiques, tels que contrats de mariages et donations, lorsqu'un état de mobilier sera joint à ces actes, ainsi que d'inventaires et de partages. Les actes sous seings-privés, ayant date certaine, pourront également servir à faire les justifications que la loi exige

(1) Dalloz, 1839, II, 108. — Dans le même sens, M. Troplong, *Priviléges et Hypothèques*, tom. Ier, no 90, p. 110, 3e édition.

des femmes, même séparées de biens. (C. civ. 1328).

Mais la preuve testimoniale ne serait pas admise, à moins qu'il ne s'agît d'une valeur moindre de 150 fr. (C. civ. 1341).

Remarquez que la loi étend ce privilége du trésor, à l'égard des femmes séparées de biens, *à tous les meubles trouvés dans les maisons d'habitation du mari;* ce qui comprend même les maisons qui seraient louées au nom de la femme.

224. — Mais si la femme était séparée de corps, séparation qui emporte toujours celle de biens (C. civ. 311), et qu'elle habitât une maison distincte de celle de son mari, la présomption de privilége, établie en faveur du trésor, cesserait d'être applicable; car la femme aurait alors, non-seulement un domicile d'habitation différent de celui de son mari, mais elle aurait recouvré la libre disposition de son mobilier, (C. civ. 1449) qui aurait cessé d'être en la possession et sous l'administration de son mari, depuis la séparation de corps prononcée et exécutée. Et si le trésor croyait voir entre les époux séparés de corps une connivence coupable pour frustrer ses droits, ce serait à lui de prouver que les meubles placés dans la maison d'habitation personnelle de la femme, sont néanmoins la propriété du mari, et, comme tels, doivent être soumis à l'exercice des priviléges de l'État.

225. — Cette opinion est conforme à l'ancienne jurisprudence, qui admettait que le droit qu'avait le Roi sur les meubles des comptables, ne devait durer qu'autant que ces meubles étaient en leur possession : car, comme les meubles n'avaient pas alors plus qu'aujourd'hui de suite par hypothèque, le Roi ne conservait point de privilége sur les effets mobiliers des comptables, sitôt qu'ils n'étaient plus en leur puissance (1).

Cet doctrine serait encore applicable aujourd'hui, puisque, d'après l'art. 2279 du Code civil, en fait de meubles, la possession vaut titre, et que la loi du 5 septembre 1807, n'établit de présomption contraire, qu'à l'égard des femmes des comptables, même séparées de biens.

Cependant, si les meubles des comptables avaient été mis sous la main de justice par une saisie, aucune aliénation ne pourrait plus en être faite ; mais jusque-là, les comptables en conservent la libre disposition, et une contrainte décernée ne produirait pas le même effet, ainsi que l'a décidé la cour de Cassation par un arrêt de rejet du 18 mai 1819, rapporté dans le nouveau recueil de MM. Devilleneuve et Carrette, t. 6 p. 74.

226. — L'article que nous commentons ne parle pas des femmes qui ne seraient pas séparées de biens, mais qui néanmoins auraient conservé, aux termes de leur contrat de mariage, ou en vertu d'actes authentiques ou sous seing-privé ayant date certaine, la propriété de tout ou partie de leur mobilier, soit apporté en mariage, soit échu pendant l'union conjugale par donation, testament, partage, etc.

Malgré le silence de la loi, nous n'hésitons pas à croire que toutes les fois que, par une preuve irréfragable, la femme, non séparée de biens d'un comptable, pourra démontrer que le mobilier lui appartient,

(1) Dictionnaire de droit de Ferrière, V° *Comptables*, p. 343.

la présomption établie au profit du trésor devra céder à la preuve contraire, et, par conséquent, le privilége du fisc ne pourra être exercé sur le mobilier resté la propriété personnelle de la femme (1).

Ainsi, par exemple, lorsque, par leur contrat de mariage, les époux ont exclu de la communauté, conformément à l'art. 1500 du Code civil, tout ou partie de leur mobilier présent et futur, et qu'un état joint au contrat constate quels sont les meubles réservés propres à la femme, il n'est pas douteux que le trésor n'est pas recevable à exercer son privilége, sur la partie du mobilier ainsi réservée. — Il en serait de même dans le cas de communauté réduite aux acquets, conformément à l'art. 1498 du Code civil, si le mobilier existant lors du mariage ou échu depuis avait été constaté par inventaire authentique, ou état ayant date certaine.

227. — Dans tous les cas où il y a lieu par le trésor de poursuivre son privilége sur tous les meubles du comptable, ce privilége ne s'exerce qu'après les priviléges généraux et particuliers énoncés aux articles 2101 et 2102, du Code civil, ainsi qu'il suit :

« Art. 2101. Les créances privilégiées sur la généralité des meubles sont celles ci-après exprimées, et s'exercent dans l'ordre suivant :

1° Les frais de justice ;

2° Les frais funéraires ;

3° Les frais quelconques de la dernière maladie, concurremment entre ceux à qui ils sont dus ;

(1) Voy. dans le même sens, M. Persil, *Rég. hypothécaire*, art. 2098, t. IV. p. 24. 4e édition.

4° Les salaires des gens de service, pour l'année échue, et ce qui est dû sur l'année courante;

5° Les fournitures de subsistances faites au débiteur et à sa famille; savoir, pendant les six derniers mois, par les marchands en détail, tels que boulangers, bouchers et autres, et pendant la dernière année, par les maîtres de pension et les marchands en gros.

« **Art. 2102.** Les créances privilégiées sur certains meubles sont :

1° Les loyers et fermages des immeubles, sur les fruits de la récolte de l'année, et sur le prix de tout ce qui garnit la maison louée ou la ferme, et de tout ce qui sert à l'exploitation de la ferme; savoir, pour tout ce qui est échu et pour tout ce qui est à échoir; si les baux sont authentiques, ou si, étant sous signature privée, ils ont une date certaine; et, dans ces deux cas, les autres créanciers ont le droit de relouer la maison ou la ferme pour le restant du bail, et de faire leur profit des baux ou fermages, à la charge toutefois de payer au propriétaire tout ce qui lui serait encore dû;

« Et, à défaut de baux authentiques, ou lorsqu'étant sous signature privée, ils n'ont pas une date certaine, pour une année à partir de l'expiration de l'année courante;

« Le même privilége a lieu pour les réparations locatives, et pour tout ce qui concerne l'exécution du bail.

« Néanmoins, les sommes dues pour les semences ou pour les frais de la récolte de l'année, sont payées sur le prix de la récolte, et celles dues pour ustensiles sur le prix de ces ustensiles, par préférence au propriétaire, dans l'un et l'autre cas.

« Le propriétaire peut saisir les meubles qui garnissent sa maison ou sa ferme, lorsqu'ils ont été déplacés sans son consentement, et il conserve sur eux son privilége, pourvu qu'il ait fait la revendication, savoir, lorsqu'il s'agit du mobilier qui garnissait une ferme, dans le délai de quarante jours ; et dans celui de quinzaine, s'il s'agit des meubles garnissant une maison ;

2° La créance sur le gage dont le créancier est saisi ;

3° Les frais faits pour la conservation de la chose ;

4° Le prix des effets mobiliers non payés, s'il sont encore en la possession du débiteur, soit qu'il ait acheté à terme ou sans terme.

« Si la vente a été faite sans terme, le vendeur peut même revendiquer ces effets tant qu'ils sont en la possession de l'acheteur, et en empêcher la revente, pourvu que la revendication soit faite dans la huitaine de la livraison, et que les effets se trouvent dans le même état dans lequel cette livraison a été faite.

« Le privilége du vendeur ne s'exerce toutefois qu'après celui du propriétaire de la maison ou de la ferme, à moins qu'il ne soit prouvé que le propriétaire avait connaissance que les meubles et autres objets garnissant sa maison ou sa ferme n'appartenaient pas au locataire ; il n'est rien innové aux lois et usages du commerce sur la revendication.

5° Les fournitures d'un aubergiste, sur les effets du voyageur qui ont été transportés dans son auberge;

6° Les frais de voiture et les dépenses accessoires, sur la chose voiturée ;

7° Les créances résultant d'abus et prévarications commis par les fonctionnaires publics dans l'exercice de leurs fonctions, sur les fonds de leur cautionnement, et sur les intérêts qui en peuvent être dus. »

228. — Le motif qui a fait établir le privilége du trésor, sur tous les meubles des comptables, est la présomption que ces meubles ont été achetés des deniers de l'État, pendant leur gestion et maniement.

Il semblerait, au premier aperçu, qu'il devrait en résulter que, dès que cette gestion a cessé, le privilége du trésor sur les meubles ne peut plus être exercé. Mais ce serait une erreur : sans doute, les meubles n'ont pas de suite par hypothèque, et aucune inscription sur les meubles ne peut conserver le privilége de l'État comme elle conserve celui qu'il possède sur les immeubles des comptables.

Mais ce n'est pas la cessation de fonctions qui peut faire cesser le privilége, car cette cessation n'efface pas, par elle-même, la responsabilité qui s'attache à la gestion du comptable des deniers publics; l'apurement des comptes, et la délivrance du quitus définitif peuvent seuls mettre terme au privilége mobilier du trésor : car c'est seulement par la vérification et l'apurement de son compte, que le fonctionnaire est complétement libéré de tout débet et de toute responsabilité envers l'État : par conséquent, ce n'est que de cette époque que doit cesser aussi la présomption qui avait fait établir le privilége sur tous ses effets mobiliers.

229.—L'article 3 réserve au trésor, sur les fonds

de cautionnement des comptables, le privilége établi à son profit par les lois en vigueur.

Nous avons traité de ce privilége dans le chapitre IV.

Faisons seulement remarquer ici, que par suite de l'article 2 de la loi du 5 septembre 1807, qui accorde au trésor un privilége général sur tous les meubles des comptables, et au moyen du privilége spécial qui lui appartient sur les fonds affectés au cautionnement du titulaire, le trésor se trouve dans une condition bien plus favorable que les particuliers, lorsqu'il existe des faits de charge contre le comptable, et que le cautionnement se trouve insuffisant pour acquitter toutes les créances résultant d'abus et pévarications dans la gestion.

En effet, dans ce cas, les particuliers n'ont de privilége que sur le cautionnement, et ils n'exercent ce privilége que concurremment entre eux et le trésor, s'il est également créancier pour fait de charge.

Si le cautionnement est inférieur au montant de ces créances privilégiées, une distribution au centime le franc s'établit par concurrence entre tous les créanciers pour faits de charge, y compris le trésor public.

Mais tandis que ceux-là n'ont qu'un recours ordinaire, et non privilégié sur les autres biens meubles du comptable, le trésor peut se prévaloir du privilége général que lui accorde l'art. 2 de la loi du 5 septembre 1807, et par conséquent, tant qu'il lui est dû quelque chose pour faits de gestion, il prime tous les autres créanciers : de telle sorte que ces derniers n'ont de recours à exercer, sur les valeurs mobilières, qu'autant qu'il reste des fonds libres à distribuer entre eux par concurrence, lorsque le trésor est entièrement désintéressé en capital, intérêts et frais.

230. — Le trésor jouirait d'un avantage semblable sur les immeubles, mais par des principes différents, si le comptable avait affecté spécialement un immeuble à titre de cautionnement. En effet, le privilége du trésor et des particuliers, pour faits de gestion, sur immeuble obligé au cautionnement, remontant à la date de l'inscription du privilége qui conserve les droits de tous les créanciers pour faits de gestion, viendrait concurremment et au même rang sur l'immeuble spécialement affecté à la garantie de la gestion du comptable.

Mais si les fonds manquaient sur cet immeuble, le trésor ayant, comme nous allons l'expliquer, un privilége ou un droit d'hypothèque légale, suivant les circonstances, sur tous les autres immeubles appartenant au comptable, primerait sur ces immeubles les autres créanciers, pourvu qu'il eût fait inscrire ce privilége et cette hypothèque dans les délais déterminés par la loi de 1807.

On voit donc que, dans tous les cas, la combinaison de cette loi est telle que le trésor doit être presque toujours indemne des faits de gestion de ses comptables chargés de la recette ou du paiement des deniers publics, et désignés dans l'art. 7.

L'art. 4 accorde au trésor un privilége; 1° sur les immeubles des comptables, mais seulement sur ceux acquis par eux à *titre onéreux*, depuis leur nomination;

2° Sur ceux acquis *au même titre*, et depuis cette nomination, par leurs femmes séparées de biens; établissant à l'égard de ces immeubles la même présomption que celle qui atteint les biens meubles des femmes, ainsi que nous l'avons expliqué, et imposant à ces dernières l'obligation de justifier légalement que les deniers par elles employés à ces acquisitions, à titre onéreux, leur appartenaient, sauf au trésor à faire la preuve du contraire.

Quant aux immeubles, échus aux femmes à tout autre titre que par acquisition à titre onéreux, ils ne sont et ne peuvent être soumis à aucun privilége ou droit quelconque du trésor, parce qu'ils sont la propriété propre et personnelle des femmes, et qu'il ne peut y avoir aucune présomption qu'ils leur soient advenus au moyen de l'emploi des fonds de l'État.

231. — En frappant d'un privilége au profit du trésor les immeubles acquis à titre onéreux par les femmes des comptables, la loi a considéré ces femmes comme personnes interposées. La loi ne parle pas des enfants et des autres descendants du comptable, ni de ses ascendants : doit-on inférer des termes de l'art. 4, que cette disposition est limitative et qu'elle ne peut être étendue à d'autres personnes que la femme du comptable? En principe, l'affirmative nous paraît incontestable, parce que les termes de la loi sont positifs, et qu'en matière de privilége on ne peut, malgré les analogies les plus complètes, étendre le privilége d'un cas à un autre, quelque semblables que soient les raisons de décider. Toutefois, s'il était prouvé que l'acquisition faite par un des enfants ou descendants du comptable cache une fraude, par exemple, si les fonds destinés au paiement du prix avaient été fournis par le père, il y aurait lieu à l'application de la loi, et le trésor pourrait se prévaloir de son privilége sur les biens ainsi acquis. — C'est ce que la cour de Limoges a décidé, par un arrêt du 22 juin 1808 (1).

« Considérant, dit cet arrêt, que ce serait inutilement que la loi du 24 août 1790 aurait affecté tous biens acquis, à quelque titre que ce soit, par les comptables à la sûreté de leurs débets, s'ils pouvaient employer les fonds de leur caisse à faire des acquisitions en faveur de leurs enfants ; que par ce moyen ils auraient la faculté d'éteindre l'hypothèque du trésor public par une interposition de personnes ; d'où il suit que lorsque, comme dans l'espèce, l'enfant n'a aucune espèce de moyens d'acquérir, et que c'est des deniers du père commun que l'acquisition est faite, la présomption de droit est qu'elle est faite en fraude de la loi... déclare que le domaine Busserolles est la propriété de Cuainet père, et qu'il demeure affecté à la créance du trésor public. »

Cette doctrine serait également applicable, dans le cas où l'acquisition aurait été faite par toute autre personne que le fils du comptable, s'il était clairement démontré que cette personne n'est qu'un prête-nom du comptable, et que le prix de l'acquisition a été payé par ce dernier : car il y aurait, dans cette circonstance, fraude évidente au détriment du trésor, et cette fraude entacherait l'acte de nullité.

232. — Le privilége du trésor, atteint tous les im-

(1) Sirey, 1812, 2. 205.

meubles acquis à titre onéreux par le comptable depuis sa *nomination*. M. Persil (1) observe avec raison, que « suivant l'esprit général de la loi, on aurait pu établir une exception pour les acquisitions antérieures à l'entrée en gestion, dont le prix aurait été payé intégralement avant cette époque : mais il serait difficile de donner ce sens à l'article. » « Vainement, dit aussi M. Troplong, dira-t-on que l'acquisition ne peut être présumée faite des deniers de l'État, puisque l'acheteur n'était pas encore en fonctions. L'inflexibilité du texte ferait repousser cette raison d'équité (2). »

Les mêmes auteurs s'accordent pour refuser au trésor tout privilége sur l'immeuble acquis par le comptable *avant sa nomination*, mais dont le prix n'aurait été payé que depuis (3).

Ces deux solutions sont incontestables en présence des termes de la loi. Mais dans le dernier cas, le trésor aurait, aux termes de l'art. 6 et ainsi que nous allons l'expliquer, une hypothèque légale sur l'immeuble qui appartenait au comptable avant sa nomination.

233.—L'art. 5 veut que le privilége du trésor ait lieu conformément aux art. 2106 et 2113 du Code civil (4), à la charge d'une inscription qui doit être

(1) *Rég. hypothécaire*, art. 2098, IX, p. 30, tome I.

(2) *Priv. et hyp.*, art. 2098, n° 92 bis, p. 113, t. I. — Voy. aussi dans même sens, Dalloz, *hypothèque*, p. 69.

(3) *Loc. cit.*

(4) Art. 2106. Entre les créanciers, les priviléges ne produisent d'effet à l'égard des immeubles qu'autant qu'ils sont rendus publics par l'inscription sur les registres du conservateur des hypothèques, de la manière déterminée par la loi, et à compter de la date de cette

faite dans les deux mois de l'enregistrement de l'acte translatif de propriété.

L'obligation de l'inscription, pour le privilége du trésor sur les immeubles des comptables, avait été réclamée, lors de la discussion du chapitre des priviléges et hypothèques du Code civil, par M. Treilhard (1).

Répondant au consul-Cambacérès, qui était d'avis que les biens des comptables envers le trésor devaient être frappés d'hypothèques légales sans aucune condition de formalités, M. Treilhard disait « que le fisc devait demeurer dans l'ordre commun, et être traité, relativement à l'exercice de ses droits, comme le sont les individus. Cette disposition ne compromettrait point les revenus publics : l'administration a une foule de moyens pour prendre ses sûretés. On peut ajouter encore la précaution de rendre les agents locaux responsables du défaut d'inscription. Quelques exemples de sévérité contre ceux d'entre eux qui se seraient montrés négligents donneraient le plus grand effet à cette responsabilité. Si, malgré tant de précautions, le trésor public éprouvait encore quelques banqueroutes, elles seraient peu considérables.

inscription, sous les seules exceptions qui suivent. (Voy. les art. 2108, 2109, 2110, 2111, 2112).

Art. 2113. Toutes créances privilégiées soumises à la formalité de l'inscription, à l'égard desquelles les conditions ci-dessus prescrites pour conserver le privilége n'ont pas été accomplies, ne cessent pas néanmoins d'être hypothécaires, mais l'hypothèque ne date, à l'égard des tiers, que de l'époque des inscriptions qui auront dû être faites ainsi qu'il sera ci-après expliqué. »

(1) Séance du conseil d'État du 19 pluviôse an XII. Fenet, t. XV, p. 315.

Le privilége qu'on réclame pour lui les lui épargnerait peut-être; mais ce ne serait qu'en ruinant des familles et en rendant le fisc odieux. »

Ces considérations touchèrent le premier Consul, qui se rendit aux raisons exposées pour faire dépendre de la formalité de l'inscription l'effet de l'hypothèque légale du fisc : « Il en pourra, dit-il, résulter quelques pertes pour l'État; mais cet inconvénient est moins grand que celui de sacrifier au fisc la sûreté des citoyens » (1).

Aussi, dans la séance de présentation au corps législatif du chapitre des priviléges et hypothèques, le 28 ventôse an XII, M. Treilhard, au nom du Gouvernement, développa les motifs qu'il avait donnés dans la discussion au conseil d'État, pour obliger à la nécessité de l'inscription les priviléges et hypothèques du trésor public sur les biens des comptables (2), et ces motifs déterminèrent l'adoption définitive des art. 2108 et 2113 du Code civil.

La loi du 5 septembre 1807, n'a donc fait que se conformer au principe posé lors de la discussion de ce Code.

Mais elle ajoute dans l'art. 5, « en aucun cas, le privilége du trésor ne peut préjudicier :

1° Aux créanciers privilégiés désignés dans l'article 2103 du Code civil, lorsqu'ils ont rempli les conditions prescrites pour obtenir privilége;

2° Aux créanciers désignés aux art. 2101, 2104 et 2105 du Code civil, dans le cas prévu par le dernier de ces articles;

(1) Fenet, *loc. cit.* p. 324.
(2) Fenet, p. 457.

3° Aux créanciers désignés du précédent propriétaire, qui auraient, sur le bien acquis, des hypothèques légales existantes indépendamment de l'inscription, ou toute autre hypothèque valablement inscrite (1).

L'art. 5 accorde un délai de deux mois, à partir de l'enregistrement de l'acte translatif de propriété, pour prendre l'inscription de privilége au profit du trésor public.

(1) Art. 2103. Les créanciers privilégiés sur les immeubles sont :

1° Le vendeur, sur l'immeuble vendu, pour le paiement du prix :

S'il y a plusieurs ventes successives dont le prix soit dû en tout ou en partie, le premier vendeur est préféré au second, le deuxième au troisième, et ainsi de suite ;

2° Ceux qui ont fourni les deniers pour l'acquisition d'un immeuble, pourvu qu'il soit authentiquement constaté, par l'acte d'emprunt, que la somme était destinée à cet emploi, et, par la quittance du vendeur, que ce paiement a été fait des deniers empruntés ;

3° Les cohéritiers, sur les immeubles de la succession, pour la garantie des partages faits entre eux, et des soultes ou retours de lots ;

4° Les architectes, entrepreneurs, maçons et autres ouvriers employés pour édifier, reconstruire ou réparer des bâtiments, canaux ou autres ouvrages quelconques, pourvu néanmoins que, par un expert nommé d'office par le tribunal de première instance dans le ressort duquel les bâtiments sont situés, il ait été dressé préalablement un procès-verbal, à l'effet de constater l'état des lieux, relativement aux ouvrages que le propriétaire déclarera avoir dessein de faire, et que les ouvrages aient été, dans les six mois au plus de leur perfection, reçus par un expert également nommé d'office.

Mais le montant du privilége ne peut excéder les valeurs constatées par le second procès-verbal, et il se réduit à la plus value existante à l'époque de l'aliénation de l'immeuble, et résultant des travaux qui y ont été faits ;

5° Ceux qui ont prêté les deniers pour payer ou rembourser les ouvriers, jouissent du même privilége, pourvu que cet emploi soit

234. — On s'est demandé ce que deviendrait ce privilége si, le comptable ayant revendu l'immeuble dans cet intervalle, sans que le trésor eût pris son inscription, le tiers acquéreur avait fait transcrire ? le trésor aurait-il encore le droit de requérir l'inscription de privilége, tant que les deux mois, à partir de l'acquisition faite par le comptable, ne sont pas expirés, et même après le délai de quinzaine de la transcription de la revente que le comptable en aurait faite ?

MM. Persil (1) et Troplong (2) se prononcent pour la négative, et cette opinion, fondée sur l'art. 834 du Code de procédure, nous paraît à l'abri de toute controverse. Cet article, en effet, a été adopté dans l'intérêt des acquéreurs ; et comme il n'excepte de la règle qu'il établit que le privilége des vendeurs et des cohéritiers résultant des art. 2108 et 2109 du Code civil, il est évident qu'il s'applique au privilége du trésor public. Ce privilége doit donc être inscrit dans la quinzaine de la transcription pour pouvoir pro-

authentiquement constaté par l'acte d'emprunt, et par la quittance des ouvriers, ainsi qu'il a été dit ci-dessus pour ceux qui ont prêté les deniers pour l'acquisition d'un immeuble.

Art. 2104. Les priviléges qui s'étendent sur les meubles et les immeubles sont ceux énoncés en l'art. 2101.

Art. 2105. Lorsqu'à défaut de mobilier, les privilégiés énoncés en l'article précédent se présentent pour être payés sur le prix d'un immeuble en concurrence avec les créanciers privilégiés sur l'immeuble, les paiements se font dans l'ordre qui suit :

1° Les frais de justice et autres, énoncés en l'art. 2101 :

2° Les créances désignées en l'art. 2103.

(1) *Loc. cit.* p. 30, VIII.

(2) *Loc. cit.* p. 112, n° 92 et n°s 280 et suiv. :—dans le même sens, M. Grenier, tome II. p. 265, n° 416.

duire son effet contre le tiers détenteur : avec d'autant plus de raison, que la loi du 5 septembre 1807 n'a été promulguée qu'après le titre du Code de procédure où se trouve l'art. 834. — Si donc cette loi n'a point voulu accorder au trésor l'exception que les articles 2108 et 2109 du Code civil accordent au vendeur et aux cohéritiers, c'est qu'elle n'a pas jugé nécessaire de favoriser ainsi le fisc au préjudice des droits privés.

Cette loi, nous le répétons, a été rendue sous l'impression des explications données par M. Treilhard, au conseil d'État et au Corps législatif : « Le trésor public, disait cet orateur au Corps législatif, est nécessairement environné d'une grande faveur : elle ne doit cependant pas être portée au point d'en faire un être privilégié et revêtu de droits exorbitants. Tout privilége est pénible pour ceux qui ne le partagent pas : il est odieux quand il n'est pas nécessaire : or, nous n'avons vu aucune raison sans réplique qui dût affranchir de l'inscription les hypothèques sur les comptables; le trésor public ne sera pas plus avantagé que les citoyens. Le Gouvernement s'honore d'avoir placé ce principe libéral dans le code de la nation : elle est soumise par le même motif aux délais ordinaires de la prescription. Quel citoyen pourrait regretter ensuite d'observer une loi dont le Gouvernement lui-même n'est pas affranchi (1)?

Aussi, la cour de Cassation a-t-elle décidé par un arrêt du 8 mai 1811 (2), que l'art. 834 du Code de

(1) Fenet, *loc. cit.* p. 458, 459.
(2) Sirey, 13, 1,464.

procédure civile, qui oblige tout créancier de requérir inscription dans les quinze jours au plus tard qui suivent la transcription du contrat de vente, s'applique au trésor comme aux simples particuliers : — Et, qu'en conséquence, le privilége du trésor public est éteint à défaut d'inscription dans les délais fixés par cet article.

Toutefois, si la revente faite par le comptable cachait une fraude, la nullité pourrait en être poursuivie et obtenue par le trésor. Car depuis sa nomination, le comptable est responsable de sa gestion, et il ne peut rien faire qui porte atteinte aux droits du trésor en affaiblissant les garanties qu'il lui doit. La revente de l'immeuble que le comptable aurait souscrite au profit d'une personne interposée, dans le but de frustrer le trésor, pourrait donc être annulée avec autant de raison que l'acquisition faite par le fils du comptable avec les deniers du père, dans des circonstances analogues à celles qui ont motivé l'arrêt de la cour de Limoges rapporté ci-dessus n° 231.

235. — A l'égard des immeubles des comptables qui leur appartenaient AVANT leur nomination, le trésor public a une hypothèque légale, suivant l'article 6, à la charge de l'inscription, conformément aux art. 2131 et 3134 du Code civil (1), aux termes

(1) Art. 2121. Les droits et créances auxquels l'hypothèque légale est attribuée sont : —Ceux des femmes mariées sur les biens de leur mari ; — ceux des mineurs et interdits sur les biens de leur tuteur ; — Ceux de l'État, des communes et des établissements publics, sur les biens des receveurs et administrateurs comptables.

Art. 2134. Entre créanciers, l'hypothèque, soit légale, soit judiciaire, soit conventionnelle, n'a de rang que du jour de l'inscrip-

du même article, le trésor a une hypothèque semblable, et à la même charge, sur les biens acquis par le comptable *autrement qu'à titre onéreux*, POSTÉRIEUREMENT à sa nomination.

L'art. 6 rapproché de l'art. 4 complète le système établi par la loi, quant aux immeubles des comptables.

Ainsi, l'art. 4 accorde au trésor *un privilége* sur les immeubles, soit des comptables, soit de leurs femmes, acquis A TITRE ONÉREUX *postérieurement* à la nomination des titulaires.

L'art. 6 frappe d'une *hypothèque légale* : 1° les immeubles des comptables seulement, qui leur appartenaient *avant* leur nomination; 2° les immeubles acquis par eux, AUTREMENT QU'A TITRE ONÉREUX, *postérieurement* à cette nomination.

Ces privilége et hypothèques sont soumis également à la charge de l'inscription.

236. — On demandera peut-être alors pourquoi la loi n'a pas accordé indifféremment, soit un seul privilége, soit une seule hypothèque légale au trésor sur les biens des comptables?

La raison en est simple :

En soumettant à un privilége les biens acquis à titre onéreux par le comptable ou par sa femme, *postérieurement* à la nomination du titulaire, la loi s'est efforcée d'assurer au trésor un droit de préférence sur les hypothèques antérieures : par exemple, sur l'hypothèque légale de la femme qui remonte

tion prise par le créancier sur les registres du conservateur, dans la forme et de la manière prescrites par la loi, sauf les exceptions portées en l'article suivant.

à son mariage; sur l'hypothèque légale des mineurs ou interdits dont le comptable aurait été tuteur; et sur les hypothèques judiciaires et conventionnelles consenties par le comptable, et inscrites avant l'inscription du privilége du trésor, sur les immeubles du comptable par lui acquis depuis sa nomination.

Il est, en effet, de la nature du privilége de primer les autres droits. Ainsi, pourvu que trésor ait fait inscrire son privilége dans le délai prescrit, il pourra, sauf les exceptions déterminées par l'art. 5, se prévaloir d'un droit de préférence sur les hypothèques antérieures.

La nécessité de respecter les droits des tiers, antérieurement acquis, a déterminé le législateur à n'accorder au trésor qu'une hypothèque légale sur les immeubles des comptables qui leur appartenaient *avant* leur nomination, ainsi que sur ceux qui leur sont advenus depuis, autrement qu'à titre onéreux.

La loi devait faire cette restriction, pour laisser aux hypothèques légales des femmes et des mineurs, et aux autres hypothèques, lorsque celles-ci ont été acquises et inscrites avant la nomination du comptable, ou avant l'époque à laquelle les biens lui sont échus par donation, partage, etc., un rang de préférence sur l'hypothèque légale postérieure du trésor public.

237.—Si l'inscription de privilége du trésor n'était pas prise dans les deux mois de l'enregistrement de l'acte translatif de propriété, le trésor pourrait-il encore, en s'inscrivant après ce délai, faire valoir son privilége?

« L'art. 2113 du Code civil résout cette question

négativement. En effet, cet article porte : « Toutes créances privilégiées, soumises à la formalité de l'inscription, à l'égard desquelles les conditions ci-dessus prescrites pour conserver ce privilége n'ont pas été accomplies, ne cessent pas néanmoins d'être *hypothécaires, mais l'hypothèque ne date, à l'égard des tiers, que de l'époque des inscriptions qui auront dû être faites.* »

Cet article est évidemment applicable au privilége du trésor, soumis, dans un délai déterminé, comme ceux des cohéritiers ou copartageants et autres désignés dans les art. 2109, 2110 et 2111, à la charge de l'inscription : par conséquent, le défaut d'inscription dans le délai fait perdre au trésor son privilége, et ne lui laisse qu'un droit d'hypothèque légale qui ne prime plus les autres créances hypothécaires antérieurement inscrites.

Nous disons que, dans ce cas, le trésor, au lieu de privilége, n'a plus qu'une hypothèque légale, et non pas seulement une hypothèque conventionnelle ou judiciaire; parce que, suivant l'art. 2121 du Code civil, les droits et créances auxquels l'hypothèque légale est attribuée sont ceux de l'État, des communes et des établissements publics sur les biens des receveurs et administrateurs comptables : d'où il résulte que l'État ne peut jamais avoir qu'une hypothèque légale d'une valeur indéterminée, laquelle, conformément à l'art. 2122, atteint indistinctement tous les immeubles appartenant à son débiteur, ainsi que ceux qui pourront lui appartenir dans la suite, et même ceux de sa femme acquis à titre onéreux depuis la nomination de son mari, suivant l'art. 1, § 2, de la loi que nous expliquons.

238.—Remarquons qu'aucun délai n'est fixé pour requérir l'inscription de l'hypothèque légale au profit du trésor, conformément à l'art. 6 de la loi.

239. —Cette inscription fait-elle remonter l'effet de l'hypothèque légale à la nomination du comptable, pour ceux des biens que le comptable possédait avant sa nomination? et pour ceux qui lui sont advenus depuis, cet effet remonte-t-il au jour où le comptable en est devenu propriétaire, quelle que soit l'époque où le comptable ait été constitué débiteur envers l'État?

Ou bien, dans tous les cas, l'hypothèque légale du trésor ne produit-elle son effet, et n'a-t-elle de rang vis-à-vis des tiers, qu'à compter de la date de son inscription?—Le doute naît de l'art. 2135 du Code civil, qui veut : 1° que l'hypothèque légale des mineurs sur les biens de leurs tuteurs, remonte au jour de l'acceptation de la tutelle ; 2° que celle de la femme mariée, sur les immeubles du mari, produise son effet, savoir : à compter du jour du mariage, pour raison de sa dot et conventions matrimoniales; à compter des successions échues ou de l'effet produit par les donations, pour les sommes dotales qui proviennent de ces origines; et, seulement, à compter du jour de l'obligation ou de la vente, pour l'indemnité des dettes que la femme a contractées avec son mari, et pour le remploi de ses propres aliénés.

Or, ne pourrait-on pas dire que depuis la date de la nomination du comptable, les biens qui lui appartenaient auparavant sont frappés de l'hypothèque légale du trésor, pour raison des débets que le comptable pourra contracter envers l'État; qu'il est juste, par conséquent, d'assurer à l'État un rang de préférence, en faisant toujours remonter cette hypothèque, soit à la nomination, soit, postérieurement, au jour même où ces biens sont advenus au comptable, autrement qu'à titre onéreux.

Ce raisonnement ne serait pas exact, et l'analogie qu'on invoquerait de l'hypothèque légale des mineurs et des femmes mariées manquerait de justesse.

En effet, si dans les cas prévus par l'art. 2135, l'effet de ces hypothèques légales remonte, soit à l'acceptation de la tutelle, soit à la date du mariage, soit aux autres époques déterminées, c'est que la loi a dispensé ces hypothèques de la formalité de l'inscription. On conçoit qu'existant indépendamment de toute inscription, ces hypothèques doivent remonter à la date de l'acte qui les fait naître. Décider autrement, c'eût été porter une grave atteinte aux droits des femmes mariées et des mineurs que le Code s'est au contraire efforcé de garantir et protéger.

Mais l'hypothèque légale du trésor, résultant de la loi du 5 septembre 1807 et de l'art. 2121, C. civil, n'est pas aussi favorisée que celles des femmes et des mineurs : en soumettant cette hypothèque à la charge de l'inscription, la loi l'a assimilée, quant à ce, à l'hypothèque judiciaire et à l'hypothèque conventionnelle. Les art. 2106 et 2134 du Code civil, veulent, qu'entre créanciers, les priviléges ne produisent d'effet, et les hypothèques n'aient de rang, que du jour de leur inscription, sauf les exceptions qu'ils déterminent. Or, parmi ces exceptions, on n'en voit figurer aucune en faveur du trésor public : on doit donc en conclure que le privilége et l'hypothèque du trésor, soumis également à la formalité de l'inscription, par la loi du 5 septembre, ne peuvent produire d'effet et n'ont de rang contre les tiers, qu'à dater de cette inscription sur les registres du conservateur. —Sans doute, l'effet de l'hypothèque légale du trésor est plus étendu que celui de l'hypothèque conventionnelle, puisqu'il atteint tous les immeubles appartenant au comptable, au moment où l'hypothèque a été inscrite, ainsi que tous ceux qui pourront lui appartenir par la suite, conformément à l'art. 2122; toutefois, elle ne primera pas l'hypothèque conventionnelle, si celle-ci a été inscrite auparavant.

Quant à l'opinion qui voudrait que l'inscription de l'hypothèque légale du trésor une fois prise, le rang de cette inscription ne fût déterminé que par la date des abus, malversations et débets constatés du comptable; ou, en d'autres termes, que l'hypothèque légale du trésor, ne remontât qu'au jour de ces abus ou malversations, nous ne la croyons nullement fondée.

La loi accorde au trésor une hypothèque légale sur les biens désignés en l'art. 6: elle respecte, nous l'avons dit, les hypothèques antérieurement inscrites sur ces immeubles: mais elle veut que le trésor vienne ensuite en ordre utile, pour la garantie de la gestion du comptable.

Or, si ce dernier pouvait grever ses biens, au préjudice du trésor, jusqu'à l'époque où il serait constitué en débet, si les créances hypothécaires inscrites avant cette époque venaient primer l'hypothèque légale du trésor, bien qu'elle eût été la première inscrite, n'en résulterait-il pas que le but de la loi serait complétement manqué?

On doit donc tenir pour certain que, dans tous les cas, c'est la date de l'inscription de l'hypothèque légale du trésor qui doit, à l'égard des autres créanciers du comptable, déterminer le rang de cette hypothèque et assurer son effet, alors même que les faits de gestion, les débets ou déficits, seraient de beaucoup postérieurs aux inscriptions prises par les créanciers personnels du comptable.

Tel était au surplus le principe établi par la loi du 11 brumaire an VII; « sous cette loi, disait l'orateur du Gouvernement en présentant la deuxième loi du 5 septembre 1807, relative au recouvrement des frais de justice criminelle (1), le trésor n'avait plus de priviléges sur les meubles; son droit sur les immeubles se réduisait à une simple hypothèque sujette à inscription, et *qui n'avait d'effet qu'à la date de cette inscription.* »

La même règle doit être appliquée sous l'empire du Code civil et de la loi du 5 septembre 1807, puisque cette loi, comme celle du 11 brumaire an VII, n'accorde au trésor une hypothèque légale sur les immeubles déterminés dans son art. 6, qu'à la charge de l'inscription.

240.—De la nécessité de l'inscription du privilége et de l'hypothèque légale du trésor, il résulte l'obligation de renouveler ces inscriptions avant l'expiration de dix années à compter du jour de leur date.

Le conseil d'État, interprétant l'art. 2154 du

(1) *Vide* le chap. VIII.

Code civil, dans un avis du 15 décembre 1807, approuvé le 22 janvier 1808, a en effet décidé que les inscriptions hypothécaires prises, entre autres, au profit du trésor public sur les biens des comptables, doivent être renouvelées dans le délai de dix années.

241. — On doit aussi conclure de ce que le privilége et l'hypothèque légale du trésor n'existent qu'à la charge de l'inscription sur les biens des comptables, que les acquéreurs d'immeubles appartenant à ces derniers, sont dispensés, lorsqu'ils veulent purger légalement ces privilége et hypothèque, de faire au trésor, c'est-à-dire au préfet du département de la situation des biens, qui le représente, les notifications prescrites par l'art. 2194 du Code civil, puisque l'accomplissement des formalités déterminées par cet article, n'est prescrite que pour purger les hypothèques légales des femmes et des tuteurs, existantes indépendamment de toute inscription.

242. — Une question controversée est celle de savoir si, comme les priviléges énoncés en l'art. 2101 du Code civil, celui du trésor ne s'exerce sur les immeubles qu'à défaut de mobilier.

Presque tous les auteurs (1) ont adopté l'affirmative, et cette opinion nous semble très-fondée. En effet, le projet d'art. 13 du chapitre des priviléges et hypothèques qui a été remplacé par l'art. 2104, portait :

(1) M. Troplong, p. 119 ; — M. Persil, p. 221 ;—M. Dalloz, *Hypothèque*, p. 70 ; — Malleville, tome IX, p. 255. — Voy. Toutefois dans M. Troplong, l'opinion contraire de M. l'avocat général Poirel, tome I, p. 119.

« Les priviléges qui s'étendent sur les meubles et les immeubles sont :

1° Ceux pour les frais de justice, les frais funéraires, ceux de dernière maladie, ceux pour la fourniture des subsistances, et les gages des gens de service ;

2° Le privilége en faveur du trésor public sur les meubles des comptables et sur les immeubles acquis depuis leur entrée en exercice ;

3° Le privilége en faveur de la régie des domaines, relativement aux droits dus pour les ouvertures de successions (1). »

Lors de la discussion de ce projet d'article, M. Defermon demanda que la disposition de cet article ne fut pas restreinte aux biens des comptables acquis depuis leur entrée en exercice.

M. Tronchet objecta que le trésor public ne peut avoir qu'une hypothèque sur les biens acquis avant la gestion, attendu que le privilége qui lui est accordé sur les biens acquis depuis, n'est fondé que sur la présomption qu'ils ont été achetés des deniers dont les comptables avaient le maniement.

M. Bérenger ajouta que le trésor public avait dû prendre ses sûretés en exigeant des cautions et en prenant inscription sur les biens. Il n'y a pas de motif, dit-il, pour le faire sortir de la classe commune des créanciers. Ce privilége exorbitant serait d'ailleurs sans effet ; car si le comptable est de bonne foi il n'achètera pas d'immeuble, afin de ne pas se mettre dans un état d'interdiction. Il évitera encore plus d'acheter s'il est de mauvaise foi.

(1) Fenet, tome XV, p. 330.

M. Defermon dit que l'art. 11 (1) offre un moyen de corriger tous les inconvénients que l'art. 13 pourrait avoir par rapport au trésor public. Seulement, pour laisser les choses entières, il est nécessaire de dire dans ce dernier article, que les priviléges du trésor public seront réglés par des lois particulières.

Le Consul Cambacérès dit que cette réserve est impossible ; car si, par exemple, le privilége du trésor public était étendu, ainsi qu'on l'a proposé, à tous les immeubles des comptables, les lois particulières sur ce sujet renverseraient en entier le système adopté par le Code civil. Il faut, sans doute, que le trésor public ait ses sûretés ; mais on ne doit pas les lui donner aux dépens de la justice et des droits du vendeur. Il est même nécessaire d'exprimer cette limitation pour prévenir toute inquiétude, et de dire que néanmoins les priviléges du trésor public ne pourront détruire ceux qui existeraient antérieurement à la gestion du comptable.

L'article, dit le procès-verbal, est adopté avec l'amandement du Consul (2). Cette discussion renferme, on le voit, les base de la loi de 1807 : c'est à sa suite, que l'art. 2104 fut définitivement rédigé sans faire mention du privilége du trésor : a-t-on voulu soustraire ce privilége à l'application de l'art. 2105 (3)?

(1) Voy. ci-dessus, n° 219.

(2) Fenet, p. 357, tome XV.

(3) Art. 2105. « Lorsqu'à défaut de mobilier, les privilégiés énoncés en l'art. 2104, se présentent pour être payés sur le prix d'un immeuble, en concurrence avec les créanciers privilégiés sur l'immeuble, les paiements se font dans l'ordre qui suit : — 1° Les

Non, sans doute : mais on a voulu seulement, comme l'avait proposé M. Defermon, renvoyer le règlement du privilége du trésor à des lois particulières, sans donner au trésor le droit de faire valoir son privilége sur les immeubles, avant la discussion du mobilier. Remarquez de plus que, si le trésor avait négligé de faire valoir son privilége sur le mobilier, il ne pourrait se présenter pour l'exercer sur les immeubles : car, ainsi que le remarque M. Persil (1), ce serait lui laisser la faculté de favoriser les créanciers chirographaires, au préjudice des créanciers hypothécaires ou privilégiés : c'est au surplus ce qui a été décidé par un arrêt de la cour de Cassation du 22 août 1836 (2), confirmatif d'un arrêt de la cour de Nancy, à l'égard du privilége du trésor qui s'étend également sur les biens meubles et immeubles pour le recouvrement des frais de justice : et cette solution est complétement applicable au privilége résultant de la loi de 1807 sur les biens des comptables.

243. — L'art. 7 impose de rigoureuses obligations aux comptables, aux receveurs d'enregistrement et aux conservateurs des hypothèques.

Ces derniers ne sauraient trop veiller, pour ce qui les concerne, à la ponctuelle exécution de la loi : car leur responsabilité se trouverait gravement compromise, si, par oubli, négligence ou légèreté, ils n'exécutaient pas, dans toute leur rigueur et avec

frais de justice et autres énoncés en l'art. 2101 ; — 2° les créances désignées en l'art. 2103.

(1) *Loc. cit.* p. 223.

(2) Dalloz, 1836, I, 447.

l'exactitude la plus empressée, les prescriptions qu'ils sont chargés d'exécuter (1).

244. — Les inscriptions à prendre sur les biens des comptables du trésor public, ne peuvent frapper que les individus nommément désignés dans l'art. 7 de la loi du 5 septembre.

Des receveurs de l'enregistrement ayant cru devoir, au vu des actes de mutation, requérir des inscriptions, non-seulement contre les comptables que la loi a nommément désignés, mais encore contre des préposés de l'enregistrement, des percepteurs des communes, et, différents receveurs de droits indirects, il en a été référé au ministre du trésor public. — Après avoir pris sur cet objet l'avis du grand juge, ce ministre a fait connaître, le 14 juillet 1809, que l'inscription, au vu des actes translatifs de propriété, ne doit être prise que contre les comptables que l'art. 7 de la loi du 5 septembre indique, et que cet article ne s'applique point à tous les comptables sans distinction (2).

Une décision du ministre des finances du 21 mars 1809, avait également statué que la loi du 5 septembre 1807 n'était point applicable aux percepteurs des contributions (3).

245. — Le même art. 7 autorise l'administration du trésor public, c'est-à-dire le ministre des finances, à permettre l'aliénation des biens du comp-

(1) L'administration de l'enregistrement et des domaines a tracé, dans une Instruction du 22 juillet 1809, Sirey 10, 2, 236, les règles à suivre par les agents du Gouvernement pour l'exécution de la loi.

(2) Voy. l'Instruction du 22 juillet 1809.

(3) Sirey, 9, II, 302.

table, et à lui délivrer à cet effet un certificat portant que cette aliénation n'est pas sujette à l'inscription de la part du trésor.

C'est là un avantage que l'ancienne législation n'accordait pas aux comptables de deniers publics.— La loi laisse toute latitude à cet égard au ministre des finances qui peut ainsi, sous sa seule responsabilité politique, dispenser les comptables de l'exécution de la loi.

246. — L'art. 8 contient l'injonction aux agents du Gouvernement, en cas d'aliénation par tout comptable de biens affectés, par privilége ou par hypothèque aux droits du trésor, de poursuivre, par les voies de droit, c'est-à-dire par voie de contrainte, de saisie-mobilière ou immobilière et d'expropriation forcée, le recouvrement des sommes dont le comptable aura été constitué redevable.

247. — Dans le cas où le comptable ne serait pas actuellement constitué redevable, l'art. 9 impose au trésor, dans les trois mois, à compter de la notification qui lui sera faite aux termes de l'art. 2183 du Code civil, de fournir et de déposer, au greffe du tribunal de l'arrondissement des biens vendus, un certificat constatant la situation du comptable; à défaut de quoi, ledit délai expiré, la main-levée de l'inscription du trésor a lieu de droit, et sans qu'il soit besoin de jugement.

248. — Toutefois, argumentant des justifications exigées par l'art. 548 du Code de procédure, lorsqu'il s'agit d'obtenir une radiation ou quelque autre chose à faire par un tiers (1), nous pensons que la ra-

(1) *Vide*, nº 36, chap. Ier.

diation de l'inscription prise au profit du trésor ne pourrait être obtenue qu'en produisant au conservateur :

1° L'original de la notification faite au trésor, conformément à l'art. 2183 du Code civil;

2° Un certificat du greffier, constatant que plus de trois mois se sont écoulés, à compter de cette notification, sans que le trésor ait déposé au greffe aucun certificat constatant la situation du comptable.

La main-levée aura également lieu de droit, dans le cas où le certificat du greffier constatera que le comptable n'est pas débiteur envers le trésor public.

On voit, par ces dernières dispositions, que la loi a été faite dans un esprit éloigné de toute étroite fiscalité.

Mais il faut avouer que le dernier paragraphe de l'art. 7 et l'art. 9 vont complétement contre le but que le législateur s'est proposé, en assujettissant les biens des comptables à un privilége et à une hypothèque légale.

249. — Enfin, l'article 10 accorde aux comptables un autre avantage : il veut que la prescription des droits du trésor, établie par l'article 2227 du Code civil (1), coure, au profit des comptables, du jour où leur gestion a cessé, par démission, décès, etc., et non pas seulement du jour de l'apurement de leur compte, et de la délivrance du *quitus* définitif portant décharge sans réserve de leur gestion.

(1) Art. 2227. L'État, les établissements publics et les communes, sont soumis aux mêmes prescriptions que les particuliers, et peuvent également les opposer. — Voy. néanmoins le chapitre XII, *des déchéances et prescriptions*.

M. Persil observe avec raison sur cet article (1), « qu'à l'égard des tiers, des acquéreurs, par exemple, cette prescription doit nécessairement commencer du jour de la transcription des actes de mutation, conformément à l'art. 2180 du Code civil. » — Par conséquent, le tiers, acquéreur de bonne foi et par juste titre de l'immeuble d'un comptable dont il ignorait la gestion et la qualité, aura prescrit, au bout de dix ans de la date de la transcription de son contrat d'acquisition, le privilége ou l'hypothèque légale du trésor public (Arg., art. 2265, C. civ.).

250. — Suivant l'art. 33 de la loi du 11 brumaire an VII, l'effet des inscriptions sur les biens des comptables devait subsister jusqu'à l'apurement définitif des comptes, et six mois au delà.

Bien que cette disposition n'ait pas été reproduite dans la loi du 5 septembre 1807, il est certain que l'effet de l'inscription soit de privilége, soit d'hypothèque légale du trésor, subsiste jusqu'à ce que le comptable ait obtenu le *quitus* définitif de sa gestion. D'ailleurs, le conservateur n'opère la radiation que sur la main-levée qui en est donnée, par suite de ce quitus, par le préfet du département de la situation des biens, d'après l'autorisation du ministre des finances.

La radiation des inscriptions prises à la requête de l'agent judiciaire du trésor public, doit être opérée sur la remise des mains-levées authentiques consenties par cet agent, et qui font mention des arrêts de la cour des comptes ou des arrêtés ministériels en

(1) *Loc. cit.* p. 33, n° XIV, tome Ier.

exécution desquels elles sont données. (Décisions des ministres des finances et du trésor public, des 28 novembre 1808 et 24 février 1809. — Sirey, 10, 2e part., p. 331.

251. — Dans le chapitre IV, *des Cautionnements,* nous avons exposé, § VIII, 1re *section*, les questions de compétence, tant administrative que judiciaire, que la gestion des comptables peut soulever. — Ajoutons ici, que toutes les difficultés relatives aux dispositions de la loi du 5 septembre 1807, sur l'effet, l'inscription et le rang des priviléges et de l'hypothèque légale du trésor, à l'égard, soit des comptables ou de leurs créanciers, héritiers et ayants-cause, soit des tiers, acquéreurs ou autres, soit du trésor, sont toujours de la compétence des tribunaux ordinaires, conformément aux règles tracées par le Code civil et par le Code de procédure. Il en serait de même des contestations qui auraient pour objet de faire déclarer un acte nul, comme entaché de fraude ou de simulation au préjudice du trésor ; de faire considérer un tiers comme personne interposée : l'autorité administrative ne serait nullement compétente pour statuer sur ces diverses questions, la loi de 1807 ne lui en ayant pas attribué spécialement la connaissance, et par cela même, l'ayant conservée aux tribunaux ordinaires.

252. — La loi du 28 pluviôse an III, chap. 3, art. 8, et celle du 2 messidor an VI, art. 10, voulaient que les biens des comptables, saisis pour cause de débet, fussent vendus administrativement et dans la même forme que les domaines nationaux. Mais ces dispositions n'ayant été rappelées ni dans la loi du

11 brumaire an VII, ni dans le Code civil, des doutes s'élevèrent sur leur exécution.

Un avis du conseil d'Etat du 3 mai 1806, approuvé le 8 du même mois, a décidé que ces lois ont été abrogées par la loi du 11 brumaire an VII; que le Code civil ne contient point d'exception pour la vente des biens des comptables en faillite; qu'ils ne peuvent, par conséquent, être vendus que dans les formes prescrites par le Code civil (1). Cette solution doit être suivie aujourd'hui, car la loi du 5 septembre 1807 n'a introduit sur ce point aucun changement à la règle précédemment tracée par le conseil d'Etat.

253. — Un avis du même conseil, du 25 février 1808, a rendu applicables au trésor de la Couronne les articles 2098 et 2121 du Code civil, ainsi que la loi du 5 septembre 1807.

« Considérant, dit cet avis, que les dépenses nécessaires pour la représentation de la souveraineté, sont essentiellement des dépenses publiques, toujours à la charge du trésor public, soit directement, soit indirectement, par l'affectation d'une somme quelconque pour y faire face; qu'il résulte de là que le trésor de la Couronne n'est, à proprement parler, qu'une fraction du trésor public; — que les priviléges dont jouit le trésor public, doivent être, par une conséquence nécessaire, communs au trésor de la Couronne; que si l'art. 2098 du Code civil ne le porte pas textuellement, c'est parce que, à l'époque de sa rédaction, la liste civile n'était pas encore formée, et que le trésor public en acquittait directement les

(1) Rep. de M. Merlin, v° *Comptable* p. 313. n° VI.

charges; mais que la séparation survenue depuis n'a pu altérer le privilége d'une portion de ce trésor, dont la loi du 5 septembre embrasse l'intégrité dans son esprit et dans son objet;

« Est d'avis que les articles 2098 et 2121 du Code civil, et toutes les dispositions de la loi du 5 septembre 1807, concernant les priviléges du trésor public sur les biens meubles et immeubles des comptables, sont applicables au trésor de la couronne, et doivent lui assurer les mêmes priviléges et hypothèques sur les biens de ses agents comptables.

« En conséquence, les articles 7, 8 et 9 de ladite loi sont communs aux trésoriers, receveurs et payeurs du trésor de la couronne; et les receveurs de l'enregistrement, et les procureurs impériaux sont aussi tenus de se conformer, en ce qui les concerne, aux dispositions de ces articles, dans les cas qui y sont prévus. »

254. — En terminant l'explication de la loi du 5 septembre 1807, nous ne pouvons nous empêcher de consigner ici les réflexions que l'examen de cette loi nous a suggérées.

Rédigée sous l'influence des idées de l'ancien régime, et à une époque où l'ordre et la régularité dans toutes les branches de l'administration des finances publiques n'étaient pas encore organisés comme ils l'ont été depuis peu d'années, cette loi ne nous semble plus nécessaire aujourd'hui.

En effet si, dans des circonstances heureusement fort rares, la loi de 1807 peut garantir les intérêts de l'État, presque toujours elle n'est qu'une gêne apportée à la libre disposition des biens des comptables, qu'elle place, eux et leurs familles, dans un véritable état de suspicion et, pour ainsi dire, d'interdiction légale.

La seule, la véritable garantie pour le trésor, de la fidèle gestion des comptables, devrait être dans le cautionnement qu'il exige de ces titulaires; car le cautionnement est un gage spécial, remis entre les mains de l'État, et qui, dans tous les cas, lui assure un privilége dont l'effet prime tous les autres droits et créances.

La spécialité du gage sera toujours la meilleure garantie pour répondre de la solvabilité ou de la gestion des agents de l'État : on peut augmenter les cautionnements des comptables, s'ils paraissent insuffisants : mais ces cautionnements offrent des avantages que tous les priviléges ou hypothèques légales ne pourront jamais remplacer ou compléter.

Avec les moyens de surveillance et d'inspection que possède actuellement le trésor public; avec la responsabilité qui, descendant du receveur général au comptable inférieur, couvre les fonds de l'État; avec l'obligation des versements plus fréquents que l'administration peut imposer aux fonctionnaires chargés du maniement des deniers publics; avec les facilités, chaque jour plus grandes, des voies de communication qui permettent de transporter les fonds de l'État presque sans inconvénients; enfin, avec les vérifications annuellement faites par le ministre des finances et la cour des comptes de l'exercice financier des comptables, on a peine à comprendre la nécessité d'une loi qui applique aux comptables de nos jours des dispositions législatives faites pour les partisans et les fermiers généraux de l'ancien régime, alors que l'assiette et le recouvrement des impôts étaient donnés à bail, et qu'aucune garantie n'assurait, soit les redevables, soit l'État, contre les abus et les malversations des financiers.

Ajoutons que la loi elle-même dans ses articles 7, 8 et 9, affaiblit et annulle presque l'effet des précautions qu'elle ordonne de prendre dans ses premiers articles contre les comptables, puisqu'elle laisse à l'autorité administrative la faculté de renoncer à exercer l'effet de l'inscription de privilége ou d'hypothèque légale du trésor, dans le cas d'aliénation.

Malgré tout l'intérêt que doit justement inspirer la cause du trésor, et bien que nous admettions, en général, avec M. Bigot de Préameneu, dans la discussion du chapitre des priviléges et hypothèques (1), que « les priviléges du trésor public sont dans un ordre supérieur à celui des intérêts privés ; » nous ne poussons pas ce raisonnement jusqu'à vouloir accorder au trésor des garanties et des sûretés, lorsqu'elles ne paraissent pas nécessaires, et que leur effet peut nuire aux droits des tiers. Nous préférons l'opinion du premier Consul, qui, dans la même discussion, se rendant aux raisons exprimées par MM. Treilhard et Tronchet, pour astreindre les priviléges et les hypothèques légales du trésor à la charge de l'inscription, disait :

« Il en pourra résulter quelques pertes pour l'État ; mais cet inconvénient est moins grand que celui de sacrifier au fisc la sûreté des citoyens. »

(1) Fenet, tome XV, p. 329.

Concluons donc avec cette imposante autorité que, s'il pouvait résulter quelques inconvénients de l'abrogation de la loi du 5 septembre 1807, il en résulterait l'avantage incontestable de remettre aux comptables l'entière disposition de leurs biens, frappés actuellement d'une sorte d'interdit; d'éviter les interpositions de personnes et les actes simulés; de rendre à de nombreuses familles la sécurité et la liberté qu'elles n'ont pas dans leurs transactions privées; le tout, sans nuire d'une manière sensible aux intérêts du trésor public.

CHAPITRE VI.

DES CONTRAINTES QUE LE MINISTRE DES FINANCES A LE DROIT DE DÉCERNER CONTRE LES COMPTABLES ET AUTRES DÉBITEURS DU TRÉSOR.

SOMMAIRE.

255. — Motifs qui ont fait établir le droit de contrainte.
256. — Définition de la contrainte, en général.
257. — Il y en a de deux espèces; — leurs caractères et leurs effets, d'après la jurisprudence.
258. — Lois qui ont attribué au ministre des finances le droit de décerner des contraintes contre les comptables et autres débiteurs de deniers publics; même contre les préposés directs ou mandataires des comptables.
259. — Les arrêtés du ministre, portant contraintes, sont toujours exécutoires par provision, et ils produisent les mêmes effets que les jugements des tribunaux.
260. — Toutefois, les biens des comptables ne peuvent plus être vendus administrativement.
261. — Les difficultés nées de l'exécution d'une contrainte contre un

255. — La nécessité de garantir et protéger les deniers du trésor contre les atteintes, les abus et les malversations de ceux qui en ont le maniement, a fait attribuer au ministre des finances, par exception au droit commun, une voie d'exécution aussi prompte qu'énergique, pour assurer le recouvrement des débets des comptables.

Cette voie extraordinaire est le droit de décerner des contraintes contre les comptables en débet.

256. — On sait que la contrainte, en général, est un mandement décerné contre un redevable de deniers publics, ou de droits dus au fisc (1).

257. — Toutefois, on distingue deux espèces de

(1) Définition du répertoire de M. Merlin, V°. *Contraintes (finances)*.

contraintes : les unes qui ont tous les caractères de jugement, et doivent en produire les effets ; par exemple, conférer hypothèque, donner le droit de séquestrer et faire vendre les biens, etc. Les autres qui ne sont pas des actes de juridiction, mais plutôt une mise en demeure de payer les contributions et droits dus à l'État, et que ceux contre qui elles sont décernées peuvent déférer au jugement des tribunaux, en formant opposition à leur exécution. Dans ce dernier cas, les contraintes ne sont que le titre explicatif de la demande formée par les agents de l'État contre les redevables ou contribuables : et l'on conçoit que ces sortes de contraintes ne puissent jamais conférer hypothèque, ni attribuer à l'État un droit définitif.

Telles sont les contraintes que peuvent décerner, suivant les lois et règlements, les receveurs de l'enregistrement et des domaines, des contributions directes, les agents des contributions indirectes et des douanes, etc.

Mais il en est tout autrement des contraintes que le ministre des finances et les préfets, dans certains cas, sont autorisés à décerner contre les comptables : ces admistrateurs agissent alors comme de véritables juges, et leurs arrêtés, revêtus des formalités exigées, produisent les mêmes effets et obtiennent la même exécution que les jugements des tribunaux ordinaires.

C'est sur ce principe que trois avis du conseil d'État, des 16 thermidor an XII, 29 octobre 1811 et 24 mars 1812, insérés ensemble au bulletin des lois, ont décidé :

1° Que les arrêtés des préfets, fixant les débets des comptables des communes et des établissements publics, sont exécutoires sur les biens meubles et immeubles desdits comptables, sans l'intervention des tribunaux;

2° Que les condamnations et les contraintes émanées des administrateurs, dans les cas et pour les matières de leur compétence, emportent hypothèque de la même manière et aux mêmes conditions que celles de l'autorité judiciaire;

3° Que les contraintes décernées par l'administration des douanes, pour le recouvrement des droits dont elle fait crédit, et pour défaut de rapport de certificats de décharge des acquits à caution, emportent hypothèque. — Notons, néanmoins, pour ce dernier cas, que l'hypothèque ne résulte pas de la contrainte; mais elle est fondée sur ce que, aux termes de la loi du 22 août 1791, titre XIII, art. 23, le Gouvernement a hypothèque, en vertu de la soumission du redevable du droit de douane, lorsque cette soumission est dûment enregistrée.

Nous ne nous occuperons ici que des contraintes décernées directement par le ministre des finances.

258. — Le ministre tient ce droit de diverses lois. Ainsi, d'après la loi du 12 vendémiaire an VIII, la trésorerie nationale devait remettre à l'agent du trésor public le tableau des entrepreneurs, fournisseurs et agents quelconques comptables depuis la mise en activité de la constitution de l'an III, jusqu'au dernier jour complémentaire an VI, ainsi que l'état des sommes qui leur avaient été payées par forme d'à-compte. Lesdits fournisseurs, entrepreneurs et comptables en retard, devaient être poursuivis par la saisie de leurs biens meubles et immeubles, et

20

contraignables par corps en cas d'insuffisance de leur fortune patente.

La loi du 13 frimaire an VIII porte, art. 1er : Les commissaires de la trésorerie nationale, chargés par les lois d'arrêter provisoirement les comptes des receveurs et payeurs généraux des départements, ainsi que des différentes régies nationales, sont autorisés à prendre, pour les recouvrements des débets desdits comptables, tous arrêtés nécessaires, lesquels seront exécutoires par provision, par les mêmes voies que ceux des commissaires de la comptabilité intermédiaire pour les comptes soumis à leur examen. — C'est-à-dire, par séquestre et vente des biens des comptables et emprisonnement de leurs personnes, suivant la loi du 2 messidor an VI, art. 9 et 10.

L'art. 2 de la loi de frimaire an XIII, veut que : en cas de décès, faillite, démission, destitution ou infidélité des comptables, mentionnés en l'art. 1er, les commissaires de la trésorerie nationale soient pareillement autorisés à prendre, pour le recouvrement du débet constaté par le procès-verbal de situation des caisses, registres et pièces comptables, tous arrêtés nécessaires, lesquels seront exécutoires provisoirement.

Après la suppression des commissaires de la trésorerie nationale, un arrêté du Gouvernement, du 18 ventôse an VIII, autorisa le ministre des finances, comme spécialement chargé de l'administration du trésor public, à prendre tous arrêtés nécessaires, et exécutoires par provision, contre les comptables, entrepreneurs, fournisseurs, soumissionnaires et agents quelconques en débet, dans les cas et aux termes prévus par les lois des 12 vendémiaire et 13 frimaire précédents; le tout, ainsi que les commissaires de la trésorerie y étaient autorisés par lesdites lois.

L'art. 2 prescrit aux ministres de rendre compte, chacun en ce qui le concerne, au Gouvernement, dans la décade, et à l'avenir, de mois en mois, du résultat des comptes qui avaient dû être présentés, et des poursuites qui avaient été exercées en exécution des lois.

Un décret du 31 janvier 1806 porte, art. 1er : Le ministre du trésor public pourra décerner des contraintes contre les *receveurs particuliers*, pour le reliquat des comptes arrêtés entre le receveur général et le receveur particulier, et pour débet résultant des procès-verbaux de vérification des comptes faits, soit par le receveur général, soit par un inspecteur du trésor public, soit enfin par le préfet du département, ou par un commissaire par lui délégué.

Art. 2. Ces contraintes seront exécutées provisoirement comme celles autorisées par la loi du 13 frimaire an VIII.

Un arrêté du Gouvernement du 28 floréal an XI, a autorisé le ministre du trésor à prendre des arrêtés, exécutoires par provision, contre les préposés des payeurs généraux.

L'art. 2 veut que les poursuites à exercer, pour l'exécution des arrêtés du ministre, soient faites à la requête de l'agent judiciaire du trésor.

L'art. 3 explique que : « ces poursuites, ayant pour objet d'assurer aux payeurs généraux la rentrée des fonds dont leurs préposés sont comptables envers eux, aux termes de l'art. 10 de l'arrêté du 1er pluviôse an VIII, ne préjudicieront en rien, soit aux droits et actions du trésor contre lesdits payeurs généraux, soit à la faculté qu'ils ont d'exercer des poursuites directes et faire tous actes conservatoires qu'ils jugeront nécessaires et propres à mettre à couvert leur responsabilité. »

Les payeurs généraux ont été supprimés depuis cet arrêté (1); mais le principe qu'il a posé, a été consacré et appliqué à tous les préposés des comptables, lorsque ces préposés ont fait personnellement la recette des deniers publics. C'est ce qui résulte du décret du 12 janvier 1811, ainsi conçu :

«... Sur le rapport de notre ministre du trésor public, tendant à faire décider si ceux qui ont pris part à la manutention des deniers publics, comme comptables indirects ou agents des comptables directs, doivent, en cas de débet et de détournement de deniers, constatés selon les formes employées à l'égard des comptables directs, être, comme eux, poursuivis et contraints par corps, sur l'ordre de notre ministre du trésor public, et à la diligence de l'agent judiciaire; vu les lois des 12 vendémiaire et 13 frimaire an VIII, l'arrêté du Gouvernement du 18 ventôse suivant,. Vu aussi l'arrêté du 28 floréal an XI,...

« Notre conseil d'État entendu...

« Art. 1er. Le mode de poursuites réglé par les lois des 12 vendémiaire et 13 frimaire an VIII, et par les arrêtés du Gouvernement des 18 ventôse an VIII et 28 floréal an XI, pour le recouvrement du débet des comptables directs du trésor public, est déclaré

(1) Par l'ordonnance du 18 novembre 1817.

commun à tous agents ou préposés des comptables directs du trésor public, lorsque ces mêmes agents ou préposés ont fait personnellement la recette des deniers publics. »

En conformité de ce décret, le conseil d'État a décidé, par un décret du 12 septembre 1813 (1), que tout individu qui s'immisce dans la perception des deniers publics, comme mandataire du percepteur, devient justiciable de la juridiction administrative pour toute contestation entre lui et le percepteur, relativement à sa gestion de mandataire.

259. — On voit, par ce qui précède, que les arrêtés du ministre des finances, portant contrainte contre les comptables en débet, sont toujours exécutoires par provision, qu'ils emportent contrainte par corps et hypothèque sur les biens, comme les jugements des tribunaux, et qu'ils sont suivis du séquestre et de la vente des immeubles du comptable. Suivant la loi du 2 messidor an VI, art. 10, si trois mois après l'établissement du séquestre, les comptables n'ont pas présenté leurs comptes ou bordereaux de comptes, ils seront contraints par la vente de leurs biens, et cette vente devait avoir lieu en la même forme que pour les domaines nationaux.

260. Mais aujourd'hui cette vente ne pourrait plus être faite administrativement : c'est ce qui résulte d'un avis du conseil d'État du 3 mai 1806, qui a décidé que : « la loi du 28 pluviôse an III, et celle du 28 messidor an VI, ont été abrogées par celle du 11 brumaire an VII, et que le Code civil ne contient point d'excep-

(1) Sirey, jurisprudence du conseil d'État, tome, 2, p. 429.

tion pour la vente des biens des comptables en faillite; qu'ils ne peuvent par conséquent être vendus que dans les formes prescrites par le Code civil. »

261.—Remarquez que les oppositions à une contrainte décernée par le ministre des finances contre un comptable en faillite, ou les difficultés nées de l'exécution de cette contrainte, ne peuvent être portées devant le tribunal de commerce auquel est dévolue la connaissance de la faillite : elles doivent être déférées au tribunal civil de première instance du domicile du failli (1).

262.—Les tribunaux civils ne seraient pas compétents pour décider toutes les contestations qui pourraient s'élever à l'occasion d'une contrainte décernée par le ministre : par exemple, dans le cas où le ministre aurait décerné une contrainte pour débet contre un comptable et sa caution, si la caution forme opposition et conteste la validité de son acte de cautionnement, la contestation doit être portée, non devant l'autorité judiciaire, mais devant l'autorité administrative (2).

263. — En général, le ministre des finances connaît seul, sauf recours au conseil d'État, de tout débat entre comptables (1).

Il statue seul, par arrêté exécutoire par provision, sur le débet ou déficit des comptables ressortissant à l'administration des finances; et s'il s'élevait, entre le

(1) Cour de Cassation, règlement de juges, 9 mars 1808, Sirey, 8, I, 266.

(2) Arrêt du conseil d'État, du 24 janvier 1827, Sirey, 28, 2, 28.

(3) Arrêt du conseil d'État, 24 mars 1820.

comptable et le ministre, une contestation relativement au véritable chiffre du débet, dans aucun cas, les tribunaux ne seraient compétents pour en connaître; mais la décision du débat appartiendrait, en premier ressort, au ministre, et non au conseil de préfecture (1); et en dernier ressort, au conseil d'État.

264. — Lorsqu'un déficit peut porter sur des deniers communaux ou appartenant à des établissements charitables, le ministre des finances doit se concerter, pour la décision à prendre, avec le ministre de l'intérieur, conformément aux articles 10 de l'ordonnance du 19 octobre 1826 et 8 de l'ordonnance du 17 octobre 1837, sauf recours au conseil d'État (2).

265. — Le dernier paragraphe de l'art. 10 de la loi du 2 messidor an VI, veut que les comptables en débet soient contraints par emprisonnement de leurs personnes. On avait pensé d'abord que la contrainte par corps ne pouvait être exercée contre les comptables qu'en vertu d'un jugement, ainsi que la loi du 15 germinal an VI le prescrivait à l'égard des autres citoyens. Mais un avis du conseil d'État, sections réunies de législation et des finances, intervenu après renvoi des Consuls, et sur le rapport du ministre du trésor public, a décidé que les arrêtés de compte du ministre du trésor (des finances), servent de base à la contrainte par corps, comme ayant force de chose jugée, sans que l'on puisse soumettre ni ces arrêtés, ni les pièces sur lesquelles ils s'appuient, à l'examen des tribunaux; et qu'en matière de con-

(1) Arrêt du conseil d'État, 6 juillet 1843.
(2) Arrêt du conseil d'État, 6 juillet 1843.

trainte par corps, décernée pour faits de comptabilité publique, ce sont les arrêtés de comptes, et non les pièces servant de base à ces arrêtés, qui forment le titre qu'on doit notifier au débiteur avant d'exercer la contrainte.

Il suit de là que l'agent judiciaire du trésor ne peut exercer de poursuite, à fin de contrainte par corps, contre un comptable du trésor, qu'en exécution d'un arrêté du ministre des finances, qui doit être préalablement notifié au débiteur de l'État.

Conformément à l'avis du conseil d'Etat précité, une décision du ministre des finances, en date du 28 brumaire an XIV, porte : que la contrainte par corps peut être exercée sans jugement préalable, et par l'autorité administrative seule, contre les préposés comptables constitués en débet ; et que, quant aux difficultés auxquelles peuvent donner lieu, soit la contrainte par corps, soit toute autre contrainte exercée par une administration contre ses préposés, ces difficultés sont soumises aux tribunaux de première instance, à la charge de l'appel.

266. — La compétence des tribunaux ne peut s'appliquer, ainsi que l'a reconnu le grand-juge dans une lettre au ministre des finances du 22 avril 1806, qu'en ce qui concerne la validité des saisies, celle des ventes sur expropriation forcée, les questions d'ordre et de préférence entre les créanciers, et une multitude d'autres questions auxquelles l'exécution des poursuites et la validité ou l'irrégularité de la procédure peuvent donner lieu (1).

(1) Carrette, Lois annotées, p. 706. note 3, *in fine*.

267. — L'art. 46 et dernier de la loi du 17 avril 1832 sur la contrainte par corps, abrogeant toutes les dispositions des lois antérieures, relatives *aux cas* où la contrainte peut être prononcée contre les débiteurs de l'État, des communes et des établissements publics, a maintenu l'exécution de celles de ces dispositions qui concernent *le mode* des poursuites à exercer contre ces mêmes débiteurs. Il en résulte que les règles ci-dessus analysées, qui permettent d'exercer la contrainte par corps contre les débiteurs de l'État, sans jugement préalable, et seulement par suite d'arrêtés ou de contraintes décernées administrativement, sont toujours en vigueur.

268. — Mais la loi de 1832, a déterminé ainsi qu'il suit, dans sa section II, les divers cas qui peuvent donner lieu à la contrainte par corps en matière de deniers et effets mobiliers publics :

« Art. 8. Sont soumis à la contrainte par corps pour raison du reliquat de leurs comptes, déficit ou débet constatés à leur charge, et dont ils ont été déclarés responsables :

1° Les comptables de deniers publics ou d'effets mobiliers publics et leurs cautions ;

2° Leurs agents ou préposés qui ont personnellement géré ou fait la recette ;

3° Toutes personnes qui ont perçu des deniers publics dont elles n'ont point effectué le versement ou l'emploi, ou qui, ayant reçu des effets mobiliers appartenant à l'État, ne les représentent pas, ou ne justifient pas de l'emploi qui leur avait été prescrit.

« Art. 9. Sont compris dans les dispositions de l'article précédent, les comptables chargés de la perception des deniers ou de la garde et de l'emploi des effets mobiliers appartenant aux communes, aux hospices et aux établissements publics, ainsi que leurs cautions, et leurs agents et préposés, ayant personnellement géré ou fait la recette.

« Art. 10. Sont également soumis à la contrainte par corps :

1° Tous entrepreneurs, fournisseurs, soumissionnaires et traitants qui ont passé des marchés ou traités intéressant l'État, les communes, les établissements de bienfaisance et autres établissements publics, et qui sont déclarés débiteurs par suite de leurs entreprises ;

2° Leurs cautions, ainsi que leurs agents et préposés qui ont personnellement géré l'entreprise, et toutes personnes déclarées responsables des mêmes services.

« Art. 11. Seront encore soumis à la contrainte par corps, tous redevables, débiteurs et cautions de droits de douanes, d'octrois et autres contributions indirectes, qui ont obtenu un crédit et qui n'ont pas acquitté, à échéance, le montant de leurs soumissions ou obligations.

« Art. 12. La contrainte par corps pourra être prononcée, en vertu des quatre articles précédents, contre les femmes et les filles. Elle ne pourra l'être contre les septuagénaires.

« Art. 13. Dans les cas énoncés dans la présente section, la contrainte par corps n'aura jamais lieu que pour une somme principale excédant trois cents francs. Sa durée sera fixée dans les limites de l'art. 7 de la présente loi, paragraphe premier.

269. Cette dernière disposition soulève une question grave. Le premier paragraphe de l'art. 7 porte : « Dans tous les cas où la contrainte par corps a lieu en matière civile ordinaire, la durée en sera fixée par le jugement de condamnation ; elle sera d'un an au moins et de dix ans au plus. »

Comme l'art. 46 maintient *le mode* des poursuites à exercer contre les redevables de deniers publics, établi par les anciennes lois, lesquelles attribuent à la contrainte décernée par le ministre des finances tous les caractères et les effets d'un jugement des tribunaux, il semblerait devoir en résulter que le ministre seul, dans son arrêté de contrainte, aurait le droit de fixer la durée de la contrainte par corps, contre les débiteurs du trésor public. Mais cette conséquence ne doit pas être admise. En effet, *le mode* de poursuite et *la durée* de la contrainte par corps sont deux choses essentiellement différentes. On conçoit que, dans l'intérêt du trésor et pour lui conserver les moyens rapides de faire rentrer les deniers de l'État, on ait laissé au ministre des finances le droit de décerner des contraintes, exécutoires par provision. Mais une fois le débiteur de l'Etat mis sous la main du fisc, on ne comprendrait pas comment l'administration, juge et partie dans sa propre cause, pourrait déterminer souverainement la durée de la contrainte par corps. L'intérêt de la liberté, intérêt supérieur à toutes autres considérations, exige que la question de durée de la détention pour dette de l'Etat soit portée devant les juges du droit commun, dont les décisions sont les garanties les plus sûres de la jouissance de tous nos droits constitutionnels. C'est pourquoi, lorsque le débiteur de deniers publics aura été incarcéré, par suite d'une contrainte décernée par le ministre des finances, il devra s'adresser au tribunal civil de son domicile, pour qu'il soit statué sur la durée de la contrainte par corps, conformément au paragraphe premier de l'art. 7 de la loi.

CHAPITRE VII.

PRIVILÉGE DU TRÉSOR PUBLIC POUR LE RECOUVREMENT DES FRAIS DE JUSTICE EN MATIÈRE CRIMINELLE, CORRECTIONNELLE ET DE POLICE.

SOMMAIRE.

270. — État de l'ancienne législation jusqu'en 1791.
271. — Suppression, à cette époque, des amendes arbitraires.
272. — Loi du 18 germinal an VII sur les frais de justice criminelle.
273. — Elle est modifiée en ce qui concerne les droits attribués à la partie civile, par la loi du 5 pluviôse an XIII.
274. — Loi du 5 septembre 1807, actuellement en vigueur.
275. — Esprit général de cette loi.
276. — Elle accorde un privilége pour les sommes dues pour la défense personnelle des accusés ; — quel est le rang de ce privilége?
277. — Nécessité de l'inscription du privilége du trésor dans les deux mois du jugement de condamnation ; — même en matière de cautionnement de liberté provisoire.
278. — Limitation du privilége sur les immeubles.
279. — Actes frauduleux souscrits par le condamné.
280. — Distinction entre les aliénations qu'il a consenties à titre gratuit, et celles à titre onéreux.
281. — Le privilége du fisc ne peut atteindre les biens aliénés avant le jugement de condamnation.
282. — Le trésor, lorsqu'il n'a pas fait inscrire son privilége dans la quinzaine de la transcription, conserve-t-il au moins un droit sur le prix, en prenant inscription dans les deux mois à compter du jugement de condamnation ?

283. — Le trésor conserve son privilége toutes les fois qu'il prend inscription dans la quinzaine de la transcription.

284. — Le privilége sur les immeubles du condamné ne s'exerce qu'après discussion du mobilier.

285. — Rang dans lequel s'exerce ce privilége, relativement aux créanciers dont les titres sont antérieurs.

286. — Il prime toutes créances autres que celles spécifiées par les art. 2101 et 2102 du Code civil.

287. — Le privilége du trésor ne s'étend pas aux amendes.

288. — Les frais doivent être liquidés par le jugement ou l'arrêt de condamnation.

289. — *Quid*, s'il y a eu recours en cassation contre un arrêt qui ne liquide point les frais?

290. — Règles établies pour le recouvrement des frais de justice criminelle, lequel est confié à l'administration de l'enregistrement.

291. — Dans le cas où l'insolvabilité des condamnés est légalement attestée, l'administration n'a pas le droit de les recommander et de les retenir en prison pour le paiement des frais.

292. — Ordre dans lequel vient le privilége du trésor pour le recouvrement des frais de justice criminelle.

270. — Sous l'ancien régime, les frais des procès criminels étaient à la charge du Roi ou des seigneurs justiciers, quand il n'y avait point de partie civile, mais quand il y en avait une, c'était elle qui avançait tous les frais (1).

On tenait pour certain dans tous les parlements, ceux de Douai et de Nancy exceptés (2), que, quoique les accusés fussent convaincus du crime qu'on leur avait imputé, néanmoins les juges ne pouvaient point les condamner aux dépens envers le Roi, ni envers les seigneurs, d'après la maxime : *quia fiscus gratis semper laborat* (3). Maxime doublement fausse, car si on ne condamnait pas les coupables aux frais de leurs

(1) Ferrière, Dict. de droit vis *Frais en procès criminels*, p. 671.
(2) Merlin, Rep. vis *Frais des procès criminels*, 5e édition, p. 3.
(3) Ferrière, vo *Fisc*. p. 659.

procès criminels, on leur infligeait immédiatement une amende arbitraire pour en tenir lieu : et le recouvrement de cette amende était assuré par un privilége sur leurs meubles et par une hypothèque sur leurs immeubles, afin que le fisc, *qui gratis semper laborat*, non-seulement n'y perdît rien, mais fût largement indemnisé de ses avances.

Plusieurs déclarations du Roi avaient statué sur cet objet, notamment celles des 21 et 24 mars 1671, 13 juillet 1,700 et 16 août 1707. Cette dernière déclaration fixa la législation, et demeura en vigueur jusqu'en 1791.

271. — A cette époque, le Code pénal et les lois postérieures ayant supprimé presque entièrement les amendes, avaient laissé à la charge du trésor public tous les frais de procédure, sans aucun moyen de remboursement ou d'indemnité.

272. — La loi du 18 germinal an VII, vint, avec raison, au secours du trésor public. « Il est naturel, en effet que tout homme, reconnu coupable d'un délit, répare, sur ses propres biens, le tort qu'il a fait à la société en la mettant dans la nécessité de faire des dépenses pour le poursuivre et le faire condamner (1) ».

La loi du 18 germinal voulut donc que tout jugement, portant condamnation à une peine quelconque, prononçât en même temps, au profit du trésor, le remboursement des frais auxquels la poursuite et la punition des délits auraient donné lieu ; en réservant néanmoins la préférence aux indemnités accordées à

(1) Merlin, Rep. *loc. cit.*

ceux qui auraient souffert un dommage résultant du délit : par application, sans doute de la loi, 11, Dig., *De jure fisci : non possunt ulla bona ad fiscum pertinere, nisi quæ creditoribus superfutura : id enim bonorum cujusque intelligitur, quod ære alieno superest.*

Tel était l'état de la législation lorsque le Code civil parut.

L'art. 2098, nous l'avons expliqué (1), posa seulement le principe d'une disposition générale en ce qui concernait les droits du trésor public.

273. — La loi du 5 pluviôse an XIII, relative à la diminution des frais de justice en matière criminelle ou de police correctionnelle, modifia les droits attribués à la partie civile par la loi du 18 germinal an VII.

Elle disposa dans son art. 4, qu'en matière correctionnelle, ceux qui se constitueraient parties civiles seraient personnellement chargés des frais de poursuite, instruction et signification des jugements : et, qu'en toute affaire criminelle, la partie publique serait seule chargée des frais d'exécution : qu'elle ferait l'avance des frais d'instruction, expédition et signification des jugements ; du remboursement desquels ceux qui se seraient constitués parties civiles seraient personnellement tenus, sauf, dans tous les cas, le recours des parties civiles contre les prévenus ou accusés qui auraient été condamnés (2).

Il résulte de cet exposé, qu'aucune loi n'avait dé-

(1) Voy. le chap. V, nº 219.

(2) Aujourd'hui, suivant l'art. 368, du Code d'instruction criminelle : Dans les affaires soumises au Jury, la partie civile qui n'aura

terminé le rang de collocation du trésor, à l'égard des créanciers du condamné, autres que la partie civile ; que seulement, l'art. 2098 du Code contenait un principe qui laissait la question dans le domaine du législateur.

274. — Cette question a été résolue par la loi du 5 septembre 1807 (1). Cette loi porte :

« Art. 1er. En conséquence de l'art. 2098 du Code civil, le privilége du trésor public est réglé de la manière suivante, en ce qui concerne le remboursement des frais dont la condamnation est prononcée à son profit, en matière criminelle, correctionnelle et de police.

« Art. 2. Le privilége du trésor public sur les meubles et effets mobiliers des condamnés ne s'exerce qu'après les autres priviléges et droits ci-après mentionnés, savoir :

« 1° Les priviléges désignés aux articles 2101 et 2102 du Code civil ;

« 2° Les sommes dues pour la défense personnelle du condamné, lesquelles, en cas de contestation de la part de l'administration des domaines, seront réglées, d'après la nature de l'affaire, par le tribunal qui aura prononcé la condamnation.

« Art. 3. le privilége du trésor public sur les biens immeubles des condamnés n'aura lieu qu'à la charge

pas succombé n'est jamais tenue des frais. — Dans le cas où elle en aurait consigné, en exécution du décret du 18 juin 1811, ils doivent lui être restitués.

(1) Comme cette loi porte la même date que celle relative aux droits du trésor sur les biens des comptables ; pour la distinguer, nous croyons devoir ainsi la qualifier.

de l'inscription dans les deux mois, à dater du jour du jugement de condamnation; passé lequel délai, les droits du trésor public ne pourront s'exercer qu'en conformité de l'art. 2113 du Code civil.

Art. 4. Le privilége mentionné dans l'art. 3 ci-dessus, ne s'exercera qu'après les autres priviléges et droits suivants:

« 1° Les priviléges désignés en l'art. 2101 du Code civil, dans le cas prévu par l'art. 2105;

« 2° Les priviléges désignés en l'art. 2103 du Code civil, pourvu que les conditions prescrites pour leur conservation aient été accomplies;

« 3° Les hypothèques légales existantes indépendamment de l'inscription, pourvu toutefois qu'elles soient antérieures au mandat d'arrêt, dans le cas où il en aurait été décerné contre le condamné; et, dans les autres cas, au jugement de condamnation;

« 4° Les autres hypothèques, pourvu que les créances aient été inscrites au bureau des hypothèques avant le privilége du trésor public, et qu'elles résultent d'actes qui aient une date certaine, antérieure auxdits mandat d'arrêt ou jugement de condamnation;

« 5° Les sommes dues pour la défense personnelle du condamné, sauf le règlement, ainsi qu'il est dit en l'art. 2 ci-dessus.

« Art. 5. Toutes dispositions contraires à la présente loi sont abrogées. »

275. — Cette loi concilie, autant qu'il est possible, les droits des tiers avec ceux du trésor public. Son esprit général est que tous les droits acquis à des tiers soient respectés, mais, qu'après ces droits, le trésor ait la préférence.

A cet effet, le privilége établi par l'art. 2 sur les meubles et effets mobiliers des condamnés, ne s'exerce qu'après tous les priviléges généraux sur les meubles et tous les priviléges sur certains meubles : la loi ne fait que rétablir, en cela, les principes de l'ancienne législation sur les amendes, ainsi que l'atteste la déclaration du 16 août 1707.

276. — Mais la loi va plus loin, elle veut que les accusés puissent être defendus, et que le défaut de moyens ne les gêne pas dans le choix qu'ils voudraient faire d'un défenseur. C'est pourquoi elle accorde un privilége sur les meubles, pour les sommes dues pour la défense personnelle du condamné, suivant le règlement qui en sera fait par le tribunal qui aura prononcé la condamnation.

Il nous est permis de supposer que cette disposition est à peu près inutile ; et nous aimons à croire qu'aucun membre de l'ordre des avocats n'a jamais refusé son concours gratuit à la défense d'un accusé.

Cette disposition toutefois a donné lieu à une discussion sur le rang du privilége accordé aux sommes dues pour la défense.

Suivant M. Tarrible (1), la loi du 5 septembre 1807 accorde bien au défenseur de l'accusé, pour ses frais, une préférence sur le trésor public ; mais elle ne lui en accorde aucune sur les autres créanciers, soit privilégiés, soit cédulaires. « Il en résultera dit-il, que s'il y a concours et insuffisance dans la distribu-

(1) Rep. *privilége*, n° 94.

tion du prix des meubles entre les créanciers privilégiés, le trésor public, le défenseur de l'accusé et des créanciers cédulaires, les créanciers privilégiés seront colloqués les premiers; le trésor public devra être colloqué *le second;* mais il *devra céder son droit* au défenseur, à concurrence du montant de la taxe; et le trésor public, pour le recouvrement de cette part cédée, devra concourir avec tous les créanciers cédulaires par contribution au marc le franc. Le trésor public, ayant en effet *cédé son droit* au défenseur, ne pourrait exercer d'autres droits sur la masse que ceux qu'aurait eus le défenseur ; il se trouvera nécessairement réduit à la condition des simples créanciers cédulaires, pour le *recouvrement* de cette part. »

M. Troplong (1) adopte sans hésiter cette opinion, et s'en appuie pour combattre celle de M. Pardessus (2), qui croit que les frais de défense sont privilégiés dans tous les cas, et qui leur donne la préférence sur les créanciers cédulaires, et les met au sixième rang des priviléges généraux.

Cette dernière opinion nous paraît beaucoup mieux fondée que la précédente. En effet nous ne pouvons admettre, avec M. Tarrible, que le trésor doive être colloqué le second, après les créanciers qui ont un privilége d'un rang supérieur, et que, par conséquent, il *cède ses droits* au défenseur. La loi du 5 septembre **1807**, accorde à ce dernier un privilége spécial qui est tout à fait indépendant de celui du trésor pour

(1) *Privilége* et *hypothèques,* tome I, n° 36, p. 38.
(2) Tome IV, n° 1197, *Cours de droit commercial.*

les frais criminels, et qui passe avant lui. Le règlement de la taxe des sommes dues pour la défense, doit se faire par exécutoire distinct et séparé de celui des frais; il doit être délivré au nom du défenseur, qui reste toujours libre de ne pas requérir ce règlement, et même d'y renoncer complétement. Par conséquent, le trésor n'a rien à céder à ce dernier qui agit en son nom et en vertu de son droit; et, par la même raison, le trésor n'a rien à recouvrer au marc le franc avec les créanciers non privilégiés.

277. — La loi, dans son art. 3, veut que le privilége du trésor sur les biens immeubles du condamné, n'ait lieu qu'à la charge de l'inscription dans les deux mois, à dater du jour du jugement de condamnation; et faute de ce faire, les droits du trésor ne peuvent s'exercer qu'en conformité de l'article 2113 du Code civil. Nous avons expliqué, dans le chapitre V, en quoi consiste l'obligation de l'inscription, et les effets qu'elle produit; nous y renvoyons (V. les art. 233 et suivants). — Remarquons seulement, qu'en matière de liberté provisoire sous caution, conformément aux art. 113 et suivants du Code d'instruction criminelle, il suffit pour la conservation du privilége de l'État sur les biens de la caution, que l'inscription ait lieu également dans les deux mois de la condamnation (1).

278.—Le privilége sur les immeubles, que l'article 4 accorde au trésor, est bien limité, puisque, indépendamment de tous les priviléges établis par le Code civil, la loi accorde encore une grande préroga-

(1) Sirey, 17, 2, 224.

tive à tous les actes qui ont date certaine. Seulement, la loi exige que cette date soit antérieure au mandat d'arrêt, dans le cas où il en est décerné, et dans les autres cas, au jugement de condamnation.

« La restriction était nécessaire, disait M. Jaubert, conseiller d'État, en présentant le 26 août 1807, le projet de loi au Corps législatif, autrement les droits du trésor public pourraient toujours être anéantis d'avance par le condamné, qui ne manquerait pas de se créer des créanciers supposés pour soustraire ses biens aux poursuites du trésor public. Les tiers ne peuvent en souffrir aucun préjudice. L'homme de bonne foi contracte-t-il avec un individu qui est sous les liens d'un mandat d'arrêt, ou sous le poids d'une condamnation, sans avoir préalablement pris connaissance non-seulement de l'état de ses affaires en général, mais encore de sa situation résultante de la prévention.

« Le projet ne s'explique pas sur les actes frauduleux qui pourraient avoir été consentis par le condamné avant le mandat d'arrêt ou le jugement de condamnation; mais, à cet égard, toute disposition spéciale serait superflue, les choses devant, en ce point, rester dans les termes du droit commun. »

279.—Il résulte clairement de cette dernière explication, que si le condamné avait consenti des actes frauduleux avant le mandat d'arrêt ou le jugement de condamnation, le trésor public serait recevable à en faire prononcer la nullité.

280. — D'après une lettre du grand juge, du 19 mars 1808, il y a une différence à faire entre les aliénations consenties par le condamné à titre onéreux, et les dispositions à titre gratuit. « Celles-ci, dit le grand juge, sont plus facilement révoquées que les autres. Il suffit en effet de prouver la fraude de la part de celui qui a disposé; tandis que pour les aliénations à titre onéreux, il faut encore prouver la participation de l'acquéreur à cette fraude. La différence entre les aliénations à titre gratuit et celles à titre onéreux reçoit un nouveau degré de force, quand la donation est faite par les pères et mères aux enfants, puisqu'il est manifeste que l'intention des donateurs a été de soustraire les enfants au paiement des frais de justice sur les biens, que, sans donations entre-vifs, ils n'eussent recueillis qu'à titre héréditaire. »

281. — La même lettre fait remarquer que la loi ne s'est pas expliquée sur les aliénations : elle ne s'est occupée que de l'ordre et de la préférence entre les créanciers dans la distribution du prix des biens du condamné. « Les principes ordinaires, ajoute-t-elle, ne semblent pas admettre que le privilége ou l'hypothèque du fisc puisse affecter les biens *aliénés avant* le jugement de condamnation. En effet, jusque-là, le prévenu conserve l'exercice de ses droits civils, et la capacité de disposer de ses biens. D'un autre côté, les actes translatifs de propriété, suivis de transcription, transmettent à l'acquéreur les biens libres et exempts de toutes hypothèques, autres que celles qui se trouveraient inscrites lors de la transcription ou dans la quinzaine suivante, et comme le trésor public n'a de titre hypothécaire que par le jugement de condamnation, et ne peut former d'inscription auparavant, il s'ensuit qu'il ne peut exercer de privilége ni d'hypothèque sur les biens qui ont été *aliénés antérieurement.* Il peut seulement, comme les autres créanciers, provoquer la rescision des aliénations simulées » (1).

Cette solution est conforme à l'art. 834 du Code de procédure, et elle doit être suivie (2).

282. — Dans le cas où le trésor aurait laissé écouler la quinzaine de la transcription sans faire inscrire son privilége, conserverait-il au moins un droit sur le prix, s'il prenait inscription dans les deux mois à compter du jugement?

M. Troplong (3) adopte l'affirmative, en se fondant sur ce que l'art. 834 du Code de procédure civile résout cette question affirmativement à l'égard du copartageant, qui n'est forcé de prendre inscription que dans les soixante jours à compter du partage (C. civ., 2109). « Si l'immeuble soumis à son privilége, dit cet éminent jurisconsulte, est vendu de telle sorte que l'acquéreur fasse transcrire, et si le copartageant laisse passer les quinze jours de la transcription sans prendre inscription, ce dernier est sans doute privé du droit de surenchérir. L'immeuble est purgé, et il n'a plus le droit de suite. Mais il conserve toujours un droit sur le prix, pourvu qu'il se fasse inscrire dans les soixante jours. »

Mais il est à remarquer que l'art. 2109 du Code civil qui donne ce droit au copartageant, a pris soin de lui en assurer l'effet en déclarant que : « durant

(1) Voy. cette lettre dans Dalloz. v° *Hypothèque*, p. 70, notes.

(2) Dans le même sens, M. Troplong, *Priviléges* et *Hypothèques*, p. 127. tome I, n° 95.

(3) N° 95 bis.

lequel temps aucune hypothèque ne peut avoir lieu sur le bien chargé de soulte ou adjugé par licitation, au préjudice du créancier de la soulte ou du prix ; » disposition reproduite par l'art. 834 du Code de procédure civile. Or, aucune disposition semblable n'a été insérée dans la loi du 5 septembre 1807, à l'égard du privilége du trésor public : et comme, d'un autre côté, l'art. 834 du Code de procédure civile a été adopté principalement dans l'intérêt des tiers, on ne saurait, par analogie, et alors qu'il s'agit d'un privilége qui est toujours de droit étroit, étendre l'effet de ce privilége au delà du terme fixé pour l'inscription de toutes les créances, à moins d'une réserve spéciale. D'ailleurs, le trésor, créancier privilégié, sur les biens meubles et immeubles du condamné, pour frais d'un procès criminel, peut-il être assimilé au copartageant auquel une soulte est due? le copartageant était copropriétaire, et il n'est pas étonnant que la loi l'ait traité plus favorablement. Nous ne pouvons donc admettre que le privilége du trésor, lorsqu'il n'a pas été inscrit dans la quinzaine de la transcription, puisse l'être utilement après ce délai.

283. — Mais si l'aliénation avait été faite depuis le mandat d'arrêt, mais avant le jugement, et que le trésor eut pris inscription avant l'expiration de la quinzaine de la transcription, il n'est pas douteux qu'il aurait conservé son privilége (1).

284. — Les priviléges du trésor pour le recouvre-

(1) M. Troplong, *loc. cit.*; M. Persil, art. 2098, n° 22; Dalloz, *Hypothèque*, p. 70, n° 11.

ment des frais criminels, ne s'exercent sur les immeubles du condamné, comme ceux énoncés en l'art. 2101 du Code civil, et de même que ceux du trésor sur les biens des comptables, que discussion préalablement faite du mobilier. Si donc le trésor néglige de faire valoir son privilége sur le mobilier de son débiteur, il ne peut plus l'exercer sur les immeubles au détriment des créanciers hypothécaires.— Ainsi jugé, par un arrêt de la cour de Cassation du 22 août 1836, confirmatif d'un arrêt de la cour de Nancy (1).

285. — La cour de Cassation a décidé, par arrêt du 6 juin 1809 (2), que le privilége du trésor pour le recouvrement des frais criminels, peut, quand il s'agit des biens meubles du condamné, être opposé aux tiers créanciers dont les titres sont antérieurs à la loi du 5 septembre 1807, lorsqu'ils n'ont acquis aucun droit sur ces meubles, avant l'existence du privilége du trésor.

286. — La cour royale de Paris a jugé dans le même sens, par un arrêt du 4 mars 1839 (3), infirmatif d'un jugement du tribunal de commerce de la Seine, que le même privilége, pour les frais d'une poursuite motivée sur des faits antérieurs à une déclaration de faillite, prime toute créance autre que celles spécifiées dans les art. 2101 et 2102 du Code civil.

« Considérant, dit cet arrêt, que l'exception posée par le deuxième paragraphe de l'art. 2098 C. civ.,

(1) Dalloz, 1836, I, 447; — Voy. aussi n° 242, chap. V.

(2) Nouveau recueil de Villeneuve et Carrette tome III, p. 68.

(3) Dalloz, 1839, 2, 108.

à l'exercice du privilége du trésor, devait s'entendre des droits privilégiés acquis à des tiers, antérieurement à la promulgation de la loi destinée à organiser ce privilége ; — Que l'ouverture de la faillite n'a pour effet ni de dessaisir le failli de la propriété de ses biens, ni de l'attribuer dès lors à ses créanciers, ni de paralyser les actions judiciaires fondées sur des faits antérieurs à cette ouverture ; — Qu'ainsi, elle ne confère aux créanciers, reconnus à cette époque, aucun droit actuel au préjudice de ceux qui feraient reconnaître leurs créances avant la clôture des opérations de la faillite ; — Considérant que la condamnation aux frais prononcés au profit du trésor a été déterminée par des faits antérieurs à l'ouverture de la faillite ; — Que le trésor a réclamé son admission au passif et par conséquent exercé en temps utile un droit déclaré privilégié par la loi du 5 septembre 1807 ; — Que cette loi n'admet, de préférence au droit du trésor, que les créances spécifiées dans les art. 2101 et 2102 Code civil » (1).

Cette solution est conforme à la loi de 1807, mais il faut avouer qu'elle expose les tiers créanciers, non privilégiés et qui sont de bonne foi, à de grands inconvénients.

287. — Nous avons dit, n°. 155, que le privilége du trésor sur les biens des comptables ne s'étend pas aux amendes : il en est de même à l'égard du privilége pour le recouvrement des frais de justice criminelle. Les amendes ne doivent jamais être payées

(1) En ce sens, M. Persil, *quest.* tome I, p. 17.

qu'après ces frais : ainsi décidé par arrêt de la cour de Cassation du 7 mai 1816 (1).

288. — Le privilége du trésor, pour le recouvrement des frais de justice, ne s'applique qu'à la somme des frais liquidés par le jugement ou l'arrêt de condamnation.

289. — S'il y a recours en cassation contre un arrêt criminel qui ne liquide point les frais à la charge du condamné, la régie de l'enregistrement peut prendre une inscription pour telle somme indéterminée à laquelle elle évalue les frais dans son bordereau. (C. civ. 2148). — Si le prévenu est acquitté en définitive, ou si, étant condamné, il a payé tous les frais à sa charge, l'inscription prise au nom du trésor public est rayée, sur la remise au conservateur d'un acte authentique, portant le consentement du directeur des domaines qui a requis l'inscription, sans qu'il soit besoin de recourir au préfet. Telle est la marche prescrite par une décision des ministres de la justice et des finances, rapportée par Sirey, t. X, 2e partie, p. 332.

290. — Le recouvrement des frais de justice en matière criminelle, a été confié à la régie de l'enregistrement par la loi du 18 germinal an VII, et plusieurs instructions générales, ont réglé le mode des poursuites ainsi qu'il suit : Le recouvrement doit être fait par les receveurs de l'arrondissement du domicile des condamnés (inst. gén. n° 518). Lorsque, par suite de sa condamnation, le condamné est privé de

(1) Sirey, 17, I, 53. — Voy. en ce sens, M. Duranton, tome XIX, n° 256, et les auteurs cités n° 155 ci-dessus.

ses droits civils, les préposés de l'administration doivent provoquer la nomination d'un curateur contre lequel les poursuites sont dirigées (inst. gén. n° 142). Si la condamnation emporte la mort civile, les poursuites doivent être dirigées contre les héritiers (inst. gén. n° 220). Pour que la femme d'un condamné à une peine emportant mort civile, puisse prétendre que ses reprises seront exercées sur les biens de son mari, par préférence aux frais de justice dus à l'État, il faut que sa créance ait été liquidée contradictoirement avec toutes les parties intéressées (inst. gén. n° 1146). On doit faire emprisonner ou recommander les condamnés, *même lorsque leur insolvabilité est attestée,* s'il y a présomption que cette mesure peut déterminer le paiement (inst. gén. n° 750).

291. — Cette dernière instruction est bien sévère : elle va au delà de ce que l'intérêt bien entendu de l'État commande aux agents du fisc. En effet, lorsque l'insolvabilité des condamnés est attestée légalement, n'est-il pas contraire à toute justice, aussi bien qu'à toute humanité, de les faire emprisonner ou recommander sur la simple *présomption* que cette mesure pourra déterminer le paiement ? Mais cette présomption, qui l'appréciera ? l'administration des domaines, juge et partie dans sa propre cause ? C'est là, nous n'hésitons pas à le signaler, un abus de pouvoir. Lorsqu'un condamné est insolvable, et que cette insolvabilité est certifiée par les autorités compétentes en la forme légale, rien ne peut autoriser l'administration à faire emprisonner ou recommander le condamné. L'État, dans ce cas, perdra peut-être ses droits : mais la liberté individuelle, la justice et l'humanité seront respectées (1).

292. — Les priviléges du trésor pour le recouvrement des frais en matière criminelle, sur les biens meubles et immeubles des condamnés, ne doivent s'exercer qu'après les sommes dues pour la défense personnelle des condamnés : il en résulte que ces priviléges ne sont pas dans le même rang que ceux établis au profit du trésor public et du trésor de la Couronne, par la loi du 5 septembre 1807, et par l'avis du conseil d'État du 25 février 1808 (2). En effet, ces derniers priviléges ne sont point primés par les sommes dues pour la défense personnelle du condamné : ils viennent donc concurremment avant ces sommes, qui priment elles-mêmes celles allouées au trésor pour le recouvrement des frais de justice criminelle.

A cette exception près, les priviléges du trésor, résultant des deux lois du 5 septembre 1807, viendraient concurrement et au même rang, puisque ces deux lois ont établi les mêmes règles pour leur exercice.

(1) Voy. au surplus, les art. 53 et 467 du Code pénal

(2) *Suprà* n° 253.

CHAPITRE VIII.

PRIVILÉGE DU TRÉSOR PUBLIC POUR LE RECOUVREMENT DES CONTRIBUTIONS DIRECTES.

SOMMAIRE.

293. — Le privilége établi par la loi du 11 brumaire an VII, a été remplacé par celui résultant de la loi du 12 novembre 1808 ; — Texte de cette loi.

294. — Principal changement qu'elle a apporté dans la législation antérieure.

295. — Le privilége pour le recouvrement de l'année échue et de l'année courante de la contribution foncière s'exerce avant tous autres, à l'exception des frais de justice, sur les loyers, revenus, fruits et récoltes.

296. — Privilége pour le recouvrement des autres contributions directes; — Quelles sont ces contributions.

297. — Le trésor n'a pas privilége sur les immeubles des redevables.

298. — Obligations des dépositaires et débiteurs de deniers provenant du chef des redevables, et affectés au privilége du trésor.

299. — Explications sur la compétence de l'administration, dans le cas de revendication de tout ou partie des meubles et effets saisis à la requête du trésor; lequel, du trésor ou du tiers-revendicateur, doit faire preuve de la propriété de ces effets?

300. — Le redevable ne peut vendre ses meubles au préjudice du privilége du trésor qui s'exerce en quelque lieu que les meubles se trouvent.

301. — L'autorité administrative ne peut connaître du fond des demandes en revendication ; — ces demandes, ainsi que les discussions sur la qualité et les droits des parties, sont de la compétence des tribunaux.

302. — Indépendamment de son privilége, le trésor conserve ses autres droits sur les biens des redevables, comme tout autre créancier.

293. — La loi du 11 brumaire an VII, article 11, n° 2, accordait à l'Etat un privilége sur les immeubles, pour une année échue et l'année courante de la contribution foncière. Ce privilége était même dispensé, par cet article, de la formalité de l'inscription.

On a vu, chapitre V, n° 219, que lors de la discussion du Code civil, le projet d'article 2098 portait : « le privilége, à raison des contributions publiques, et l'ordre dans lequel il s'exerce, seront réglés par les lois qui les concernent ; » et que, sur la proposition de M. Defermon, il fut décidé que l'on étendrait cette disposition à toutes les espèces de priviléges que pouvait avoir le trésor public.

La loi du 11 brumaire an VII, resta donc en vigueur.

Mais cette loi n'était applicable qu'à la contribution foncière, et il importait d'assurer également au trésor un privilége, pour le recouvrement des autres contributions directes.

C'est à quoi pourvut la loi du 12 novembre 1808, qui est ainsi conçue :

« Art. 1er. Le privilége du trésor public pour le recouvrement des contributions directes est réglé ainsi qu'il suit, et s'exerce avant tout autre :

« 1° Pour la contribution foncière de l'année échue et de l'année courante, sur les récoltes, fruits, loyers et revenus des biens immeubles sujets à la contribution ;

« 2° Pour l'année échue et l'année courante, des contributions mobilière, des portes et fenêtres, des patentes, et tout autre contribution directe et personnelle, sur tous les meubles et autres effets mobiliers appartenant aux redevables, en quelque lieu qu'ils se trouvent.

« Art. 2. Tous fermiers, locataires, receveurs, économes, notaires, commissaires-priseurs, et autres dépositaires et débiteurs de deniers provenant du chef des redevables, et affectés au privilége du trésor public, seront tenus, sur la demande qui leur en sera faite, de payer, sur l'acquit des redevables et sur le montant des fonds qu'ils doivent, ou qui sont en leurs mains, jusqu'à concurrence de tout ou partie des contributions dues par ces derniers. Les quittances des percepteurs pour les sommes légitimement dues leur seront allouées en compte.

« Art. 3. Le privilége attribué au trésor public, pour le recouvrement des contributions directes, ne préjudicie point aux autres droits qu'il pourrait exercer sur les biens des redevables, comme tout autre créancier.

« Art. 4. Lorsque, dans le cas de saisie de meubles et autres effets mobiliers pour le paiement des contributions, il s'élèvera une demande en revendication de tout ou partie desdits meubles et effets, elle ne pourra être portée devant les tribunaux ordinaires, qu'après avoir été soumise, par l'une des parties intéressées, à l'autorité administrative, aux termes de la loi des 23 et 28 octobre—5 novembre 1790. »

294. —Le principal changement apporté par cette loi à la législation antérieure, consiste en ce que, d'après la loi de brumaire an VII, le trésor, pour le recouvrement de la contribution foncière, jouissait d'un privilége sur les immeubles; tandis que ce privilége est anéanti par la loi que nous venons de rapporter. « Un des points fondamentaux du projet, disait M. le conseiller d'Etat Jaubert, en présentant la loi au Corps législatif, c'est que le privilége ne s'étendra pas sur les immeubles. Il doit même, en ce qui concerne la contribution foncière, se réduire aux revenus et loyers des biens immeubles sujets à la contribution, et doit être encore limité aux fruits de l'année échue et de l'année courante.

295. — Mais ce privilége sur les loyers et revenus s'exerce avant tout autre privilége, par conséquent, avant tous les priviléges généraux et particuliers sur les meubles indiqués dans les art. 2101 et 2102 du Code civil.

On doit toutefois excepter les frais de justice, lesquels, ainsi que le fait remarquer M. Troplong (1), sont moins un privilége qu'une déduction nécessaire, un prélèvement sur le prix, conformément à l'art. 657 du Code de procédure civile (2).

296. — Le privilége pour le recouvrement des contributions mobilière, des portes et fenêtres, des patentes, et de toute autre contribution directe et personnelle, est encore plus étendu; car il s'exerce sur tous les meubles et autres effets mobiliers appartenant aux redevables, *en quelque lieu qu'ils se trouvent.*

Il s'exerce également avant tout autre privilége, sauf celui des frais de justice.

Mais que doit-on entendre par ces expressions du n° 2 de l'art. 1er, « *Toute autre contribution directe et personnelle?* »

Ces expressions assujettissent à l'exercice du privilége du trésor public, pour l'année échue et l'année courante, toutes les contributions qui sont considé-

(1) *Priv. et hyp*, tom. I, p. 32, n° 33.

(2) Dans ce même sens, Tarrible, *Répertoire*, sect. 2, § 2, p. 241, 3e édition ; Grenier, *Hypothèques*, tom. II, p. 23, n° 305; Pardessus, *Droit commercial*, tom. IV, p. 367, n° 1209; — *Contrà*, Pigeau, *Procédure civile*, tom. II, p. 181 et suiv.

rées comme directes par les lois et ordonnances d'exécution : telle est, notamment, la contribution en argent due pour le remplacement de la prestation en nature que le contribuable n'a pas acquittée dans le délai fixé : telles sont encore les redevances fixes et proportionnelles des mines, conformément à la loi du 21 avril 1810, et au décret du 6 mai 1811 (1).

297. — Au reste, le privilége du trésor pour les contributions mobilière, des portes et fenêtres, des patentes et autres désignées en l'art. 1er, n° 2, ne porte pas plus que celui pour la contribution foncière, sur les immeubles du contribuable. Les droits du trésor ne sont, à cet égard, que ceux d'un créancier ordinaire, obligé de venir par concurrence. Ainsi décidé par un arrêt du conseil d'État, du 23 juin 1819 (2).

298. — L'art. 2 veut que tous les dépositaires et débiteurs de deniers provenant du chef des redevables, et affectés au privilége du trésor soient tenus, sur la demande qui leur en sera faite, de payer en l'acquit des redevables et sur le montant des fonds qu'ils doivent, ou qui sont en leurs mains, jusqu'à concurrence de tout ou partie des contributions dues par ces derniers.

Il a été jugé par la cour de Cassation, le 21 avril 1819 (3), que la loi du 12 novembre 1808, qui ordonne à tous dépositaires ou détenteurs de deniers affectés au privilége du trésor public, de vider leurs

(1) Voy. mon ouvrage sur les attributions des conseils généraux, tom. I, chap. X, pag. 275 et suiv., n° 252.
(2) Sirey, 20, II, 302.
(3) Sirey, 19, I, 281.

mains en celles du percepteur, s'étend même au cas où le détenteur est déjà atteint par une saisie-arrêt, de la part d'un tiers créancier. Le détenteur, s'il est contraint par le percepteur, doit obéir, sans attendre que la justice prononce entre le percepteur et le saisissant.

Cet arrêt est intervenu, sur le pourvoi formé, dans l'intérêt de la loi, par M. le procureur général (M. Mourre), contre deux jugements rendus par le tribunal de Rochefort les 21 mai et 17 juin 1818, dans des espèces absolument identiques.

Le réquisitoire de M. le procureur général renferme sur la compétence administrative des explications que nous croyons utile de rapporter. « Il ne faut pas juger, disait ce savant magistrat, de la compétence administrative par la qualité des personnes, mais par la nature des questions. Ainsi, quand il ne s'agira que de savoir si la somme réclamée par le percepteur est due, et si elle est due par privilége, ces deux points ne pourront être décidés que par l'autorité administrative. Peu importe qu'il y ait des opposants ou des tiers intéressés à la solution, l'autorité administrative est privativement compétente à l'égard de tous. Otez ce principe, vous paralysez l'impôt, et le paralyser c'est le détruire. On a vu des instances en contribution qui ont duré des années entières, et où il y avait un nombre infini de créanciers... Comment veut-on que le percepteur des contributions figure dans de pareilles instances? Il faut donc que le principe général soit respecté, et que la compétence administrative soit reconnue, toutes les fois qu'il ne s'agira que de savoir si les années pour lesquelles le percepteur réclame ont privilége, et si elles n'ont pas été soldées. La présence des tiers ne change rien à la nature de la difficulté, et c'est essentiellement dans la nature de la difficulté qu'est placée la compétence en matière de contribution. Dira-t-on que l'autorité administrative sera juge et partie? Elle ne le sera pas davantage à l'égard des tiers qu'elle ne l'est à l'égard de la partie saisie elle-même. La loi ne s'arrête point à cette méfiance injurieuse. Partout où elle établit un tribunal quelconque, elle répute qu'il y a justice et impartialité.»

299. — Mais si, dans le cas de saisie-arrêt de revenus, meubles ou autres effets mobiliers, pour le paiement des contributions directes, il s'élevait, ainsi que le prévoit l'art. 4 de la loi, une demande en revendication, serait-ce au trésor à faire la preuve que ces revenus meubles ou effets appartiennent réellement au contribuable débiteur; ou bien, au contraire, cette preuve incomberait-elle au tiers qui aurait revendiqué les objets saisis?

La loi n'ayant établi contre les tiers aucune présomption qui fasse prévaloir, jusqu'à preuve contraire, le privilége du trésor sur les autres droits privés, ainsi que l'a fait la loi du 5 septembre 1807, à l'égard des femmes des comptables, pour les meubles trouvés aux maisons d'habitation de leurs maris (1), il en résulte que la règle générale: *Onus probandi incumbit actori*, doit être suivie: par conséquent, le trésor devra prouver que le contribuable, son débiteur, était propriétaire des sommes, valeurs, meubles et

(1) Voy. chap. V, nos 223 et suivants.

effets mobiliers saisis-arrêtés, et il ne pourra faire porter son privilége sur ces effets et valeurs, qu'après qu'il aura été statué par les tribunaux civils sur la question de propriété.

300. — Remarquez que le privilége du trésor s'exerçant pour une année échue et l'année courante, le redevable ne pourrait vendre ses meubles au préjudice de ce privilége, même par acte ayant date certaine et antérieure à la saisie pratiquée à la requête du fisc. C'est ce qui a été jugé par un arrêt de la cour royale de Paris des premiers jours de mai 1845, rapporté dans *le Constitutionnel* du 8 mai 1845; voici les faits tels qu'ils sont présentés :

« Le 26 juin 1843, une contrainte est décernée par le receveur des contributions du 1er arrondissement de Paris, contre le sieur Quentin, imposé au rôle de la patente pour 416 fr. 90 c. Le porteur de contrainte se présente rue Neuve des Mathurins, 42, et fait le commandement au sieur Quentin, en parlant à sa personne: le 7 août, on revient pour saisir, mais alors on répond à l'agent des contributions que madame Quentin est seule locataire des lieux, en vertu d'un bail du 18 avril 1843, enregistré le 19 du même mois. Le fisc passe outre: le piano de madame Quentin est vendu, et 630 fr. sont retenus sur la vente pour payer la patente et les frais. L'affaire est portée en première instance, et le tribunal condamne le receveur à rendre les 630 fr., mais n'accorde pas les dommages-intérêts demandés par madame Quentin. Appel des deux parts devant la cour royale qui prononça l'arrêt suivant :

« La Cour, considérant qu'aux termes de la loi du

14 novembre 1808, le privilége du trésor s'exerce avant tout autre pour l'année échue et l'année courante des contributions mobilière et personnelle, de l'impôt des portes et fenêtres et celui des patentes, sur tous les meubles et effets mobiliers appartenant au redevable en quelque lieu qu'ils se trouvent; qu'au 1er janvier, époque de l'assiette de la contribution, les meubles saisis et vendus appartenaient à Quentin; qu'ainsi, la vente qu'il en a faite ultérieurement ne pouvait être opposée au trésor.... »

301. — De ce que l'art. 4 de la loi dispose que les demandes en revendication ne peuvent être portées devant les tribunaux qu'après avoir été soumises à l'autorité administrative, il ne s'ensuit pas que cette disposition change l'ordre des juridictions : la loi prescrit seulement une formalité préalable au jugement, laquelle ne peut donner lieu qu'à une action pour l'annulation de la procédure, si le mémoire dont la remise est prescrite à l'autorité administrative par la loi de 1790, ne lui a pas été déposé avant la poursuite de l'instance devant les tribunaux ordinaires. Telle a été la décision du conseil d'État, par un arrêt du 1er novembre 1820 (1). Précédemment, le conseil d'État avait décidé par plusieurs arrêts, que l'art. 4 de la loi du 12 novembre 1808, n'autorise pas les préfets à juger le fond ni à élever le conflit (2).

Les tribunaux ordinaires seraient également seuls

(1) Jurisprudence du conseil d'État, tome V, p. 482.

(2) 20 janvier 1819, Jurispr. du conseil d'État, tome V, p. 58; — 18 mars 1818, *idem*, tome IV, p. 281. — 20 novembre 1816, *idem*, tome III, p. 436.

compétents, si le tiers-saisi soutenait qu'il ne doit rien, ou si la partie saisie disait qu'elle n'a pas qualité : qu'elle est poursuivie comme héritière, mais qu'elle a renoncé à l'hérédité; en sorte qu'il faille juger le mérite de la renonciation : ou bien enfin, on arguëra une saisie de nullité par les motifs que les formalités n'auraient pas été observées; dans ces cas, et dans tous les autres semblables, l'autorité judiciaire est seule compétente (1).

302. — Bien que la loi du 12 novembre 1808 n'ait accordé à l'État, pour le recouvrement des contributions directes, qu'un privilége sur les meubles, elle n'a pas prétendu préjudicier aux droits que le trésor pourrait exercer sur les autres biens de ses redevables. L'art. 3 a fait la réserve expresse de ces droits; le trésor peut en user comme tout autre créancier, en se conformant aux règles du droit commun : car le trésor ne cesse pas d'être créancier, bien qu'il ne puisse pas exercer son privilége, par suite de l'insuffisance ou de l'absence des biens qui sont le gage spécial de sa créance.

(1) Réquisitoire de M. Mourre, Sirey, 19, I, 281.

CHAPITRE IX.

PRIVILÉGES DU TRÉSOR PUBLIC POUR LE RECOUVREMENT, 1° DES CONTRIBUTIONS INDIRECTES ; 2° DES DROITS DE DOUANE ; 3° DES DROITS DE MUTATION APRÈS DÉCÈS ; 4° ET DES DROITS DE TIMBRE.

SOMMAIRE.

§ Ier. — Contributions indirectes.

303. — Priviléges résultant de l'art. 47 de la loi du 1er germinal an XIII; — Ils ne sont point abrogés.

304. — Droit de préférence attribué au propriétaire pour six mois de loyer ; — paiement des réparations locatives, lorsque, jointes au dernier terme, elles ne s'élèvent pas à six mois de loyer.

305. — Faculté qu'ont les redevables de disposer de leurs meubles, même après une contrainte décernée contre eux, et jusqu'à la saisie.

306. — Le privilége de la régie des contributions indirectes prime le droit de rétention appartenant au créancier en cas de nantissement.

307. — L'exercice de l'action du trésor contre un redevable en faillite n'est pas soumis aux règles établies par le Code de commerce.

308. — De même, le trésor n'est pas lié par le concordat passé avec les créanciers de son débiteur en faillite.

309. — Difficultés de compétence ; — Renvoi.

§ II. — Droits de Douane.

310. — Dispositions des lois des 22 août 1791 et 4 germinal an II qui déterminent le privilége de la douane.

311. — Ce privilége a toujours été maintenu par la jurisprudence.

312. — Dans quel ordre doit-il s'exercer sur les immeubles des redevables et des comptables?

313. — Rang que l'hypothèque de la douane doit obtenir sur les immeubles des redevables ; — nécessité de son inscription.

314. — La douane peut prendre hypothèque sur les immeubles de ses comptables.

315. — Le privilége de la douane sur les effets mobiliers des redevables prime le privilége spécial du prêteur à la grosse.

316. — Les marchandises déposées en entrepôt sont affectées, par privilége et droit de rétention au profit de la douane, pour tout ce qui lui est dû par le commerçant qui les a déposées.

317. — Action en revendication des propriétaires des marchandises en nature qui sont encore sous balle et sous corde ; — Cette action peut être exercée en se conformant aux dispositions du Code de commerce, aussi bien qu'en invoquant celles du Code civil.

318. — La douane n'est pas soumise, pour l'exercice des droits qui lui appartiennent, à la juridiction commerciale.

§ III. — Droits de mutation après décès.

319. — L'action de l'administration de l'enregistrement résulte de la loi du 22 frimaire an VII, art. 32.

320. — Cette action constitue un privilége qui assure à l'État la préférence sur toutes les créances privilégiées, à l'exception des frais de justice, et des sommes dues pour une année et l'année courante de la contribution foncière.

321. — Le tiers-acquéreur n'est pas soumis à l'action de l'administration sur les revenus des biens à déclarer; cette action doit être intentée seulement contre les héritiers et les donataires ou légataires.

322. — L'action de l'enregistrement, en cas de succession vacante, s'étend-elle sur toutes les valeurs mobilières, et notamment sur le prix de la vente du mobilier dépendant de la succession?

323. — L'héritier bénéficiaire est tenu personnellement d'acquitter les droits de mutation.

324. — Lorsque la succession est vacante, les droits sont dus par la masse des créanciers.

§ IV. — Droits de timbre.

325. — Le privilége pour le recouvrement des droits, amendes et contraventions de timbre, résulte de l'art. 76 de la loi du 28 avril 1816; — Il est préférable à toutes autres créances.

§ Ier. — Contributions indirectes.

303. — La loi du 1er germinal an XIII contient, dans son art. 47, la disposition suivante:

« La régie des droits réunis (aujourd'hui l'administration des contributions indirectes), aura privilége et préférence à tous les créanciers sur les meubles et effets mobiliers des comptables pour leurs débets, et sur ceux des redevables pour les droits, à l'exception des frais de justice, de ce qui sera dû pour six mois de loyer seulement, et sauf aussi la revendication dûment formée par les propriétaires des marchandises en nature qui seront encore sous balle et sous cordes.»

Cet article renferme deux dispositions distinctes : la première crée un privilége au profit de la régie sur les meubles et effets mobiliers des comptables, pour leurs débets; — la seconde accorde à la régie un semblable privilége sur les meubles et effets mobiliers des redevables, pour les droits dus à l'État.

On avait prétendu que ce dernier privilége avait été abrogé, ainsi que le premier, par la loi du 5 septembre 1807, relative au privilége du trésor public sur les biens des comptables : mais cette prétention a été repoussée par un arrêt de la cour de Cassation du 11 mars 1835, confirmatif d'un arrêt de la cour royale de Paris (1).

Serait-il plus exact, de soutenir, que la loi du 5 septembre 1807 relative aux comptables, a anéanti le privilége du trésor sur les meubles et effets mobiliers des comptables de la régie des contributions indirectes? Nous ne le pensons pas : la loi du 5 septembre a désigné spécialement les comptables de l'État auxquels ses dispositions doivent être appliquées : ce sont, aux termes de son art. 7, les receveurs généraux de département, les receveurs particuliers d'arrondissement, les payeurs généraux et divisionnaires, ainsi que les payeurs de départements, des ports et des armées. — Elle ne parle pas des autres comptables, et par cela même elle ne déroge point, en ce qui les concerne, aux dispositions des lois antérieures. Cela est tellement vrai que, par deux décisions ministérielles — précédemment citées, n° 244 — il a été expliqué que la loi

(1) Dalloz, 1835, 1, 197.

du 5 septembre 1807 n'était point applicable aux percepteurs des contributions directes, lesquels, ainsi que les receveurs des droits indirects, opèrent la recette des deniers de l'Etat. Il résulte donc de ce qui précède, que l'art. 47 de la loi du 1er germinal an XIII est encore actuellement en vigueur dans toutes ses parties.

304. — Cet article donne au propriétaire un droit de préférence à la régie pour six mois de loyer seulement : mais il suffit que le montant des réparations locatives, joint au dernier terme de loyer, ne s'élève pas à six mois de loyer, pour qu'on puisse accorder au propriétaire le droit d'en être payé, sur le prix des meubles, par préférence aux droits du trésor. — Ainsi jugé, par un arrêt de rejet de la chambre civile de la cour de Cassation, du 15 juillet 1835 (1).

305. — Le privilége de la régie sur les meubles des redevables n'ôte pas à ces derniers la faculté de disposer de ces meubles, même après une contrainte décernée contre eux : il n'y a qu'une saisie qui rende les meubles indisponibles (2). — Si le contraire a lieu à l'égard des sommes dues pour une année et l'année courante des contributions personnelle, mobilière, des portes et fenêtres et des patentes, c'est que la loi du 12 novembre 1808 qui accorde au trésor un privilége sur les effets mobiliers des contribuables, porte que ce privilége suit les meubles *en quelque lieu qu'ils se trouvent :* disposition qui

(1) Dalloz, 1835, I, 327.
(2) Cassation, du 18 mai 1819, Sirey, 20, I, 94.

n'existe pas dans la loi du 1er germinal an XIII (*Vide* n° 300).

306. — Toutefois, nous pensons, avec M. Duranton (1), que le privilége établi par cette loi au profit du trésor, doit primer, même le droit de rétention que la loi accorde en certains cas, notamment en matière de nantissement; car, à l'exception des frais de justice, des six derniers mois de loyer dus au propriétaire, et sauf le cas de revendication des marchandises en nature qui sont encore sous balle et sous corde, le trésor non-seulement doit être préféré à tous autres, mais doit pouvoir actuellement exercer son privilége sur les effets mobiliers appartenant à son débiteur. Or, si le gage confère au créancier le droit de se faire payer, sur la chose qui en est l'objet, par privilége et préférence aux autres créanciers (C. civ., 2073, 2083), ce droit ne peut néanmoins être opposé au créancier dont le privilége, comme celui du trésor, est d'un ordre supérieur.

307. — Lorsque la régie a fait saisir les meubles d'un débiteur après sa faillite, la vente de ces meubles doit être suivie à la requête des agents de la régie, par préférence aux syndics de la faillite; ceux-ci ne peuvent invoquer les règles ordinaires établies par le Code de commerce; car l'exercice de l'action du trésor contre un redevable en faillite n'est soumis qu'aux règles établies par des lois spéciales, ce qui engage nécessairement les contestations de ce genre devant les tribunaux ordinaires, et s'oppose à ce que le privilége du trésor puisse être discuté à

(1) Tome XIX, n° 8.

l'encontre des syndics d'une faillite. — Telle est la jurisprudence constante de la cour de Cassation (1).

308. — Il résulte de cette doctrine que la régie des contributions indirectes n'est pas liée par le concordat passé avec les créanciers de son débiteur en faillite ; nonobstant cette convention, elle n'en conserve pas moins le droit d'exercer son privilége sur les meubles et effets mobiliers du redevable, même sur ceux qui lui surviennent après la faillite. — Par suite du même principe, elle conserve le droit d'exercer la contrainte par corps contre le débiteur, aux termes des lois spéciales qui lui accordent ce droit (2).

309. — Nous avons expliqué les difficultés de compétence qui peuvent s'élever relativement à la revendication des objets saisis à la requête du trésor : nous y renvoyons (3).

§ II. — Droits de douane.

310. — Le privilége de l'administration des douanes est déterminé par les lois des 6-22 août 1791, et du 4 germinal an II.

Voici ce que porte la première de ces lois, titre XIII, art. 22 : « La régie aura privilége et préférence à tous créanciers, sur les meubles et effets mobiliers des comptables, pour leurs débets, et sur ceux des redevables pour les droits, à l'exception des frais de justice et autres privilégiés, de ce qui sera dû pour six mois de loyer seulement, et sauf aussi la reven-

(1) Arrêts, du 9 janvier 1815 ; Sirey, 15, I, 255 ; — 11 mars 1835 ; Dalloz, 1835, I, 197.

(2) Arrêt, Cour royale de Paris, du 29 août 1836 ; Dalloz, 1837, II, 14.

(3) N° 299, chap. VIII.

dication, dûment formée par les propriétaires, des marchandises en nature qui seront encore sous balle et sous corde. Pareil privilége s'exercera sur les immeubles acquis par les comptables, depuis le commencement de leur gestion.

« Art. 23. Au cas de l'article précédent, la régie aura hypothèque sur les immeubles des comptables et des redevables ; savoir, à l'égard des comptables, à dater du jour de leur prestation de serment; et des redevables, à compter de celui où les soumissions ont été faites sur le registre et signées par eux ou leurs facteurs, pourvu néanmoins que les extraits des registres contenant les soumissions desdits redevables, aient été soumis à l'enregistrement dans le délai fixé pour les actes de notaires. »

L'art. 4, titre VI, de la loi du 4 germinal an II, a confirmé les priviléges établis par les articles précédents, ainsi qu'il suit : « La République est préférée à tous créanciers, pour droits, confiscations, amendes et restitution, et avec la contrainte par corps. »

311. — Le privilége de la régie des douanes a été contesté, comme celui des contributions indirectes, et par des raisons analogues : on a soutenu que ce privilége avait été anéanti, comme tous ceux dont le trésor jouissait alors, par la loi du 11 brumaire an VII, qui, dans ses art. 21 et 22, se bornait à accorder une hypothèque légale à la nation sur les meubles des comptables. On ajoutait que, plus tard, lorsque le législateur voulut réintégrer le trésor dans ses anciens priviléges, il avait cru nécessaire de consacrer ce changement par des lois formelles. Or, parmi ces lois, aucune n'était venue rendre à la régie des douanes le privilége dont les lois transcrites plus haut l'avaient investie à l'égard des meubles des redevables. — Mais ces objections ont constamment été repoussées par la cour de Cassation qui a maintenu l'administration des douanes dans son privilége, et cela, même à l'égard des cautions (1).

312. — Mais l'examen des lois précitées fait naître deux questions beaucoup plus sérieuses.

La première est celle de savoir, dans quel ordre doit s'exercer le privilége de la régie des douanes sur les meubles des redevables et des comptables : la loi de 1791 dit que ce privilége aura la préférence à tous créanciers, *à l'exception des frais de justice et autres privilégiés et du loyer de six mois;* et la loi de l'an II porte que la République est préférée *à tous créanciers?* Que doit-on entendre par ces derniers termes? La loi de l'an II a-t-elle voulu placer le privilége de la régie dans un ordre même supérieur à celui que lui avait assigné la loi de 1791 ? Nous ne le pensons pas : la loi de l'an II n'a évidemment voulu que répéter la disposition de la première de ces lois, en l'étendant toutefois aux confiscations, amendes et restitutions, et en ajoutant la contrainte par corps.

Mais que doit-on entendre par ces termes de la loi de 1791, *autres privilégiés?* Il est d'abord un fait certain, c'est que ces expressions ne peuvent s'appliquer qu'aux créanciers qui étaient privilégiés à l'époque de la promulgation ou publication de cette

(1) Dalloz, v° *Hypothèque*, p. 68, n° 4. — Arrêts de cassation, du 14 mai 1816; Dalloz, *idem*, p. 72; — 12 décembre 1822; *idem;* p. 73.

loi, et dont le privilége a été conservé par les lois subséquentes. Il faut donc rechercher quelles étaient, en 1791, celles des créances privilégiées sur les meubles dont le droit de préférence a été confirmé par le Code civil.

Or, il paraît certain, qu'à cette époque, ces créances qui avaient privilége sur les meubles, étaient :

1° Les frais funéraires; 2° ceux de dernière maladie ; 3° les loyers de la maison : — privilége réduit à 6 mois de loyer par la loi de 1791, à l'encontre de la régie des douanes ; 4° les gages des domestiques ; 5° l'action en revendication du vendeur d'un meuble pour le prix qu'il l'avait vendu, quoiqu'il fût saisi sur le débiteur (1) : — privilége restreint, par la loi de 1791, aux marchandises en nature sous balle et sous corde.

6° Il faut ajouter à ces créances privilégiées celles pour les fournitures de subsistances, qui avaient également un privilége sur les meubles (2).

Le privilége de la douane sera donc primé par toutes ces créances, et, avant tout, par les frais de justice.

313. — La seconde question est relative au rang que l'hypothèque de la douane devra obtenir, dans le cas où cette administration aura rempli les formalités prescrites par l'art. 23 de la loi de 1791. Cet article ne parle pas de la nécessité de l'inscription de l'hypothèque; devrait-on en conclure que la

(1) Ferrière, Dictionnaire de droit, vis *Créanciers chirographaires privilégiés*.

(2) M. Troplong, *loc. cit.*, p. 35, tome I, — d'après Brodeau sur Louet 1. A, Somme 17, note (3).

douane est dispensée de cette formalité, et que son privilége existera indépendant de l'inscription? La négative ne fait pas le moindre doute. Car la disposition de l'art. 2134 du Code civil, oblige tous les créanciers hypothécaires, à l'exception des mineurs, des interdits et des femmes mariées, à faire inscrire leur droit hypothécaire sur les registres du conservateur: et elle veut que l'hypothèque n'ait de rang, entre les créanciers, que du jour de cette inscription. — Or, cette disposition s'applique aussi bien à l'administration des douanes qu'à tout autre créancier hypothécaire. C'est là une condition réglementaire de l'exercice du droit d'hypothèque, qui, sans rétroagir sur le droit en lui-même, a subordonné néanmoins son effet, à partir de la promulgation du Code civil, aux formalités nouvelles que ce Code a introduites dans la législation hypothécaire. La régie des douanes doit donc s'y conformer, si elle veut assurer un rang à son hypothèque sur les immeubles des redevables.

314. — Elle devrait agir de la même manière à l'égard de ses comptables, car la loi de 1791 ne nous semble pas avoir été abrogée, en ce point, par celle du 5 septembre 1807 qui ne s'applique qu'à des comptables spécialement désignés, et qui sont étrangers à l'administration des douanes (1).

315. — Le privilége de la douane sur les effets mobiliers de ses redevables, prime le privilége spécial du prêteur à la grosse, même lorsqu'il s'agit de droits de douanes autres que ceux dus par le navire

(1) Voy., au surplus, sur cette question, *suprà*, n° 303.

ou le chargement sur lesquels le prêt a eu lieu (1).

316. — Les marchandises déposées en entrepôt sont affectées par privilége et par droit de rétention au profit de la régie des douanes, pour tout ce qui lui est dû, non-seulement sur les marchandises, mais encore personnellement par le commerçant qui les a déposées : et la douane a le droit de retenir les marchandises, malgré la réclamation du propriétaire véritable, jusqu'à ce qu'elle soit payée, non-seulement des droits à percevoir sur le prix de ces marchandises, mais encore des autres dettes personnelles au consignataire (2).

317. — L'art. 22 de la loi de 1791, admet, à l'encontre du privilége de la douane, l'action en revendication dûment formée par les propriétaires des marchandises en nature qui seront encore sous balle et sous cordes.

L'administration des douanes avait prétendu que cette disposition ne devait s'entendre, en cas de faillite d'un de ses redevables, que de la revendication faite par le vendeur, conformément à l'art. 2102 du Code civil; mais non pas de la revendication autorisée par les art. 575 et 576 du Code de commerce : elle soutenait à l'appui de cette prétention, que, pour l'exercice de ses droits, la douane n'est jamais soumise aux règles du droit commercial; qu'elle n'est régie que par les principes du droit civil ; d'où elle

(1) Arrêt Cour de cassation, du 14 décembre 1824; Sirey, 25, 1, 207; — Voir Code de commerce, art. 191 n° 9; — 315 et 320.

(2) Arrêt de la cour de Rouen, du 7 juin 1817, Dalloz, v° *Hypothèque*, p. 74.

concluait qu'on ne peut lui opposer la revendication autorisée par le Code de commerce.

Cette prétention, accueillie par sentence du juge de paix de Marseille, et confirmée par jugement du tribunal civil de cette ville, a été justement repoussée par un arrêt de la cour de Cassation du 12 février 1845 (1), ainsi conçu :

« Attendu qu'aux termes de l'art. 5, tit. 12 de la loi des 2, 6, 22 août 1791, les objets saisis pour fraude ou contravention, ou confisqués, sont les seuls qui ne puissent être revendiqués par les propriétaires; — Que dans tous les autres cas, le droit de revendication est réservé et réglé par l'art. 22, titre 13, de la même loi; — Que d'après cet article, le privilége de l'administration des douanes ne peut s'exercer, que sauf la revendication dûment formée par les propriétaires de marchandises en nature qui sont encore sous balle et sous cordes; — Attendu que le mot de marchandises dont se sert cet article, indiquait déjà que la pensée du législateur s'attachait à des opérations de commerce; mais que les expressions sous balle et sous cordes sont encore plus caractéristiques, puisque ce sont celles qui étaient usitées en matière de revendication commerciale et en cas de faillite; — Attendu que, quel que soit le droit de l'administration des douanes de ne reconnaître que la juridiction des tribunaux civils, il n'en résulte pas qu'elle puisse se soustraire à l'application de l'art. 22 de la loi fondamentale qui régit les douanes; — Que le droit de revendication expressément réservé

(1) Sirey, 45, I, 206.

par cet article est indépendant de la juridiction à laquelle sont soumises les parties, et que la nature de ce droit ne peut changer, parce qu'il aura dû être exercé devant telle ou telle juridiction; — Attendu qu'il n'a pas été méconnu que les marchandises revendiquées fussent dans l'état déterminé par l'art. 576 du Code de commerce pour légitimer la revendication; — D'où il suit qu'en confirmant la décision du juge de paix, qui déboutait les demandeurs de leur action en revendication et ordonnait la continuation des poursuites commencées par l'administration des douanes, le jugement attaqué a expressément violé les articles précités; — Casse. »

Cet arrêt décide nettement que l'action en revendication formée par le propriétaire des marchandises, conformément aux dispositions du Code de commerce, doit être admise à l'encontre du privilége de la douane. — Mais il ne faudrait pas en conclure que l'action en revendication, autorisée par l'article 2102 du Code civil, ne pourra pas être également exercée et ne devra pas primer ce privilége. Tel n'est pas l'esprit de la loi de 1791 : car cette loi ne parle pas plutôt de la revendication formée suivant la loi civile que de celle exercée suivant la loi commerciale. — Il suffit que le propriétaire des objets mobiliers revendiqués se trouve dans les conditions que la loi de 1791 indique pour que son action soit recevable. Ainsi, qu'un propriétaire, cultivateur ou vigneron ait vendu des denrées provenant de son crû, à un négociant redevable de droits de douanes, il est évident que le vendeur aura, pendant la durée fixée par l'art. 2102 du Code civil, et aux conditions déterminées par cet article et par la loi du 22 août 1791, le droit de revendiquer ces denrées préférablement au privilége de la douane, bien que le tribunal de commerce ne soit pas compétent pour en connaître (C. comm., art. 638). Il en serait de même dans tous les autres cas où il pourrait y avoir lieu à l'application de l'art. 2102 du Code civil.

318. — Au reste, il est à remarquer que l'administration des douanes n'est pas soumise, pour l'exercice des droits qui lui appartiennent, à la juridiction commerciale. Elle est placée, comme l'administration des contributions indirectes, sous l'empire exclusif de la juridiction civile et des lois spéciales qui la concernent (1).

§ III. — Droits de mutation après décès.

319. — La loi du 22 frimaire an VII, sur l'enregistrement, a réglé, ainsi qu'il suit, l'action de la régie pour le paiement des droits de mutation dus après décès.

L'art. 32 porte : « Les droits des déclarations des mutations par décès seront payés par les héritiers, donataires ou légataires.

« Les cohéritiers seront solidaires.

« La nation aura action sur les revenus des biens à déclarer, en quelques mains qu'ils se trouvent, pour le paiement des droits dont il faudrait poursuivre le recouvrement. »

On a vu que, lors de la discussion du projet d'article qui est devenu plus tard, l'art. 2098 du Code

(1) *Vide suprà*, n° 307.

civil, on avait proposé d'assigner un privilége sur les meubles et sur les immeubles des successions, pour droits dus, à raison de leur ouverture, à la régie de l'enregistrement, mais que cette disposition fut supprimée, d'après les observations de M. Defermon, dans la vue de régler tous les droits du trésor par des lois spéciales (1).

Parmi ces lois intervenues depuis le code, il n'en est aucune qui se soit occupée des droits de mutation après décès : par conséquent, l'art. 32 de la loi du 22 frimaire an VII est toujours en vigueur.

320. — Cet article soulève l'examen de plusieurs questions. D'abord, on s'est demandé si c'était bien un privilége qu'il accordait à la régie; et l'on a soutenu que l'action qu'il lui attribue sur les revenus de la succession ne constitue qu'un simple droit, et nullement un privilége sur tous les créanciers (2). Mais ce système n'a pas prévalu, et la cour de Cassation a jugé, par un arrêt du 9 vendémiaire an XIV, que l'action de la régie est privilégiée : cet arrêt est motivé sur le rapprochement et la combinaison des art. 15 et 32 de la loi du 22 frimaire an VII. — En établissant, par le premier de ces articles, le droit sur toute la valeur des biens sans distraction des charges, et par conséquent sans égard pour les charges elles-mêmes, la loi fait, de l'action que l'art. 32 accorde sur le revenu des biens à déclarer, en quelques mains qu'ils se trouvent, une action essentiellement privilégiée, et dont la préférence se conserve même indépendamment de toute inscription hypothécaire, ainsi que

(1) *Suprà*, nº 219.

(2) En ce sens, *Vide*. Dalloz, vº *Enregistrement*, p. 358, nº 29.

l'a décidé le grand juge par une lettre du 23 nivôse an XII (1).

Il résulte de cet arrêt, que l'action de la régie est privilégiée sur les *revenus* des biens à déclarer, sans égard pour les charges de la succession; ce qui lui assure la préférence sur toutes les créances privilégiées, à l'exception des frais de justice, ainsi que nous l'avons expliqué (2). Mais s'il était dû à l'État sur les biens mêmes une somme pour contribution foncière, la créance de l'État, à raison de cette contribution, viendrait, pour une année et l'année courante, concurremment avec les droits de mutation (3).

321. — La cour de Cassation avait décidé par deux arrêts, des 29 août 1807 (4) et 3 janvier 1809 (5), que le dernier paragraphe de l'art. 32 de la loi du 22 frimaire an VII, en accordant à la nation une action sur les revenus des biens à déclarer, *en quelques mains qu'ils se trouvent*, avait par cela même soumis le tiers acquéreur à cette action.

Mais un avis du conseil d'État du 4 septembre 1810, approuvé le 21 du même mois, a décidé que: « ni pour le droit principal dû à cause de mutation par décès, ni conséquemment pour le droit et le demi-droit en sus, dont la peine est prononcée par l'article 39 de la loi du 22 frimaire an VII, l'action ac-

(1) Voy. cet arrêt dans le Rép. de Merlin; v° *Enregistrement*, § 39. — Dans le même sens, M. Troplong, *hyp.*, tome I, n° 97, p. 132. — Arrêt cour de Limoges, du 18 juin 1808, Sirey, 9 II, 157.

(2) *Vide, suprà* n°s 287, 295.

(3) Voy. *Suprà* le chapitre VIII, n° 295.

(4) Dalloz, v° *Enregistrement*, p. 375.

(5) Dalloz, v° *Enregistrement*, p. 376.

cordée par l'article 32 de cette loi, ne peut être exercée au préjudice des tiers acquéreurs. »

Les motifs principaux de cet avis sont : « qu'il n'est question, dans l'art. 39 comme dans l'art. 32, que *des héritiers, des donataires ou légataires;* que si la loi avait entendu comprendre les tiers-acquéreurs dans les dispositions des art. 32 et 39, elle l'aurait déclaré par une disposition expresse; puisque celles des articles 32 et 39 ne peuvent s'appliquer à eux ; ce n'est pas en effet aux tiers-acquéreurs à faire des déclarations de mutations par décès, et les peines pour omission de biens ou insuffisance d'estimation ne peuvent s'appliquer à eux, puisqu'ils ne sont pas tenus de ces formalités. »

Un arrêt de la cour de Cassation, du 8 mai 1811, rapporté au bulletin civil de la cour et cité par M. Merlin, Rep. v°. *Enregistrement*, n° *XL*, a jugé la question conformément à cette décision du conseil d'État.

322. — La même cour a décidé par un arrêt du 3 décembre 1839, (1) « que le privilége de la régie de l'enregistrement pour le recouvrement des droits de mutation, sur une succession vacante, ne se borne pas aux fruits des immeubles ; qu'il s'étend à la totalité des valeurs mobilières et même aux immeubles, lorsque la régie a pris inscription, après le paiement des créances inscrites antérieurement. »

Le tribunal de Castel-Sarrazin, par un jugement du 31 juillet 1843, a adopté cette doctrine, et il a même été plus loin : car il a décidé que le privilége

(1) Dalloz, 1840, I, 37.

de la régie pour le recouvrement des droits de mutation s'exerce sur le prix de la vente du mobilier dépendant de la succession, en se fondant sur l'art. 14, § 8, de la loi du 22 frimaire an VII, aux termes duquel la valeur de la propriété, de l'usufruit et de la jouissance des biens meubles est déterminée, pour la liquidation et le paiement du droit proportionnel pour les transmissions entre-vifs à titre gratuit et qui s'opèrent par décès, par la déclaration estimative des parties, *sans distraction des charges;* or, dit ce tribunal, « attendu que si l'on ne doit pas avoir égard aux charges pour la fixation de la quotité du droit proportionnel, il faut en conclure aussi que l'existence de ces charges ne saurait paralyser la perception de ce droit, puisque, s'il en était autrement, le principe adopté par le législateur pour la fixation de la quotité du droit de mutation serait le plus souvent illusoire, et que d'ailleurs il y aurait contradiction dans la loi (1). »

La jurisprudence de la cour de Cassation s'explique facilement, à la condition, admise par son arrêt, que la régie aura pris inscription sur les immeubles, et que cette inscription ne passe qu'après les créances hypothécaires antérieurement inscrites : après tout, ce n'est là que le droit d'un créancier ordinaire. Mais admettre, comme l'a fait le tribunal de Castel-Sarrazin, que la régie soit privilégiée *avant tous autres*, sur le prix de la vente du mobilier, c'est aller beaucoup trop loin, et donner, par *analogie*, un privilége à l'administration de l'enregistrement. S'il est

(1) Voy. ce jugement dans Dalloz, 1845, III, 55.

vrai que les déclarations par décès comme les liquidations de droits pour les transmissions à titre gratuit entre-vifs doivent être faites de la valeur des biens *sans distraction des charges*, il n'en résulte pas que la régie ait un privilége sur *tous* les biens des redevables : la loi n'accorde ce privilége que sur le *revenu des biens à déclarer* : on ne peut donc l'étendre par analogie à d'autres valeurs, d'après la règle, *inclusio unius est exclusio alterius*, et d'après ce principe incontestable, que les priviléges sont de droit étroit, et ne peuvent être établis que par un texte formel.

Nous croyons donc erronée la doctrine soutenue par le tribunal de Castel-Sarrazin, et nous préférons celle du tribunal de Caen, lequel, par jugement du 24 décembre 1840 (1), a décidé que la régie n'a point de privilége, pour le paiement des droits de mutation après décès, sur le prix provenant de la vente du mobilier.

Mais ce dernier tribunal ne nous paraît pas avoir justement appliqué la loi du 22 frimaire an VII, en refusant à la régie le droit de se faire colloquer, comme tout autre créancier, dans la distribution du prix de ce mobilier, sous prétexte que la succession n'aurait été acceptée que sous bénéfice d'inventaire.

323. — La cour de Cassation a jugé, avec raison, par deux arrêts du 12 juillet 1836, (2) que l'héritier bénéficiaire est, comme l'héritier pur et simple, *personnellement* tenu de payer les droits de mutation par décès, quelles que soient les charges de la suc-

(1) Dalloz, 1841, III, 346.
(2) Dalloz 1836, I, 386.

cession, en se fondant principalement sur ce que : « le droit dû pour mutation par décès est une contribution indirecte, qui constitue, vis-à-vis de l'État, une dette des héritiers, laquelle n'a pour cause que la transmission des biens opérée en leur faveur, et dont l'héritier bénéficiaire doit au moins l'avance. »

324. — De même, le droit de mutation est dû par la masse des créanciers de la succession, alors que les héritiers ayant renoncé, la succession est vacante. — Vainement dirait-on qu'il n'y a pas d'héritiers, et que, par conséquent, il n'y a point de mutation (1).

§ IV. — Droits de timbre.

325. — L'article 76 de la loi du 28 août 1816 porte : « Le recouvrement des droits de timbre et des amendes de contravention y relatives, sera poursuivi par voie de contrainte ; et, en cas d'oppositions, les instances seront instruites et jugées selon les formes prescrites par les lois du 22 frimaire an VII et 27 ventôse an IX, sur l'enregistrement.

« En cas de décès des contrevenants, lesdits droits et amendes seront dus par leurs successeurs, et jouiront, soit dans les successions, soit dans les faillites ou tous autres cas, du privilége des contributions directes. »

Il résulte de cet article, que même les *amendes* pour contraventions au timbre doivent être recouvrées par privilége sur toutes autres créances, et déduction faite seulement des frais, ainsi que nous l'avons expliqué, *suprà*, n°s 287 et 295.

(1) Cassation, 18 nivôse an XII, Sirey; 4, II, 143. — Cassation, 18 pluviôse an XII; Sirey, 4, II, 764. — Cassation 16 juin 1806; Sirey, 6, II, 704.

CHAPITRE X.

DES ENGAGEMENTS DU TRÉSOR PUBLIC QUI RÉSULTENT DE RÉCÉPISSÉS DE VERSEMENTS ET D'AUTRES TITRES.

SOMMAIRE.

326. — Jusqu'à la loi du 24 avril 1833, les formalités destinées à engager ou garantir la responsabilité des agents chargés de la recette et du paiement des deniers de l'État, étaient déterminées par des décrets, ordonnances ou de simples arrêtés ministériels.

327. — Motifs qui ont fait adopter la loi du 24 avril 1833; — son texte.

328. — Les dispositions de cette loi ne concernent pas seulement les comptables de l'État, mais aussi les parties versantes. — Les formalités qu'elle impose ne sont obligatoires que dans tous les cas où il s'agit d'un versement fait *pour un service public.*

329. — Délai dans lequel doivent avoir lieu le visa et la séparation du talon.

330. — Quel serait le sort du versement si, avant l'expiration de ce délai, le receveur, qui aurait encaissé l'argent et délivré le récépissé, faisait faillite ou disparaissait?

331. — Les tribunaux sont seuls compétents pour connaître d'une contestation relative à un refus de visa allégué par les préfets ou sous-préfets.

332. — Mais l'autorité administrative doit seule décider quelle est la véritable somme due par l'État, et statuer sur l'époque du remboursement.

333. — Oppositions à ce remboursement. — Renvoi.

334. — Les prescriptions ou déchéances établies en faveur de l'État contre les récépissés et autres titres de versement, ne commencent à courir que du jour du visa et de la séparation du talon.

335. — Obligation pour les comptables de délivrer aux contribuables une quittance détachée d'un registre à souche; néanmoins, validité du paiement, même lorsque cette formalité n'a pas été observée.

336. — Devoirs que les préfets et sous-préfets ont à remplir, en ce qui concerne l'exécution de la loi du 24 avril 1833. — Art. 266 et 267 du règlement général du 31 mai 1838.

337. — Si, les fonds ayant été versés pour un service public, le récépissé se trouvait nul, faute d'avoir été visé dans les délais prescrits, le créancier devrait avoir recours au ministre des finances pour obtenir un nouveau récépissé.

338. — Observations sur l'art. 6 de la loi, qui a maintenu le Gouvernement dans le pouvoir de régler, par des ordonnances, les obligations et la responsabilité des comptables.

339. — La loi du 24 avril n'est applicable qu'aux titres qui peuvent engager directement le trésor; les autres engagements de l'État sont réglés par des conventions ou par des lois particulières.

340. — Mais, dans tous les cas, une autorisation directe ou déléguée du ministre compétent est nécessaire, pour que le créancier puisse exiger son paiement.

326. —Les récépissés et les autres titres qui engagent directement le trésor public, ont toujours été soumis à l'observation de formalités particulières, destinées tout à la fois à constater l'engagement de l'État, à garantir la responsabilité des agents chargés de la recette et du paiement de ses deniers, en même temps qu'elles doivent assurer l'exercice des droits des tiers. Mais, pendant longtemps, ces formalités ne furent déterminées que par des décrets, ordonnances, ou même par de simples arrêtés ministériels: on supposait que la recette et le paiement des deniers publics, rentrent essentiellement dans les attributions réglémentaires appartenant, soit au Gouvernement, soit au ministre des finances; et, bien que les droits des tiers fussent gravement atteints et modifiés par l'exécution de ces règlements, on ne jugeait pas nécessaire de faire intervenir le législateur dans une matière que l'on considérait, à tort, comme devant dépendre seulement de l'organisation intérieure de l'administration des finances. — D'ailleurs, les principes à la fois si simples et si complets qui embrassent et dirigent aujourd'hui toutes les parties de la comptabilité publique, sont le résultat de l'expérience acquise depuis la Révolution de 1789 : il ne faut donc pas trop s'étonner de ne trouver

qu'à la date du 24 août 1833, la première loi qui ait statué sur la forme et sur la nécessité du contrôle des récépissés et autres titres qui peuvent engager le trésor.

En l'an VIII, lors de la réorganisation des différentes branches de l'administration des finances, le contrôle de la comptabilité ne s'étendait pas sur les préposés extérieurs du trésor (1).

Le décret du 4 janvier 1808, inséré au bulletin des lois seulement en 1832, traça le premier des règles relatives aux versements des percepteurs des communes et agents des régies, au contrôle de ces versements, à la comptabilité des receveurs généraux et particuliers, aux caisses du trésor et à la comptabilité centrale.

Ces règles furent successivement étendues et modifiées par les ordonnances du 18 novembre 1817, 27 décembre 1823, 19 novembre 1826 et 8 décembre 1832.

En 1818, M. Corvetto, alors ministre des finances, avait cru pouvoir dispenser du contrôle les certificats de l'emprunt qui fut fait, afin de diminuer les lenteurs et les difficultés de cette opération. On ne présumait pas qu'on pût abuser de la facilité qui était ainsi donnée.

327. — Mais plus tard, le déficit laissé par le caissier Kesner, vint démontrer les graves inconvénients qu'il y a toujours à négliger les règles sévères d'une comptabilité vigilante. La loi du 24 avril 1833,

(1) Rapport au Roi sur l'administration des finances, 1830; p. 19.

eut principalement pour objet de prévenir et de rendre impossible, par des précautions convenables, le retour de malversations, qui, indépendamment de la perte matérielle qu'elles causent à l'État, nuisent à la considération de ses agents ainsi qu'au crédit public.

Voici le texte de cette loi :

« Art. 1er. Tout versement en numéraire ou autres valeurs, fait aux caisses du caissier central du trésor public à Paris, et à celles des receveurs généraux et particuliers des finances, pour un service public, donnera lieu à la délivrance immédiate d'un récépissé à talon.

« Ce récépissé sera libératoire et formera titre envers le trésor public, à la charge toutefois, par la partie versante, de le faire viser et séparer de son talon, à Paris immédiatement, et dans les départements dans les vingt-quatre heures de sa date, par les fonctionnaires et agents administratifs chargés de ce contrôle.

« Art. 2. Les bons royaux, traites et valeurs de toute nature émis par le caissier central, n'engageront le trésor qu'autant qu'ils seront délivrés sur des formules à talon et revêtus du visa du contrôle. Cette disposition est applicable aux mandats délivrés par le payeur des dépenses à Paris.

« Les acceptations par le caissier central des effets et traites émis sur sa caisse, n'obligeront également le trésor qu'autant qu'elles seront revêtues du visa du contrôle.

« Art. 3. Ne seront pas soumis aux formalités prescrites par les articles précédents, les versements faits chez les receveurs généraux et particuliers des finances, pour cause d'achat et de vente de rentes; ces sortes de versements ne donnant lieu à aucun recours en garantie contre le trésor.

« Art. 4. Tout extrait d'inscription de rente immatriculé sur le grand-livre de la dette publique à Paris, qui sera délivré à partir de la promulgation de la présente loi, devra, pour former titre valable sur le trésor, être revêtu du visa du contrôle.

« Les extraits d'inscriptions de rentes immatriculés dans les départements, sur les livres auxiliaires du grand-livre, n'engageront le trésor qu'autant qu'ils auront été, conformément à l'art. 3 de la loi du 14 avril 1819, détachés d'un registre à souche et à talon, signés du receveur général, visés et contrôlés par le préfet.

« Art. 5. Les certificats d'inscriptions délivrés pour la concession d'une pension à quelque titre que ce soit, ceux d'inscriptions de cautionnement et ceux de privilége de second ordre, à délivrer aux bailleurs de fonds, devront, pour former titre valable contre le trésor public, être également revêtus du visa du contrôle.

« Art. 6. Les obligations et la responsabilité des comptables et agents du trésor continueront à être réglées par des ordonnances.

« Art. 7. Les dispositions de l'art. 1er de la présente loi sont applicables à la caisse des dépôts et consignations (1).

(1) Voy. mon ouvrage sur cette caisse, nos 57 et 307, pages 50 et 312.

« Art. 8. La présente loi sera constamment affichée dans les bureaux et caisses où elle devra recevoir son exécution.

« Les formules de chacun des titres y énoncés contiendront le texte de l'article spécialement applicable à ce titre. »

328. — La nécessité de cette loi a été motivée, nous l'avons dit, par le déficit laissé par le caissier Kessner. Mais ses dispositions ne concernent pas seulement les comptables et les agents administratifs ; et c'est la principale raison qui explique, ainsi que l'a fait remarquer M. Bérenger, rapporteur à la chambre des Pairs, pourquoi l'intervention du législateur était indispensable. Il n'y avait, en effet, que la loi, qui pût obliger les créanciers et les débiteurs de l'État, quels qu'ils soient, à accomplir les formalités prescrites, à peine de voir les versements qu'ils auront effectués dans les caisses publiques déclarés non libératoires, et les titres des créances qui leur auront été délivrés considérés comme n'engageant point le trésor. « Il faut bien remarquer, a dit M. Bérenger, que les personnes qui auront à remplir les formalités prescrites se divisent en deux classes : la première comprend les comptables qui versent dans une caisse les deniers publics qu'ils ont reçus dans la leur ; la seconde embrasse tous les débiteurs accidentels poursuivis par l'agent judiciaire, les correspondants libres du trésor, les intéressés dans les emprunts, les preneurs de bons royaux, etc., etc. (1). »

(1) *Rapport à la chambre des Pairs*, le 24 décembre 1832, *Moniteur* du 25.

Mais, les formalités que la loi impose ne sont obligatoires que dans tous les cas où il s'agit d'un versement fait *pour un service public*; et voici l'explication qui a été donnée de ces expressions par M. Delessert, rapporteur à la chambre des Députés (1).

« La commission a pensé qu'elle ne pouvait s'occuper que des opérations qui concernent l'État. Vous savez que les receveurs généraux des départements sont aussi des espèces de banquiers. La commission n'a pas pensé que les opérations qu'ils font en cette qualité, pussent être soumises aux formalités exigées par la présente loi. Si l'on n'avait pas mis ces mots: *pour un service public*, les receveurs particuliers mêmes auraient pu être assujettis aux formalités du contrôle. Mais la commission a bien entendu que toutes les opérations faites pour le compte du trésor, qui concernent les contribuables et par conséquent cette chambre, fussent comprises dans ces mots: *pour un service public*... Les paiements d'emprunts sont des paiements pour un service public. La commission a entendu toutes les recettes faites par les receveurs généraux pour le compte du trésor; vous verrez qu'elle a excepté des dispositions de cette loi les versements faits, dans les caisses des receveurs généraux, pour achats de rentes, car le trésor public ne peut être engagé dans de semblables opérations, et ceux qui font crédit aux receveurs généraux le font à leurs risques. » (Voy. l'art. 3 de la loi).

329. — D'après les articles 1 et 2 de la loi, le *visa* et la séparation du talon doivent avoir lieu à

(1) Séance du 23 mars 1833, *Moniteur* du 24.

Paris, *immédiatement*, tandis qu'un délai *de vingt-quatre heures* est accordé dans les départements. Le motif de cette différence s'explique facilement : à Paris, le contrôleur chargé du visa et de la séparation du talon, est toujours placé auprès de la caisse qui a reçu le versement ; tandis que dans les départements, les opérations du contrôle étant exercées par les préfets et les sous-préfets, suivant qu'il s'agit d'un versement effectué à la recette générale ou aux caisses des receveurs particuliers (décret du 4 janvier 1808), il en résulte que les formalités prescrites par la loi ne peuvent pas toujours être accomplies immédiatement après le versement. C'est pourquoi l'on a jugé nécessaire d'accorder aux tiers intéressés un délai de vingt-quatre heures pour régulariser leurs titres.

330. — M. le procureur général Dupin a demandé, à la chambre des Députés, quel serait le sort du versement si, avant l'expiration des vingt-quatre heures, le receveur qui aurait encaissé l'argent et délivré le récépissé, faisait faillite, disparaissait ? pourrait-on prétendre que le défaut de visa retombe sur la partie, et que le récépissé n'est pas libératoire ?

Cette question a été résolue en faveur de la personne qui aurait fait le versement. Après un renvoi à la commission, M. le rapporteur a déclaré : « que dans le cas de malversation, de disparition d'un receveur général, après la délivrance du récépissé, et avant que le contrôle pût être obtenu, la perte ne devait pas retomber sur la partie versante, mais bien sur le trésor, puisque ce n'était pas le public, mais le gouvernement qui avait donné sa confiance au receveur. M. le rapporteur a toutefois ajouté qu'il n'était pas nécessaire de modifier la rédaction, parce que l'article bien entendu ne pouvait être opposé à la partie qui n'aurait pas obtenu le visa par suite de la disparition du receveur général avant les vingt-quatre heures. En effet, en faveur de qui est le délai de vingt-quatre heures, c'est en faveur de la partie versante, puisque la loi lui tient compte des difficultés qu'elle peut avoir à trouver le fonctionnaire chargé du contrôle; elle accorde, pour obtenir le visa, vingt-quatre heures, pendant lesquelles ce contrôle ne peut être refusé par le préfet ou le sous-préfet. Après les vingt-quatre heures, tous risques sont pour les parties versantes; mais pendant le délai fixé, ils sont à la charge du trésor, puisqu'il n'y a aucun motif pour le préfet et le sous-préfet de refuser le visa, et que s'ils faisaient quelques difficultés à cet égard, ils pourraient être mis en demeure et chargés de toute la responsabilité de leur refus. La loi est impérative ; ils doivent donner le visa dans les vingt-quatre heures, lors même que dans l'intervalle le receveur aurait disparu. »

331. — Mais qu'arriverait-il, si, nonobstant les injonctions de la loi, le fonctionnaire se refusait à opérer le visa et la séparation du talon dans le délai fixé ; quelle serait, dans ce cas, l'autorité compétente pour connaître de cette contestation ? Le débat devrait-il être porté devant l'autorité administrative, ou devant le tribunal dans le ressort duquel le versement aurait été effectué ?

Au premier aperçu, il semblerait que l'administration devrait seule connaître d'une semblable contestation ; et l'on pourrait soutenir, avec quelque raison, que le refus de visa, déduit par le fonctionnaire chargé de l'accomplissement de cette formalité, rentre essentiellement dans l'exercice du pouvoir administratif: d'où l'on concluerait que les tribunaux sont incompétents, *ratione materiæ*, puisque les lois de leur institution, notamment celles du 24 août 1790 et du 16 fructidor an III, en opérant la séparation du pouvoir judiciaire d'avec l'autorité administrative, ont défendu expressément, et avec raison, aux tribunaux de s'immiscer dans la connaissance des actes de l'administration.

Mais cette opinion ne reposerait que sur une confusion de principes : sans doute, le visa du fonctionnaire administratif chargé de le donner, est un acte nécessaire de ses fonctions : mais cet acte n'est pas, à proprement parler, un acte administratif, car il a pour résultat de sanctionner le droit des tiers, en régularisant leurs titres contre l'État. Dans cette circonstance, le préfet et le sous-préfet ne sont pas maîtres d'agir comme dans les matières d'administration : ils doivent le visa, et comme ce visa constitue la validité du titre, il faut bien qu'ils puissent être contraints par les tribunaux ordinaires, soit à le donner, soit à déduire les motifs de leur refus. Les tribunaux sont donc ici compétents, eu égard au droit des tiers. Aussi, est-il à remarquer que la loi ne contient aucune disposition relative à la compétence; et comme la compétence de l'autorité administrative, jugeant au contentieux, n'est jamais de droit commun, mais doit être spécialement déterminée par la loi, on doit conclure que les tribunaux seuls sont compétents pour statuer sur les difficultés qui peuvent s'élever relativement à l'exécution de la loi du 24 avril 1833.

332. — La solution serait tout à fait différente, si, après l'accomplissement des formalités que la loi impose pour la régularité du titre, un débat s'élevait entre l'État et son créancier, non plus sur cette régularité, mais sur le véritable chiffre de la somme portée au récépissé ou sur l'époque du remboursement à effectuer par la caisse publique. Dans ces circonstances, l'autorité administrative serait seule apte à connaître de la contestation, parce qu'il s'agirait, dans le premier cas, de faire déclarer l'État débiteur, question exclusivement réservée par les lois et les règlements, soit au ministre des finances, soit au conseil de préfecture et au conseil d'État (1); et, dans le second cas, de forcer l'État à payer à une époque déterminée, ce qui ne peut encore avoir lieu qu'en exécution de crédits ouverts, sur la responsabilité et avec le consentement de l'autorité chargée d'ordonnancer les mandats de paiements.

333. — Il n'est pas besoin de dire que, si des oppositions survenaient entre les mains du receveur ou autre, à l'effet d'empêcher le remboursement de la somme versée, les tribunaux civils seraient seuls compétents pour en connaître, ainsi, au surplus, que nous l'avons expliqué au chapitre II.

334. — Une remarque importante à faire, c'est que l'État n'étant définitivement engagé que par le

(1) *Vide*, nos 43 et suivants.

visa du fonctionnaire chargé du contrôle, les prescriptions ou déchéances, établies au profit de l'Etat, contre les récépissés et autres titres de versement, ne peuvent commencer à courir qu'à partir du jour du visa, et non pas seulement à compter de la date du versement : car, la prescription ne court point à l'égard d'une créance qui dépend d'une condition, jusqu'à ce que la condition arrive (C. civ. art. 2257) ; or, la condition sans laquelle la créance n'existe pas contre l'Etat, étant l'accomplissement du visa et la séparation du talon, ce n'est qu'à partir du moment où ces formalités ont été remplies que la prescription peut commencer à courir.

335. — L'art. 5 du projet de loi portait : « Les quittances délivrées par les divers comptables, soit aux redevables des contributions directes et indirectes, et des revenus et droits de toute nature acquis au trésor, soit aux débiteurs des communes et établissements publics, ne seront libératoires que lorsqu'elles auront été détachées d'un registre à souche. »

La commission de la chambre des Pairs a proposé la suppression de cet article, et voici les motifs donnés par M. le comte Berenger, rapporteur, qui en ont déterminé le rejet. « Cet article, a dit M. le rapporteur, frappe sur la masse tout entière des contribuables dont la position est forcée. Il ne faut pas ajouter à leurs charges celle de surveillants des comptables, sous la dépendance desquels la difficulté de payer exactement leurs contributions les place trop souvent. D'ailleurs, un grand nombre d'entre eux sont incapables de reconnaître la validité des titres qu'on leur donne. Enfin, le trésor trouve une garantie suffisante dans la responsabilité des receveurs généraux et particuliers, qui les rend garants des faits de leurs inférieurs et les oblige à exercer sur eux une serveillance active, et rigoureuse. Quoique le moyen de vérification qui résulte des quittances détachées des registres à souche soit fort insuffisant, et que nous vous proposions de supprimer l'article où elles sont mentionnées, nous sommes loin de penser que le trésor doive en abandonner l'usage. Au contraire, il importe de les maintenir et d'en faire une obligation rigoureuse pour les comptables qui doivent s'en servir ; mais il n'est pas besoin de loi pour les y soumettre, elle ne serait nécessaire qu'autant que vous voudriez assujettir les contribuables à la responsabilité qui résulterait de l'article que nous vous proposons de supprimer. »

De ces explications et de la suppression de l'article on doit conclure : 1° que les comptables sont assujettis à délivrer aux contribuables une quittance détachée d'un registre à souche ; d'où il résulte que le contribuable a le droit de l'exiger, et, en cas de refus, de faire constater cette contravention aux règlements financiers (1); 2° que si le comptable a omis l'accomplissement de cette formalité et délivré une quittance ordinaire, c'est-à-dire non détachée

(1) L'art. 263 de l'ordonnance réglementaire sur la comptabilité publique, impose expressément à tout préposé à la perception des deniers publics, l'obligation de délivrer une quittance à souche des sommes reçues. — L'art. 264 excepte de cette formalité, seulement, les recettes opérées par les receveurs de l'enregistrement, du timbre et des domaines, et celles provenant du produit de la taxe des lettres.

d'un talon, le paiement fait par le contribuable n'en sera pas moins libératoire et valable vis-à-vis de l'Etat, à moins de fraude et de connivence avec le comptable ; mais alors la preuve devrait en être faite par l'État.

336. — L'ordonnance réglementaire du 31 mai 1838, explique de la manière suivante les devoirs que les préfets et sous-préfets ont à remplir, en ce qui concerne l'accomplissement des formalités qui leur sont imposées par la loi du 24 avril 1833.

« Art. 266. Les préfets et sous-préfets rendent immédiatement aux parties les récépissés revêtus de leur visa, après en avoir détaché le talon, qu'ils adressent tous les mois au receveur général, chargé de les transmettre, après vérification, au ministère des finances.

« Art. 267. Ces récépissés sont enregistrés sur des livres tenus dans les préfectures et sous-préfectures. Les résultats de ces enregistrements sont comparés, chaque mois, avec les bordereaux détaillés de récépissés que les receveurs des finances sont tenus de former, et que les préfets et sous-préfets adressent au ministère, après les avoir dûment certifiés. »

337. — La loi du 24 avril 1833, fait dépendre l'engagement de l'Etat de l'accomplissement des formalités qu'elle impose aux parties versantes : par conséquent, il n'y a pas titre valable contre l'Etat tant que ces formalités n'ont pas été remplies.

Qu'arriverait-il, cependant, si les fonds ayant été réellement versés pour un service public et étant entrés dans les caisses de l'Etat, le récépissé de versement se trouvait nul faute d'avoir été régularisé dans le délai prescrit, par exemple, s'il avait été perdu avant d'être présenté au visa?

Dans ce cas, il faudrait avoir recours à l'autorité du ministre des finances, pour obtenir un nouveau récépissé qui pût être régulièrement présenté au visa du contrôle; car le visa devant avoir lieu à Paris immédiatement, et dans les départements dans les vingt-quatre heures de la date du récépissé, il est certain que les fonctionnaires chargés du contrôle, seraient fondés à se refuser à viser le premier récépissé et à en détacher le talon. Le ministre des finances seul peut relever de l'inaccomplissement des formalités prescrites, parce que seul, il a le droit de faire vérifier et comparer les écritures comptables et de décider si réellement l'Etat est bien débiteur de la somme réclamée.

338. — Une dernière remarque reste à faire sur la loi du 24 avril, c'est qu'elle a maintenu et confirmé le gouvernement dans le pouvoir de régler, par des ordonnances, les obligations et la responsabilité des comptables et agents du trésor. — Mais il faut entendre cet article en ce sens qu'il ne s'applique qu'aux obligations et à la responsabilité qui pèsent sur les comptables, en tant que relatives à leurs fonctions de comptables et pour les opérations qu'ils font en cette qualité, soit entre eux, soit avec le trésor. Une ordonnance est alors suffisante, parce-qu'il s'agit de déterminer seulement des règles d'administration intérieure; ce qui rentre essentiellement dans les attributions du pouvoir exécutif.

Mais si les droits des tiers devaient être atteints par les règlements sur la comptabilité publique, une loi deviendrait nécessaire : car la loi seule peut restreindre, étendre ou modifier l'exercice et la jouissance des droits privés qui sont garantis à tous les citoyens par les dispositions des lois civiles.

339. — La loi du 24 avril n'est applicable qu'aux titres qui peuvent engager directement le trésor parce qu'ils contiennent la reconnaissance d'un versement effectué pour un service public : il est à peine nécessaire de dire que l'Etat peut se trouver engagé de beaucoup d'autres manières : ainsi, ses engagements peuvent résulter, soit de contrats, conventions, marchés passés, adjudications, services rendus, traitements, salaires et pensions des agents et employés des administrations publiques. Mais il ne rentre pas dans le but de cet ouvrage d'exposer les règles fixées par les lois et ordonnances pour la justification et la régularisation de ces divers engagements. Les uns sont régis par les actes mêmes qui les ont fait naître, et les autres sont réglés entre l'Etat et ses créanciers par des lois et règlements particuliers (1).

340. Dans tous les cas, lorsqu'il s'agit, pour le trésor et ses agents, d'acquitter une dette de l'Etat de quelque nature qu'elle puisse être, il faut une autorisation soit directe, soit déléguée du ministre compétent ; cette autorisation ou mandat donne seule au créancier de l'Etat, lorsqu'elle lui a été délivrée, le droit d'exiger son paiement de la caisse publique sur laquelle le mandat est payable. Jusqu'à la déli-

(1) Pour les pensions, Voy. mon *Manuel des pensionnaires de l'État.*

vrance du mandat régulier, il y a bien un engagement de la part de l'Etat, mais il n'y a pas titre exécutoire à vue et payable sur sa seule présentation (1).

CHAPITRE XI.

DE LA RESPONSABILITÉ DE L'ÉTAT, CONSIDÉRÉ COMME CIVILEMENT GARANT DES DOMMAGES CAUSÉS PAR LE FAIT, LA NÉGLIGENCE ET L'IMPRUDENCE DE SES AGENTS DANS L'ACCOMPLISSEMENT DE LEURS FONCTIONS.

SOMMAIRE.

341. — Le principe de réparation et de responsabilité établi par les art. 1382, 1383 et 1384 du Code civil est applicable à l'État.

342. — Jurisprudence conforme, en ce qui concerne les accidents occasionnés par la coure des malles-postes.

343. — Responsabilité de l'administration de l'octroi.

344. — L'Etat est responsable des accidents causés par les animaux dont il est propriétaire, et, notamment, par les chevaux de troupe confiés à la garde des soldats. — Jurisprudence.

345. — *Quid*, dans le cas où le tort aurait été causé par un navire de l'État.

346. — Pour que l'État soit engagé, il faut que le tort ait été causé par les agents de l'État dans l'exercice de leurs fonctions.

347. — L'État est-il responsable du dommage causé par les militaires avec les armes qui leur ont été confiées; et dans les exercices militaires.

348. — Critique d'un jugement récent du tribunal de la Seine, qui a déchargé l'État de toute responsabilité civile dans ce cas.

349. — Les tribunaux, lorsqu'ils condamnent l'État, doivent se borner à fixer le chiffre des dommages-intérêts ; mais ils ne peuvent indiquer l'époque du paiement.

350. — L'État ne doit aucuns dommages-intérêts pour les faits de guerre, ni par suite de toute circonstance qui aurait nécessité l'emploi de la force publique.

(1) *Vide* l'ordon. réglem. du 31 mai 1838, art. 68 et suivants.

341. — L'art. 1382 du Code civil, conforme à la fois à la loi naturelle et à la loi chrétienne, veut que : « tout fait quelconque de l'homme qui cause à autrui un dommage, oblige celui par la faute duquel il est arrivé à le réparer. »

L'art. 1383 explique que : « chacun est responsable du dommage qu'il a causé non-seulement par son fait, mais encore par sa négligence ou par son imprudence. »

Enfin, l'art. 1384 porte : « On est responsable non-seulement du dommage que l'on cause par son propre fait, mais encore de celui qui est causé par le fait des personnes dont on doit répondre, ou des choses que l'on a sous sa garde.

« Le père, et la mère après le décès du mari, sont responsables du dommage causé par leurs enfants mineurs habitant avec eux.

« Les maîtres et les commettants, du dommage causé par leurs domestiques et préposés dans les fonctions auxquelles ils les ont employés.

« Les instituteurs et les artisans, du dommage causé par leurs élèves et apprentis pendant le temps qu'ils sont sous leur surveillance.

« La responsabilité ci-dessus a lieu, à moins que les père et mère, instituteurs et artisans, ne prouvent qu'ils n'ont pu empêcher le fait qui donne lieu à cette responsabilité. »

Comme on le voit, le principe de réparation et de responsabilité établi par ces articles est fort large, et l'Etat ne saurait s'y soustraire pour décliner la responsabilité par lui encourue pour le tort causé par ses agents dans l'exécution des règlements d'administration ou dans l'exercice de leurs fonctions.

En effet, l'État est sinon le maître, au moins le commettant de ses employés, lorsqu'ils agissent d'après les ordres de l'administration dont ils dépendent.

Sur quels motifs pourrait-on donc s'appuyer pour nier, en droit, la responsabilité civile de l'État?

Il n'y a évidemment aucune raison à donner pour soustraire, dans ce cas, l'État, à la responsabilité à laquelle un simple particulier, maître ou commettant serait exposé.

342. — Aussi, la jurisprudence s'est constamment prononcée en ce sens.

Telle est la doctrine consacrée par trois arrêts récents de la cour de Cassation; le premier, de la chambre des requêtes, en date du 30 janvier 1843; le second, de la chambre criminelle, du 3 juin même année; et le dernier, du 1er avril 1845 (1), de la chambre civile, notamment, en ce qui concerne la responsabilité encourue par l'État à la suite des accidents causés par la coure des malles-postes.

Voici le dispositif du dernier de ces arrêts.

« Sur le premier moyen.—Attendu en droit, que les règles posées par les art. 1382, 1383 et 1384, C. civ. sont applicables, sans exception, dans tous les cas où un fait quelconque de l'homme cause à autrui un dommage produit par la faute de son auteur;

« Que l'État, représenté par les différentes branches de l'administration publique, est passible des con-

(1) Dalloz, 1843, I, 96 et 421, et 1845, I, 261.

damnations auxquelles le dommage causé par le fait, la négligence ou l'imprudence de ses agents peut donner lieu ;

« Attendu que les tribunaux ordinaires sont seuls compétents pour statuer sur la réparation des dommages causés par le fait ou la négligence des entrepreneurs de transport par terre et par eau ;

« Qu'aucune loi ne soustrait à cette compétence les administrations publiques autorisées à exploiter des entreprises de cette nature ;

« Attendu que s'il est prescrit aux tribunaux de s'abstenir de tout examen et de toute critique des règlements et actes administratifs, et des ordres et instructions compétemment donnés par l'administration, il est incontestable qu'il appartient à l'autorité judiciaire d'apprécier dans les cas prévus par les art. 1382, 1383 et 1384, C. civ., les faits résultant de l'exécution plus ou moins intelligente, plus ou moins prudente des règlements et ordres administratifs.

« Attendu, en fait, que, si, dans l'espèce, la cour royale d'Agen s'est livrée, dans les motifs de son arrêt, à la censure des mesures administratives qu'elle n'avait le droit ni de réformer, ni de critiquer ; si elle a méconnu en ce point les limites de sa compétence, elle a constaté, en fait, que l'accident arrivé à Depeyre et le dommage qui s'en est suivi, ont été causés par la négligence, l'imprudence, le défaut de prévoyance et de précaution de l'administration des postes ou de ses agents ou préposés dans l'exécution de ses règlements ou de ses ordres ;

« D'où il suit qu'en condamnant ladite administration à réparer, dans une proportion déterminée, le préjudice causé, la cour royale d'Agen n'a pas méconnu les limites qui séparent les pouvoirs judiciaire et administratif, ni violé, par conséquent, la loi des 16-24 août 1790, le décret du 16 fructidor an III, ni aucune autre disposition législative, et a sainement appliqué les art. 1382 et 1383, C. civ.

« Sur le deuxième moyen ; — Attendu qu'en condamnant le courrier préposé de l'administration pour la conduite de la malle-poste, personnellement, et l'administration générale des postes, comme civilement responsable, à réparer le préjudice dans une certaine proportion, la cour royale d'Agen s'est encore renfermée dans l'appréciation des faits, et a justement appliqué les art. 1383 et 1384, C. civ. ; — Par ces motifs, Rejette (1). »

343. — Un précédent arrêt, de la cour de Cassation, du 19 juillet 1826 (2), avait décidé, que l'administration de l'octroi est responsable du dommage causé par ses agents dans l'exercice de leurs fonctions ; encore que ces agents soient nommés par le ministre, et non par l'administration de l'octroi.

344. — L'État serait également responsable des suites d'un accident ou tort causé par les animaux

(1) Cette décision est conforme à la solution donnée par Gaïus, *lib. VII*, *ad edictum provinciale*, Dig. *lib. IX*, *tit. II*, *ad legem aquiliam*, 8, § 1er : mulionem quoque si per imperitiam impetum mularum retinere non potuerit, si eæ alienum hominem obtriverint, vulgo dicitur culpæ nomine teneri..... idem juris est in persona ejus, qui impetum equi, quo vehebatur, propter imperitiam, vel infirmitatem, retinere non potuerit.

(2) Sirey, 27, I, 232.

dont il est propriétaire, et notamment par les chevaux de troupe confiés à la garde des soldats.

C'est ce qui a été jugé, le 5 avril 1845, par le tribunal civil de la Seine, première chambre, dans l'espèce suivante : — Nous empruntons au journal *le Droit*, du 6 avril 1845, l'exposé des faits qui ont donné lieu à ce procès.

« Le 4 juillet 1843, quelques cavaliers conduisant quinze chevaux destinés à l'armée d'Afrique, avaient reçu un billet de logement chez le sieur Bournat, aubergiste. Ils se présentèrent à la porte de l'auberge et pénétrèrent dans la cour sans mettre pied à terre. Le maréchal des logis ayant mis pied à terre appela le sieur Bournat pour venir recevoir le billet de logement. Mais au moment où celui-ci passait entre une borne et un des chevaux, il reçut un coup de pied dans le bas-ventre. Le coup était mortel, et peu de jours après Bournat mourut. Il laissait une veuve infirme et trois enfants en bas âge. — Une demande en 10,000 fr. de dommages-intérêts pour la dame Bournat, et en 1,000 fr. de pension viagère, répartie par tiers sur la tête des enfants, fut intentée contre l'État, comme responsable du dommage causé par les chevaux dont il était le propriétaire.

« L'enquête ordonnée par le tribunal ayant démontré qu'il y avait eu faute de la part des soldats, le tribunal a condamné l'État à payer à la veuve Bournat la somme de 10,000 fr., avec les intérêts du jour de la demande, et à constituer une rente de 1,000 fr., 3 pour 100, inscrite au grand-livre et partagée par tiers entre chaque enfant, sans réversibilité. »

Ce jugement, dont le journal ne rapporte pas le

texte, est sans doute motivé sur l'application de l'art. 1385 du Code civil qui porte : » Le propriétaire d'un animal, ou celui qui s'en sert, pendant qu'il est à son usage, est responsable du dommage que l'animal a causé, soit que l'animal fût sous sa garde, soit qu'il fût égaré ou échappé. »

L'État étant propriétaire des chevaux de la cavalerie, de l'artillerie, des équipages militaires et de quelques autres services publics, doit être soumis à l'application de cet article, et c'est avec raison qu'il a été condamné dans l'espèce ci-dessus.

345. — Devrait-on décider dans le même sens, s'il s'agissait du tort occasionné par un navire de l'État, à la suite d'un abordage, d'un choc, ou de tout autre accident causé par le fait, la négligence ou l'imprudence, soit du capitaine, des officiers ou pilote, soit des gens de l'équipage ?

L'affirmative nous paraît incontestable : car l'article 1384 dispose : On est responsable non-seulement du dommage que l'on cause par son propre fait, mais encore de celui qui est causé par le fait des personnes dont on doit répondre, *ou des choses que l'on a sous sa garde.*

Or, les bâtiments de l'État sont bien sous la garde, sous la direction de l'administration de la marine : l'Etat est donc responsable de l'exécution des ordres de cette administration, aussi bien que de celle des règlements de l'administration des postes.

346. — Mais remarquez que, pour que la responsabilité de l'Etat se trouve engagée, il faut, dans tous les cas, que l'accident, le tort, ait été causé par les agents de l'Etat *dans l'exercice de leurs fonctions,* et ne soit pas le résultat de leur fait personnel. Supposez, par exemple, qu'un matelot français de la marine royale, endommage volontairement, par vengeance personnelle ou par tout autre motif, la coque ou les agrès d'un bâtiment marchand : la responsabilité de l'Etat ne sera nullement engagée, parce que l'Etat, dans ce cas, ne peut empêcher la perpétration d'un acte qui est étranger à son service, et qui est le résultat de la détermination personnelle de son auteur.

347. — Une question délicate, est celle de savoir si l'État est responsable du dommage causé, par négligence ou imprudence, par les *militaires*, avec les armes qui leur ont été confiées, et dans les exercices militaires.

Voici une espèce récente qui a donné lieu à un jugement du tribunal de la Seine, en date du 16 août 1845.

Le 8 juillet 1844, à huit heures du matin, une compagnie du train des équipages militaires faisait l'exercice à feu au Champ de Mars à Paris. Les feux de pelotons étaient dirigés du côté du tertre qui est vis-à-vis de la plaine de Grenelle. On n'avait pas pris la précaution d'usage et recommandée par les règlements militaires, de placer un piquet de manière à écarter les curieux et les passants des endroits où il pouvait y avoir péril. — La compagnie venait de tirer dans la direction de Grenelle, lorsque le capitaine fit sortir des rangs deux soldats dont les fusils n'étaient pas partis, et leur ordonna de décharger leurs armes dans la direction du tertre qui longe l'avenue de la Bourdonnais, du côté de la rue de l'Université. Cette volte-face imprévue occasionna un accident déplorable. Vallet, ouvrier charron, père de famille, cheminait paisiblement sur le tertre, se dirigeant vers le pont d'Iéna. Il fut atteint au bras gauche par la baguette laissée imprudemment dans le canon de son fusil par un des soldats.

Une demande en dommages-intérêts ayant été formée contre le ministre de la guerre, représentant l'État, cette demande a été rejetée par le tribunal de la Seine par un jugement dont voici le dispositif :

« Attendu que le gouvernement n'est pas le maître, dans le sens de l'art. 1384 du Code civil, des militaires appelés au service de l'État ;

« Qu'il n'est pas davantage leur commettant, et que les militaires ne sont pas ses préposés ;

« Que le service militaire est une charge attachée à la qualité de Français ;

« Que le Français remplit donc un devoir quand il se place dans les rangs de l'armée, qu'il n'occupe pas en cela un emploi ;

« Qu'il en est autrement du cas où le tort causé l'a été par des chevaux de cavalerie appartenant à l'Etat, et confiés à la garde des cavaliers :

« Déclare le sieur Vallet mal fondé dans sa demande, l'en déboute, et le condamne aux dépens, sous la réserve de ses droits, s'il y a lieu, contre le soldat par lequel il a été blessé, et de l'officier qui commandait l'exercice à feu » (1).

348. — Ce jugement, on le voit, décide nettement *en droit*, que l'État n'est pas responsable du tort

(1) Voy. le journal *le Constitutionnel* du 18 août 1845.

causé par les militaires, agissant d'après les ordres de leurs supérieurs et dans un exercice commandé.

Cette solution est-elle conforme au véritable esprit qui a dicté les art. 1382, 1383 et 1384 du Code civil? Nous ne le pensons nullement. En effet, ces articles, nous l'avons dit, ne renferment que la reconnaissance d'un principe d'éternelle justice, qui oblige l'homme à réparer le tort causé non-seulement par lui-même personnellement, mais encore par ceux qu'il emploie, qui sont à sa disposition, qui agissent d'après ses ordres, et dont il est par conséquent responsable.

Le jugement, s'en tenant aux termes étroits de la loi, objecte que le gouvernement n'est ni le maître, ni le commettant des militaires, qui ne sont pas ses préposés.

Sans doute, le Français obligé par la loi au service militaire, ne fait que remplir un devoir en servant sa patrie. Mais il ne s'ensuit nullement que si, obéissant aux ordres de ses chefs, et dans un service commandé, il cause un préjudice à autrui, l'Etat ne doive pas le réparer. Est-ce que le soldat agit de lui-même, lorsqu'il fait l'exercice? est-ce qu'il ne subit pas alors, au contraire, la loi de la discipline militaire à laquelle il est complétement soumis? La loi qui impose comme une charge de la qualité de Français l'obligation du service militaire, délègue par cela même au Gouvernement le droit de disposer de la personne des militaires pour les services publics auxquels ils sont assujettis : il en résulte que la volonté du militaire s'efface devant celle de la grande loi d'ordre public qui le soumet à l'obéissance passive. Si donc, en obéissant à ses chefs, il cause un dommage par sa négligence ou son imprudence, il est juste, il est logique que l'Etat soit civilement tenu de le réparer.

D'ailleurs, il ne faut pas oublier qu'il s'agit ici de l'application d'une règle de droit naturel, et qu'alors même que le texte du Code civil ne déciderait pas la question, il serait toujours possible de trouver dans les sentiments d'équité inhérents au cœur de l'homme les véritables raisons pour la résoudre, et pour accorder à la partie lésée les réparations civiles auxquelles elle a droit.

349. — Seulement, nous le répétons (1), lorsque les tribunaux condamnent l'État à des dommages-intérêts comme civilement responsable, ils doivent se borner à fixer le chiffre de la condamnation, mais ils ne peuvent, sans excès de pouvoir, soit ordonner l'exécution par provision, soit déterminer l'époque du paiement des sommes allouées : l'exécution des jugements prononçant des condamnations pécuniaires contre l'Etat étant soumise à des règles particulières, que nous avons expliquées dans le chapitre III, auquel nous renvoyons.

350. — Si le dommage causé par les militaires résultait d'un fait de guerre, il est certain que l'Etat ne devrait aucuns dommages-intérêts. Car la guerre a ses principes et ses nécessités basés sur le droit de la défense ou de l'attaque, dans l'intérêt de la patrie ; et le droit de la guerre qui repose sur des règles particulières, a toujours été considéré comme supérieur au droit privé.

(1) Voy. chap. III, nos 85 et suivants.

Il en serait de même, si le tort avait été causé dans une émeute ou par suite de toute autre circonstance qui aurait nécessité l'emploi de la force publique. Ce serait alors le cas de dire, *Salus populi suprema lex esto ;* et cette nécessité de rétablir l'ordre public passerait également avant toute autre considération privée. Seulement, dans ce cas, il pourrait y avoir lieu à l'application de la loi du 10 vendémiaire an IV, sur la responsabilité des communes : mais celle de l'État ne saurait être atteinte par l'application de cette loi.

CHAPITRE XII.

DES DÉCHÉANCES ET PRESCRIPTIONS ÉTABLIES A L'EFFET DE LIBÉRER LE TRÉSOR PUBLIC.

SOMMAIRE.

551. — Raisons d'État qui justifient les déchéances et prescriptions particulières établies pour assurer la prompte libération du trésor public.

552. — Législation sur les déchéances, de 1789 à 1831. Arriéré antérieur à l'an V et à l'an IX ; arriéré antérieur à 1816.

553. — Déchéance ou prescription quinquennale établie par la loi du 29 janvier 1831.

554. — Clôture définitive de l'arriéré antérieur à 1816, par la loi du 4 mai 1834.

555. — Explication des dispositions de la loi du 29 janvier 1831 qui ont établi, au profit de l'État, la déchéance quinquennale pour l'avenir.

556. — La créance doit être, non-seulement liquidée et ordonnancée, mais payée dans le délai de cinq années.

557. — Ce délai court pendant les instances judiciaires.

558. — En cette matière, les jugements des tribunaux ne sont que déclaratifs et non constitutifs des créances.

359. — Pour que la déchéance puisse être opposée, il faut que la créance existe et soit susceptible d'être liquidée, ordonnancée et payée.

360. — Le pourvoi au conseil d'État interrompt la déchéance. Dans ce cas, si le conseil admet le recours, le délai de cinq ans court de l'ouverture de l'exercice dans lequel cette décision a été rendue.

361. — Le fait de l'administration interrompt également la déchéance quinquennale. — Que doit-on entendre par ces mots : *fait de l'administration?*

362. — Droit du créancier de se faire délivrer un bulletin de dépôt.

363. — Moyen à employer, dans le cas où un ministre refuserait de statuer sur une réclamation à l'effet d'obtenir la liquidation, l'ordonnancement et le paiement d'une créance contre l'État.

364. — Quel est le sens légal du mot *créance* employé par l'art. 9 de la loi du 29 janvier 1831?

365. — Doit-on considérer comme une créance exposée à la déchéance quinquennale, l'action en restitution de l'actif d'une succession tombée en déshérence, et dont l'État a été envoyé en possession?

366. — Cette déchéance est-elle opposable aux créances qui existent contre une succession recueillie par l'État à titre de déshérence? Arrêt du conseil d'État; — Observations.

367. — Elle ne peut être opposée à une demande en restitution de la succession formée par des héritiers. — Arrêt du conseil d'État.

368. — L'État est soumis aux mêmes prescriptions que les particuliers, pour tous les droits réels ou personnels qui n'auraient pas pour résultat de le constituer débiteur d'une somme.

369. — L'application des déchéances établies contre les créanciers de l'État est exclusivement dans les attributions du ministre des finances.

370. — Le ministre peut statuer sur la déchéance avant la décision des questions préalables à la discussion du fond.

371. — D'après la loi de 1831, il n'y a plus aucune différence, quant au sens légal, entre les mots *déchéance* et *prescription.*

372. — Le ministre ne pourrait, dans une convention, déroger aux dispositions de l'art. 9 de la loi du 29 janvier 1831.

373. — Doit-on appliquer la déchéance quinquennale aux dettes départementales?

374. — On ne peut en faire usage contre les créanciers des communes.

375. — La déchéance résultant de la loi de 1831 est uniquement opposable au nom de l'État et à son profit; — conséquences qui en résultent.

376. — Déchéances spéciales consenties par des marchés ou conventions avec l'État, notamment pour les services de la guerre.

377. — Déchéance ou prescription de cinq ans applicable aux arrérages des rentes sur l'État.

378. — La demande de paiement de ces arrérages, faite conformé-

ment à l'avis du conseil d'Etat du 13 avril 1809, est-elle interruptive de cette déchéance?

379. — Extinction présumée, après trois ans sans réclamation, des rentes viagères sur l'État.

380. — Déchéance ou prescription triennale des arrérages des pensions sur l'État.

381. — Délai pour faire valoir les droits à la pension, sous peine de déchéance. — Distinction à faire entre les demandes de pensions civiles, et celles des pensions militaires et de la marine.

382. — Traites du caissier général du trésor public assimilées aux lettres de change, par le décret du 11 janvier 1808.

383. — Effets de cette assimilation, quant à la déchéance ou prescription quinquennale.

384. — Un mandat émané du trésor, payable chez le payeur d'un département, mais non à ordre, doit-il être considéré comme un effet de commerce?

385. — *Quid*, dans le cas où le mandat serait pour le compte d'un particulier?

386. — Les dispositions du décret du 11 janvier 1808 sont-elles applicables aux *bons du trésor*.

387. — Déchéance ou prescription de huit ans, relative aux sommes déposées dans les bureaux de poste, résultant de la loi du 31 janvier 1833.

388. — La somme versée à la poste est-elle acquise à l'État, lorsque, ayant été réclamée dans les huit années, elle n'a pas été payée dans le même délai?

389. — Déchéance ou prescription des sommes versées à l'ancienne caisse d'amortissement d'après la loi du 6 juin 1840. — Motifs de cette loi.

390. — Prescription quinquennale des intérêts de ces sommes, conformément à l'avis du conseil d'État du 24 mars 1809.

391. — Interruption de la prescription par *le fait de l'État,* et par suite de pourvoi au conseil d'Etat.

392. — La loi du 6 juin 1840 n'a introduit aucun changement dans la législation de la caisse actuelle des dépôts et consignations.

393. — Déchéance ou prescription des réclamations à fin de restitution des droits et amendes d'enregistrement, timbre, greffe et hypothèques indûment perçus.

351. — Le bon ordre de la comptabilité publique exige que l'on fixe un délai particulier pour la liquidation, l'ordonnancement et le paiement des créances dues par l'Etat : ce délai passé, la dette de l'Etat doit être prescrite, et la déchéance encourue.

Laisser les créanciers de l'État se prévaloir des dispositions du droit commun, serait exposer la société tout entière aux plus graves préjudices.

Comment connaître la véritable situation du trésor, s'il était permis à ses créanciers de réclamer pendant trente ans le paiement de leurs créances? La liquidation et le remboursement de cet arriéré absorberaient les ressources disponibles de l'Etat, empêcheraient de faire face aux besoins quotidiens de tous les services, et jetteraient le désordre et la désorganisation dans toutes les parties de l'administration publique.

Si la prescription, comme moyen d'acquérir ou de se libérer par un certain laps de temps, a été jugée nécessaire entre particuliers, à plus forte raison, faut-il admettre l'indispensable nécessité des prescriptions et déchéances établies dans l'intérêt du trésor public.

L'emploi de ces déchéances a cependant fait naître des récriminations passionnées; et l'on doit convenir que, jusqu'à ces derniers temps, la législation sur cette matière laissait beaucoup à l'arbitraire.

Mais, tout en admettant l'abus qui a pu être fait, de 1793 à 1830, de ce mode de libération, on doit reconnaître que le principe même du droit de déchéance n'est certainement pas contestable.

352. — Avant d'examiner la législation actuellement en vigueur sur les prescriptions des créances dues par l'Etat, il ne sera pas sans intérêt d'exposer brièvement l'analyse des diverses mesures législatives qui, de 1789 à 1831, ont été successivement adoptées pour établir la liquidation des dettes de l'Etat, et assurer sa libération.

Par ses déclarations des 17 juin et 13 juillet 1789, l'Assemblée constituante proclama : « qu'elle mettait dès à présent les créanciers de l'Etat sous la garde de l'honneur et de la loyauté française, et que, dans aucun cas, et sous aucun prétexte, il ne pourrait être fait aucune nouvelle retenue ni réduction quelconque sur aucune des parties de la dette publique. »

Pour assurer l'exécution de ces déclarations, l'assemblée institua dans son sein un comité, et se réserva de juger, sur son rapport, les créances contestées.

Bientôt, par le décret du 22 décembre 1790, elle créa une direction générale de liquidation.

Malheureusement, les événements qui suivirent paralysèrent l'effet de ces premières mesures; le sort des créanciers de l'État resta précaire et incertain pendant un grand nombre d'années, et l'arriéré de la dette publique ne fit que s'accroître jusqu'à l'établissement du Consulat.

A cette époque mémorable, dès que le premier Consul eut rassuré la France par ses victoires, il sentit l'indispensable nécessité de rétablir l'ordre dans les finances : à cet effet, un premier arrêté du Gouvernement, en date du 23 vendémiaire an IX, confia la liquidation de l'arriéré à un liquidateur général.

Un second arrêté, du 13 prairial an X, institua un conseil de liquidation générale, dans le but d'arriver à un résultat définitif.

Le conseil de liquidation jugeait sur la production des titres des parties.

Le recours contre ses décisions était déféré au conseil d'État. — Les arrêtés du conseil de liquidation, pris à l'unanimité, devaient recevoir leur exécution provisoire, sans que le recours au Gouvernement pût la suspendre. — En cas de diversité d'opinion dans le conseil de liquidation, il en était fait, par le conseiller d'Etat directeur général, un rapport au conseil d'État, et la liquidation y était jugée comme affaire contentieuse. Au premier conseil d'État du mois, le conseiller directeur général présentait aux Consuls, séant au conseil d'Etat, le tableau des liquidations arrêtées dans le mois précédent au conseil de liquidation, ou définitivement arrêtées au conseil d'Etat (art. 8 et 9).

Malgré l'énergique impulsion que le premier Consul savait donner à l'exécution de tous les actes de son gouvernement, la liquidation de l'énorme arriéré de la dette publique n'était point encore achevée au commencement de 1808. — Les créanciers de l'État, soit qu'ils eussent des doutes sur la sincérité de leurs droits, soit qu'ils redoutassent la sévérité des liquidateurs, ajournaient la production de leurs titres, et, par des retards calculés, mettaient souvent la direction de la liquidation dans l'impossibilité de statuer sur leurs créances. — Cependant, il importait de faire cesser promptement une telle situation, qui épuisait sans cesse les ressources du trésor et compromettait le crédit public.

C'est dans ce but que furent rendus les décrets des 25 février 1808 et 13 décembre 1809.

Le premier de ces décrets fait défense, par son art. 3, au conseil général de liquidation, d'admettre aucune liquidation pour créances dont l'origine remonte à une date antérieure au 1er vendémiaire an V, *quelles que soient la nature et la cause de ces créances.*

L'art. 12 enjoint au conseil général de liquidation de prononcer dans le courant de 1808, et dans l'Etat où se trouveront les productions, sur les demandes en liquidation pour services des années V, VI, VII et VIII.

Le second décret approuve les états des créances arriérées sur les années V, VI, VII et VIII liquidées par le conseil de liquidation, et renvoie, au ministre d'État directeur général de la liquidation, l'examen de toutes les demandes dans le cas des exceptions proposées par la commission spéciale, pour y être fait droit avant le 1er juillet 1810, et après cette époque, à l'administration des domaines la liquidation de deux sortes de créances seulement, savoir :

1° Celles données en paiement de biens nationaux ; (art. 9) ;

2° Les remboursements réclamés par les engagistes et échangistes dépossédés depuis la loi du 11 pluviôse an XII (art. 10).

Les décrets que nous venons d'analyser furent sanctionnés par la loi de finances du 15 janvier 1810, dont l'art. 12 porte : « Le conseil général de liquidation de la dette publique est supprimé, à partir du 1er juillet 1810 ; les liquidations qui restent à faire seront entièrement terminées dans ce délai, conformément aux décrets des 25 février 1808, et 13 décembre 1809 » (1).

(1) M. de Cormenin, dans ses Questions de droit administratif, v° *Liquidation*, a parfaitement démontré l'illégalité de ces décrets,

Tel fut le sort de toutes les créances antérieures à l'an V et à l'an IX, et l'on voit qu'il n'y eut d'exceptées de la déchéance établie, que les seules créances mentionnées dans les art. 9 et 10, du décret du 13 décembre 1809 (1). C'est au reste ce qui a été constamment décidé par le conseil d'État.

Après les événements de 1814 et 1815, il devint nécessaire de régler définitivement l'énorme arriéré que le Gouvernement impérial laissait à solder. Dans ce but, la loi de finances du 25 mars 1817, disposa :

« Art. 5. Les créanciers de l'arriéré seront tenus de produire leurs titres dans le délai de six mois après la publication de la présente loi, sans préjudice de l'observation des délais déjà fixés et des déchéances encourues ou à encourir ; passé ce délai, ils ne seront plus admis.

« Art. 6. Dans les trois mois après l'expiration du même délai, les ministres remettront au ministre des finances un état détaillé des créances produites à leurs départements respectifs, et qu'ils jugeront devoir légitimement faire partie de l'arriéré. —Le ministre des finances fera dresser, d'après ces documents, un tableau général de l'arriéré antérieur à 1826, qui sera communiqué aux chambres dans la session suivante. »

Ces dispositions confirmaient les déchéances relatives à l'arriéré antérieur à l'an IX, et ne respectaient pas même les exceptions créées par le décret

qui n'en furent pas moins exécutés rigoureusement, malgré les réclamations réitérées des créanciers de l'État.

(1) Voy. n° 389 ce qui est relatif aux anciens dépôts et consignations.

du 13 décembre 1809. Mais il suffisait aux créanciers, pour échapper à l'effet de cette loi, de former leur demande et de produire leurs titres dans le délai fixé : tandis qu'il en avait été autrement pour l'arriéré de l'an V, le décret de 1808 ayant déclaré ces créances à jamais éteintes, qu'elles eussent fait ou non l'objet d'une réclamation. Le tableau de l'arriéré antérieur à 1816, qui fut communiqué aux chambres à la session de 1818, fut limité, sauf les réductions qui pourraient avoir lieu par suite des liquidations, à la somme de soixante-un millions sept cent quatre-vingt mille francs pour les créances de 1801 à 1810, et à celle de deux cent quatre-vingt dix-sept millions six cent trente mille francs, également sauf réduction, pour les créances de 1810 à 1816 (1).

La loi du 25 mars 1817 avait fixé un délai fatal pour les réclamations des créances non liquidées; mais un très-grand nombre de créances de l'arriéré avaient été liquidées, et quelques-unes même inscrites sur le grand-livre de la dette publique, sans que les ayants-droit se fussent mis en devoir d'en exiger le paiement ou d'en retirer le certificat d'inscription : il importait de mettre un terme à cette situation, qui encombrait le trésor d'une dette flottante sur laquelle les spéculations de toutes espèces ne manquaient pas de s'exercer, le plus souvent, au détriment des véritables propriétaires de la créance.

Pour arrêter ces abus, la loi du 17 août 1822 éta-

(1) Cette somme fut portée à 350 millions par la loi du 17 août 1822, art. 2.

blit, dans son titre Ier, la fixation définitive des moyens de libération de l'arriéré.

Après avoir, par les art. 1 à 4, mis à la disposition du ministre des finances des crédits suffisants pour faire face aux créances liquidées, l'art. 5 ajoute :

« Les rentes et créances de toute nature provenant des anciennes liquidations ou de l'arriéré des divers ministères, pour tous les exercices antérieurs au 1er janvier 1816, dont l'inscription ou le paiement n'aurait pas été réclamé avant le 1er avril 1823, pour les propriétaires domiciliés en Europe, et avant le 1er janvier suivant, pour ceux résidant dans les colonies, seront éteintes et amorties définitivement au profit de l'État. »

Une ordonnance royale du 25 décembre 1822 détermina les formalités à remplir, par les créanciers de l'arriéré antérieur à 1816, pour éviter la déchéance prononcée par cet article.

Les principales de ces formalités consistaient dans l'obligation du *visa* apposé sur le titre présenté, et dans le *bulletin de dépôt* constatant l'enregistrement de la réclamation sur un registre ouvert et dressé dans chaque ministère liquidateur.

Tel était l'état de la législation relative à l'arriéré antérieur à 1816, à l'époque de la révolution de 1830.

353. — Le gouvernement qui succédait à celui de la Restauration, obligé de faire des dépenses considérables pour parer à toutes les éventualités qui pouvaient surgir de l'ébranlement profond imprimé à la politique européenne, comprit qu'il fallait adopter des mesures promptes et énergiques pour le règlement définitif de l'arriéré, et pour prévenir une nouvelle accumulation des créances dues par l'État.

C'est dans ce double but que furent adoptés les art. 8, 9 et 10 de la loi de finances du 29 janvier 1831, ainsi conçus :

« Art. 8. Toute créance portant sur l'arriéré antérieur à 1816, et dont le titulaire ou les ayants-cause n'auront pas fourni, avant le 1er janvier 1832, les justifications nécessaires pour la délivrance du titre de paiement, sera définitivement éteinte et amortie au profit de l'Etat.

« Art. 9. Seront prescrites et définitivement éteintes au profit de l'Etat, sans préjudice des déchéances prononcées par les lois antérieures ou consenties par des marchés ou conventions, toutes créances qui, n'ayant pas été acquittées avant la clôture des crédits de l'exercice auquel elles appartiennent, n'auraient pu, à défaut de justifications suffisantes, être liquidées, ordonnancées et payées dans un délai de cinq années, à partir de l'ouverture de cet exercice, pour les créanciers domiciliés en Europe, et de six années pour les créanciers résidant hors du territoire européen.

« Le montant des créances frappées d'opposition sera, à l'époque de la clôture des paiements, versé à la caisse des dépôts et consignations (1).

« Le terme de prescription des créances portant sur les exercices 1830 et antérieurs est fixé au 31 décembre 1834, pour les créanciers domiciliés en Eu-

(1) Disposition abrogée par l'art. 10 de la loi du 8 juillet 1837 ; Voy. n° 77.

rope, et au 31 décembre 1835, pour les créanciers résidant hors du territoire européen.

« Art. 10. Les dispositions des deux articles précédents ne seront pas applicables aux créances dont l'ordonnancement et le paiement n'auraient pu être effectués, dans les délais déterminés, par le fait de l'administration ou par suite de pourvois formés devant le conseil d'État.

« Tout créancier aura le droit de se faire délivrer par le ministère compétent un bulletin indiquant la date de sa demande et les pièces produites à l'appui. »

354. — Enfin, la loi du 4 mai 1834, portant règlement définitif du budget de 1831, est revenue sur les créances de l'arriéré antérieur à 1816, pour fixer un délai à la liquidation de ces créances, en obligeant les ministres à statuer définitivement, par admission ou rejet, sur toutes les réclamations régulièrement introduites; l'art. 11 de cette loi porte :

« La liquidation des créances dont l'origine remonte à une époque antérieure au 1er janvier 1816, sera définitivement close au 1er juillet 1834.

« Les ministres sont tenus de prononcer avant cette époque, par admission ou rejet et dans l'état où elles se trouvent, sur toutes les réclamations régulièrement introduites, et qui n'auraient pas encore été l'objet d'une décision ; toutes les déchéances encourues d'après les lois et règlements antérieurs, ainsi que les rejets non attaqués en temps utile devant le conseil d'État, ou confirmés par lui, étant d'ailleurs irrévocables, et ne pouvant plus être remis en question pour quelque cause et sous quelque forme que ce soit.

« Passé le 1er juillet 1834, aucune ordonnance de paiement ne pourra être délivrée pour créances antérieures à 1816.

« Les créances admises postérieurement au 1er juillet 1834, par suite de pourvois formés devant le conseil d'État, ne pourront être acquittées qu'en vertu d'un crédit spécial qui sera demandé aux Chambres dans la session de 1835. »

Cet article a définitivement clos la série des mesures applicables à l'arriéré antérieur à 1816; de telle sorte, que sauf l'effet des pourvois jugés par le conseil d'État, il n'est pas plus permis actuellement de faire revivre des droits sur cet arriéré que sur celui antérieur à l'an IX et à l'an V.

355. — Aussi, sans nous arrêter davantage sur des actes qui ont reçu leur exécution depuis plusieurs années, nous reviendrons sur celles des dispositions de la loi du 29 janvier 1831 qui ont établi, *pour l'avenir*, la déchéance ou prescription de cinq ans, au profit de l'Etat, comme une règle générale et permanente.

On l'a vu, l'art. 9 de cette loi prononce la déchéance contre toutes créances qui, n'ayant pas été acquittées avant la clôture des crédits de l'exercice auquel elles appartiennent, n'auraient pu, à défaut de justification suffisante, être *liquidées*, *ordonnancées* et *payées* dans un délai de cinq années, à partir de l'ouverture de l'exercice, pour les créanciers domiciliés en Europe, et de six années pour les créanciers résidant hors du territoire européen.

356. — Il ne suffirait donc pas que la liquidation eût été faite dans le délai: la déchéance serait encourue, si la créance ayant été liquidée et ordonnancée, le paiement n'avait pas eu lieu dans les cinq années,—arrêt du conseil d'Etat du 15 juillet 1842.

357. —Remarquez que s'il s'élevait des difficultés sur le domicile du créancier de l'Etat, cette question devrait être portée devant les tribunaux civils, seuls compétents pour statuer sur les questions que peut faire naître l'application des art. 102 et suivants du Code civil. Jusqu'au jugement à intervenir sur cette question préalable, le ministre pourrait surseoir à toute liquidation de la créance réclamée. — Mais le délai de cinq années n'en continuerait pas moins à courir pendant l'instance judiciaire, parce que la loi n'admet pas d'exception au délai qu'elle impartit aux créanciers de l'Etat pour faire liquider, ordonnancer et payer leurs créances.

358. — En cette matière, les jugements des tribunaux sont des actes simplement déclaratifs, et non constitutifs des créances pour le paiement desquelles ils prononcent des condamnations; de telle sorte, que l'on doit appliquer la déchéance à une créance dont la propriété a été reconnue ne pas appartenir à l'Etat par des arrêts intervenus après le délai de déchéance (arrêts du conseil d'Etat, des 23 avril 1837, 26 juillet 1844).

359. — Mais pour que la déchéance puisse être opposée au nom de l'Etat, il faut que la créance ait été constituée de manière à la rendre susceptible d'être liquidée, ordonnancée et payée.

Par exemple, si une créance était subordonnée à l'événement d'une condition, ou retardée jusqu'à un terme fixé, la déchéance ne commencerait à courir que du jour de l'événement de la condition ou de l'arrivée du terme (Code civil, art. 1181, 1186), parce que la liquidation ne pourrait en être demandée auparavant.

Cette opinion est conforme à un arrêt du conseil d'Etat, du 30 mars 1842, qui a décidé que l'indemnité due par l'Etat à un révélateur de biens engagés célés, lorsqu'elle consiste dans une quote-part de la valeur des biens, ou de ce que la révélation fera rentrer au trésor, appartient, pour sa liquidation, non à l'année où les détenteurs des biens révélés ont fait leur soumission, mais à celle où le préfet et le ministre des finances ont fixé la somme à payer par les engagistes; et, en conséquence, la déchéance quinquennale ne court au profit de l'Etat qu'à partir de cet exercice. — Ce n'est, en effet, qu'à partir de la fixation de la somme à payer par l'engagiste, que la créance du révélateur est constituée : la liquidation, l'ordonnancement et le paiement ne peuvent donc en être exigés avant cette époque, et, par conséquent, la déchéance ne peut commencer à courir auparavant.

360. — En cas de pourvoi au conseil d'Etat contre la décision du ministre refusant la liquidation de la créance, à partir de quelle époque courra le délai de cinq ans fixé pour la déchéance, si le conseil admet le recours et constate la légitimité de la créance réclamée ?

D'après un arrêt du conseil, du 14 janvier 1842, la créance ainsi reconnue appartient à l'exercice de l'année dans laquelle cette décision est rendue; par conséquent, le délai de cinq ans court de l'ouverture de cet exercice.

Cette décision est conforme à l'art. 10 de la loi qui excepte de la déchéance, prononcée par l'art. 9, les créances dont l'ordonnancement et le paiement n'auraient pu être effectués dans les délais fixés, *par le fait de l'administration ou par suite de pourvois formés devant le conseil d'État.*

L'art. 10 lui-même n'est que l'application de la règle: *Contra non valentem agere non currit præscriptio.* « Il était utile, dit M. Duvergier dans ses notes sur cet article (1), que cette disposition fût insérée dans la loi; car jusqu'à ce jour, la jurisprudence a été d'une rigueur excessive dans l'application de la déchéance. Vainement, les créanciers de l'État offraient-ils de prouver qu'ils n'avaient pas pu réclamer dans les délais prescrits, que cette impossibilité résultait même du fait de l'administration, ils étaient impitoyablement repoussés (2). »

361. — Mais que doit-on entendre par ces mots : *fait de l'administration?*

La loi, en ne s'expliquant pas sur la signification légale de ces expressions, a laissé, par cela même, au conseil d'État, la plus grande latitude pour apprécier les diverses circonstances qui peuvent motiver, par suite du fait de l'administration, l'exception à la déchéance.

Ainsi, par arrêt du 4 juillet 1838, le conseil d'État a jugé que, lorsqu'une demande en indemnité

(1) *Collection des lois,* etc., etc., année 1831, p. 22, note 2.

(2) Voy. M. de Cormenin, Quest. de droit administratif, v° *Liquidation.*

contre l'Etat avait été formée par un propriétaire d'usine les 15 juillet et 10 septembre 1829, et que l'administration n'avait désigné son expert que le 12 janvier 1836, postérieurement au terme de déchéance fixé par la loi du 29 janvier 1831, ce retard, provenant du fait de l'administration, devait faire écarter la déchéance invoquée par le ministre liquidateur.

La même solution serait sans doute admise, s'il était clairement démontré, qu'après la demande régulièrement introduite, l'administration a retenu et égaré des pièces décisives, qu'elle n'aurait retrouvées qu'après le délai de cinq années. Cette circonstance, qui serait le fait de l'administration, devrait faire repousser l'application de la déchéance.

De même, s'il était démontré que, malgré toutes les réclamations faites en temps utile, et après la liquidation et l'ordonnancement de la créance, le ministre a refusé de la payer, à défaut d'un crédit spécial voté à cet effet par les Chambres, ainsi que l'exigent les lois de finances, cette circonstance, de force majeure, qui serait le fait de l'Etat, devrait garantir le créancier contre l'application de la déchéance quinquennale.

362. — Pour assurer au créancier l'exercice complet de son droit, le dernier paragraphe de l'art. 10 lui donne la faculté de se faire délivrer, par le ministre compétent, un bulletin énonçant la date de sa demande et les pièces produites à l'appui.

363. — Si, nonobstant le dépôt de la réclamation et la délivrance du bulletin de production, le ministre refusait de statuer sur la demande, que devrait faire le créancier pour éviter la déchéance?

Lors de la discussion, à la chambre des Pairs, de l'art. 11 de la loi du 4 mai 1834, M. le comte Roy ayant supposé le cas où, volontairement, les ministres refuseraient de statuer, il fut répondu par M. le ministre des finances, que : « si un ministre refusait de liquider des réclamations, les parties le mettraient en demeure, après quoi elles se pourvoiraient devant le conseil d'Etat en déni de justice. »

Sans doute, cette voie serait la seule ouverte au créancier, si le ministre exprimait son refus par écrit. Mais s'il ne répondait pas à ses réclamations, comme on en a vu des exemples à l'époque de l'exécution du décret du 25 février 1808, la position du créancier deviendrait plus délicate. Car le conseil d'Etat n'est appelé à statuer que sur les décisions ministérielles portant admission ou rejet de la créance; mais, en règle générale, quand il n'y a pas de décision, la juridiction du conseil d'Etat ne peut être saisie, *omisso medio*, de l'examen de la réclamation qui appartient en premier ressort au ministre liquidateur.

Il faudrait, dans ce cas, qu'en formant son pourvoi au conseil d'Etat, le créancier reproduisît la copie de sa réclamation, en y joignant le bulletin délivré par l'administration et la mise en demeure adressée au ministre par acte extrajudiciaire. Le conseil d'Etat, éclairé par la production de ces documents, admettrait, sans doute, la requête, s'il apparaissait de l'instruction que, c'est par le fait du refus ministériel ou du silence de l'administration que la liquidation n'a pas eu lieu : dans ce cas, il renverrait le créancier à se pourvoir de nouveau devant le ministre, qui serait obligé, en exécution de la chose jugée, de statuer sur la réclamation.

364. — L'art. 9 de la loi du 29 janvier 1831, prononce la déchéance contre *toutes créances* qui n'ont pas été liquidées, ordonnancées et payées dans un délai de cinq années.

Des difficultés fort graves se sont élevées sur le sens que l'on doit légalement attribuer au mot *créances* employé par cet article.

On a prétendu que le mot *créances* ne devait s'appliquer qu'aux dettes contractées par l'Etat pour les divers services publics ; mais que les actions ou réclamations, à tout autre titre, ne pouvaient tomber sous l'application de la déchéance prononcée par la loi de 1831.

Cette opinion, constamment repoussée par la jurisprudence du conseil d'Etat, est évidemment contraire à l'esprit qui a dicté l'art. 9 de cette loi. En effet, cette disposition a eu pour but, comme les lois antérieures qui ont prononcé des déchéances, de clore l'arriéré et d'empêcher qu'il ne s'en formât aucun à l'avenir ; la loi a voulu que l'Etat connût toujours sa dette et pût demander aux Chambres les moyens d'y pourvoir. Or, ce but ne serait certainement pas atteint, si toutes les actions, toutes les réclamations, pour des créances en dehors des services publics échappaient à la déchéance quinquennale.

Il faut donc tenir pour certain, que le mot *créances* s'applique à tout droit, à toute action ou réclamation qui peut constituer l'Etat débiteur envers un particulier, à quelque titre que ce soit. — C'est, au reste, en ce sens, que le conseil d'Etat a décidé que la déchéance, établie par la loi du 29 janvier 1831, était applicable :

1° A l'action en remboursement d'une somme indûment payée (arrêt du 13 avril 1842) ;

2° A une action en indemnité résultant, contre l'Etat, de la vente, faite en son nom, de biens dont il n'était pas propriétaire (arrêt du 18 août 1842) ;

3° Au recours en garantie contre l'Etat, résultant du non-paiement de rentes transférées postérieurement à la loi du 25 mars 1817, en remplacement d'autres rentes transférées et également non payées.

365. — Mais doit-on considérer comme une *créance* exposée à la déchéance quinquennale, l'action en restitution de l'actif d'une succession tombée en déshérence, et dont l'Etat a été envoyé en possession, conformément aux dispositions du Code civil ?

Cette question fort importante a donné lieu à de sérieux débats.

Si l'on se reporte aux lois sur l'arriéré antérieures à celle du 29 janvier 1831, il est certain que l'administration des domaines ne faisait alors aucune difficulté d'accueillir, pendant trente ans, à partir de son envoi en possession de la succession tombée en déshérence, les réclamations des héritiers qui justifiaient de leurs droits.

Dans ce cas, lorsque les héritiers s'étaient fait reconnaître, la succession leur était remise dans l'état où elle se trouvait, et il leur était fait compte des valeurs mobilières ou immobilières qui avaient été aliénées par l'Etat pendant son envoi en possession.

Cette manière d'agir était conforme aux principes du droit commun : car, le Code civil ne déclare la succession acquise à l'Etat qu'à défaut des héritiers ou du conjoint, et il réserve à ces derniers l'exercice de leurs droits héréditaires pendant trente ans (C. civ., art. 723, 768, 789).

A partir de l'ouverture de la succession, tant que ce terme n'est pas expiré, l'Etat n'est pas propriétaire incommutable : la succession n'est en ses mains qu'une espèce de dépôt qu'il administre, sauf les droits des héritiers ou du conjoint, s'ils viennent à se représenter, et sauf compte à rendre dans les formes prescrites pour les successions acceptées sous bénéfice d'inventaire (C. civ., art. 769, 770).

D'un autre côté, les anciens décrets et les lois antérieures concernant l'arriéré, n'avaient jamais entendu comprendre les successions échues au domaine parmi les créances considérées comme faisant partie de la dette publique. Jamais on n'avait pensé que les délais impartis aux créanciers de l'État, pour la production de leurs demandes et la justification de leurs titres, fussent applicables à des héritiers venant réclamer la restitution d'une succession vacante ou tombée en déshérence.

Ces successions ont toujours été gérées séparément des services de l'État ; elles ont été constamment administrées, conformément aux dispositions du Code civil et du Code de procédure : il est même à remarquer, qu'aux termes de l'art. 813 du Code civil, interprété par un avis du conseil d'Etat du 13 octobre 1809, les sommes provenant des successions vacantes devaient être consignées à l'ancienne caisse d'amortissement instituée par la loi du 28 nivôse an XIII; et cette disposition a été reproduite par l'art. 2, n° 13, de l'ordonnance royale du 3 juillet 1816, qui, en exécution des art. 110 et suivants de la loi du 28 avril précédent, a fixé les attributions de la caisse actuelle des dépôts et consignations (1).

Sous l'empire de ces lois et règlements, on ne pouvait donc, sous aucun prétexte, comprendre les demandes en restitution de ces successions au nombre des créances contre l'Etat, atteintes par les lois sur la déchéance.

Aussi, ne faisait-on alors aucune difficulté, soit de restituer ces successions aux héritiers légitimes, soit d'acquitter toutes les dettes passives aux créanciers de la succession, jusqu'à concurrence de l'actif, et, dans le cas d'insuffisance, en se conformant aux dispositions du Code de procédure sur la distribution par contribution.

Toutefois, le conseil d'État avait décidé, par un arrêt du 14 décembre 1837, que lorsque l'Etat avait restitué en 1823, à des héritiers, une succession de laquelle il s'était mis en possession en l'an VII, pour cause de déshérence, et dans laquelle se trouvaient des valeurs dont il n'avait pas poursuivi la rentrée et qui avaient été atteintes par la prescription (de droit commun), les héritiers restitués ne pouvaient diriger contre lui une action en paiement des sommes non recouvrées. Dans cette affaire, on comprend qu'il s'agissait surtout d'apprécier quel devait être le degré de responsabilité imposée à l'Etat, en tant

(1) Voir mon ouvrage sur les lois et règlements de cette caisse, p. 65 et suiv., et 280, n° 273.

qu'administrateur d'une succession en déshérence : cette considération, qui a dû exercer une grande influence sur la décision du conseil d'État, l'a déterminé à rejeter le pourvoi formé par les héritiers, par le motif que l'origine de la créance remontant à l'an VII, la réclamation se trouvait frappée de la déchéance prononcée par la loi du 15 janvier 1810 et par les lois postérieures. De même, par un arrêt du 14 janvier 1842, le conseil d'État avait opposé la déchéance établie pour les créances de l'arriéré antérieur à 1816 à la réclamation d'un héritier qui, après avoir obtenu la restitution d'une succession tombée en déshérence, prétendait se faire remettre le reliquat d'un compte des revenus et dépenses de biens saisis réellement, reliquat qui avait été versé dans les caisses du trésor en exécution de la loi du 23 septembre 1793, et y était resté nonobstant les prescriptions des art. 9 et 10 du décret du 11 janvier 1811.

Mais ces arrêts laissaient complétement intacte la question de savoir, si la déchéance établie par la loi du 29 janvier 1831 pouvait être opposée, soit à une demande présentée par les héritiers, en restitution d'une succession momentanément dévolue au domaine à titre de déshérence ; soit à une demande en paiement de dettes de cette succession, formée contre l'État par les créanciers de l'hérédité.

366. — Le conseil d'État a été appelé, le 12 avril 1843, à examiner si, la prescription quinquennale, établie contre les créanciers de l'État par l'art. 9 de la loi du 29 janvier 1831, était applicable aux créances qui existent sur les successions recueillies par l'État à titre de déshérence; et, adoptant l'affirmative, il a décidé que la déchéance courait, dans ce cas, de l'époque à laquelle l'Etat avait été envoyé en possession desdites successions.

Voici l'espèce dans laquelle cette importante décision est intervenue. Nous empruntons l'exposé des faits et le compte rendu au recueil des arrêts du conseil, de M. Félix Lebon, année 1843, p. 157 et suivantes.

Le sieur Sallentin avait fait à la demoiselle Adam, dite Blondeau, marchande lingère, diverses fournitures de marchandises s'élevant à la somme de 434 fr. 40 cent., lorsque cette demoiselle décéda au mois d'août 1830, sans parents connus, aux degrés successibles.

La succession, uniquement composée de valeurs mobilières, fut dévolue à l'État et appréhendée par lui.

Dans ces circonstances, le sieur Sallentin forma régulièrement opposition à la levée des scellés dans le mois de septembre même année; divers autres créanciers firent de même.

Sa position ainsi réglée, le sieur Sallentin s'était borné à quelques démarches auprès de l'administration des domaines, renouvelées à de longs intervalles, et confirmées par une demande de paiement adressée le 28 août 1832, quand il apprit que plusieurs de ses cocréanciers avaient été désintéressés par l'administration, de la main à la main.

Il insista de nouveau; on excipa alors d'un ordre du ministre des finances, du 10 août 1833, qui avait décidé que la somme restant n'étant plus suffisante pour désintéresser chacun des créanciers existants encore, on ne paierait plus que par voie contributive. En effet, la succession qui s'élevait encore, au mois de janvier précédent, à 1,283 fr. 23 cent., se trouvait réduite à ce moment à 438 fr. 18 cent.

Le sieur Sallentin prit le parti d'assigner, le 10 juin 1839, le domaine dans la personne du préfet; et, le 20 juillet 1841, il obtint un jugement du tribunal de première instance de la Seine ainsi conçu :

« Le Tribunal,...... Attendu qu'il n'est pas méconnu que Sallentin est créancier de la succession Blondeau de la somme de 434 fr. 40 cent ;

« Attendu, que pour sûreté de sa créance, il avait formé opposition aux scellés apposés après le décès de la débitrice;

« Attendu que l'administration *a cependant procédé à la distribution des deniers* provenant de la succession, sans l'appeler ;

« Qu'en agissant ainsi, elle *est devenue responsable* de sa créance, et lui a donné le droit d'en demander le remboursement intégral;

« Qu'on lui oppose, il est vrai, que s'il eût été appelé, il aurait eu 10 p. 0/0, seulement, mais que cette objection ne saurait être prise en considération ;

« Qu'il est possible, en effet, que si Sallentin eût été appelé, comme il devait l'être, il eût fait écarter quelques créanciers;

« Qu'enfin, les choses ne sont plus entières *par le fait de l'administration* ;

« Condamne le préfet, ès noms, à payer à Sallentin la somme de 434 fr. 40 cent., avec intérêts, etc. »

Sur la signification de ce jugement, le ministre des finances prit, le 5 novembre 1841, une décision notifiée le 4 janvier 1842, par laquelle il repoussait la demande du sieur Sallentin, comme étant frappée de la déchéance prononcée par les art. 9 et 10 de la loi du 29 janvier 1831, pour toutes les dettes de l'État non liquidées dans le délai de cinq ans.

Le sieur Sallentin s'est pourvu contre cette décision pour excès de pouvoir et fausse application des art. 9 et 10 de la loi précitée, et a d'abord soutenu que ces articles n'étaient pas applicables au créancier d'une succession en déshérence. Celui-ci n'est pas créancier de l'État, disait-il, mais de l'hérédité, car l'État ne fait pas confusion; il n'est qu'héritier bénéficiaire (art. 769 Code civil), il n'est qu'administrateur; ce n'est pas l'État qui doit, mais l'hérédité. On conçoit la déchéance pour un créancier qui a traité avec l'Etat; il est soumis aux rigueurs exceptionnelles des lois fiscales et de finances. Mais ici, il s'agit d'un particulier qui a traité avec un particulier, et qui n'est et ne peut être soumis qu'aux lois et règles du droit commun. Sa position ne peut changer malgré lui, parce que c'est l'État qui a appréhendé la succession et qui l'administre (arrêt de la cour royale de Paris, 8 janvier 1841; jugements du tribunal de la Seine, 2 mars 1840, — 4 mai 1841, — 13 janvier 1843).

Il y a mieux, ajoutait-on pour le sieur Sallentin, ce sont des principes que le ministre des finances a reconnus lui-même, par une décision, en forme d'instruction, du 13 août 1832, produite au procès, et dont voici les principaux passages:

«.... Considérant, dit le ministre, que *l'État n'est pas saisi de plein droit,* comme les héritiers légitimes, des successions qui lui sont dévolues par le Code, puisqu'il est tenu, par les dispositions des art. 724 et 770 dudit Code, de s'en faire envoyer judiciairement en possession;

«.... Considérant que, bien qu'après l'envoi en possession prononcé, l'administration des domaines ait constamment le droit de se saisir des biens de la succession et de les mettre sous la main de l'État qu'elle représente, *la possession de l'État n'est que précaire et résoluble,* puisqu'il ne l'a obtenue que dans la supposition qu'il n'y a pas d'héritiers légitimes ni de successeurs irréguliers appelés avant lui par la loi; *et que ce n'est qu'après trente ans qu'il peut devenir propriétaire définitif et incommutable;* que jusqu'à l'expiration de ces trente ans, la propriété étant imparfaite, *il ne peut que jouir* de ces biens, mais non *en disposer irrévocablement;*

« Considérant que c'est l'administration des domaines que le Code désigne nominativement pour représenter l'État dans la régie des successions dont il s'agit; que cette désignation indique clairement que *les lois spéciales,* sur l'administration des biens proprement dits domaniaux *appartenant définitivement* à l'Etat, *ne sont pas applicables* à l'administration des biens dont l'envoi en possession lui a été accordé à titre de successeur irrégulier, *lesquels forment une classe particulière de biens qui ne lui appartiennent et qu'il ne détient qu'éventuellement;*

« Que, conséquemment, les attributions et distributions d'autorité ou de concours dans l'administration des biens purement domaniaux, que les *lois spéciales* départissent entre l'administration des domaines et les préfets qui ont remplacé les administrations départementales, *ne sont à invoquer et ne peuvent être observées, à l'égard des biens des successions dont il s'agit, que quand, après une possession de trente ans, ils se trouvent réunis aux biens domaniaux et en font partie.* »

Subsidiairement, on soutenait qu'en admettant même l'application à l'espèce des lois de déchéance, le sieur Sallentin se trouvait dans le cas de l'exception prévue par l'art. 10; car c'était par le fait de l'administration que la créance n'avait pu être liquidée dans les cinq ans; ce qui était, disait-on, surabondamment prouvé, et par les circonstances du procès, et par le jugement du 20 juillet 1841; car, non-seulement le sieur Sallentin avait formé opposition aux scellés le 15 septembre 1830 (fait reconnu par la décision attaquée), mais, de plus, il avait adressé sa demande à l'administration le 28 août 1832 (reconnu également par la décision attaquée); et, enfin, le ministre reconnaissait lui-même avoir payé plusieurs créanciers : or, il s'agissait, d'après le ministre, d'une créance de l'exercice 1831; ainsi, la demande en paiement avait été faite avant les cinq ans. Si donc le sieur Sallentin n'avait pas été payé, c'était par le fait de l'administration. — Sur ce débat, ordonnance, ainsi conçue:

« LOUIS PHILIPPE, etc. —

Vu la loi du 29 janvier 1831;

« Considérant que, d'après les dispositions de la loi du 29 janvier 1831, sont prescrites et éteintes au profit de l'État toutes créances qui, n'ayant pas été acquittées avant la clôture des crédits de l'exercice auquel elles appartiennent, n'auraient pu, à défaut de justifications suffisantes, être liquidées, ordonnancées et payées dans un délai de cinq années, à partir de l'ouverture de l'exercice auquel elles appartiennent, à moins que l'ordonnancement et le paiement n'aient pu être effectués dans les délais déterminés par le fait de l'administration ; — Considérant que la créance du réclamant sur la succession en déshérence de la demoiselle Adam, dite Blondeau, a été soumise aux dispositions des lois qui régissent la dette publique, à partir du 2 août 1831, époque à laquelle l'Etat a été envoyé en possession de ladite succession ; — Considérant que le sieur Sallentin ayant formé opposition aux scellés, l'actif de ladite succession ne pouvait être distribué entre les créanciers que dans l'ordre et de la manière réglés par le juge, et que c'est faute par le sieur Sallentin d'avoir provoqué cette distribution par contribution, en temps utile, que sa créance n'a pu être liquidée, ordonnancée et payée dans les cinq ans de l'exercice auquel elle appartient ;

« Art. 1er. La requête du sieur Sallentin est rejetée. »

On voit que le conseil d'État a nettement jugé, par cet arrêt, que les créanciers d'une succession dévolue à l'Etat par déshérence, deviennent créanciers directs de l'Etat, et, comme tels, sont soumis, à partir de l'époque à laquelle l'Etat est envoyé en possession, aux dispositions des lois qui régissent la dette publique, c'est-à-dire à la déchéance quinquennale.

Cette décision paraît bien rigoureuse, et nous ne

la croyons conforme ni à la saine interprétation de la loi du 29 janvier 1831, ni aux règles établies par le Code civil, en ce qui concerne les successions vacantes ou tombées en déshérence, règles qui n'ont été abrogées par aucune loi postérieure.

Et d'abord, si l'on se reporte à l'exposé des motifs de la loi du 29 janvier 1831, on voit qu'il n'était question alors que de mettre un terme à la liquidation de l'arriéré antérieur à 1816, et de prévenir l'accumulation, à l'avenir, de créances contre l'Etat, pouvant être réclamées pendant un espace de temps indéterminé. — Or, d'une part, la liquidation de l'arriéré antérieur à 1816 n'a jamais compris celle des successions vacantes ou tombées en déshérence. — Ces successions ont toujours été administrées séparément par l'administration des domaines, et les héritiers qui se présentaient pour en obtenir la restitution, ou les créanciers qui venaient réclamer le paiement de leurs créances contre ces successions, n'ont jamais été soumis à d'autres conditions que celles exigées par le Code civil ou par le Code de procédure, pour la justification, soit des qualités héréditaires, soit de la légitimité de leurs titres. Mais il n'est jamais arrivé, avant 1831, que l'administration des domaines ait fait dépendre le paiement de la dette réclamée ou la restitution de l'hérédité, de la justification des formalités prescrites aux créanciers de l'État, par les lois de 1817 et de 1822, pour mettre leurs droits à l'abri des déchéances alors établies.

La loi de 1831 a-t-elle voulu changer cet état de choses pour l'avenir ? Rien ne l'indique ni dans son texte, ni dans l'exposé de ses motifs : et, cependant, il faudrait une disposition expresse dans cette loi, pour modifier les droits que les créanciers d'une succession, dévolue au domaine par vacance ou déshérence, tiennent du droit commun.

C'est en effet un principe incontestable, que les lois spéciales ne dérogent aux lois générales qu'autant que cette dérogation s'y trouve manifestement exprimée.

Or, le Code civil et le Code de procédure attribuent, aux créanciers d'une succession dévolue au do maine par déshérence ou vacance, les mêmes droits que ceux qu'ils reconnaissent aux créanciers des autres successions recueillies par de simples particuliers. Ces créanciers ont trente ans pour conserver et faire valoir leurs droits et actions : pourquoi ce délai serait-il réduit à cinq années, par cela seul que l'Etat se serait fait envoyer en possession de la succession, alors que la loi civile, qui attribue ce droit à l'Etat, ne restreint nullement, dans ce cas, la durée de l'exercice des droits des créanciers de l'hérédité ?

Le conseil d'État n'a donné aucune raison de la déchéance qu'il a cru devoir appliquer à la réclamation du créancier : « Considérant, dit-il, que la créance du réclamant sur la succession en déshérence a été soumise aux dispositions des lois qui régissent la dette publique à partir du 2 août 1831, époque à laquelle l'État a été envoyé en possession de ladite succession. »

Mais c'est là résoudre la question par la question ; ce n'est nullement expliquer pourquoi la loi du 29 janvier 1831, serait applicable aux réclamations des créanciers d'une succession dévolue au domaine par déshérence.

Si l'on réfléchit aux conséquences forcées qu'aurait l'application de la doctrine admise par l'arrêt du conseil, on verra facilement qu'elles conduiraient à consacrer souvent des injustices.

En effet, nous avons expliqué que la loi de 1831 n'exemptait de la déchéance que les créances qui seraient l'objet d'un recours au conseil d'Etat, ou qui n'auraient pu être liquidées, ordonnancées et payées, dans les cinq ans, par le fait de l'administration.

Supposons que l'administration des domaines ait été envoyée en possession d'une succession vacante ou en déshérence. Cette succession, qui présente un actif considérable tant en biens meubles qu'en immeubles, est grevée aussi d'un grand nombre de dettes chirographaires et hypothécaires. Aux termes de l'arrêt du conseil d'État, tous les créanciers de cette succession deviennent, à partir de l'envoi en possession du Domaine, créanciers directs de l'État et soumis à la prescription quinquennale : il faut donc qu'ils fassent liquider, ordonnancer et payer leurs créances échues, dans les cinq années à partir de l'ouverture de l'exercice dans lequel l'État a été envoyé en possession. Or, comme l'envoi en possession a fort bien pu n'avoir lieu qu'au mois de décembre, et que l'exercice financier se sera ouvert au 1er janvier précédent, il s'en suivra d'abord que les créanciers n'auront que quatre années, au lieu de cinq, pour faire liquider, ordonnancer et payer leurs créances. Mais admettons, si l'on veut, que l'envoi en possession aura eu lieu en même temps que l'ouverture de l'exercice financier, des difficultés s'élèvent entre les créanciers sur la légitimité ou le rang des créances : ces difficultés exigent l'intervention des tribunaux, elles ne sont définitivement vidées qu'après l'expiration des cinq années, terme fatal fixé pour la liquidation, le paiement et l'ordonnancement des créances.

Dans ce cas, comme ce n'aura pas été *par le fait de l'administration* que la liquidation, l'ordonnancement et le paiement n'auront pas eu lieu dans le délai, l'Etat opposera la déchéance, et, elle devra être prononcée. — Ce résultat ne consacre-t-il pas une injustice ? car les créanciers de la succession ne pouvaient pas prévoir, en traitant avec le défunt, qu'ils deviendraient un jour créanciers directs de l'Etat, et qu'ils seraient soumis, par suite d'un effet rétroactif attribué à la loi, aux dispositions restrictives, exceptionnelles, des lois sur la dette publique. Ils auront fait d'ailleurs tout ce que le droit commun leur permettait de faire, pour mettre leurs créances en sûreté; et, cependant, ils succomberont devant une loi spéciale, qui n'a certainement pas été faite pour atteindre leurs créances.

Dira-t-on que ces créanciers ont le droit de forcer l'administration des domaines à verser l'actif de la succession à la caisse des consignations, et que, par ce versement, ils éviteront la déchéance : mais c'est une question de savoir si l'administration des domaines pourrait être obligée à effectuer la consignation de l'actif de la succession. En supposant même qu'elle pût y être contrainte, elle ne serait tenue de verser que l'actif en numéraire, et les autres valeurs non liquides, tant mobilières qu'immobilières, n'en resteraient pas moins entre ses mains ; par conséquent, les créanciers se verraient toujours exposés à perdre leurs créances, à défaut de liquidation, d'ordonnancement et de paiement dans les cinq années de l'envoi en possession du Domaine : par exemple, un créancier hypothécaire dont la créance serait contestée par d'autres créanciers, courrait le risque de ne pouvoir, dans ces cinq ans, exiger son paiement de l'administration des domaines, alors que l'immeuble qui lui servait de gage, affranchi de la créance par l'application de la déchéance, n'en serait pas moins acquis définitivement à l'État.

Ces conséquences mènent à l'injustice : elles prêtent à la loi de 1831 un effet rétroactif, et la font empiéter sur des droits et conventions qui doivent rester soumis au droit commun. Or, comme l'on doit, suivant la vieille maxime de raison écrite, interpréter les lois : *ita ut vitio careant,* nous persistons à penser, malgré l'autorité de l'arrêt du conseil d'Etat, que la loi du 29 janvier 1831, ne saurait être opposée aux créanciers d'une succession de laquelle l'Etat s'est fait envoyer en possession.

367. — Au surplus, cette opinion se trouve appuyée sur un arrêt récent du conseil d'Etat, qui a décidé que la déchéance établie par la loi de 1831 ne peut pas être opposée à une demande formée par des *héritiers*, en restitution d'une succession dévolue au domaine à titre de déshérence. — Si l'action des *héritiers* en restitution de la succession échappe à l'application de la déchéance, on ne voit pas pourquoi les réclamations des *créanciers* de l'hérédité seraient atteintes par la législation spéciale relative à la déchéance des créances de l'Etat, puisque les droits des uns et des autres prennent leur origine à une source commune, celle de la loi civile.

Voici les faits qui ont donné lieu à la dernière décision du conseil d'État, en date du 26 juillet 1844. Une demoiselle Harvey étant décédée à Paris sans héritiers connus, le Domaine s'est fait envoyer d'abord en possession provisoire des biens composant sa succession, par un jugement du 22 juillet 1828; puis en possession définitive, par un jugement du 18 septembre 1830. — Quelques années plus tard, la demoiselle Sarah Harvey, sœur de la défunte, ou quoi que soit, le sieur Pellegrini, son cessionnaire, s'est présenté pour réclamer la succession; et le Domaine a été en effet condamné à rendre les biens, par un jugement du 27 janvier 1842. — Mais dans le compte des valeurs à remettre au sieur Pellegrini, l'administration a cru devoir appliquer la prescription de cinq ans, établie contre les créanciers de l'Etat par la loi du 29 janvier 1831, art. 9.

Pourvoi devant le conseil d'Etat, de la part du sieur Pellegrini.

M. le ministre des finances a présenté sur ce pourvoi les observations suivantes :

« J'ai invité le conseil d'administration de l'enregistrement et des domaines à me donner son avis sur le pourvoi du sieur Pellegrini. Ce conseil en a délibéré dans sa séance du 12 mai, et il a conclu, par les motifs énoncés au rapport, au rejet de ce pourvoi.

« En m'adressant cette délibération, le 3 juin 1843, M. le directeur général de l'enregistrement et des domaines émet un avis contraire à celui du conseil d'administration, se référant à une précédente lettre du 22 mai, dans laquelle il a posé en principe que les dispositions des lois prononçant des prescriptions, ou des déchéances spéciales relatives aux dettes de l'État, ne sont pas applicables aux réclamations de sommes provenant des successions en déshérence perçues postérieurement à la loi du 28 avril 1816; que ces sommes ne constituent, par rapport aux héritiers, qu'un dépôt, tant que l'action en prescription d'hérédité n'est pas prescrite; que pour les recettes de cette espèce, antérieures à la loi du 28 avril 1816, la déchéance est applicable.

« Cette divergence d'opinion, entre M. le directeur général et son conseil d'administration, m'ayant déterminé à prendre l'avis de M. le directeur du contentieux, ce chef de service m'a remis une note dans laquelle, après avoir établi, contrairement à l'opinion de M. Calmon, que les recettes opérées par l'administration des domaines, ne constituent pas un dépôt et qu'il n'y a pas de distinction à faire entre les recettes antérieures à la loi du 28 avril 1816, et celles qui lui sont postérieures, il soutient, contrairement à l'avis du conseil d'administration, que les dispositions sur les déchéances, et notamment celles de l'art. 9 de la loi du 29 janvier 1831, ne sont pas opposables aux héritiers qui se présentent pour réclamer les successions possédées par l'Etat à titre de déshérence, mais qu'elles le sont aux créanciers chirographaires de ces successions.

« L'examen auquel j'ai cru devoir me livrer personnellement par suite de ce conflit d'opinion, m'a conduit à reconnaître une grande force aux considérations invoquées par M. le directeur général de l'enregistrement et par M. le directeur du contentieux. Il est permis de penser que, dans l'esprit de la loi du 29 janvier 1831, elle n'a entendu appliquer la déchéance qu'à ceux qui étaient devenus créanciers de l'Etat, par suite de services faits pour son compte, qui ne pouvaient pas ignorer leurs droits, et que leur négligence seule à les exercer rendait passibles de cette déchéance; qu'elle n'a pas eu en vue les réclamations de ceux qui, sans avoir eu volontairement aucune relation, aucune affaire avec l'Etat, s'adressent à lui comme détenteur d'une succession à laquelle ils ont droit; qu'alors, comme l'a dit la cour de Rouen dans son arrêt du 16 août 1834, il s'agit d'une contestation existant véritablement entre deux héritiers, dont l'un a été obligé de reconnaître les droits de l'autre.

« A l'appui de ce système, on peut ajouter qu'il évite cette double anomalie que présente celui du conseil d'administration, savoir : 1° Qu'un héritier, par une cause indépendante de sa volonté, telle que son absence, l'ignorance où il était du décès de son auteur, etc., sera dans une pire condition, si la succession a été, à son défaut, appréhendée par l'Etat, que si elle l'avait été par un parent plus éloigné ; 2° Que ce même héritier sera également dans une pire condition, si la succession a consisté en capitaux touchés par l'État, que si elle a consisté en immeubles ou titres de créances pour lesquels tout le monde admet que le domaine ne peut opposer que la prescription trentenaire.

« Il faut reconnaître, enfin, que les décisions du conseil d'État, invoquées par le conseil d'administration, ne s'appliquent qu'à des successions ouvertes antérieurement, soit à l'an V, soit à l'an IX, et que la seule fois où la loi du 29 janvier 1831 ait été appliquée, concerne, non un héritier, mais un créancier chirographaire de la succession, devenu créancier de l'État, au moment où il l'avait appréhendée.

« Quelque puissants, toutefois, que soient ces arguments, ils me paraissent susceptibles d'être combattus avec avantage.

« Les termes de la loi du 29 janvier 1831, sont aussi généraux que possible ; *toutes créances,* dit cette loi, sans faire aucune distinction. En présence d'expressions aussi absolues, n'y aurait-il pas un grand danger à rechercher dans la nature et l'origine des créances, des motifs d'en soustraire quelques-unes aux dispositions de la loi ? Une fois engagé dans cette voie, pourrait-on prévoir où on s'arrêterait ? M. le directeur du contentieux reconnaît que, « la loi de 1831, comme les lois antérieures qui ont prononcé des déchéances, a eu pour but de clore l'arriéré et d'empêcher qu'il ne s'en formât aucun à l'avenir ; qu'elle a voulu que l'État connût toujours sa dette et pût demander aux chambres les moyens d'y pourvoir ; que cette obligation imposée aux créanciers de l'État est une des conditions essentielles de bon ordre dans les finances.

« Ces raisons ont autant de force pour les restitutions à faire sur les successions en déshérence, que pour toute autre créance restée en arrière. Si l'administration connaît ce qu'elle a reçu, il n'est pas exact de dire qu'elle peut savoir facilement ce qu'elle peut être obligée de rendre, car elle ne sait pas quelles sont les successions pour lesquelles un héritier se présentera. Elle est certainement plus instruite en ce qui concerne l'arriéré de la solde des traitements, des rentes, et cependant ce sont là des créances qui tombent certainement sous l'application de la déchéance.

« Enfin, quoi qu'on en dise, la jurisprudence du conseil d'État est favorable au système du conseil d'administration de l'enregistrement. Qu'importe que les décisions portent sur des créances antérieures à l'an V ou à l'an IX? Ce qu'il a jugé, c'est que les lois spéciales de déchéance étaient applicables aux répétitions à faire sur des produits de successions en déshérence; que par conséquent, ces répétitions n'étaient pas soumises, pour la prescription, aux règles du Code civil en matière de pétition d'hérédité. Les dispositions de la loi de 1831 n'étant pas moins générales que celles des lois précédentes, il y a même raison de décider. Il est à remarquer que, dans quelques espèces, les immeubles, papiers, etc., avaient été restitués, et que, cependant, le conseil d'Etat a jugé que les deniers devaient être retenus. Il n'a donc pas pensé qu'il y eût contradiction à procéder différemment pour des objets régis par des législations différentes.

« C'est d'après ces motifs que je conclus au rejet du pourvoi du sieur Pellegrini. — Toutefois, comme je ne puis me dissimuler que la question présente des doutes, et que je désire qu'elle soit résolue dans un esprit de justice et non à un point de vue de fiscalité, je tiens à mettre sous les yeux du conseil tous les avis qui m'ont été soumis, etc. »

Dans une consultation qui est un modèle de clarté et de logique, M. Vivien ancien Garde des sceaux, conseiller d'Etat, député, et alors rentré dans les rangs du barreau de Paris, réfutait ainsi les arguments opposés à la réclamation du sieur Pellegrini :

« Une prescription établie contre les créanciers de l'État peut-elle atteindre des héritiers qui réclament la restitution d'une succession dont le Domaine s'est emparé, de bonne foi, mais sans droit ?

« La négative résulte de la situation différente de l'Etat quand il devient débiteur dans les circonstances ordinaires et générales de l'administration, et quand il recueille une succession, à défaut d'héritiers connus.

« Dans les faits journaliers de l'administration, l'Etat passe des marchés, contracte des obligations, gère les affaires publiques; il ouvre des routes, construit des monuments, entretient les armées et traite avec des tiers. Ces actes sont spéciaux, d'une nature déterminée, et l'administration y intervient avec un rôle propre et qui n'appartient qu'à elle.

« Il est tout simple, et, malgré la rigueur de certaines règles, il est juste que l'Etat établisse à son profit des déchéances particulières. Il peut, sans blesser aucun principe, exiger que ses créanciers l'actionnent dans un délai court, et les écarter pour toujours après ce délai. Ces mesures ne portent pas atteinte au droit civil, à la législation générale, car elles font partie du droit spécial à l'État, et s'appliquent à des actes de sa compétence exclusive; elles ne trompent personne, car les tiers sont avertis et connaissent à l'avance les conséquences des opérations qu'ils font avec le Gouvernement.

« Autre est la position de l'Etat quand il recueille une succession, à défaut d'héritiers connus. Ce n'est plus la puissance publique fonctionnant dans l'intérêt de tous, exécutant des actes, appliquant des lois qui lui sont propres. L'Etat devient un héritier, le Code civil le qualifie ainsi ; héritier irrégulier, il est vrai, comme le conjoint et l'enfant naturel, mais héritier en vertu de la loi civile. Il a tous les droits des autres héritiers ; il engage la succession, fait les fruits siens, exerce un droit de propriété, et la cour de Cassation lui applique la règle : *Le mort saisit le vif,* comme à tout autre héritier (arrêt du 7 juin 1837). L'État, en ce cas, est soumis à toutes les règles du droit général ; il est même tenu de s'adresser à l'autorité judiciaire pour obtenir l'envoi en possession. Il doit faire apposer les scellés et faire faire inventaire dans les formes prescrites pour l'acceptation des successions sous bénéfice d'inventaire (C. civ. art. 769 et 770). Loin de le considérer comme placé en dehors de la loi commune, le Code lui en impose les formalités les plus gênantes.

« Héritier de par la loi civile, il ne peut altérer cette qualité spéciale par l'application des règles établies pour les actes de l'administration. Il procède en vertu du Code civil, il doit subir les conditions de son titre. Le Code, en lui conférant une succession, admet tout héritier à la réclamer pendant trente ans ; l'État ne peut point échapper à cette règle ; ce serait diviser son droit et mutiler la loi même qui a constitué sa propriété.

« L'application des lois qui règlent les faits administratifs à la gestion héréditaire de l'Etat, produirait les conséquences les plus irrégulières et les plus injustes. Tandis que l'héritier évincé aurait le droit d'agir pendant trente ans contre tout particulier qui aurait appréhendé la succession, il serait déchu, après cinq ans, vis-à-vis de l'Etat : avec le même droit, la même qualité, il serait soumis à des conditions différentes, par suite de faits qui lui sont étrangers et qu'il ne peut empêcher. Cela serait contraire à tous les principes. Il serait frappé à son insu ; car il peut ignorer que l'État a appréhendé la succession, et il doit se fier aux dispositions de la loi commune, qui est la règle de tous. Ces inconvénients ne se présentent point dans l'application des déchéances aux opérations faites avec l'administration. Tout citoyen qui traite avec l'État est soumis à la même loi, à la même règle ; l'application en est égale et uniforme pour tous. Il sait, en traitant, quelles obligations spéciales lui sont imposées ; aucune surprise ne lui est faite.

« Introduire la déchéance de la loi de 1831 dans les recours en restitution d'hérédité, c'est abroger en réalité l'article du Code qui donne à l'héritier trente ans pour se présenter. En effet, la déshérence résulte de l'absence d'héritiers connus, ou de la renonciation de tous les ayants-droit. Or, qui peut être sûr qu'il n'y aura pas déshérence, que l'État ne sera pas appelé à succéder ? Si donc il faut agir contre lui dans le délai de cinq ans, nul héritier ne peut dépasser ce délai sans se présenter ; et ainsi se trouve effacée la latitude accordée par le Code civil, dans des vues de justice, aux absents, aux parents éloignés, à tous ceux que des circonstances particulières empêchent d'agir immédiatement.

« Il faut donc reconnaître que la loi de 1831 ne peut s'appliquer aux recours dirigés contre l'Etat en raison des successions qu'il a recueillies. Les principes du droit et de l'équité s'accordent pour le démontrer. Le texte de la loi le prouve également ; en effet, cette loi qui n'a point voulu établir une banqueroute, comme quelques-unes de celles qui l'ont précédée, a sagement et équitablement disposé que la prescription ne courrait point, lorsque l'ordonnancement et le paiement n'auraient pu être effectués, dans les délais déterminés, *par le fait de l'administration ou par suite de pourvois formés devant le conseil d'État.* Cette disposition suffit à tout, quand il s'agit des faits administratifs ; le créancier doit agir dans les cinq ans, il en est péremptoirement averti. Si l'administration par son fait, ou la justice administrative par ses lenteurs, souvent inévitables, l'empêchent d'obtenir un ordonnancement, il échappe à la prescription ; grâce à ces précautions, tous les intérêts sont garantis. Mais si l'on applique l'article à l'action héréditaire, il devient insuffisant : en effet, la qualité d'héritier ne peut être reconnue et déclarée que par l'autorité judiciaire, et l'on sait combien les procès de ce genre sont souvent longs et on pourrait dire interminables. Il faut examiner des généalogies contestées, recourir à des titres douteux, suivre une filiation qui se perd parfois dans la nuit des temps ; il n'est pas rare de voir ces affaires embrasser une longue série d'années ; les tribunaux peuvent être surchargés d'affaires, les avoués négligents, les audiences rares et courtes. Qu'arrivera-t-il si le procès n'a pas été jugé dans les cinq ans, si un appel a saisi la cour royale, s'il y a eu cassation et renvoi devant d'autres juges? La loi de 1831 suspend la déchéance pendant l'instance devant le conseil d'État; elle ne parle point des retards éprouvés devant l'autorité judiciaire. Ces matières sont de droit étroit et n'admettent point les analogies. Faudra-t-il donc que le réclamant qui, en matière administrative, ne pourrait être responsable des lenteurs du conseil d'État, le soit de celles des tribunaux, en matière de succession? Cette décision serait d'une révoltante injustice, et la loi n'a pu l'admettre. Pourquoi donc n'a-t-elle parlé que du fait de l'administration et des pourvois devant le conseil d'État? C'est qu'elle ne s'applique qu'aux actions administratives, et nullement à la pétition d'hérédité, qui, appartenant au droit commun, ressortit aux tribunaux civils.

« A ces arguments, fondés sur l'équité, sur le texte de la loi, on peut ajouter la reconnaissance de l'administration elle-même; elle ne conteste pas en effet que, pendant trente ans, elle pourra être actionnée pour les immeubles, pour les créances, pour les droits incorporels qui se trouveront dans la succession; elle ne prétend s'adjuger, après cinq ans, que les deniers qu'elle aura touchés. C'est reconnaître que l'action de l'héritier dure pendant trente ans. La distinction qu'elle prétend établir entre les valeurs de la succession est inadmissible; l'hérédité est une et ne peut se diviser; le droit de l'héritier existe indépendamment des objets dont se compose la succession. Aussi, l'art. 789 du Code civil veut-il que la faculté d'accepter ne se prescrive que par le laps de temps requis pour la prescription la plus longue des droits immobiliers. C'est le droit héréditaire qui est pris en considération, sans égard à ce qu'il doit atteindre, qu'il s'agisse d'immeubles ou de valeurs mobilières, de contrats de rente ou d'argent monnayé. La distinction qu'on veut établir produirait les résultats les plus exorbitants. L'héritier serait soumis à une règle différente selon que la succession se composerait de capitaux, de maisons ou de créances. Il dépendrait de l'État de s'emparer de la succession tout entière et de faire courir à son profit la prescription de cinq ans, en vendant les immeubles, en recouvrant les créances, en réalisant toutes les valeurs. L'héritier devrait agir dans les cinq ans; mais de quel jour courrait ce délai fatal? Apparemment du jour où les capitaux seraient entrés dans les caisses de l'État. Mais ce versement est un fait intérieur, non public, ignoré de tous. Le créancier ne pourrait donc savoir quand il doit agir, et se trouverait atteint par une prescription dont il lui serait impossible de connaître et de déterminer le point de départ.

« Telles sont les conséquences attachées à une application vicieuse et fausse de la loi : elles sont toutes évitées, si chaque matière est soumise aux règles qui lui appartiennent. Que la loi de 1831 soit appliquée aux faits administratifs, rien de mieux; elle sert les intérêts publics, sans violer les droits privés; son application est égale envers tous, elle ne trompe personne, elle est équitable, bien que rigoureuse. Mais qu'on se garde de l'étendre à des faits d'un autre ordre, et que le Code civil doit seul régler. L'État, héritier, ne diffère point de tout autre héritier; il jouit des mêmes droits, et est soumis aux mêmes recours et aux mêmes prescriptions. L'héritier qui l'évince n'est point un créancier réclamant le prix d'un contrat passé avec lui, c'est un propriétaire qui revendique sa chose, à qui la loi commune a donné trente ans pour la réclamer, quel que soit celui qui la détient. Tels sont les vrais principes, et leur application prévient les injustices et les énormités qui résulteraient d'une interprétation abusive de la loi de 1831.

« Un dernier et notable avantage résultera de la sanction donnée à cette doctrine. De nombreux arrêts attestent qu'elle est adoptée par les tribunaux. Sans doute l'administration ne doit pas hésiter à se séparer de l'autorité judiciaire quand elle la croit dans l'erreur; mais elle ne le fait jamais qu'avec regret, et ne doit s'y décider qu'avec une pleine conviction. Dans la question dont il s'agit, cette conviction ne saurait exister, et une contrariété de jurisprudence serait hautement regrettable.

« En conséquence, le soussigné estime que la décision de M. le ministre des finances, du 11 juin 1842, doit être annulée, et que la déduction qu'elle ordonne ne peut être effectuée. »

La force de ces raisonnements a frappé le conseil d'Etat, qui, par arrêt du 26 juillet 1844, a fait droit au pourvoi, en ces termes :

« Vu l'art. 9 de la loi du 29 janvier 1831 ; — Considérant que si, aux termes de l'article 9 de la loi du 29 janvier 1831, sont prescrites et définitivement éteintes au profit de l'Etat, les créances portant sur les exercices de 1830 et antérieurs, qui n'auraient pas, à défaut de justifications suffisantes, été liquidées, ordonnancées et payées au 31 décembre 1834, cette disposition ne peut être opposée aux héritiers qui réclament les sommes dont l'Etat s'est fait envoyer en possession à titre de déshérence ; que, dès lors, c'est à tort que, par la décision du 14 juin 1842, notre ministre des finances a fait application de la déchéance aux sommes provenant de la succession de la demoiselle Suzanne Harvey, et perçues en 1828 par l'administration des domaines ; — Art. 1er. — Le sieur Pellegrini, ès qualités, est renvoyé devant notre ministre des finances, pour être procédé à la liquidation des sommes auxquelles il a droit. »

368. — Ainsi, le conseil d'Etat n'a pas considéré comme créance contre l'Etat, le droit de réclamer la restitution d'une succession tombée en déshérence.

Nous n'avons pas besoin de dire qu'il en serait de même, *à fortiori,* de tous les droits réels ou personnels qui n'auraient pas pour résultat de constituer l'Etat débiteur d'une somme ; et, qu'en cas de contestation sur l'existence de ces droits, l'Etat ne pourrait opposer que les prescriptions auxquelles se trouveraient soumis les particuliers dans des circonstances analogues (C. civ., 2227.)

Ainsi, lorsque l'Etat recueillant une succession, à défaut d'héritiers ou de successeurs connus, en conserve les immeubles grevés de servitudes, il ne peut opposer, pour s'affranchir de ces droits réels, que les prescriptions résultant du droit commun : il en serait de même, s'il s'agissait d'un usufruit ou de tout autre droit tenant à la substance même des choses qu'il a recueillies.

369. — Nous avons expliqué qu'en matière de liquidation ou reconnaissance de dettes de l'Etat, les jugements des tribunaux ordinaires étaient déclaratifs et non pas constitutifs de la créance (V. n° 358).

Aussi, l'application des déchéances établies par les lois contre les créanciers de l'Etat, est exclusivement dans les attributions du ministre des finances, et les tribunaux et les conseils de préfecture sont incompétents pour statuer sur les difficultés que l'application de ces déchéances peut présenter (1).

370. — Le ministre peut même décider la question de déchéance, préalablement aux questions relatives à l'application des exceptions du droit commun, ou à la question du fond. Ainsi, le ministre peut, notamment, statuer sur la déchéance aussitôt que le créancier, voulant actionner l'Etat devant les tribunaux, remet au préfet le mémoire exigé par les lois des 28 octobre-5 novembre 1790, tit. 3, art. 15 (2).

371. — Avant de terminer l'examen des questions que la loi de 1831 peut soulever, faisons remarquer que les art. 8, 9 et 10 de cette loi ne laissent subsister aucune différence entre le sens et les effets légaux des mots *déchéance* ou *prescription* quinquennale appliqués aux dettes de l'Etat.

Avant cette loi, on était généralement disposé à

(1) Arrêt du conseil du 25 novembre 1842; — un autre arrêt, du 30 avril 1845, décide que : « Un conseil de préfecture ne peut, sans excès de pouvoir, fixer le délai dans lequel l'État sera tenu de payer les sommes accordées à titre d'indemnité à un particulier. »

(2) Arrêt du conseil du 14 janvier 1842.

considérer la *déchéance* comme une forclusion prononcée contre le créancier de l'État, faute d'avoir réclamé ou justifié son droit dans le délai fixé. La déchéance s'appliquait donc plutôt aux droits à faire valoir qu'aux droits acquis, et c'est en ce sens que les lois de 1810, 1817 et 1822 avaient fixé des délais pour la présentation des réclamations et la production des titres et justifications à l'appui.

Le mot *prescription*, dans le sens de la loi civile, et toutes les fois qu'il s'agit de la prescription considérée comme moyen de libération, emporte l'idée d'extinction, de perte du droit lui-même; une créance prescrite étant une créance éteinte et perdue. C'est pourquoi, les lois antérieures à celle de 1831, ne s'appliquant qu'à des réclamations ou justifications à faire, n'avaient statué que sur des forclusions ou déchéances.

Mais la loi de 1831 établit tout à la fois, au profit de l'État contre ses créanciers, la déchéance et la prescription quinquennale : car elle déclare *prescrites* et *définitivement éteintes,* toutes créances qui, n'ayant pas été acquittées avant la clôture des crédits de l'exercice auquel elles appartiennent, n'auraient pu, à défaut de justifications suffisantes, être liquidées, ordonnancées et payées dans un délai de cinq années, à partir de l'ouverture de cet exercice.

Le fond du droit se trouve donc atteint, et l'État complétement libéré, si le paiement de la créance n'a pas eu lieu dans ces cinq années.

Cette prescription quinquennale ne peut être suspendue ou interrompue par aucune des causes énumérées dans la loi civile (V. C. civ., art. 2242 et suiv., et 2251 et suiv.). Le fait de l'administration ou le pourvoi du créancier au conseil d'État peuvent seuls, ainsi que nous l'avons expliqué, interrompre le cours des cinq années fatales.

372. — Le ministre lui-même ne pourrait, dans une convention, déroger aux dispositions de l'art. 9 de la loi de 1831. Il n'en est pas en effet de la déchéance ou prescription établie au profit de l'État, comme de la prescription établie par la loi civile, entre particuliers, à l'occasion de droits privés. Si l'on ne peut, d'avance, renoncer à la prescription, celui qui peut aliéner peut toujours renoncer à la prescription acquise (C. civ., 2220, 2222). Cette faculté tient à la libre disposition que les particuliers, capables de contracter, conservent toujours de leurs droits privés.

Mais lorsqu'il s'agit de droits de l'Etat, d'autres principes doivent prévaloir. Les lois qui sont faites pour garantir la conservation et le recouvrement de certains droits dus à l'État, sont des lois d'ordre public : il en est de même des dispositions législatives rendues pour assurer la libération de l'État, au moyen de la prescription ou déchéance : et le ministre, qui n'est institué que pour procurer l'exécution de la loi, n'a pas le pouvoir de la modifier, encore moins de faire perdre à l'État l'avantage spécial qu'elle a voulu lui assurer.

Il faut donc tenir pour constant, que la loi du 29 janvier 1831 est une loi d'ordre public, en tant qu'elle a voulu établir une prescription spéciale au profit de l'État; et que nul ministre ne saurait dispenser qui que ce soit de son exécution.

373. — La déchéance quinquennale est-elle également opposable aux créances ayant pour cause des dépenses faites ou des services exécutés pour le compte des départements, d'après le vote régulier du conseil général, et l'approbation du Gouvernement? — En d'autres termes, doit-on appliquer cette déchéance aux dettes départementales?

L'affirmative nous paraît résulter de la nature des recettes et dépenses des départements, lesquelles ont toujours été considérées comme des délégations des recettes et dépenses de l'État. Si chaque département a son budget particulier, c'est plutôt dans l'intérêt du bon ordre de la comptabilité et du bon emploi des ressources, que pour isoler le département du contrôle et des règles établies pour la comptabilité des finances de l'Etat. Sans doute, les dépenses facultatives et extraordinaires des départements ne peuvent être imposées d'office, et le vote du conseil général est indispensable pour autoriser ces dépenses; mais ce vote est lui-même soumis à l'appréciation et à la sanction du pouvoir législatif, et les lois de recettes et dépenses du budget de l'Etat contiennent, chaque année, la fixation des recettes et dépenses départementales que les Chambres autorisent. De plus, les comptes des budgets départementaux sont également soumis à l'approbation des Chambres : il est donc vrai de soutenir, que les règles relatives à la comptabilité publique, et notamment le principe de la déchéance quinquennale, posé par la loi du 29 janvier 1831, sont, sans aucune distinction, applicables aux dettes départementales.

C'est, au surplus, ce qui résulte de l'ordonnance

royale du 31 mai 1838, portant règlement général sur la comptabilité publique, art. 92, et du règlement arrêté par le ministre de l'intérieur le 30 novembre 1840, art. 104, en ce qui concerne la comptabilité départementale (1).

374. — Cette solution n'est pas applicable aux créances contre les communes, dont la comptabilité est soumise à des lois et règlements particuliers.

375. — Une dernière remarque reste à faire sur la loi du 29 janvier 1831, c'est que la déchéance qu'elle établit est uniquement opposable au nom de l'État et à son profit; mais cette exception d'intérêt public, n'empêche pas l'État de faire valoir ses droits contre ses débiteurs pendant tout le temps que le comportent la nature de la créance et les règles du droit commun : car les motifs d'intérêt public qui ont fait admettre la déchéance ou prescription quinquennale, à l'effet d'assurer la prompte libération du trésor, n'existent nullement lorsque c'est l'État qui est créancier : la raison d'État exige, au contraire, dans ce cas, qu'on laisse aux agents chargés du recouvrement des créances dues à l'Etat la plus grande latitude. — C'est par cette raison, qu'avant le Code civil, les lois anciennes n'admettaient contre l'État que la prescription de quarante ans; tandis que celle généralement admise alors par le droit commun, comme étant de la plus longue durée, n'excédait pas trente années (2). Depuis le Code civil, l'État est

(1) Voy. mon *Traité de l'organisation et des attributions des conseils de département et d'arrondissement*; 3e édition, tome II, chapitre XXXIII, nos 688, 690.

(2) Voy. la loi du 1er décembre 1790, art. 36.

soumis aux mêmes prescriptions que les particuliers, pour tout ce qui n'est pas créances contre lui, et peut également les opposer (art. 2227) : il en résulte qu'il est fondé à repousser, pendant les délais fixés par le droit commun, toutes les exceptions de prescriptions qui pourraient lui être opposées par des particuliers, comme moyen de se libérer de leurs dettes contractées envers une administration ou un service public de l'État.

376. — La loi du 29 janvier 1831, art. 9, réserve à l'État le bénéfice des prescriptions ou déchéances prononcées par les lois antérieures ou consenties par des marchés ou conventions.

Nous n'avons pas à nous occuper de ces dernières déchéances, qui font, comme la convention dans laquelle elles sont stipulées, la loi particulière des parties contractantes. Faisons seulement remarquer, en passant, qu'il en est quelques-unes qui sont réglées d'une manière permanente par les clauses et conditions générales des marchés ou traités concernant les services de l'État. C'est ainsi que le décret du 13 juin 1806, porte :

« Art. 3. A l'avenir, toutes réclamations relatives au service de la guerre et de l'administration de la guerre, dont les pièces n'auront pas été présentées dans les six mois qui suivront le trimestre où la dépense aura été faite, ne pourront plus être admises en liquidation. » — « Voilà, pour les services de la guerre, dit M. Dufour, dans son *Traité de droit administratif appliqué* (1), une déchéance toute spéciale,

(1) Tome III, n° 2018, p. 549.

contre laquelle les entrepreneurs ont à se tenir en garde. Cependant, la rigueur en est atténuée par le règlement du 1er septembre 1827 (sur le service des subsistances militaires) (1), auquel on se réfère dans tous les marchés passés avec l'administration de la guerre. L'article 620 de ce règlement excepte de l'application de la déchéance, les cas de force majeure dûment justifiés; et l'art. 625 ajoute que : « tout créancier qui, par suite de circonstances extraordinaires résultant du service de la guerre, prévoit à l'avance l'impossibilité de produire en temps utile les pièces constatant sa créance, peut faire valoir ces motifs pour obtenir la prolongation du terme fixé. » On invoque la force majeure pour écarter la déchéance opposée par le ministre; on se prévaut de la prévision de circonstances extraordinaires pour obtenir à l'avance une modification aux stipulations de la convention. On fait valoir un droit dans le premier cas; dans le second, on sollicite une faveur (2). »

Nous n'insisterons pas davantage sur les déchéances particulières établies par les traités ou conventions passés avec l'État; mais nous allons examiner celles qui résultent, soit de lois antérieures à la loi du 29 janvier 1831, soit de lois postérieures, et qui sont toujours en vigueur.

377. — La première qui se présente par ordre de date, est celle établie par la loi du 24 août 1793, sur la dette publique, dont l'art. 156 porte : « Tous

(1) Voir, pour ce règlement, les *Institutes du droit administratif français*, par M. de Gérando, tome IV, p. 374 et suiv.

(2) Voy. dans le recueil des arrêts du conseil une ordonnance du 14 juillet 1838, Sellière, p. 388.

les débets arriérés, antérieurs à l'année précédente, seront payés à la trésorerie nationale par le payeur principal de la dette publique; et, dans tous les cas, aucun créancier ne pourra réclamer que les cinq dernières années avant le semestre courant. »

Il résulte de cette disposition, que les arrérages des rentes sur l'Etat se prescrivent par cinq ans.

378.—Mais doit-on admettre, avec M. Dufour(1), « que le délai n'est fixé que relativement à la réclamation; que par conséquent, la demande produit un effet interruptif, indépendamment de l'époque à laquelle intervient la liquidation. »

A l'appui de cette opinion, M. Dufour rapporte un avis du conseil d'Etat du 13 avril 1809, qui a réglé les conditions à remplir pour que la réclamation soit efficace; en voici le texte : « Le conseil d'Etat, vu l'art. 156 de loi du 24 août 1793 ; vu l'art. 2277 du Code civil, qui porte que les arrérages de rentes perpétuelles et viagères se prescrivent par cinq ans ; Considérant que des réclamations non justifiées ne peuvent mettre le trésor public en demeure d'acquitter ce qu'il est toujours prêt à payer : — Est d'avis que les réclamations non appuyées de toutes les pièces justificatives, présentées par des créanciers d'arrérages de rentes sur l'Etat, ne peuvent interrompre la prescription qu'autant que, dans le délai d'un an du jour de la réclamation, le créancier se mettra en règle et présentera toutes les pièces justificatives de la légitimité de sa demande. »

Sans doute, il est très-vrai, comme l'expose le sa-

(1) *Droit administratif appliqué*, tome II, n° 1387, p. 587.

vant auteur du *Traité de droit administratif appliqué,* que le conseil d'Etat, par cet avis, a décidé que les réclamations régulièrement faites étaient interruptives de la prescription de cinq ans, établie pour les arrérages des rentes sur l'Etat.

Mais aujourd'hui, en présence de la loi du 29 janvier 1831, qui, par son art. 9, a établi, pour l'avenir, une déchéance ou prescription de cinq ans, généralement applicable à toutes les créances dues par l'Etat, est-il encore vrai de soutenir que les arrérages de rentes de la dette publique, réclamés dans les conditions de l'avis du 13 avril 1809, échappent à cette déchéance ?

Nous ne le croyons pas ; et le texte comme l'esprit de la loi de 1831 nous paraissent également repousser une telle exception. Cette loi est absolue, elle n'admet, de la part du créancier de l'Etat, aucune interruption ou suspension possible à la déchéance, si ce n'est le pourvoi au conseil d'Etat. Elle veut que dans tous les autres cas, à moins d'un retard provenant du fait de l'administration, la dette de l'Etat soit éteinte et prescrite dans les cinq années de l'ouverture de l'exercice auquel elle appartient. Elle embrasse donc, dans sa généralité, les arrérages des rentes sur l'Etat, aussi bien que toutes les autres parties de la dette publique. C'est pourquoi, nous estimons que l'avis du conseil d'Etat, considéré comme acte législatif, se trouve abrogé par la loi du 29 janvier 1831.

379. — Aux termes du décret du 8 ventôse an XIII, art. 1er, « les rentes viagères dont les arrérages n'auront point été réclamés pendant trois années consécutives, à compter de l'échéance du dernier semestre payé, seront présumées éteintes, et ne seront plus comprises dans les états de paiements.

« Art. 2. Ces rentes pourront néanmoins être rétablies sur les états de paiements, lorsque les ayants-droit auront justifié au trésor de leur existence par un certificat de vie en bonne forme. Dans ce cas, les arrérages échus seront acquittés au trésor, à Paris, sauf les dispositions de l'art. 156 de la loi du 24 août 1793, d'après lesquelles les arrérages de rentes ne peuvent être réclamés pour plus de cinq années. »

380. — L'arrêté du Gouvernement, relatif aux pensions sur l'État, du 15 floréal an XI, porte : « Art. 9. Les pensions dont les arrérages n'auront pas été réclamés pendant trois années, à compter de l'échéance du dernier paiement, seront censées éteintes et ne seront plus portées dans les états de paiements : si les pensionnaires se présentent après la révolution desdites trois années, les arrérages n'en commenceront à courir qu'à compter du premier jour du semestre qui suivra celui dans lequel ils auront obtenu le rétablissement de leurs pensions.

« Art. 10. Les héritiers et ayants-cause des pensionnaires, qui ne fourniront pas l'extrait mortuaire de leur auteur dans le délai de six mois, à compter de son décès, seront déchus de tous droits aux arrérages alors dus. »

Les règles posées par ces articles, s'appliquent à toutes les pensions à la charge de l'État, quelles que soient d'ailleurs leur nature et leur origine, et fussent-elles accordées en indemnité de biens dont les titulaires auraient été dépossédés, comme les pensions ecclésiastiques (1).

En ce qui concerne les pensions militaires, la prescription triennale des arrérages est écrite dans la loi de finances du 17 avril 1833, dont l'art. 5 porte : « Les pensions à liquider en faveur des militaires et de leurs veuves, ainsi que les secours annuels en faveur des orphelins, ne pourront donner lieu au rappel de plus de trois années d'arrérages antérieures, à la date de l'insertion au Bulletin des lois, des ordonnances de concession de ces mêmes pensions. Sont déchus de leurs droits aux arrérages qui leur seraient dus, tous titulaires de pensions militaires, français ou naturalisés français, qui se sont absentés du royaume sans l'autorisation du Roi, lorsque cette absence est prolongée au delà d'une année. Les titulaires de pensions sur l'État, autres que les pensions militaires, en conservent la jouissance, quoique domiciliés hors du royaume, et ne sont pas tenus de se pourvoir d'une autorisation de résidence à l'étranger. » (Loi du 11 avril 1831, sur les pensions de l'armée de terre, art. 26; Ord. royale du 24 février 1832, article 1er; ordonnance portant règlement général sur la comptabilité publique, du 31 mai 1838, article 120) (2).

381. — Les déchéances qui précèdent, s'appliquent aux arrérages échus des pensions liquidées et inscrites. — En ce qui concerne l'obligation de faire valoir, sous peine de déchéance, les droits à une

(1) Arrêt du conseil d'État du 14 novembre 1833.

(2) Voy. mon ouvrage sur les pensions, p. 63.

pension sur l'État, il faut distinguer entre les pensions civiles, les pensions militaires et les pensions de la marine.

Il n'existe aucune loi ou règlement qui ait établi un délai de rigueur pour réclamer une pension civile.

Il faut conclure de ce silence, que le droit commun, c'est-à-dire la prescription trentenaire, est seul applicable pour repousser les demandes de pensions civiles, puisque cette prescription court au profit de l'Etat, comme au profit des particuliers (C. civ., art. 2227, 2262).

Telle a été, au reste, l'opinion du comité des finances du conseil d'Etat, relativement aux pensions ecclésiastiques. Ce comité, par un avis du 19 avril 1831, approuvé par le ministre des finances, n'a opposé que la prescription trentenaire aux réclamations de pensions ecclésiastiques qui remontaient au delà de trente ans. Cette opinion est conforme à celle manifestée par la chambre des Députés, lors de la discussion de l'art. 9 de la loi du 29 janvier 1831.

En effet, M. Isambert avait proposé un amendement ainsi conçu : « Aucune pension nouvelle ne pourra être liquidée à la charge du trésor, si la demande n'en a été faite, dans les formes déterminées par la loi, par les ayants-droit, dans les trois ans du jour où le droit à ladite pension aura été ouvert. »

Mais, M. le ministre des finances a fait remarquer, que tant que l'inscription de la pension sur le grand livre n'est pas effectuée, il n'y a pas créance contre l'État et, qu'aux termes du Code civil, la prescription ne court pas pour une créance qui dépend d'une condition, jusqu'à ce que la condition soit accomplie. Cette réponse a fait rejeter l'amendement, et l'on doit en conclure que l'intention de la chambre des Députés, a été d'excepter, de la déchéance quinquennale, établie par la loi du 29 janvier 1831, l'action contre l'État, à l'effet de faire valoir des droits à une pension civile de retraite : il n'y aurait donc d'opposable, en pareil cas, que la prescription trentenaire.

Mais à partir de quelle époque, cette prescription commencera-t-elle à courir? Ce ne peut être, à l'égard de l'employé, que du jour de la cessation de ses fonctions, ou du jour de la cessation du paiement de son traitement d'activité ; car c'est à compter de ce jour qu'il a commencé à posséder un droit ouvert à la liquidation de sa pension.

Par le même motif, à l'égard des veuves et enfants appelés à faire valoir leurs droits à la réversion, le point de départ de la prescription ne peut courir que du jour de la mort civile ou naturelle de l'employé, qu'ils représentent. Si la mère avait perdu ses droits par suite d'un second mariage, le délai ne courrait contre les enfants de son premier mariage, appelés à sa place à jouir du bénéfice de la réversion, que du jour du second mariage de leur mère.

En ce qui concerne les pensions militaires, la loi de finances, du 17 avril 1833, a établi en ces termes la déchéance quinquennale : « Art. 6. A l'avenir, tout militaire, veuve ou orphelin de militaire, qui se trouvera en demeure de faire valoir ses droits à l'obtention d'une pension ou d'un secours annuel, sera tenu de se pourvoir en liquidation auprès du ministre de la guerre, dans un délai dont la durée ne pourra excéder cinq ans; sans préjudice des règles déjà fixées et des déchéances encourues ou à encourir d'après la législation en vigueur, sur les pensions de l'armée de terre; passé ce délai, les demandes ne seront pas admises. Les ayants-droit qui, au jour de la promulgation de la présente loi, se trouveront déjà en demeure depuis plus de cinq ans, auront un délai d'un an pour se pourvoir, à partir de cette promulgation. »

On a lieu de s'étonner, en lisant cette disposition rigoureuse, de ce que le législateur se soit montré si sévère à l'égard des pensions militaires, tandis qu'il a laissé subsister l'ancien état de choses pour faire valoir les droits aux pensions civiles.

Cette différence, dans la position d'hommes qui méritent le même intérêt, ne s'explique que par le défaut d'ensemble et d'harmonie dans la législation des pensions. C'est un argument de plus en faveur d'une loi générale sur cette importante matière.

On peut aussi se demander, si la disposition qui précède pourrait être opposée aux réclamations de pension de l'armée de mer, faites après l'expiration de cinq années depuis la cessation des services ou fonctions.

En général, et sauf les dispositions spéciales, les règlements sur les pensions de l'armée de terre sont applicables à la marine militaire, et c'est même un principe consacré, en ce qui concerne les *troupes* de la marine, par l'art. 23 de la loi du 18 avril 1831.

En présence de ce système, il semblerait donc logique de conclure, que la loi du 17 avril 1833 est applicable aussi bien à l'armée navale qu'à l'armée de terre.

Mais dans la circonstance, cette assimilation nous paraît complétement inexacte.

En effet, il est de principe que les déchéances et prescriptions ne peuvent ni se présumer, ni se suppléer, parce qu'elles sont des exceptions au droit commun. Pour pouvoir être appliquées, elles doivent être formellement exprimées par la loi; et, en pareille matière, les raisonnements par analogie sont sans valeur. Or, il suffit de lire l'art. 6 de la loi du 17 avril 1833, pour se convaincre que le législateur n'a eu en vue que les pensions militaires proprement dites, et nullement celles de l'armée de mer.

Quels ont été d'ailleurs, les motifs déterminants de cette nouvelle disposition introduite dans une loi de finances, portant allocation de crédits supplémentaires au ministre de la guerre? Les voici, la discussion en fait foi : des demandes de liquidation de pensions militaires, présentées par des veuves de militaires, décédés en 1794 et dans les premières guerres de la révolution, avaient été admises par le ministre de la guerre. On craignit que ces demandes ne se reproduisissent et n'augmentassent le chiffre déjà si considérable des pensions : pour y mettre un terme, on adopta la disposition ci-dessus rapportée, qui limite à cinq ans le délai pour se pourvoir en liquidation. Mais ces motifs ne s'appliquent nullement à l'armée navale; car ce ne sont pas les caisses du trésor qui font le service de ces pensions; elles ont toujours été assignées sur la caisse des invalides de la marine, et payées par cet établissement, avec des fonds spéciaux entièrement distincts des fonds généraux de l'État : et jamais il n'est arrivé, jusqu'à ce jour, que cette caisse ait été obligée de demander au Gouvernement une subvention ou des crédits supplémentaires sur les fonds du trésor, pour l'acquit des pensions dont elle est chargée.

Il nous paraît donc certain que la disposition de la loi du 17 avril 1833, doit rester exceptionnellement applicable aux liquidations des pensions de l'armée de terre; par conséquent, les demandes de pensions de la marine restent soumises au droit commun, comme celles des pensions civiles (1).

382. — Un décret du 11 janvier 1808, assimile aux lettres de change de commerce les traites du caissier général du trésor public.

Ce décret est ainsi conçu :

« Art. 1er. Les traites du caissier général du trésor public sur lui-même, transmissibles à un tiers en paiement, par un agent du trésor public, spécialement autorisé à cet effet, sont assimilées aux lettres de change de commerce, tant pour le délai après lequel elles sont frappées de péremption, que pour la durée du cautionnement qui pourrait être exigé du propriétaire, lequel aurait, en vertu de jugement, obtenu le paiement sans la présentation des originaux desdites traites, en cas que ces originaux fussent adirés.

« Art. 2. Les dispositions des art. 155, 187 et 189 du Code de commerce leur sont, en conséquence, déclarées applicables.

« Néanmoins, les cinq années qui acquièrent la prescription ne courront que de la date de la trans-

(1) Voy. dans le même sens, M. Dufour, *Droit administratif appliqué*, *loc. cit.*, et le *Manuel des pensionnaires de l'État*, chap. 11, p. 15 et suiv.

mission faite par le payeur du trésor à la partie prenante. »

Les articles du Code de commerce que ce décret déclare applicables aux traites du caissier général du trésor public, portent :

« Art. 155. L'engagement de la caution mentionnée dans les art. 151 et 152 (en cas de perte de l'original de la lettre de change), est éteint après trois ans, si, pendant ce temps, il n'y a eu ni demandes, ni poursuites juridiques.

« Art. 187. Toutes dispositions relatives aux lettres de change, et concernant : l'échéance, l'endossement, la solidarité, l'aval, le paiement, le paiement par intervention, le protêt, les devoirs et droits du porteur, le rechange ou les intérêts, sont applicables aux billets à ordre, sans préjudice des dispositions relatives aux cas prévus par les art. 636, 637 et 638.

« Art. 189. Toutes actions relatives aux lettres de change, et à ceux des billets à ordre souscrits par des négociants, marchands ou banquiers, ou pour faits de commerce, se prescrivent par cinq ans, à compter du jour du protêt ou de la dernière poursuite juridique, s'il n'y a eu condamnation, ou si la dette n'a été reconnue par acte séparé. — Néanmoins, les prétendus débiteurs seront tenus, s'ils en sont requis, d'affirmer, sous serment, qu'ils ne sont plus redevables; et leurs veuves, héritiers ou ayants-cause, qu'ils estiment de bonne foi qu'il n'est plus rien dû. »

383. — En rapprochant ces articles des dispositions du décret du 11 janvier 1808, on voit, que l'assimilation des traites du caissier du trésor à des lettres de change de commerce, devait avoir pour résultat de donner aux porteurs ou propriétaires de ces effets, les mêmes droits que s'ils eussent eu entre les mains des lettres de change de négociant.

Par conséquent, en cas de protêt de ces traites, si le trésor avait été condamné à payer, la prescription de cinq ans aurait été interrompue, et le trésor, par suite du jugement de condamnation, n'aurait pu prescrire sa dette que par le laps de trente ans, comme le négociant débiteur d'une lettre de change protestée, et dont le protêt a été suivi d'un jugement de condamnation.

Mais aujourd'hui, en présence de la loi du 29 janvier 1831, art. 9, on peut douter que tel puisse être l'effet de l'assimilation établie par le décret du 11 janvier 1808.

En effet, cette loi veut que toutes les créances ou dettes de l'Etat, qui n'ont pas été liquidées, ordonnancées et payées dans les cinq années à partir de l'ouverture de l'exercice auquel elles appartiennent, soient prescrites et définitivement éteintes au profit de l'Etat.

C'est là une disposition générale, adoptée en vue d'assurer la prompte libération de l'Etat, et qui ne comporte aucune distinction pour tout ce qui est créance ou dette publique.

Le propriétaire ou porteur de la traite du caissier du trésor devra donc, comme tous les autres créanciers de l'Etat, se présenter dans les cinq ans, de l'ouverture de l'exercice auquel la traite appartient, à l'effet de faire ordonnancer et payer sa créance. Peu importerait qu'il eût fait protester l'effet dû par le trésor, et qu'il eût obtenu un jugement de condamnation : le protêt et la condamnation doivent sans doute conserver, pendant trente ans, tous les droits du porteur contre les tireurs et endosseurs, autres que le trésor public: mais la règle absolue de déchéance quinquennale, introduite en faveur du trésor, par la loi postérieure au décret du 11 janvier 1808, nous paraît avoir abrogé les dispositions de ce décret, en tant qu'il aurait aujourd'hui pour effet de soumettre le trésor à la prescription trentenaire, pour une dette de l'Etat contractée sous la forme d'une traite du caissier du trésor public.

384. — Remarquons en passant, qu'un mandat émané de la trésorerie, au profit d'un particulier, à l'effet de toucher une somme de deniers chez le payeur général d'un département, n'est pas un effet de commerce, comme les traites du caissier du trésor, surtout lorsqu'il n'est pas payable à ordre. — En conséquence, dans ce cas, l'action en garantie n'est pas la même qu'à l'égard des effets de commerce (arrêt de la cour de Cassation, sect. civ., rej. du 24 ventôse an X, Sirey, 2, II, 409).

Mais ce mandat de la trésorerie non réclamé, c'est-à-dire non payé dans les cinq années de l'ouverture de l'exercice auquel il se rattache, serait définitivement acquis à l'Etat.

385. — La prescription quinquennale cesserait-elle d'être applicable, si le mandat avait été délivré par le caissier du trésor, sur un receveur général, par suite du versement fait par un particulier pour le compte d'un autre particulier, et tout à fait en dehors des services de la trésorerie ou de l'Etat? On sait, en effet, que les receveurs généraux sont autorisés à servir d'intermédiaires, comme banquiers, entre les particuliers qui peuvent emprunter la correspondance ou compte courant qui est établi entre ces receveurs et le trésor public. Dans le cas d'un versement de cette espèce, le mandat délivré par le trésor sur le receveur général, constituerait-il une dette de l'Etat? nous croyons qu'il convient, pour la solution de la question, de faire la distinction suivante.

En général, le mandat délivré par le trésor engage l'Etat : par conséquent, la somme portée au mandat, sur le receveur général, doit être considérée comme une créance de l'Etat, susceptible d'encourir la déchéance de cinq ans.

Toutefois, si dans les compensations de comptes respectifs du trésor avec le receveur général, ou après apurement de la gestion de ce comptable, la valeur du mandat versée et non réclamée avait été passée définitivement au crédit sur l'actif du receveur général, de telle sorte que celui-ci eût profité de cette valeur, nous pensons que la prescription quinquennale ne serait plus opposable, parce que l'Etat s'étant déchargé de la dette, et l'ayant transportée au compte du receveur, celui-ci n'a pas le droit de se prévaloir d'une disposition exceptionnelle qui ne peut être invoquée que pour les dettes de l'Etat.

Dans ce dernier cas, la prescription du mandat devrait rester soumise aux règles du droit commun.

386. — Les dispositions du décret du 11 janvier 1808, sont-elles applicables aux *bons du trésor?*

Il est certain qu'à l'époque de la promulgation de ce décret, aucune émission de bons du trésor n'était autorisée : par conséquent, si l'on s'en tenait rigoureusement à l'objet du décret, on pourrait en conclure qu'il doit être restreint aux seules traites du caissier général du trésor public. Toutefois, bien que les bons du trésor diffèrent de ces traites, il est difficile de ne pas admettre les porteurs de ces bons au bénéfice des dispositions du décret. — En effet, les bons du trésor sont transmissibles par voie d'endossement, comme les lettres de change et les billets à ordre : ils se négocient à la bourse et sont transférés par une simple signature du porteur : ils sont donc, sous tous les rapports, assimilables aux lettres de change et billets à ordre, et par ce motif, ils doivent être régis par le décret du **11** janvier **1808**.

387. — La loi du 31 janvier 1833, relative aux sommes déposées dans les bureaux de poste, est ainsi conçue :

« Art. 1er. Seront définitivement acquises à l'Etat les sommes versées aux caisses des agents des postes, pour être remises à destination, et dont le remboursement n'aura pas été réclamé par les ayants-droit dans un délai de huit années à partir du jour du versement des fonds.

« Les délais pour les versements faits antérieurement à la promulgation de la présente loi, courront à partir de cette promulgation.

« Art. 2. Les dispositions ci-dessus seront insérées dans les récépissés délivrés au public par les bureaux de poste. »

Dans ses annotations sur cette loi, M. Duvergier (1) s'exprime ainsi :

(1) *Collection générale des lois*, etc., etc., année 1833, p. 14.

« Le titre de la loi était rédigé de cette manière dans le projet :

« *Loi concernant le terme de la prescription des dépôts d'argent faits aux caisses des postes pour être remis à destination.*

« La commission de la chambre des Députés avait proposé de substituer le mot *déchéance* au mot *prescription,* parce qu'il présente, disait-elle, une plus grande extension, qu'il ne souffre aucune exception et permet de repousser d'une manière absolue et définitive toute espèce de réclamation.

« La distinction que M. le rapporteur a voulu établir entre le mot *déchéance* et le mot *prescription* me semble un peu subtile et arbitraire. D'ailleurs, M. Dupin a fait remarquer que la chambre n'est pas appelée à voter sur l'intitulé des lois.

« On s'est élevé contre les dispositions de la loi, comme établissant une véritable confiscation, d'autant plus odieuse qu'elle s'applique ordinairement à des gens peu fortunés : on a rappelé les principes du droit commun sur le dépôt pour repousser la prescription établie ; on a demandé qu'une exception expresse fût faite en faveur des marins et des militaires, on a enfin proposé d'affranchir les mandats du timbre.

« On a répondu que l'ordre de la comptabilité exigeait une mesure semblable ; qu'une prescription plus rigoureuse avait été établie par la loi du 29 janvier 1831 ; que, lorsque des circonstances particulières motiveraient une exception, surtout au profit des militaires et des marins, l'administration ne manquerait pas de la faire, comme elle l'a fait déjà dans des cas analogues. »

388. — Ajoutons à ce compte rendu de la discussion à la chambre des Députés, que le texte de la loi soulève une question délicate. La loi dit : seront définitivement acquises à l'Etat, les sommes versées aux caisses des agents des postes, pour être remises à destination, et dont le remboursement n'aurait pas été *réclamé* par les ayants-droit dans un délai de huit années, à partir du jour du versement des fonds.

S'il arrivait que la somme versée à la poste, après avoir été *réclamée* dans le délai fixé, n'eût pas été payée dans les huit années, la prescription de huit ans serait-elle acquise à l'État, ou la réclamation faite en temps utile aurait-elle interrompu la prescription commencée ?

Le doute naît du rapprochement de la loi du 31 janvier 1833 avec celle du 29 janvier 1831. Cette dernière, nous l'avons expliqué, a posé le principe général de la prescription ou déchéance au profit de l'État. Elle n'accorde que cinq ans au créancier pour faire *liquider, ordonnancer et payer* sa créance : elle n'admet pas, et le conseil d'État l'a décidé en ce sens, que la réclamation faite en temps utile, mais non suivie dans le délai fixé de l'ordonnancement et du paiement, soit susceptible d'interrompre la prescription. Cependant, la loi de 1833 ne reproduit pas les mêmes expressions, et n'enjoint pas au créancier de l'Etat, qui a *réclamé* la restitution d'une somme versée à la poste, de faire ordonnancer et payer sa créance dans les huit années. Doit-on en conclure que la loi postérieure a voulu introduire une règle nouvelle, ou une exception, en permettant au créancier d'une somme versée à la poste d'interrompre la prescription par une simple réclamation non suivie de paiement dans les huit années du versement ? Nous ne le pensons pas : le mot *réclamé,* employé dans la loi, est ici synonyme de *retiré ;* dans la pensée du législateur, ce mot emporte l'idée d'un remboursement, d'une restitution faite par l'Etat. Personne n'ignore en effet, qu'il suffit de présenter le mandat délivré par les agents des postes, et de justifier de son identité, pour être à l'instant en mesure de retirer le versement fait à destination. La loi a donc voulu dire que la somme serait définitivement acquise à l'Etat si elle n'était pas *retirée* ou *réclamée* dans les huit années du versement. Mais elle n'a certainement pas entendu introduire une exception à la règle générale posée par la loi du 29 janvier 1831, qui exige des créanciers de l'Etat qu'ils fassent, dans le délai de cinq ans à peine de déchéance, liquider, ordonnancer et payer leurs créances.

389. — Les déchéances établies par la loi du 29 janvier 1831 et par celle du 4 mai 1834, n'ont point paru applicables aux dépôts et consignations effectués à l'ancienne caisse d'amortissement créée par la loi du 28 nivôse an XIII. Aussi, malgré ces lois, le trésor a-t-il continué à rembourser le montant de ces dépôts, sans opposer aucune prescription : mais la loi de finances du 6 juin 1840 a fait cesser cet état de choses ; son art. 21 porte (1) :

(1) Voy. mon ouvrage sur la caisse des dépôts et consignations, chap. XXVI, *De la prescription en matière de dépôts et consignations*, p. 431, nos 479 à 492.

« Les propriétaires des sommes versées à l'ancienne caisse d'amortissement, à titre de dépôts ou consignations, et mises à la charge du trésor public par la loi du 28 avril 1816, sont tenus, eux, leurs représentants ou ayants-cause, de fournir, sous peine de déchéance, dans le délai de cinq ans qui courra à partir du 1er janvier 1841, toutes les pièces justificatives de leur droit, soit pour obtenir le remboursement desdits dépôts et consignations, soit pour en faire opérer le versement à la caisse actuelle des dépôts et consignations.

« Sera définitivement éteinte et amortie au profit de l'Etat toute créance de l'espèce qui n'aurait pas été remboursée ou versée à la caisse des dépôts à l'expiration du délai ci-dessus fixé, faute par les titulaires ou leurs ayants-cause d'avoir produit les justifications mentionnées ci-dessus.

« Dans le cas où l'ordonnancement et le paiement n'auraient pas été effectués dans les délais déterminés, par le fait de l'administration, la déchéance prononcée ci-dessus ne pourrait pas être opposée aux réclamants.

« Tout créancier aura le droit de se faire délivrer par le ministère des finances un bulletin énonçant la date de la demande, avec production des pièces à l'appui. »

Les deux premiers paragraphes de cet article ont subi une modification importante. Le projet du Gouvernement portait : « Les propriétaires des sommes versées à l'ancienne caisse d'amortissement, à titre de dépôts ou consignations, et mises à la charge du trésor public par la loi du 28 avril 1816, sont tenus, eux, leurs représentants ou ayants-cause, de fournir, sous peine de déchéance, dans le délai de cinq ans, qui courra à partir du 1er janvier 1840, toutes pièces justificatives de leurs droits au remboursement desdits dépôts et consignations.

« Toute créance de l'espèce qui n'aurait pas été remboursée à l'expiration du délai ci-dessus fixé, faute par les titulaires ou leurs ayants-causes d'avoir produit les justifications nécessaires pour la délivrance des titres de paiements, sera définitivement éteinte et amortie au profit de l'Etat, etc. »

Nous empruntons au rapport de M. Duprat les motifs de cette disposition, et ceux des changements qu'y a introduits la commission de la chambre des Députés.

« L'art. 98 de la loi du 28 avril 1816 dispose que : la caisse d'amortissement alors existante sera liquidée, et que les sommes dont elle sera débitrice passeront à la charge du trésor, qui sera tenu de rembourser les capitaux et de payer les intérêts dans les cas et aux époques où il y aura lieu auxdits remboursements et paiements.

« L'art. 99 de la même loi crée une nouvelle caisse d'amortissement.

« M. le ministre des finances nous a dit, dans son exposé des motifs, qu'après le travail de liquidation de l'ancienne caisse d'amortissement, les dépôts qui passaient à la charge du trésor public, s'élevaient alors à plus de sept millions.

« Les remboursements qui ont eu lieu successivement jusqu'à la fin de 1839 laissaient à cette époque, dans la caisse du trésor, une somme capitale de 1,847,000 fr. appartenant à 4,930 parties prenantes, avec les intérêts à 3 pour 100, lesquels, à raison de l'ancienneté des dépôts, représentent, dès à présent, plus de la moitié de ce capital.

« M. le ministre ajoute que, depuis le 1er juin 1825, c'est-à-dire, dans un laps de quatorze ans, un quart à peine de cette ancienne dette a été remboursé. Il suppose que le plus grand nombre des ayants-droits a dû disparaître, ou que du moins ils ont perdu les traces de leur créance, et qu'ils ne peuvent en justifier valablement ; que, dans cet état de choses, presque tout ce qui reste encore des anciens dépôts devrait tourner au profit de l'Etat, à défaut de réclamation et à titre de déshérence. Par ces motifs, M. le ministre des finances voulant assigner un terme à un arriéré nuisible à l'ordre de la comptabilité publique, a proposé une mesure qui renferme dans un délai de cinq ans la liquidation, l'ordonnancement et le paiement de tous les dépôts faits à l'ancienne caisse d'amortissement, sous peine de déchéance.

« La légalité de cette mesure a été contestée dans le sein de votre commission. Il a été dit : le reliquat du passif de l'ancienne caisse d'amortissement se compose de dépôts et consignations de successions vacantes, de successions de militaires décédés, de dépôts régimentaux. Les consignations qui ont été faites en vertu de jugements et d'actes judiciaires, dans l'intérêt de la sûreté des créances et de la garantie des droits des tiers, ne peuvent être retirées si, préalablement, les conditions exigées n'ont pas été remplies et rigoureusement exécutées. Ces clauses sont indépendantes de la volonté des parties prenantes et de leurs ayants-cause. Ceux-ci ne peuvent donc former utilement aucune demande en remboursement des consignations ordonnées par jugement de l'autorité judiciaire, s'ils ne sont pas légalement autorisés. Dans cet état, serait-il équitable de leur assigner un délai après lequel leurs créances seraient définitivement éteintes et amorties au profit de l'Etat ?

« Sans doute, il est à désirer que la liquidation et le paiement des créances sur l'Etat puissent être renfermés dans les plus étroites limites, et que l'on maintienne ainsi le bon ordre de notre comptabilité financière ; mais il faut craindre de dépasser le but et de porter atteinte au droit sacré de propriété.

« Votre commission a pensé que cette critique de la mesure proposée par l'art. 21 méritait d'être sérieusement examinée.

« Il est certain que la première catégorie des sommes versées à l'ancienne caisse des dépôts et consignations s'élevant aujourd'hui à 710,000 fr., et appartenant à 1,115 parties prenantes, se compose en partie de consignations provenant de successions ouvertes, de biens de mineurs, de versements faits par décisions de l'autorité judiciaire; et qu'il ne dépend pas des parties de retirer les sommes ainsi déposées et consignées, et d'en réclamer le remboursement.

« La commission a pensé que cette objection pouvait être résolue, et qu'il était possible d'affranchir des dispositions rigoureuses de l'art. 21, les consignations de l'ordre que nous avons désigné. Il suffira que les titulaires ou ayants-cause, qui de-

30

vront toutefois fournir toutes les pièces justificatives de leurs droits dans le délai prescrit, demandent à faire opérer le versement des consignations provenant de décisions judiciaires, à la nouvelle caisse des dépôts et consignations. Cette demande, qui ne présente aucun inconvénient, sera facilement admise. Les parties intéressées seront postérieurement informées des formalités qu'elles auront à remplir. Ainsi, tous les droits seront garantis, et l'autorité de la chose jugée sera religieusement maintenue.

« Nous vous proposerons donc une nouvelle rédaction de l'art. 21, pour consacrer le droit de revirement des consignations judiciaires.

«...... Les trois autres catégories qui forment l'ensemble des dépôts de l'ancienne caisse d'amortissement, concernent les successions vacantes, les successions de militaires décédés, les dépôts régimentaires; elles s'élèvent à la somme de 1,137,000 fr., et elles intéressent 3,815 parties prenantes...... Elles peuvent, sans inconvénient, être atteintes par la déchéance; l'Etat peut les réclamer à défaut d'héritiers connus ou de prétendants-droit.

« L'art. 2262 du Code civil dispose que les actions, tant réelles que personnelles, se prescrivent dans un délai déterminé, alors qu'il n'a été rien fait pour interrompre la prescription. Cette règle du droit commun doit être appliquée aux déposants qui, depuis vingt-cinq, trente ou quarante années, n'ont formé aucune demande en remboursement. Nous la réclamerions, *à fortiori*, pour l'administration publique, qui doit même, en certaines circonstances, s'affranchir des conditions qui régissent les simples particuliers. On ne peut vouloir qu'elle soit constituée dépositaire à tout jamais, et qu'elle soit exposée à toutes les réclamations qui pourraient lui être faites, et aux demandes en reddition de compte ou justification des droits et qualités des personnes à qui des paiements ont été effectués.

« L'agent judiciaire du trésor s'est ému des manœuvres faites par les spéculateurs qui, sans titres et sans caractère, se substituent aux droits des véritables créanciers, et parviennent à recouvrer le remboursement de certains dépôts, sans avantage pour les propriétaires légitimes et au grand préjudice de l'Etat.

« Une telle situation ne peut se prolonger, il convient d'y mettre un terme et d'assigner un délai après lequel les créances qui nous occupent seront définitivement éteintes et amorties au profit de l'Etat.

« Le délai de cinq ans, à partir du 1er janvier, déterminé par le projet, a paru suffisant; mais il doit courir à partir du 1er janvier 1840, et comme cette année sera fort avancée avant que la loi soit promulguée, il n'y aurait plus qu'un délai de quatre ans au lieu de cinq ans. Nous vous proposons donc de dire qu'il datera du 1er janvier 1841. »

390. — Un avis du conseil d'Etat, du 24 mars 1809, avait décidé que la caisse d'amortissement devait rejeter, à l'avenir, toute demande d'intérêts qui remonteraient au delà de cinq ans, si la prescription n'avait été interrompue. Il résulte de cet avis, que le trésor, mis au lieu et place de l'ancienne caisse d'amortissement par la loi du 28 avril 1816, ne peut être tenu qu'au paiement de cinq années des intérêts des sommes principales qui auraient pu en produire au profit des parties prenantes, à moins d'une interruption apportée à cette prescription.

391. — Le troisième paragraphe de l'article, réserve aux créanciers l'exercice de leurs droits, dans le cas où l'ordonnancement et le paiement n'auraient pu être effectués, dans le délai fixé, *par le fait de l'administration.*

Cette exception, dont nous avons expliqué le sens et les effets, est empruntée à la loi du 29 janvier 1831.

Malgré le silence de l'article que nous commentons, le pourvoi au conseil d'Etat serait également interruptif de la déchéance; car il appartient au conseil d'État, dans tous les cas, de statuer souverainement sur les décisions ministérielles qui lui sont déférées régulièrement par les créanciers de l'État, et c'est une règle que la loi du 29 janvier 1831 a reconnue et de nouveau consacrée.

Le dernier paragraphe de l'article n'est que la reproduction de l'art. 10 de la loi du 29 janvier 1831 : c'est une disposition introduite dans l'intérêt du réclamant, et qui le mettrait à même de repousser la déchéance, si elle lui était opposée par le fait de l'administration (Voy. n° 362).

392. — Nous n'avons pas besoin de faire remarquer, que la loi du 6 juin 1840 n'a introduit aucun changement dans la législation de la caisse actuelle des dépôts et consignations, instituée par la loi du 28 avril 1816.

Nous avons démontré ailleurs (1), que dans aucun cas, cette caisse ne peut prescrire soit à son profit, soit au profit du trésor, par quelque laps de temps que ce soit, la propriété des sommes qui lui ont été déposées.

Ainsi, dès que la créance réclamée comme faisant partie de l'actif de l'ancienne caisse d'amortissement aura été versée à la caisse des consignations actuelle, la déchéance cessera de courir et ne pourra plus être opposée au réclamant.

Nous ne connaissons que deux exceptions à ce principe : la première se trouve dans l'art. 14 de la loi du 17 mai 1826 relative aux douanes. Cet article fixe à trois années la durée de l'entrepôt réel, tel qu'il est autorisé par l'art. 25 de la loi du 28 avril 1803, il ajoute : « Si, à l'expiration des délais fixés, il n'est pas satisfait à l'obligation d'acquitter les droits ou de réexporter, les droits seront liquidés d'office, et si l'entrepositaire ne les a pas acquittés dans le mois de la sommation qui lui en est faite à son domicile, s'il est présent, ou à celui du maire, s'il est absent, les marchandises seront vendues, et le produit de la vente, déduction faite de tous droits et frais de magasinage ou de toute autre nature, sera versé à la caisse des dépôts et consignations, pour être remis au propriétaire, s'il est *réclamé dans l'année à partir du jour de la vente*, ou, à défaut de réclamation dans ce délai, *être définitivement acquis au trésor*. »

(1) Voy. mon ouvrage sur cette caisse, suivi d'un *Traité des offres, de la consignation et du remboursement des sommes consignées*, chap. XXVI, p. 431, nos 479, 493.

La seconde exception résulte de l'ordonnance du 22 février 1829, ayant pour objet d'autoriser, dans certains cas, la vente des effets mobiliers déposés dans les greffes des tribunaux civils ou criminels à l'occasion de procès définitivement jugés. Cette vente doit être faite par les préposés du domaine, dans les formes suivies pour l'aliénation des objets non réclamés et sur lesquels l'État a un droit éventuel (art. 1er). L'art. 2 porte : « Les sommes qui proviendront desdites ventes seront versées à la caisse des dépôts et consignations, et les ayants-droit pourront les réclamer dans *les délais fixés par l'art.* 2262 *du Code civil.* »

Dans ces deux circonstances, la prescription, est établie, comme on le voit, en faveur du trésor, et ce n'est point la caisse des dépôts et consignations qui en profite.

393.—On sait que c'est la loi du 22 frimaire an VII, combinée avec celle du 16 juin 1824, qui règle la quotité des droits fixes ou proportionnels d'enregistrement auxquels sont soumis les divers actes, contrats et obligations : cette loi indique aussi les prescriptions opposables à la régie, tant à raison des droits d'enregistrement des actes, que pour les droits de mutation par donation, vente et décès.

Les prescriptions établies par la loi du 22 frimaire an VII, ont été déclarées communes aux droits d'hypothèque par la loi du 24 mars 1806, et aux droits de greffe par un décret du 12 juillet 1808.

Il n'entre pas dans le but que nous nous sommes proposé d'examiner la durée des actions que les particuliers peuvent faire valoir contre l'Etat, pour échapper, par la prescription, au paiement des droits d'enregistrement, d'hypothèque et de greffe : nous ne nous occuperons que des déchéances ou prescriptions que l'État peut opposer dans son intérêt.

L'art. 61, § 1er, de la loi du 22 frimaire porte : « Il y a prescription pour la demande des droits après deux années, à compter du jour de l'enregistrement, s'il s'agit d'un droit non perçu sur une disposition particulière dans un acte, ou d'un supplément de perception insuffisamment faite, ou d'une fausse évaluation dans une déclaration, et pour la constater par la voie d'expertise ; et les parties sont également non recevables, après le même délai, pour toute demande en restitution de droits perçus. »

Une décision du ministre des finances, approbative d'un avis du comité des finances du conseil d'État, du 29 juin 1821 (Sirey, 21, II, 288), porte que toute demande en restitution de droits de succession, perçus par la régie de l'enregistrement, se prescrit par deux ans, à compter du jour de la déclaration de la succession, quelles que soient la cause et l'époque de l'éviction qui donne lieu à la demande en restitution, et lors même que la régie n'aurait reçu que sauf restitution.

Toutefois, cette prescription de deux ans, ne pourrait être opposée par la régie à l'exercice de l'action en restitution, si c'était par le fait de l'administration ou de ses préposés que la réclamation n'avait pu être faite dans les deux années : ici se présenterait l'application du principe posé par l'art. 9 de la loi du 29 janvier 1831.

Mais il importe de remarquer, qu'aux termes de

l'art. 61 de la loi du 22 frimaire, la prescription est irrévocablement acquise à l'État, si les poursuites commencées à fin de restitution des droits perçus, sont interrompues pendant un an sans qu'il y ait eu d'instance devant les juges compétents; quand même le premier délai de deux années, pour la prescription de l'action, ne serait pas expiré (arrêt de Cassation, 14 janvier 1836, Sirey, 36, I, 94).

Le même arrêt a décidé, qu'une demande en restitution de droits, adressée *administrativement* à la régie, n'avait pas l'effet d'interrompre la prescription de l'action en restitution, si cette demande était rejetée.

Quant à l'action en restitution des droits de timbre indûment perçus ou des amendes de timbre exigées à tort, le délai est de deux ans, comme pour les droits d'enregistrement. C'est ce que décide une instruction de la régie du 12 nov. 1844, n° 1721 (Dalloz, 1845, III, 3), en se fondant sur l'art. 14 de la loi du 16 juin 1824, qui porte : que la prescription de deux ans, établie par le n° 1er de l'art. 61 de la loi du 22 frimaire an VII, s'appliquera, tant aux amendes de contravention, aux dispositions de ladite loi, qu'aux amendes pour contraventions aux lois sur le timbre et sur les ventes de meubles.

Toutefois, il reste établi, par la même instruction, que les droits de timbre, comme ceux d'enregistrement, ne se prescrivent contre l'Etat que par trente ans.

FIN.

TABLE PAR ORDRE ALPHABÉTIQUE.

A

D

H

I

J

L

M

O

P

R

S

T

V

FIN DE LA TABLE.

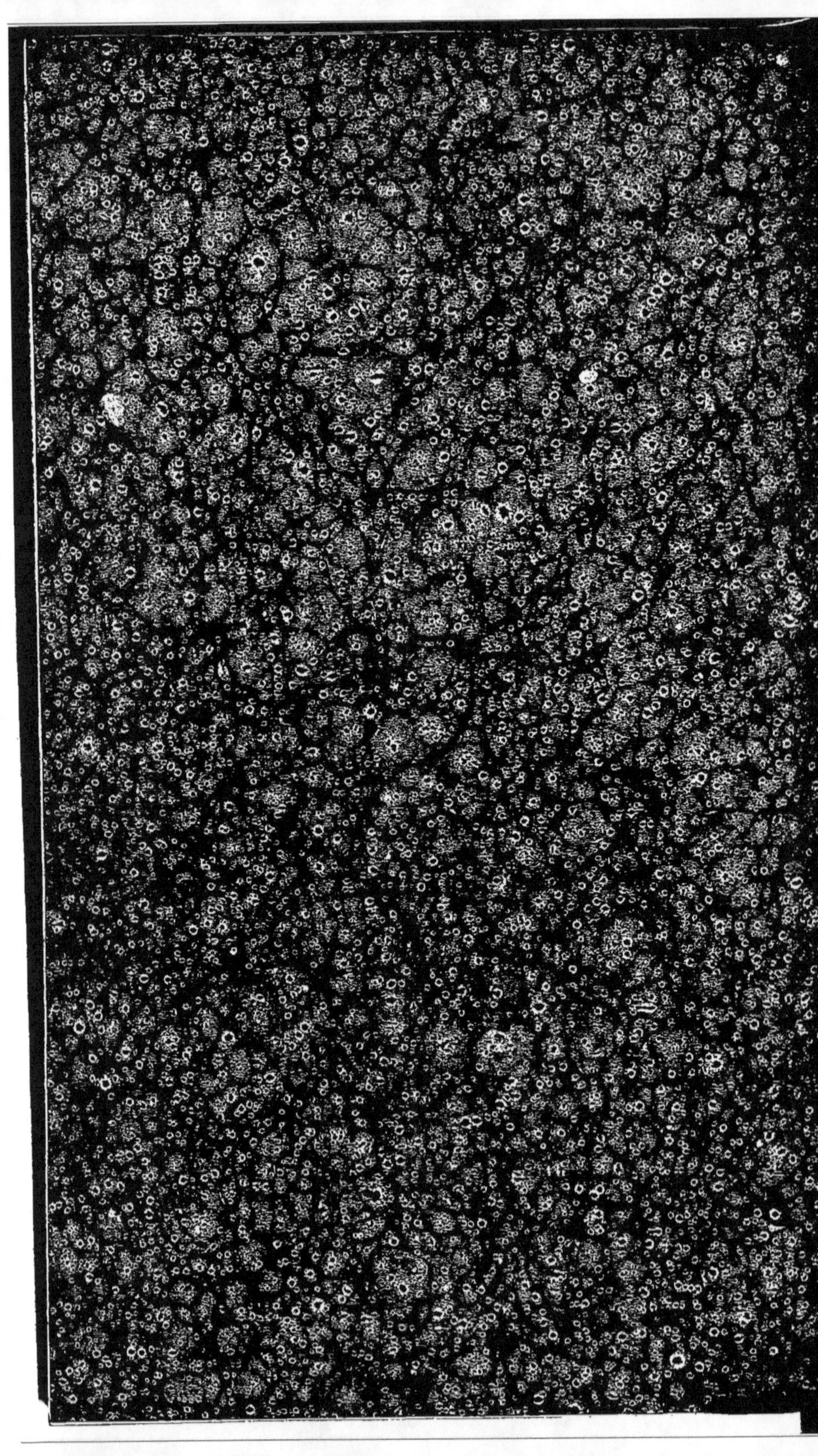

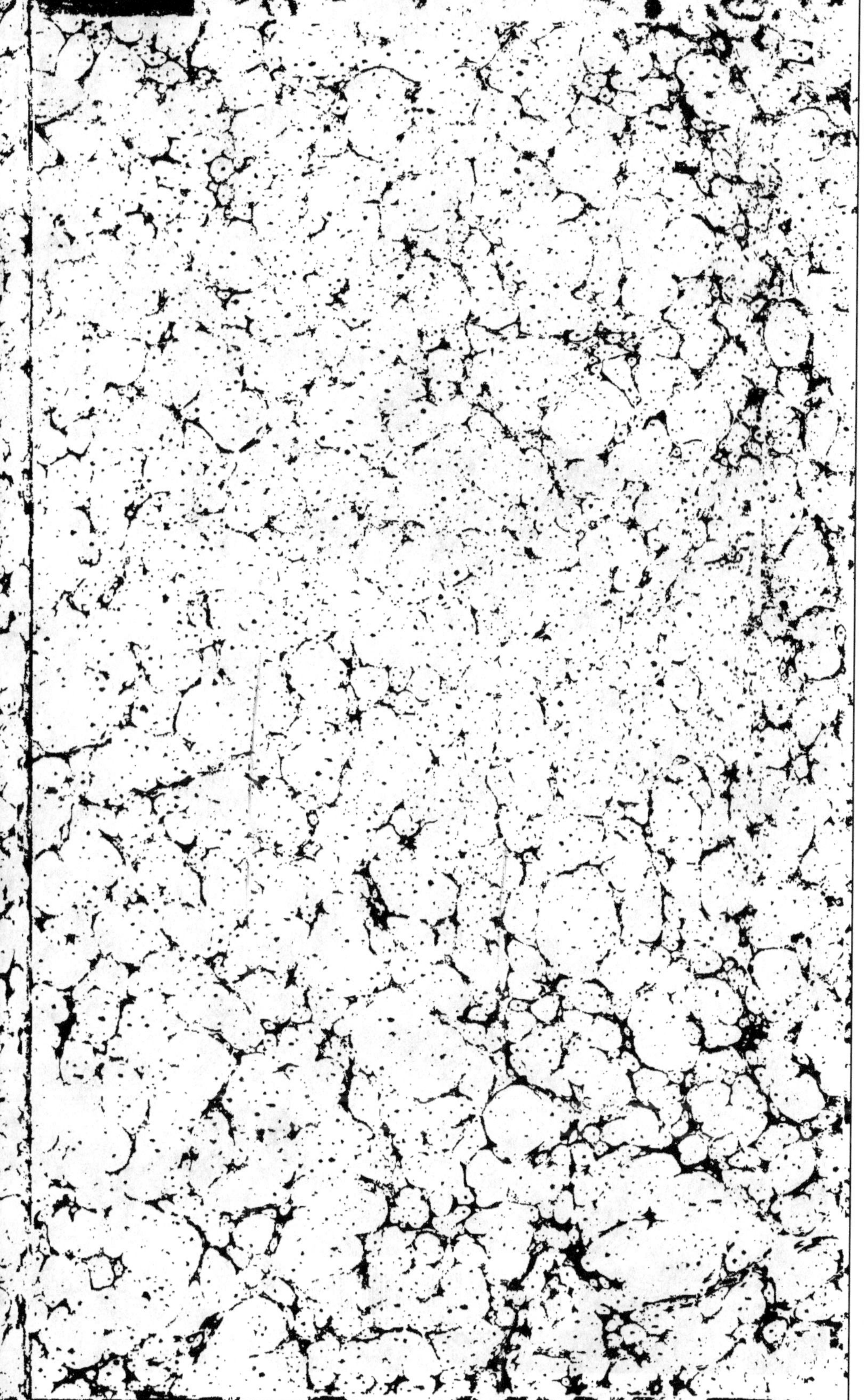

www.ingramcontent.com/pod-product-compliance
Lightning Source LLC
Chambersburg PA
CBHW031611210326
41599CB00021B/3132

* 9 7 8 2 0 1 1 3 0 9 9 7 6 *